Amphibien und Reptilien
Madagaskars

DATZ-Atlanten

Amphibien und Reptilien Madagaskars der Maskarenen, Seychellen und Komoren

Herausgegeben von
Friedrich-Wilhelm Henkel und Wolfgang Schmidt

unter Mitarbeit von
Michael Knöthig, Klaus Liebel und Roland Zobel

275 Farbfotos

E.U.
VERLAG
EUGEN
ULMER

Die einzelnen Autoren bearbeiteten folgende Tiergruppen:

Friedrich-Wilhelm Henkel: Frösche, Geckos, Schildkröten, Krokodile

Wolfgang Schmidt: Allgemein, Frösche, Chamäleons, Leguane, Agamen, Skinke

Michael Knöthig: Geckos, Skinke

Klaus Liebel: Frösche, Schlangen

Roland Zobel: Gürtelechsen

Die Deutsche Bibliothek - CIP-Einheitsaufnahme

Amphibien und Reptilien Madagaskars, der Maskarenen, Seychellen und Komoren / hrsg. von Friedrich-Wilhelm Henkel und Wolfgang Schmidt. Unter Mitarb. von Michael Knöthig...
- Stuttgart : Ulmer, 1995
(DATZ-Atlanten)
ISBN 3-8001-7323-9
NE: Henkel, Friedrich-Wilhelm [Hrsg.]

Wollgrasweg 41, 70599 Stuttgart (Hohenheim)
Lektorat: Ulrich Commerell
Herstellung: Jürgen Sprenzel
Satz: Typomedia, Scharnhausen
Druck und Bindung: Manfrini R. Arti Grafiche Vallagarina S.p.A.
Printed in Italy

Vorwort

Auf unseren zahllosen Reisen in die phantastische Inselwelt des Indischen Ozeans ist uns immer wieder schmerzlich aufgefallen, daß Bestimmungsführer für diese einmalige Fauna, die auch eine Bestimmung der beobachteten Tiere vor Ort ermöglichen, bis heute fehlen. Einen kleinen Teil dieser Lücke wollen wir daher versuchen mit diesem Buch zu schließen. Zugleich soll es allen an Amphibien und Reptilien Interessierten wie Naturfreunden, Herpetologen, vor allem aber auch den Terrarianern und den Naturschutzbehörden ein Nachschlagewerk in dieser schwierigen Materie sein.

Natürlich ist es im Rahmen eines solchen Buches nicht möglich, einen vollständigen Überblick über die dort vorkommenden Amphibien- und Reptilien-Arten und die Vielfalt an Formen zu geben. Dies liegt vor allem an den fehlenden wissenschaftlichen Überarbeitungen ganzer Tierfamilien und einzelner Gattungen. Vorbildlich bearbeitet sind in dieser Weise nur wenige, so zum Beispiel die Amphibien (Blommers-Schlösser & Blanc, 1991; Glaw & Vences, 1992), die Leguane (Blanc, 1977), die Gürtelechsen (Brygoo, 1985) und die Chamäleons (Brygoo, 1971 und 1978).

Eines unserer größten Probleme war das nachträgliche Bestimmen der Tiere anhand unserer zahlreichen Aufnahmen, was sich in einigen Fällen als nahezu unmöglich herausgestellt hat. Denn zum einen sind viele Arten sehr variabel in ihrem Farbkleid und zum anderen, wie schon erwähnt, sind ganze Gattungen bis heute nicht hinreichend taxonomisch erforscht. Auch heute noch dürfte eine stattliche Anzahl an Arten unerkannt und unentdeckt auf ihre Bestimmung warten.

Wir haben uns bemüht, für jede vorgestellte Art den derzeit gültigen wissenschaftlichen Namen zu verwenden, was, wie beschrieben, häufig sehr schwierig war. Für Hinweise auf Fehler und Unkorrektheiten sind wir dem Leser dankbar.

Jeder Reisende, der wie wir, fernab der wenigen europäisierten Großstädte dieses teils der Erde, die herrliche Landschaft besucht hat, wird wohl von der Faszination dieser Trauminseln nicht mehr losgelassen. Eine überwiegend sehr gastfreundliche und hilfsbereite Bevölkerung, eine unbeschreibliche Formenvielfalt an Landschaften, Pflanzen und Tieren – dies gilt vor allen Dingen für Madagaskar – lassen jede Reise zu einem unvergeßlichen Erlebnis werden.

So hoffen wir, daß besonders auch in Madagaskar, trotz der zahlreichen Schwierigkeiten, sich der Tourismus entwickelt und zu einer naturerhaltenden Kraft wird. Denn immer wieder konnten wir beobachten, daß nur die touristisch interessanten Nationalparks erhalten und geschützt werden. Zu groß ist die Armut der Bevölkerung, um auf Naturschutzbelange Rücksicht zu nehmen, wenn sie nicht gleichzeitig etwas Geld mit dem Erhalt der Naturdenkmäler verdienen kann. Insbesondere hoffen wir, daß Madagaskar mit seiner unbeschreiblich schönen Natur in Zukunft etwas mehr vom internationalen Naturtourismus, der das Gebotene zu schätzen weiß, beachtet wird.

Bedanken möchten wir uns beim Ulmer-Verlag dafür, daß er es ermöglichte, zum erstenmal einen die außereuropäische Herpetofauna betreffenden Bestimmungsführer in deutscher Sprache zu verfassen.

Besonders bedanken möchten wir uns bei Herrn PD Dr. W. Böhme, Bonn, für die zahllosen Hinweise, das schwierige Bestimmen zahlreicher Arten, die vielen Literaturzitate und die kritische Durchsicht des Manuskripts.

Aber auch zahlreichen Herpetologen und Terrarianern, sowie unseren treuen Reisebegleitern sind wir dankbar. Sie haben mit ihrem Wissen und ihren Aufnahmen dieses Buch überhaupt erst möglich gemacht. Einige seien in alphabetischer Reihenfolge erwähnt:

Klaus Assmann(t), Münster; Francois Le Berre, Paris; Achim Breuer, Gießen; Martin Dudeck, Kamen; Gerd Eggers, Kaarst; Frank Glaw, Köln; Gunter Gottlebe, Tamatave; Willi Häfeli, Bern; Gerhard Hallmann, Dortmund; Sebastian Hein-

Furcifer minor, Weibchen.

ecke, Wuppertal; Brunhilde Henkel, Bergkamen; Siegfried Henning (†), Selm und seinen Eltern; Arndt Herkenberg, Wuppertal; Christian Hoffmann, Wuppertal; Rolf Leptien, Alveslohe; Elke Liebel, Herne; Harald Meier, Hamburg; Veronika Müller, Soest; Joachim Sameit, Bergkamen; Klaus Schäfer, Allensbach; Gabriele Schmidt, Soest; Erwin Schröder, Kiel; Robert Seipp, Frankfurt; Harald Simon, Soest; Rainer Stockey, Hagen; Klaus Tamm, Hofheim; Gerd Trautmann, Kiel; Miguel Vences, Köln; Beate Zobel, Herne.

Nachtrag: Durch die jüngsten feldherpetologischen Untersuchungen der Herren Glaw, Nußbaum, Raxworth und Vences erweiterte sich der Kenntnisstand erheblich. Als Folge ergeben sich zahlreiche nomenklatorische Änderungen in der nächsten Zeit.

Friedrich-Wilhelm Henkel
und Wolfgang Schmidt

Inhaltsverzeichnis

Vorwort 5

Madagaskar 9
Klima 10
Vegetation 13
Tierwelt 18

Komoren 21

Seychellen 22

Maskarenen 24
Réunion 24
Mauritius 26
Rodrigues 28

Artenbeschreibungen

Amphibien 30
Blindwühlen Familie Caeciliidae 30
Froschlurche 30
  Ruderfrösche Familie Rhacophoridae 32
  Riedfrösche Familie Hyperoliidae 40
  Echte Frösche Familie Ranidae 46
  Mantella-Frösche Familie Mantellidae 49
  Engmaulfrösche Familie Microhylidae 69
  Kröten Familie Bufonidae 86

Reptilien 87
Schildkröten Testudines 87
Krokodile Crocodylia 95
Chamäleons Familie Chamaeleonidae 97
Leguane und Agamen Familien Iguanidae und Agamidae 143

Schildechsen Familie Cordylidae 151
Geckos Familie Gekkonidae 163
Skinke Familie Scincidae 253
Schlangen Serpentes 268

Ausgewählte Nationalparks und Naturreservate auf Madagaskar 292

Übersicht über die Amphibien- und Reptilienarten der besprochenen Gebiete. 295

Literaturverzeichnis 303
Register 307

Mahé
SEYCHELLEN
Aldabra
KOMOREN
Grande
Anjouan
Mohéli
Mayotte
Nosy Bé
Antseranana
Agalega-Inseln
Mahajanga
Antongil-Bucht
Nosy Boraha
Antanarivo
Toamasina
Andasibe
MADAGASKAR
Mauritius
Reunion
MASKARENEN
Rodrigues
Toliara
Taolanaro
N
W
O
S
0
100
200
300
400
500
km

Madagaskar

Kaum ein anderes Reiseziel weckt soviele Emotionen in einem Naturfreund wie Madagaskar. Dies liegt sicherlich an dem jederman bekanntem Lied „Wir lagen vor Madagaskar und hatten die Pest an Bord“, aber sicher auch an dem Reiz des Unbekannten. Denn kaum jemand kennt diese im Indischen Ozean östlich von Afrika gelegene viertgrößte Insel der Erde wirklich. Und dabei hat dieser Minikontinent, der aufgrund seiner isolierten Lage eine ganz eigenständige Entwicklung durchgemacht hat, einiges mehr als nur palmenbewachsene Traumstrände und andere Reisekatalog-füllende Motive zu bieten. Denn vor allen Dingen gilt Madagaskar als das gelobte Land der Naturforscher.

Die Gesamtfläche der Insel beträgt etwa 590.000 km^2. Die Angaben schwanken ein wenig, je nachdem, ob man die Inseln Nosy Bohara und Nosy Bé noch dazuzählt oder nicht. Das entspricht etwa der Fläche der Schweiz und Frankreichs zusammen. Gewaltig jedoch sind vor allem die Nord-Süd-Ausdehnungen. So ist die Insel etwa in Nord-Süd-Richtung 1600 km lang und bis zu 600 km breit. Auf diesem Stück Land findet man, bedingt durch die enorme Länge, die etwa der Strecke Berlin-Moskau, entspricht, verschiedenste Klimazonen und dadurch wiederum bedingt unterschiedlichste Vegetationszonen vom Regenwald bis zur Wüste.

Vor etwa 170 Millionen Jahren bildeten unsere heutigen Kontinente auf der südlichen Erdhalbkugel eine geschlossene Landmasse (Pangaea). Spannungen in der Erdkruste führten jedoch im Laufe der Zeit zu Rissen und Verschiebungen, und endlich zerbrach der Urkontinent in einen Nord- (Laurasia) und einen Südkontinent (Gondwana), später durch Brüche und Drift in die heutigen Kontinente. Zu diesem Zeitpunkt war Madagaskar noch mit der afrikanischen Erdscholle fest verbunden. Etwas später jedoch führten auch hier tektonische Bewegungen zur Abspaltung der Insel. Seit dieser Zeit treibt Madagaskar von Afrika aus gesehen immer weiter in östliche Richtung. Den Zeitpunkt der Trennung kennt man heute ziemlich genau. Dies geschah vor ungefähr 165 Millionen Jahren, also im sogenannten Erdmittelalter, der frühen Kreidezeit. Diese erdgeschichtiche Periode war die Zeit der Dinosaurier und der ersten Säugetiere, die damals jedoch noch ein Schattendasein führten.

Eine Zeitlang fand auch noch nach der Ablösung eine gewisse Zuwanderung von Pflanzen und Tieren aufgrund der geringen Entfernung zu Afrika statt. Aber bereits vor 40 Millionen Jahren hatte die Insel etwa ihre jetzige Position erreicht. Heute beträgt die kürzeste Strecke zwischen Afrika und Madagaskar mehr als 400 km.

Erst seit dieser Zeit ging in der übrigen Welt die rasante Evolution der Säugetiere vonstatten, und so kommt es, daß nur einige wenige kleinere Arten vermutlich durch Verdriftung nach Madagaskar gelangten. Auf diese Weise kamen wahrscheinlich auch die Vorfahren der heute dort lebenden Säugetiere als blinde Passagiere auf Baumstämmen über den Kanal von Mosambik. Zu diesen ursprünglichen Eroberern gehörten primitive Mungos, Insektenfresser, Baummäuse und die Vorfahren der Lemuren.

Viel größere Schwierigkeiten bereitet es hingegen heute noch, den genauen Ursprung und die Herkunft der einzelnen Amphibien- und Reptilienfamilien auf Madagaskar zu erklären. So stimmt, besonders bei den Reptilien, die madagassische Herpetofauna nur zu einem geringen Teil, entgegen aller Vermutung, mit der ostafrikanischen überein. Für ganz Afrika typische Reptilienfamilien wie Agamiden, Lacertiden, Varaniden, Amphisbaeniden, Leptotyphlopiden, Elapiden und die Viperiden fehlen auf Madagaskar völlig. Andererseits gibt es aber auch auffällige Gemeinsamkeiten, wie die Chamaeleoniden und die Cordyliden, wobei letztere in Madagaskar nur als Unterfamilie (Gerrhosaurinae) vertreten sind.

Aus zoogeographischer Sicht am interessantesten sind die Reptilien-Arten, deren nächste Verwandte in Amerika zu leben scheinen. Hierzu gehört insbesondere die auf Madagaskar und

Landschaft im Hochland von Madagaskar.

den Komoren endemische Unterfamilie Oplurinae der Leguane, die dort zwei Gattungen mit sieben Arten ausgebildet hat. Aber auch die madagassischen Riesenschlangen der Gattung *Acranthophis* und *Sanzinia* sind offenbar am nächsten mit den amerikanischen Gattungen *Boa* und *Corallus* verwandt. Diese Aufzählung ließe sich noch beliebig fortsetzen.
Mit Hilfe zweier gänzlich unterschiedlicher Hypothesen wird immer wieder versucht, die Herkunft dieser ursprünglich neotropischen Reptilien zu erklären. So denkt man zum einen, daß die Reptilienfamilien zum Zeitpunkt der Aufspaltung Gondwanas in ganz Afrika und Madagaskar vertreten waren und nur in Afrika von den dort neu einwandernden Arten verdrängt wurden, diese Madagaskar selbst allerdings nie erreichten. Zum anderen geht man davon aus, daß über eine kurze erdgeschichtliche Epoche eine Landverbindung zwischen Südamerika über die Antarktis bis hin nach Madagaskar bestand, über die die Reptilien dorthin gelangten. Dies geschah zu einem Zeitpunkt, an dem sich Madagaskar bereits von Afrika gelöst hatte. Ähnlich kurios verhält es sich bei den Amphibien, nur haben sie ihre Verwandten nicht in Amerika, sondern vielmehr teilweise im asiatischen Raum.
Wie sich auch immer der genaue Ursprung der Herpetofauna in Madagaskar entwickelt haben mag: Durch die isolierte Lage, Madagaskar wird häufig als hermetisch abgeriegeltes Gewächshaus betrachtet, konnte die Evolution dort eigene Wege gehen. Dies zeigt sich an dem besonders hohen Anteil an endemischen Arten. Und so kommt es, daß Madagaskar nicht nur das gelobte Land der Naturforscher, sondern aller Tier- und Naturfreunde, besonders der herpetologisch Interessierten ist.

Klima

Auch in klimatischer Hinsicht bildet Madagaskar einen „Mikrokontinent“. Aufgrund seiner geographischen Lage wird die Insel den Tropen zugerechnet. Dabei erstreckt sich Madagaskar über fast alle äquatornahen Klimabereiche. So liegt der nördlichste Teil jenseits des südlichen Wendekreises, also bereits am Rande der Subtropen. Bestimmt wird das Klima vor allem

Sisal-Plantage im Süden Madagaskars.

durch die Einbindung in den Großraum des Indischen Ozeans, aber auch durch den benachbarten Kontinent. Heute wird das Klima grob in vier Zonen eingeteilt, die sich in etwa mit der Geographie decken.

Als erstes wäre da die Ostseite. Sie liegt ständig unter dem Einfluß des aus dem Subtropenhoch wehenden Südostpassats, was ganzjährig zu Niederschlägen führt, die sich im Winter abschwächen können. Die Jahresmitteltemperaturen betragen im Norden etwa 27 °C und sinken im Süden auf 23 °C. Da hier immer eine hohe relative Luftfeuchtigkeit und eine geringe Verdunstung vorherrscht, entsteht oft eine unangenehme Schwüle. Diese Klimazone zieht sich abgeschwächt im Norden bis zur Insel Nosy Bé, an der Nordwestküste Madagaskars gelegen, hinüber.

Als nächstes käme das Hochland, das sich im Osten durch den steilen Gebirgsabfall scharf abgrenzt, wohingegen die Grenzen zum Westen hin fließend sind. Auch hier nimmt die Jahresmitteltemperatur von Norden nach Süden von etwa 25 °C auf 21 °C ab. Die Frostgrenze liegt im Winter etwa bei 1500 m. Jedoch machten wir in dieser Jahreszeit die Erfahrung, daß selbst Fensterscheiben in unserem Hotel in 800 m Höhe zugefroren waren. Allerdings stiegen die Temperaturen am Tage wieder bis auf fast 20 °C an. Die Jahreszeiten sind im Hochland viel deutlicher ausgeprägt. Es herrschen feuchte und warme Sommer mit kurzen Übergangszeiten und kühle und trockene Winter vor, weshalb es auch nur ganz selten zu Schneefällen kommt.

Als drittes wäre die Westseite zu erwähnen. Diese Zone umfaßt in etwa die Westküste und ihr Hinterland bis zum Rand des Hochlandes, aber auch die Nordspitze Madagaskars. Zwar liegt die Nordspitze eigentlich innerhalb der östlichen Klimazone, da jedoch die Berge als Wolkenbarriere fehlen, mit Ausnahme der Montagne d'Ambre, deckt sich das Klima mit dem der Westküste. Die Jahresmitteltemperaturen betragen im Norden etwa 27 °C und im Südwesten noch 24 °C. Auch bei den Jahresniederschlagsmengen gibt es ein Nord- (bis 2000 mm) Südgefälle (bis 800 mm). Während des Sommers kommt es auch hier häufig zu Überschwemmungen und viele Gebiete sind nicht mehr passierbar.

Als letztes zu erwähnen wäre der Süden, die trockenste Zone Madagaskars. Die jährlichen

Der Dornenbusch im Süden Madagaskars.

Niederschlagsmengen liegen bei 300–800 mm pro Jahr. Der Regen fällt hier aber fast ausschließlich während vier Monaten im Jahr. Die Jahresmitteltemperaturen sinken von 26 °C im nördlichen Teil auf 23 °C im Süden ab.
Diese Angaben hätten vor einigen Jahren noch eine größere Genauigkeit besessen. Heute verändert sich auch in Madagaskar infolge der globalen Klimaveränderungen das Wetter stetig. So wird Madagaskar jetzt auch hin und wieder von Dürren heimgesucht und die Regenzeit setzt häufig viel später ein als üblich.
Einen recht starken Einfluß auf das Klima Madagaskars, aber auch der Maskarenen und der Komoren, üben die Zyklone aus. Während des Südsommers steht die Sonne für sehr lange Zeit fast senkrecht über dem südlichen Wendekreis. Dadurch erwärmt sich das Meer auf über 26 °C. Diese Temperaturen lassen das Wasser so schnell verdunsten, daß Wolkentürme bis in riesige Höhen wachsen können. Durch die Erdrotation werden diese Wolkentürme dann in Bewegung gebracht. Ihr Entstehungsgebiet liegt im Indischen Ozean östlich von Mauritius. Von dort wandern sie dann als Zyklone in westliche Richtung, wobei sie immer noch an Kraft zunehmen. Als erstes erreichen sie die Maskarenen und als nächstes meist die Ostküste Madagaskars. Dort können sie bereits Geschwindigkeiten von 300 km/h erreichen. Wo sie auf Land treffen, sorgen sie für verheerende Zerstörungen, nicht nur durch die kreisenden Winde, sondern auch durch Sturmfluten und Überschwemmungen. So wurden schon bis zu 700 mm Niederschlag in vier Stunden gemessen. Selten überqueren die Zyklone den Norden Madagaskars, um über dem Kanal von Mosambik wieder an Kraft zu gewinnen und dann die Westküste Madagaskars oder die Komoren heimzusuchen.
In diesem Zusammenhang stellt sich natürlich die Frage nach der besten Reisezeit. Wir haben Madagaskar zu allen Jahreszeiten mehrmals besucht. Dabei zeigte sich, daß die „beste“ Reisezeit nicht immer auch die interessanteste Jahreszeit zum Beobachten und Entdecken der einmaligen Tierwelt ist. Die größte Aktivität entfalten fast alle Amphibien- und Reptilien-Arten während der Monate November bis Mai. In diesen Zeitraum fällt auch die teilweise recht kurze Fortpflanzungsperiode. Damit die Paare sich während dieser Zeit finden, müssen sie häufig größere Strecken zurücklegen, so z.B. auch die

Landschaft im Hochland von Madagaskar.

sonst nur als Lauerjäger immer auf ihre Tarnung vertrauenden Chamäleons. Dabei kann man sie natürlich viel leichter entdecken, als wenn sie nur versteckt in ihrem Habitat auf Futter lauern. Auch einige Frösche, besonders die Arten, die im Westen und Süden Madagaskars beheimatet sind, haben nur eine kurze Aktivitätsperiode während der Regenzeit und verbringen den Rest des Jahres verborgen im Boden. Aber nicht nur sie, sondern zahlreiche Amphibien- und Reptilien-Arten aus allen Gegenden Madagaskars verbringen während des Südwinters eine inaktive Phase, um so die trockene und kühle Jahreszeit zu überdauern. Auch machten wir die Erfahrung, daß es während der Monate Juni-August, also der Zeit des Zwischenmonsuns, an der Ostküste zu tagelangen kühlen Niederschlägen kommen kann, die wesentlich unangenehmer sind als die kurzen heftigen Niederschläge während der Regenzeit. Häufig nimmt die Niederschlagsaktivität mit steigender Höhe noch zu.
So können wir jedem, der wegen Amphibien und Reptilien nach Madagaskar reist, nur die Südsommermonate als Reisezeit empfehlen. Besonders angenehm ist der Mai, da die Niederschläge schon merklich nachlassen, in einigen Gegenden jetzt die höchste Sonnenscheindauer gemessen wird, aber die Tiere noch meist ihre volle Aktivität zeigen. Natürlich darf man nicht verschweigen, daß die „interessanteste" Jahreszeit auch die Zeit der Zyklone ist.

Vegetation

Durch die frühe Isolierung vom afrikanischen Kontinent konnte sich auf Madagaskar eine eigenständige Flora entwickeln, die reich an äußerst seltenen und bemerkenswerten Pflanzen ist. Man schätzt, daß etwa 80% aller Pflanzen dort endemisch sind, so gibt es schon allein sieben endemische Pflanzenfamilien. Betrachtet man die einzelnen Regionen Madagaskars, so stellt man schnell einen Zusammenhang zwischen Klima- und Vegetationszonen fest.
Da wäre als erstes die östliche Region, die das Küstenvorland und einen Teil des Hochlandes umfaßt. Erstaunlicherweise findet man hier prozentual weniger endemische Pflanzen als in den Trockengebieten im Süden und im Westen Madagaskars. Das flache Küstenvorland hinter den

Dünen ist der Standort zahlreicher Sumpf- und Wasserpflanzen. Früher einmal war die gesamte Ostküste von den Niederungen bis zu den parallel verlaufenden Gebirgszügen hinauf mit immergrünem tropischem Regenwald überzogen. Dieser ist aber heute zum größten Teil vernichtet. Es war ein sehr dichter, bis zu 40 m hoher Wald, der voller Orchideen, Farnen und Lianen war, beziehungsweise es in seinen letzten Resten auch noch ist. Ursache für den dramatischen Rückgang ist der Wanderfeldanbau mit seinen Brandrodungen. Auf diesen frisch gerodeten und abgebrannten, dem Urwald mühsam abgetrotzten Flächen können die Bauern bis zu drei Ernten, meistens Bergreis und Mais, erzielen. Danach sind die Böden durch den Anbau, aber noch viel mehr durch den ganzjährig fallenden Niederschlag, der die Nährstoffe aus dem Boden auswäscht, so sehr ausgelaugt, daß sich eine weitere Bebauung nicht mehr lohnt. Der Bauer ist dann gezwungen, dem Regenwald ein neues Stückchen Erde abzuringen. Die verlassenen Felder werden sehr schnell von der Sekundärvegetation, bestehend aus Farnen, Bambus und vor allem der endemischen *Ravenala madagascariensis* (Baum der Reisenden), überwuchert. Dies ist aber nicht, wie man glauben könnte, der Beginn einer Rückeroberung durch den Regenwald, sondern diese Sekundärvegetation bildet einen stabilen Endzustand. Die Primärvegetation ist ein für allemal verschwunden. Die pflanzenarmen Gebiete beherbergen natürlich auch nur noch einen Bruchteil der ursprünglich hier lebenden Tierarten. Es ist schon ein trauriger Anblick, wenn man zu Stellen gelangt, an denen früher einmal Regenwald stand und heute nur noch dieser undurchdringliche Filz aus zum größten Teil bis zu 2 m hohen Farnen das Land bedeckt. Wo der Regenwald noch erhalten ist, geht er bis in Höhen von 800 m, ehe er in Bergwald und später ab 1300 m in den Nebelwald übergeht.

Als nächste Vegetationszone käme das Hochland. Diese Landschaft weist nur noch kleinste Reste an Primärvegetation auf. Auch hier wurde die ursprüngliche Pflanzengemeinschaft (Baumsavanne) durch Rodung weitgehend vernichtet. Eine Regeneration des Waldes verhindern der Viehverbiß auf den Weiden und in den unzugänglichen und nicht bewohnten Wäldern die häufigen Brände. Diese Brände werden hauptsächlich von Hirten kurz vor Einsetzen der Regenzeit gelegt, damit die trockenen Gräser verbrennen und das Vieh besser an das frische Grün heran kann. Fährt man nachts während dieser Jahreszeit durch das Hochland, könnte man meinen, die ganze Insel stünde in Flammen. Der Wind treibt das Feuer immer weiter voran, so daß es noch die letzten Winkel mit Primärvegetation erreicht und diese vernichtet. Als weitere Folge kommt es zur Zerstörung der natürlichen Bodenfauna und der nur sehr geringen und dünnen Humusschicht, die auch hier vom tropischen Regen ausgelaugt und besonders an den Hängen für immer weggespült wird. Beherrscht wird das Hochland heute von einigen Grasarten wie *Ctenium* und *Loudetia*, die selbst auf den ausgelaugten Böden noch gedeihen. Leider hat dieses bis zu 2 m hoch wachsendes Gras nur einen sehr geringen Nährwert, so daß es nur zum Decken der Häuser verwandt wird. Versuche, Teile des Hochlandes wieder aufzuforsten, gestalten sich auf den verarmten Böden außerordentlich schwierig. Und auch hier zeigen sich schon Auswirkungen auf das Klima. So verringerte sich durch den fehlenden Baumbestand die Wasserspeicherungskapazität der Böden und die Trockenheit des Klimas verstärkt sich immer mehr. Die ursprünglich auch weit verbreitete Feuchtsavanne mit ihren nur dort lebenden Pflanzen wurde in Talkerben und auf steilere Hänge zurückgedrängt, wo Relief und Klima eine agrarische Nutzung behindern. Um die menschlichen Siedlungen befinden sich die Reisparzellen, die sich mit ihrem leuchtenden Grün gut von dem Rot des Bodens abheben.

Leider hat sich nur noch in den höchsten Gebirgen der früher weit verbreitete Berg- und Nebelwald gehalten. Besonders eindrucksvoll, aber leider nur noch sehr klein, sind die Wälder um den Tsiafajavona, den höchsten Berg des Ankaratra-Gebirges. Läuft man durch den Wald in Höhen von über 2000 m, so wechselt die Vegetation in eine eigene Gebirgsflora. Hier leben Pflanzen, die sich an die größere Lichtfülle und an die tiefen Temperaturen mit ihren häufigen Bodenfrösten angepaßt haben. Dazu gehören Heidekrautgewächse mit hartem Laub, besonders aber Polsterpflanzen wie Flechten und Moose, die die Felsen der baumlosen Gipfel

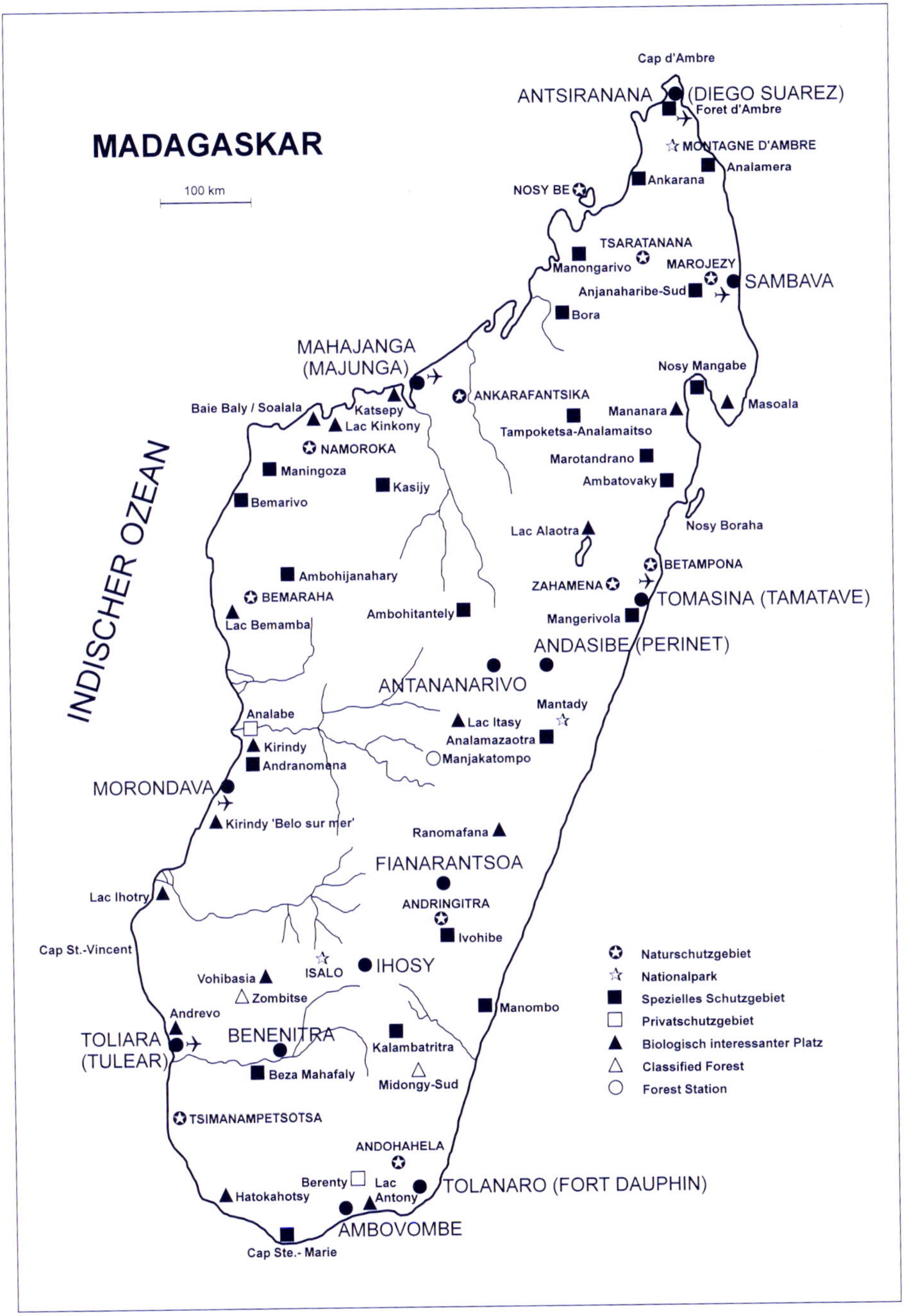
MADAGASKAR
100 km
INDISCHER OZEAN
Cap d'Ambre
ANTSIRANANA (DIEGO SUAREZ)
Foret d'Ambre
MONTAGNE D'AMBRE
Analamera
Ankarana
NOSY BE
TSARATANANA
Manongarivo
MAROJEZY
SAMBAVA
Anjanaharibe-Sud
Bora
MAHAJANGA (MAJUNGA)
Nosy Mangabe
ANKARAFANTSIKA
Masoala
Baie Baly / Soalala
Katsepy
Mananara
Lac Kinkony
Tampoketsa-Analamaitso
NAMOROKA
Marotandrano
Maningoza
Ambatovaky
Kasijy
Bemarivo
Nosy Boraha
Lac Alaotra
BETAMPONA
Ambohijanahary
ZAHAMENA
BEMARAHA
TOMASINA (TAMATAVE)
Ambohitantely
Lac Bemamba
Mangerivola
ANDASIBE (PERINET)
ANTANANARIVO
Mantady
Analabe
Lac Itasy
Analamazaotra
Kirindy
Andranomena
Manjakatompo
MORONDAVA
Kirindy 'Belo sur mer'
Ranomafana
FIANARANTSOA
Lac Ihotry
ANDRINGITRA
Ivohibe
Cap St.-Vincent
ISALO
IHOSY
Vohibasia
Zombitse
Manombo
Andrevo
TOLIARA (TULEAR)
BENENITRA
Kalambatritra
Beza Mahafaly
Midongy-Sud
TSIMANAMPETSOTSA
ANDOHAHELA
Berenty
Lac Antony
TOLANARO (FORT DAUPHIN)
Hatokahotsy
AMBOVOMBE
Cap Ste.- Marie
Naturschutzgebiet
Nationalpark
Spezielles Schutzgebiet
Privatschutzgebiet
Biologisch interessanter Platz
Classified Forest
Forest Station

Durch unkontrolliertes Abbrennen der Weiden werden ganze Landschaften vernichtet.

überwuchern, und zahlreiche Gräser. Wie einmalig hier Flora und Fauna sind, läßt sich am Beispiel des Tsiafajavona auch gut an der Herpetofauna erkennen. So kommt hier sogar eine endemische Geckogattung (*Millotisaurus*) neben einigen nur hier lebenden Chamäleon-Arten (*Furcifer campani, Calumma hilleniusi*) sowie der Gecko-Art *Phelsuma barbouri* und einigen Schlangenarten vor.

Als nächste Vegetationszone wäre das westliche Madagaskar zu erwähnen und die eine identische Flora aufweisende Nordspitze der Insel, als das Gebiet aus dem westlichen Teil des Grundgebirges sowie dem Schichtstufenland. Zwar steht es in diesen niederschlagsärmeren Gebieten noch etwas besser um die ursprüngliche Pflanzenwelt, doch haben auch hier Brandrodungen und Beweidung schon weite Teile der Natur unwiederbringlich zerstört. Die natürliche Pflanzenformation ist der Trockenwald, der Höhen von 20–30 m erreichen kann. Im Gegensatz zu den Regenwäldern des Ostens ist er jedoch lichter und mit weniger Unterholz, Lianen und Orchideen besetzt. Er hat sich im Lauf der Zeit der hier herrschenden Trockenheit durch längere Vegetationsruhen und Laubabwurf angepaßt. Während der Trockenheit speichern zahlreiche Bäume das Wasser in ihren Stämmen. Zu den häufigsten Baumarten gehören Akazien, Palisander und Ebenholz. Außerdem wachsen hier typischerweise noch eine ganze Reihe absonderlicher Baumformen wie die Flaschen-, Mehlsack- und Tonnenbäume. Am meisten beeindrucken einen jedoch die mächtigen Affenbrotbäume oder Baobabs. Diese majestätisch aussehenden Bäume mit plumpem flaschenförmigem Stamm und kleiner Krone durchsetzen den gesamten Trockenwald. Häufig sieht man auch mitten in der neu entstandenen Kultursteppe einzelne dieser riesigen Bäume die ganze Gegend überragen. Dabei verdanken diese Baumriesen ihre Existenz teilweise nur dem Aberglauben, da sie für heilig erklärt wurden. Heute sind von den Baobabs zwölf Arten bekannt, von denen eine in Ostafrika vorkommt und elf in Madagaskar endemisch sind. Das Besondere dieser Bäume ist die enorme Wasserspeicherungskapazität der Rinde, weswegen die Stämme maximal verdickt sind. Leider trägt diese Eigenschaft heute inzwischen maßgeblich zum Aussterben dieser Baumriesen bei, da die Einheimischen, insbesondere während der Dürreperiode, das wasser-

Isalo Gebirge.

speichernde Gewebe der Bäume an ihr Vieh verfüttern. Die Baobabs haben große orangefarbige Blüten und herabhängende Früchte, deren Fleisch von den Lemuren und den Einheimischen gerne verzehrt wird. Die heutige Sekundärvegetation, sie bedeckt auch hier eine größere Fläche als noch die vorhandene Primärvegetation, besteht wie im Hochland aus einer monotonen Grassavanne, die aber stärker von Bäumen und Büschen durchsetzt ist. Typische Pflanzen sind die Satranapalme und der Sakoabaum, da beide sehr widerstandsfähig gegen die Buschbrände sind.

Die letzte Vegetationszone umfaßt den Süden und den Südwesten Madagaskars und zeichnet sich durch seine extreme Niederschlagsarmut aus. Ein einziges heftiges Gewitter bringt oft den gesamten Jahresniederschlag. Gleichwohl besitzt gerade diese Vegetationszone die interessanteste Pflanzenwelt der Insel. Das Gebiet ist so reich an seltenen und endemischen Pflanzen, daß Madagaskar ihm seinen Ruf zu verdanken hat, ein eigener Subkontinent und eine Enklave der Evolution zu sein. Beherrscht wird die Region von zwei Pflanzenfamilien, den strauchförmigen *Euphorbia*-Arten und den nur elf Arten aus der Familie der Didieraceen. Diese beiden Pflanzenfamilien bilden den bis zu 3 m hoch werdenden sogenannten Euphorbien-Didieraceen-Busch oder Dornenwald. Je nach Standort kann der Dornenwald so dicht sein, daß es nicht möglich ist, einen Trampelpfad auch nur wenige Zentimeter nach rechts oder links zu verlassen. In anderen Gebieten hingegen stehen die mit teilweise riesigen Dornen bewaffneten Pflanzen recht verstreut, so daß man das Gelände gut begehen kann. Man könnte jetzt meinen, daß dieses Gebiet aufgrund seiner klimatischen Besonderheiten nicht so stark bedroht ist wie die restliche Primärvegetation auf Madagaskar. Doch dieser Eindruck täuscht, die Spuren der Zerstörung sind überall sichtbar. Riesige Flächen sind bereits abgeholzt und durch Sisalagaven-Plantagen ersetzt. Ihre Samen gelangen auch abseits der Plantagen in den Busch und verdrängen diesen langsam. Aber auch hier ist das Hauptproblem die riesige Anzahl an gehaltenen Zebus. Sie sind wahrscheinlich sogar der Hauptgrund für die von Jahr zu Jahr fortschreitende Vegetationszerstörung Madagaskars. Besonders im Süden muß die natürliche Vegetation weichen, denn die Dornenwälder bieten den Rin-

Tropischer Regenwald auf der Insel Nosy Mangabe.

dern nur wenig Nahrung. So werden sie gerodet und durch eine Opuntien-Art ersetzt, die von den Zebus gerne gefressen wird.
Es scheint als würde dieses Naturdenkmal zerstört werden, bevor die Menschen die Bedeutung seiner Existenz erforscht haben. Mit den Pflanzen sterben auch zahlreiche Wirkstoffe aus, die dem Menschen von Nutzen sein könnten. So gibt es eine Baobab-Art, die scheinbar völlig resistent gegen Termitenbefall ist. Von Stürmen umgekippte Bäume dieser Art liegen noch nach Jahrzehnten ohne zu verrotten auf dem Waldboden. Es scheint schon jetzt fraglich, ob es noch genügend Exemplare gibt, an denen Wissenschaftler die Biochemie dieser Bäume erforschen können, um den Grund für die ungewöhnlich gute Konservierung dieses Holzes zu entdecken.

Tierwelt

Aufgrund seiner Größe und seiner ungewöhnlichen Vielfalt an Lebensräumen hat sich in Madagaskar eine eigenständige Fauna entwickelt. Da Madagaskar schon seit etwa 165 Millionen Jahren von Afrika getrennt ist, konnten die auf dem Land lebenden Tiere, wie zum Beispiel auch die Säugetiere, die Insel allenfalls zufällig auf Treibmaterial erreichen. Auf diese Weise müssen auch die Lemuren, die wohl bekannteste Tiergruppe Madagaskars, dorthin gelangt sein. Leider fehlen jegliche Fossilienbelege aus dieser Zeit, so daß die jüngere Entwicklungsgeschichte nicht zurückzuverfolgen ist.
Da die Neuankömmlinge ohne jede Konkurrenz waren, konnten sie sich reich entfalten. Und so kommt es, daß sie heute alle Vegetationszonen vom Regenwald bis zum Dornenwald besiedeln. Als die ersten Menschen vor weniger als 2000 Jahren nach Madagaskar kamen, gab es schätzungsweise noch 45 Lemuren-Arten. Darunter war auch der bis zu 200 kg schwere *Archaeoindri*, der sich mit einem Gorillamännchen hätte messen können. Heute existieren nur noch ungefähr 22 Arten auf Madagaskar. Sie alle sind niedere Primaten und haben noch vereinzelt Verwandte in der übrigen Welt, wie die Galagos, Pottos und Loris. Mit den höheren Primaten haben sie gemeinsame Vorfahren, gelten aber nicht als deren direkte Vorfahren.
Überall in Madagaskar begegnen einem diese possierlichen Tiere, die leider immer noch gejagt

Typisches Biotop zahlreicher Brookesia-Arten.

und verspeist werden, und dies nicht nur von der armen Bevölkerung. Selbst in einigen einfachen Restaurants kann man sich auf dem Hinterhof seinen Lemur aussuchen. Die größte heute lebende Art ist der bis zu 70 cm große Indri, den man vor allem im Resérve de Faune de Perinet-Amalamkaotra beobachten kann. Die kleinsten unter ihnen sind die Mausmakis, die fast überall auf der Insel verbreitet sind. Die ungewöhnlichste Art jedoch ist das Aye-Aye oder Fingertier, welches sich von Käferlarven und Maden ernährt, die es mit einem besonders langen und dünnen Mittelfinger aus ihren Fraßgängen zieht. Für diese Art wurde ein eigenes Reservat eingerichtet, das „Réserve spécial de Nosy Mangabé".
Weitere erwähnenswerte Säugetiere sind die Flughunde, die sich rein von Obst ernähren und von denen noch zahlreiche Kolonien auf Madagaskar existieren, sowie die Tanreks, denen man überall begegnet.
Etwa 256 Vogelarten leben auf Madagaskar, von denen mindestens 65% endemisch sind. Zu den bekanntesten gehören die Webervögel, das Grauköpfchen und die beiden Wasapapagei-Arten. Auch von dieser Tiergruppe gab es bis vor einigen Jahrhunderten noch Riesenformen wie den bis zu 500 kg schweren Vogel Rock, der wie der Strauß ein reiner Bodenbewohner war.
Relativ arm hingegen ist die Süßwasserfauna, zumal zahlreiche Arten von ausgewilderten Karpfen, Forellen und *Tilapia*-Barschen bereits verdrängt wurden.
Die erstaunlichste Vielfalt aber haben die Insekten hervorgebracht. Man schätzt sie heute auf über 100.000 Arten, wobei sie die bizarrsten Formen zeigen können. Leider ist gerade diese Tiergruppe, abgesehen von den besonders zahlreichen Schmetterlingen, nahezu unerforscht. Einige Schmetterlinge wie *Urania* oder *Actias cometes* erreichen eine Flügelspannweite von bis zu 20 cm. Sehr auffällig sind auch die im Süden überall zu erblickenden roten Bauten der Termiten. Zu den unangenehmen Insekten zählen sicher in erster Linie die Moskitos, die auf ganz Madagaskar verbreitet sind.
Ein anderer Parasit ist der landbewohnende Blutegel, der nur in den Regen- und Bergwäldern vorkommt und dort im feuchten Gras oder Gebüsch auf vorbeikommende Warmblüter wartet.
Die Spinnentiere haben ebenfalls eine erstaunliche Artenvielfalt hervorgebracht. Es gibt zahl-

reiche Skorpione, riesige Radspinnen und selbst Vogelspinnen sind hier heimisch. Letztere findet man z.B. in den Felsen der Montagnes des Français im Norden Madagaskars, der den Franzosen als Festung diente. Diese bohrten damals zahllose Löcher in die Felsen, in denen heute die seltenen Spinnen leben.

Nun aber zu den Amphibien und Reptilien, auch sie zeigen einen erstaunlichen Artenreichtum. Etwa 99% der Reptilien und Amphibien sind heute hier endemisch. Aber auch diese Tiergruppen haben seit der Besiedlung durch den Menschen zahlreiche Arten verloren, wie z.B. die Madagaskar-Riesenschildkröte, die noch größer als die Seychellenschildkröte war. Fossile Funde belegen, daß einmal eine über 10 m lange Krokodilart auf Madagaskar gelebt hat. Ob es sich dabei um Salzwasserkrokodile gehandelt hat, bzw. ob heute noch einige unerkannt auf Madagaskar leben, ist nicht geklärt. Zu sehen bekommt man in der freien Natur in der Regel nur das Nilkrokodil. Wer das Glück hat, einer Opfergabe am Lac Sacre bei Anivorano im Norden Madagaskars beizuwohnen, sollte diese Gelegenheit nutzen. Relativ leicht kann man aber auch die Krokodile beim Schwimmen kurz vor Sonnenuntergang von der Straße aus in einem der beiden Kraterseen auf Nosy Bé beobachten.

Mehr als die Hälfte aller bekannten Chamäleon-Arten stammen von Madagaskar. Dabei sind alle Arten und Gattungen hier bzw. auf den anderen Inseln im Indischen Ozean endemisch.

Häufig zu Gesicht bekommt man die tagaktiven Geckos der Gattung *Phelsuma* und *Lygodactylus*. Besonders die Phelsumen sind meist Kulturfolger und häufig in Plantagen oder Gärten anzutreffen. Selbst bei den in den Baumkronen oder hoch oben in den Palmen lebenden Arten lohnt sich das genaue Überprüfen niedriger Bäume und Bananenpflanzen in unmittelbarer Nähe eines großen bewohnten Baumes, da die kräftigsten Männchen und Weibchen die großen Bäume besetzen und die jüngeren und schwächeren Tiere in die Umgebung vertreiben. Auch einige Nachtgecko-Arten, wie die großen *Uroplatus*-Formen, findet man am leichtesten tagsüber, wenn sie kopfüber hängend an Baumstämmen schlafen. Nur während der Nacht hingegen findet man z.B. die zahlreichen *Paroedura-*, *Geckolepis-* und die kleinen *Uroplatus*-Arten.

Schildkröten hingegen findet man meist eher zufällig im Süden und Westen Madagaskars. Besonders häufig sieht man sie nach Regenfällen, aber auch sonst können sie zufällig den Weg kreuzen. Schlangen begegnet man überall. Die Madagaskarboas leben gerne in der Nähe von Bachläufen oder Teichen, wobei *Sanzinia madagascariensis* meistens zusammengerollt frei am Boden liegt, während die *Acrantophis*-Arten sich unter Baumstämmen und ähnlichen Gegenständen verbergen. In der Zeit von Dezember bis Februar, wenn die jungen Boas geboren werden, kann man sie auch sehr häufig nachts auf dem heißen Asphalt der Straßen entdecken, was natürlich zahlreichen Tieren zum Verhängnis wird.

Auch bei den Amphibien muß man zwischen tag- und nachtaktiven Arten unterscheiden, während man die Mantellen nur tagsüber bis kurz nach Einbruch der Dunkelheit findet, beginnt die Aktivitätszeit für die meisten anderen Arten erst nach Einbruch der Dunkelheit. Besonders zahlreich zu beobachten sind die Tiere während und kurz nach einem Regenfall.

Komoren

Die Inseln des Komorenarchipels liegen etwa 200 km westlich der nördlichen Spitze von Madagaskar im Indischen Ozean, genauer gesagt am Eingang des Kanals von Mosambik. All diese Inseln sind trotz ihrer hervorragenden Wassersportmöglichkeiten und zahlreicher schöner Badestrände bis heute touristisch nur wenig erschlossen. Während Mayotte aufgrund einer Volksabstimmung französisches Überseedepartment geblieben ist, haben sich die anderen Inseln zur Republique Fédérale Islamique des Comores zusammengeschlossen.

Die Inseln der Komoren sind rein vulkanischen Ursprungs.

Die älteste Komoreninsel dürfte Mayotte sein und die jüngste Grande Comore, welche von dem 2361 m hohen Vulkan Karthala überragt wird. Dieser Vulkan ist bis heute aktiv geblieben und bricht etwa alle 10–20 Jahre wieder aus. Diese häufigen Vulkanausbrüche haben auf den Inseln eine eigenartige gleichförmige Landschaft entstehen lassen, so gibt es kaum tiefe Schluchten, Täler oder eingeschnittene Flußbetten.

Die Inseln haben ein tropisch-ozeanisches Klima, das entscheidend durch die Nähe des Meeres beeinflußt wird. So liegen die Temperaturen im Südsommer, etwa von Oktober bis April, je nach Höhenlage, zwischen 25 und 33 °C. Hingegen liegen sie während des Südwinters, etwa von April bis September, nur zwischen 16 und 25 °C. Tropische Wirbelstürme, die im Südsommer in dieser Region auftreten können, erreichen die Insel eher selten. Etwa ab September kommen die Monsunwinde und die Regenzeit, die ihren Höhepunkt im Januar erreicht. Trotzdem ist diese Jahreszeit für jeden herpetologisch interessierten Besucher die beste Reisezeit, da die Pflanzenwelt in voller Blüte steht, und alle Reptilien ihre aktivste Phase aufweisen.

Ähnlich wie auf Madagaskar ist auch hier die Flora stark vom menschlichen Einfluß betroffen. Eine Untersuchung der Pflanzenarten aus dem Jahre 1979 ergab, daß von den 1000 verschiedenen Pflanzenarten etwa 500 vom Menschen eingeführt wurden und nur noch 100 endemisch sind.

Man unterscheidet heute verschiedene Vegetationszonen. Am interessantesten ist der tropischen Regenwald, den man nur noch in den Höhenlagen von 500–1900 m findet. Leider existieren auf den Komoren keine Schutzgebiete, so daß er ständig Bananen- und Maniokpflanzungen weichen muß. Hingegen wird das Bild der niedrigeren Höhenlagen von einer savannenähnlichen Landschaft geprägt. Diese besteht einfach aus Buschwerk, welches sich als Folge von Beweidung und Abholzung entwickelt hat.

Als besonderer Lebensraum muß noch die Heidelandschaft um den Gipfel des Vulkans Karthala erwähnt werden, wo die Riesenheide bis etwa 5 m hoch werden kann. Auf der vulkanischen Schlacke findet man langsame Übergänge von Flechtenbewuchs zu Farnen, Kräutern und schließlich zu holzigen Pflanzen.

Der Boden auf den Inseln besteht aus Laterit (roter Witterungsboden), der zwar reich an Mineralstoffen ist, aber nur einen geringen Humusgehalt aufweist. Überall auf diesen Inseln, wo nun die Wälder weichen, findet eine massive Erosion statt, die so stark ist, daß das Meer um die Insel Anjouan nach heftigen Regenfällen rot gefärbt ist.

Noch viel größer sind die Lücken in unserem Wissen über die komorische Tierwelt. Jüngere Untersuchungen der Herpetofauna fehlen fast völlig, dabei wäre dies dringend notwendig, wie zum Beispiel die in den letzten Jahren entdeckten Phelsumen-Arten zeigen. Für eine Tiergruppe wird es dann allerdings wahrscheinlich schon zu spät sein. So wurden Schlangen von den ausgewilderten Mungos fast völlig ausgerottet. Aber nicht nur die Schlangenbestände haben sich in den letzten Jahren stark verringert, auch zahlreiche der etwa 100 Vogelarten (13 endemische) sind überaus selten geworden. Noch regelmäßig beobachten kann man Lemuren, Flughunde sowie eine Vielzahl von Insekten, besonders Schmetterlinge.

Seychellen

Die Seychellen sind ein politisch selbständiger Staat, bestehend aus 92 kleinen und kleinsten Inseln und Atollen, die nordöstlich von Madagaskar liegen. Trotz einer gesamten Landfläche von nur 455 km^2 beträgt die weiteste Entfernung zwischen den äußersten Grenzen des Inselreiches etwa 1000 km.
Der genaue Ursprung einiger Inseln ist nicht geklärt, da sie nicht, wie sonst bei mitten im Ozean gelegenen Inseln der Fall, vulkanischen Ursprungs sind, sondern vielmehr aus Granit bestehen. Nirgends sonst auf der Welt gibt es mitten im Ozean Felsen aus Granit, der eine der ältesten Gesteinsarten ist. So liegt die Vermutung nahe, daß die Seychellen nur noch die höchsten Erhebungen einer bei dem Auseinanderdriften der Kontinente entstandenen und später im Meer versunkenen, größeren Landmasse sind. Betrachtet man die Meerestiefen um die Inseln, so wird diese Theorie bestätigt. Es zeigt sich, daß dort ein Unterwassergebirge, der sogenannte Maskarenenrücken, existiert, der nur bei den Seychellen noch bis dicht unter die Meeresoberfläche und etwas darüber reicht. Die meisten Inseln bestehen jedoch aus flachen Korallenatollen, auf die Pflanzen und Tiere vom Wind und von Meeresströmungen verschleppt wurden. Auch das Wachstum der Korallenatolle wurde nur durch das Absinken des „Festlandes" möglich. Die Korallen wachsen etwa 2,3 m in 1000 Jahren, was ungefähr der Absinkgeschwindigkeit der ehemaligen Landfläche entspricht. Nur dem Absinken des Meeresspiegels um etwa 10 m ist es zu verdanken, daß zahlreiche Korallenriffe wie Aldabra etwa 10 m hoch aus dem Wasser reichen und heute nur noch in vertikaler Richtung wachsen.
Die höchste Erhebung der Seychellen stellt der Morne Seychellois auf Mahé mit einer Höhe von immerhin 905 m dar.
Die wichtigsten Inseln sind die vier größten: Mahé, Praslin, La Dique und Silhouette. Vor allem sie, aber auch zahlreiche kleine Inseln, die touristisch hervorragend erschlossen sind, prägen durch ihre geologischen und geographischen Besonderheiten, ihrer unvergleichbaren und vielfältigen Schönheit unser Bild von diesem Ferienparadies. Kilometerlange, silberweiße Sandstrände, abgegrenzt nur durch Granitfelsen, die rötlich oder orangefarbig schimmern, klares türkisfarbenes Meer, geschützt durch zahlreiche mächtige Korallenriffe, aber auch die von üppiger Vegetation eingefaßten kleinen Badebuchten und eine einmalige Natur lassen jeden Aufenthalt hier zu einem Erlebnis werden.
Die Seychellen weisen ein tropisches, nahezu gleichbleibendes Klima auf, das maßgeblich durch die Nähe zum Äquator und dazu durch die ausgleichende Wirkung des Meeres beeinflußt wird. Die Tagesdurchschnittstemperaturen schwanken zwischen 24 und 32 °C und liegen nur in Ausnahmefällen darüber. Das ganze Jahr über fallen kurze heftige Regenschauer, die in den Monaten November bis April etwas stärker sind. Die relative Luftfeuchtigkeit liegt immer bei etwa 75% und die durchschnittliche Sonnenscheindauer beträgt während des ganzen Jahres etwa sieben Stunden täglich. Wer jedoch mit einem Schiff Reisen zu weiter entfernten Inseln unternehmen will, sollte die Monate Oktober oder April als Reisezeit wählen, da dann aufgrund weniger starker Winde das Meer ruhiger und sicherer zu befahren ist.
Die Vegetation läßt sich grob in drei Zonen unterteilen, zum einen die Küsten- und Flachlandvegetation, die bis in eine Höhe von 300 m heranreicht. Hier sieht man die Eingriffe des Menschen am deutlichsten. Heute findet man hier vor allem Kokospalmen, aber auch noch Mangroven und die riesigen Takanakabäume. Letztere sind wegen ihres harten und sehr schön gemusterten Holzes stark gefährdet. Die mittlere Vegetationszone weist zugleich den größten Pflanzenreichtum auf. Aber auch hier mußte die ursprüngliche Vegetation weichen und Plantagen Platz machen. Die als Folge der Rodungen einsetzende Erosion wurde mit Hilfe des erst Ende des 15. Jahrhunderts eingeführten Zimt-

Granit-Felsen auf La Digue.

baumes gestoppt. Die typischen Pflanzen dieser Vegetationsstufe sind heute Orchideen, Zimtbäume und Bambus. Die obere Vegetationszone beginnt bei etwa 600 m, und dort wächst auch heute noch dichter Nebelwald.

Die Reptilien- und Amphibienfauna der Seychellen stellt eine der interessantesten der Welt dar. Aufgrund ihrer Abgeschiedenheit sind die meisten Arten hier endemisch, jedoch sind leider schon viele Arten verschwunden. So wurde schon zu Beginn des 19. Jahrhunderts das Krokodil auf den Seychellen völlig ausgerottet. Ebenso erging es den Riesenschildkröten, doch glücklicherweise nicht auf allen Inseln. So leben alleine auf dem heute streng geschützten und nur sehr schwer zu erreichenden Aldabra Atoll etwa 80.000 Exemplare einer Art der ursprünglich auf vielen Inseln im Indischen Ozean und auf Madagaskar beheimateten Elefantenschildkröten. Die heute überall für Touristen gepflegten Tiere stammen alle von dem Inselarchipel Aldabra. Auf La Dique lebt heute noch sehr verstreut in sumpfigen Gebieten die Wasserschildkröte *Pelusios subniger*. Überall bei Wanderungen auf der Insel begegnet man verschiedensten Taggeckos und eigentlich nachtaktiven, aber auch am Tage häufig frei sitzenden Geckos der endemischen Gattung *Ailuronyx*.

Die erstaunlichsten Besonderheiten findet man aber bei den Amphibien-Arten. Nur auf den Granitinseln der Seychellen, scheinbar als Relikt aus vergangenen Zeiten, existieren hier die Blindwühlen, die sonst nirgends auf den Inseln des Indischen Ozeans zu finden sind. Diese unterirdisch lebenden, im Aussehen an Regenwürmer erinnernden Amphibien sind sehr zahlreich, werden jedoch aufgrund ihrer versteckten Lebensweise selten entdeckt. Die Blindwühlen werden heute in drei Gattungen mit zahlreichen Arten unterteilt.

Ebenfalls ganz außergewöhnlich sind die drei kleinen endemischen Froschlurche (*Sooglossus gardineri, S. seychellensis* und *Nesomantis thomasseti*), die heute nur noch in den Hochlagen (550–600 m) von Mahé und Congo Rouge vorkommen. Die beiden Arten der Gattung *Sooglossus* legen ihre Gelege frei auf dem Boden ab und bedecken sie mit feuchter Erde, damit sie nicht austrocknen. Die fertig entwickelten Quappen klettern auf den Rücken der Männchen und verbleiben dort bis zum Abschluß der Metamorphose.

Maskarenen

Réunion

Diese nur 2512 km^2 große, 800 km östlich von Madagaskar gelegene Insel im Indischen Ozean ist die jüngste der Maskarenen Inselgruppe. Sie ist etwa 3 Millionen Jahre alt und vulkanischen Ursprungs. Aufgrund ihres erdgeschichtlich gesehenen jungen Alters erreicht der Vulkan Piton des Neiges eine Höhe von 3069 m. Auch einen bis heute aktiven Vulkan besitzt Réunion, den Piton de la Fournaise mit 2525 m Höhe, der noch immer mehrmals jährlich seine rotglühende Lava in Fontänen in die Luft schleudert.
Politisch gehört Réunion zu Frankreich und hat nahezu die gleichen Rechte wie die Departements des Mutterlandes. Trotz einiger Badestrände, besonders an der vom Wind abgewandten Westküste, und zahlloser Naturschönheiten spielt der Fremdenverkehr nur eine untergeordnete Rolle. Dabei gibt es ein gut ausgebautes Straßennetz und einige Hotels.
Die Insel liegt im tropischen Klimagürtel und weist eigentlich nur zwei Jahreszeiten auf. Zum einen den Sommer von Dezember bis April, in dem die Durchschnittstemperaturen an der Küste etwa 30 °C betragen, und der Winter von Mai bis November mit Temperaturen von durchschnittlich 25 °C. Im Durchschnitt beträgt die Sonnenscheindauer etwa 14 Stunden. Während des Sommers herrscht auch die Regenzeit vor, wobei aber Dauerregen selten anhält. Der tropische Regen fällt in kurzen kräftigen Schauern. Ganz anders ist da schon das Klima in den höheren Regionen. Hier ist es auch im Sommer recht kühl und die jährlichen Durchschnittstemperaturen liegen bei unter 18 °C. Auch Schneefälle sind nicht unbekannt, jedoch schneit es meist nachts, während tagsüber der Schnee recht schnell taut. Die Frostgrenze liegt bei etwa 1500 m. Hier regnet es auch außerhalb der Regenzeit fast täglich und weite Gebiete sind häufig in Nebel eingehüllt. Für Spaziergänge in den Hochlagen ist daher wetterfeste Kleidung notwendig. Die in dieser Region häufigen Zyklone treten fast immer von Dezember bis April auf.
Leider mußte die Natur auch auf dieser Insel dem Menschen weichen und so findet man große primäre Waldgebiete nur noch in den Hochlagen. Glücklicherweise ist aber ein großer Teil der Fläche wieder aufgeforstet worden, so daß heute wieder etwa 40% der Insel in den tieferen Lagen mit Regenwald und in den höheren Lagen mit Laubwald bedeckt sind. Die tropischen Regenwälder sind sehr eindrucksvoll. Sie sind mit Baumfarnen durchsetzt, und die Baumstämme der Urwaldriesen sind über und über mit Moosen, Flechten, Farnen und Orchideen bedeckt. Eine winterliche Ruhezeit von Flora und Fauna gibt es hier nicht, und man kann das ganze Jahr über die üppige Vegetation in voller Blüte bewundern und die Tiere beobachten.
Auch auf dieser Insel haben die Menschen die Vegetation stark verändert, indem sie zahlreiche Pflanzen dort heimisch machten. An den Küsten erstrecken sich Zuckerrohrfelder soweit das Auge reicht.
Mit dem primären Regenwald verschwanden auch zahlreiche Tierarten wie die flugunfähigen Vögel (Dodos), zahlreiche Papageien-Arten und die Elefantenschildkröte. Am häufigsten begegnet man heute Vögeln und Reptilien. Von den Vögeln ist ein großer Teil aus Madagaskar eingewandert.
Ebenfalls ausgerottet waren die Meeresschildkröten, für die jedoch eine auf der Welt einzigartige Aufzuchtfarm bei St. Leu errichtet wurde, wo die Tiere gehalten und kommerziell genutzt werden.
Einige 500–800 km entfernte Inselgruppen, wie das Archipel der Iles Glorieuses und die Inseln Juan de Nora, Europa und Bassas da India, gehören noch zu Réunion. Sie wurden allerdings unter Naturschutz gestellt und stehen dem Tourismus nur begrenzt zur Verfügung.

Oben: Strand auf Réunion. ▷
Unten: Piton de la Fournaise.

Mauritius

Mauritius ist wieder einmal eine Trauminsel mehr im Indischen Ozean. Sie ist wie alle Inseln der Maskarenen vulkanischen Ursprungs und liegt östlich von Madagaskar, etwa zwischen Réunion und Rodrigues. Erdgeschichtlich handelt es sich um eine sehr alte Insel. Die ältesten geologischen Formationen sind etwa 700 Millionen Jahre alt. Als Folge davon erreicht die höchste Erhebung der „Piton de la Riviére Noire" nur noch 828 m, und sämtliche vulkanische Tätigkeit ist seit langem erloschen. Im Inneren der Insel jedoch findet man auch heute noch zahlreiche Kraterseen.

Im Laufe der Zeit haben die Erosionskräfte Mauritius in eine vielfältige und reich gegliederte Landschaft verwandelt. Bedingt durch das Alter und das Absinken der Insel konnten entlang der Küste riesige Korallenriffe wachsen, die zusammen mit den weiten, mit weißen Palmen bewachsenen Sandstränden, die nur von schwarzen Lavafelsen gesäumt sind, unser eigentliches Bild von Mauritius prägen.

Seit dem 12. März 1968 ist Mauritius ein unabhängiger Staat und lebt insbesondere von der Landwirtschaft, aber auch vom Tourismus, der heute ungefähr den drittwichtigsten Industriezweig des Landes darstellt.

Man unterteilt die Insel in drei verschiedene Landschaftstypen. Da wäre als erstes der Küstenstreifen, dann kommt die Ebene, sie wird nahezu ausschließlich landwirtschaftlich genutzt, und zum Schluß das „Hochland", welches sich aus recht bizarr geformten und sehr steil aufragenden Bergen zusammensetzt, die so über ihre geringe Höhe hinwegtäuschen. Viele der Berge sind nur schwer zugänglich und dürften noch einige Geheimnisse bergen. Hier finden sich auch die letzten kleinen Reste von Primärwäldern.

Heute prägt das Zuckerrohr, das 90% der gesamten nutzbaren Fläche bedeckt, das Bild der Landschaft. Die primären Regenwälder mit ihrer endemischen Vegetation sind fast vollständig zerstört. Erst viel zu spät hat man damit begonnen, einige kleine Naturparks zu errichten.

Nicht viel besser sieht es in der Tierwelt aus. Anstelle der ursprünglichen Arten, die bis auf einige Vogel-, Fledermaus- und zahlreiche Reptilien-Arten fast völlig ausgerottet wurden, leben heute fast nur noch vom Menschen eingeführte Tierarten auf der Insel. Besonders lohnenswert ist ein Besuch im Casela Bird Park, ein Zoo mit Volieren, inmitten eines Vogelschutzgebietes gelegen.

Seit der Besiedelung durch den Menschen hat auch die Reptilienfauna stark gelitten. Einige Schlangen-Arten und die große Elephantenschildkröte wurden bereits vor langer Zeit ausgerottet. Das häufig anzutreffende Chamäleon (*Furcifer pardalis*) und die Schönechse (*Calotes versicolor*) wurden allerdings von dem Menschen eingeführt. Besonders eindrucksvoll und gut zu beobachten sind die zahlreichen, sehr farbenfreudigen Phelsumen-Arten.

Die Jahreszeiten unterscheiden sich nur durch einen geringen Temperaturunterschied, so liegen die Temperaturen im Südsommer, etwa November bis April, an der Küste bei über 30 °C und im Südwinter nur etwa um 5 °C niedriger. Das ganze Jahr über fallen tropische Niederschläge, die Hauptregenzeit jedoch liegt in den warmen Monaten.

Ein besonderes Problem der Maskarenen-Inselgruppe stellen die Zyklone dar. Diese sporadisch auftretenden Wirbelstürme entstehen im Indischen Ozean östlich der Maskarenen und wandern mit ungeheurer Gewalt westwärts. Sie haben im starken Ausmaß Einfluß auf die Gestalt der Landschaft gehabt, aber auch auf die Tier- und Pflanzenwelt. Dies zeigt sich bei den Insekten besonders deutlich. Vermutlich wurden alle großflügeligen Insekten von der Insel heruntergeweht, und nur flügellose und kleinflügelige Arten haben überlebt. Auf diese Weise erklärt man auch die relative Seltenheit von Moskitos. Wer die Wirbelstürme meiden will, sollte nicht zwischen November und April nach Mauritius fliegen.

Zu Mauritius gehört noch eine ganze Reihe kleiner Inseln, ferner aber auch Inselarchipele, von denen Round Island, eine kleine vor der Nordspitze gelegene Insel, besonders erwähnt werden muß. Die Insel steht unter Naturschutz und beherbergt seltene Reptilien-Arten.

Mauritius (Chamazel – Bunte Erde). ▷

Phelsuma guimbeaui rosagularis im natürlichen Lebensraum.

Wasserfall auf Mauritius.

Rodrigues

Rodrigues ist die östlichste Vertreterin der Maskarenen-Inseln. Genau wie Mauritius und Réunion ist die knapp 110 km^2 große Insel vulkanischen Ursprungs. Allerdings weist sie aufgrund einer andersartigen eruptiven Tätigkeit (langsamer Vulkanausfluß) und ihres Alters eine ganz eigene Struktur auf. So hat der höchste Berg gerade einmal eine Höhe von 392 m. Die Insel gehört politisch zu Mauritius, wurde aber bis heute vom Tourismus nicht entdeckt. Und dabei hat auch sie unberührte Strände zu bieten, die durch ein gewaltiges Korallenriff geschützt sind. Landschaftliche Höhepunkte stellen sicherlich die riesigen im Südwesten gelegenen Tropfsteinhöhlen dar.

Die ursprüngliche Vegetation, ein geschlossener Regenwald aus tropischen Edelhölzern, wurde an allen erreichbaren Stellen gerodet. Heute findet man letzte Reste des Primärwaldes nur in völlig unzugänglichen Schluchten, die bis zum heutigen Tag noch nicht erforscht wurden. In ihnen leben vermutlich auch noch die schon als ausgestorben geltenden Phelsumen-Arten *Phelsuma edwardnewtoni* und *Phelsuma gigas.*

Artenbeschreibungen

Amphibien

Blindwühlen
Familie Caeciliidae

Mit zu den erstaunlichsten Besonderheiten dieser einmaligen Herpetofauna gehört sicherlich auch das völlig isolierte Vorkommen der Blindwühlen, auch Erdwühlen oder Schleichenlurche genannt, auf den Seychellen. Es handelt sich bei diesen Tieren um eine eigenständige Wirbeltiergruppe, über die nur sehr wenige Einzelheiten bekannt sind. Gefunden werden die Lurche auf allen Granit-Inseln, wie unter anderem auf den vier Hauptinseln Mahé, Praslin, Frégate und Silhouette. Das Auftreten dieser Tiergruppe auf den Inseln läßt sich nur so erklären, daß die Seychellen die letzten Reste eines untergegangenen Kontinents (des sogenannten Maskarenenrückens) sind, der früher einmal von den Blindwühlen bewohnt wurde.
Bei den Blindwühlen handelt es sich um gliedmaßenlose Lurche, die ein regenwurmartiges Aussehen besitzen. Die Haut sieht wie nackt aus, wobei die Körperoberfläche und der kurze Schwanz charakteristisch geringelt sind. Alle Arten auf den Seychellen besitzen eine hufeisenförmige Tentakelgrube. Die Grundfärbung ist immer recht dunkel, wobei die Tiere violette, dunkelpurpurne, braunschwarze bis fast ganz schwarze Farbtöne zeigen können.
Systematisch stellen die Blindwühlen eine eigene Ordnung der Amphibien, nämlich die der Gymnophiona dar. Die auf den Seychellen beheimateten Arten gehören alle zur Familie der Caeciliidae und werden in drei endemische Gattungen unterteilt. Einerseits die fünf bekannten Arten der Gattung *Grandisonia*, sie weisen eine Gesamtlänge von 10–33 cm auf, und andererseits die bis heute aus drei Arten gebildete Gattung *Hypogeophis* sowie *Praslinia.* Unterscheiden lassen sich die Gattungen anhand der Anzahl der Primärfurchen, so besitzt *Grandisonia* maximal 88 und *Hypogeophis* mindestens 96. Außerdem ist die Haut der *Hypogeophis*-Arten mit kleinen Schuppen besetzt, während die Arten der Gattung *Grandisonia* nur kleine Kalkschuppen in der Unterhaut besitzen.
Obwohl diese Tiere in ihren Verbreitungsgebieten sehr häufig sind, ist kaum etwas über ihre Biologie bekannt. Selten wird ein Tourist einem dieser Tiere einmal begegnen, denn die Blindwühlen leben, wie ihr Name schon verrät, hauptsächlich unterirdisch. Lediglich bei den Arten der Gattung *Grandisonia* wird vermutet, daß sie zumindest teilweise halb aquatisch leben. Normalerweise findet man die Tiere etwa 20–30 cm tief unter der Vegetationsnarbe im lockeren Humus, aber auch im kiesigen und körnigen Untergrund, der immer leicht feucht bis sehr naß sein muß. Häufig trifft man sie in Bachbetten an, und selbst in mit Sand gefüllten Bodenvertiefungen und in Taschen zwischen den Granitfelsen, die nur nasses Laub und faulendes Holz enthalten, sind sie zu finden.
Bevorzugtes Futter im Terrarium sind Wachsraupen.
Auch über die Fortpflanzung ist so gut wie nichts bekannt. Sicher ist, daß die Tiere Eier legen und die Larven eine gewisse Zeit rein aquatisch leben.

Froschlurche

Die Gruppe der Amphibien setzt sich zusammen aus den Froschlurchen (Salientia), den Schwanzlurchen (Caudata) und den Blindwühlen (Apoda/Gymnophiona). Von den letzteren beiden unterscheiden sich die Froschlurche im erwachsenen Zustand morphologisch dadurch, daß sie keinen Schwanz mehr besitzen. Auch im Skelett finden sich einige gravierende Unterschiede. Während die Frösche und Kröten höchstens 9 Rückenwirbel besitzen, haben die Schwanzlurche 30–100 und die Blindwühlen sogar bis zu 250 Stück.
Darüber hinaus sind die meisten Froschlurche in der Lage Töne abzugeben. Die Intensität der

Rufe ist sehr unterschiedlich. Man hört einige Arten nur, wenn man sich in unmittelbarer Nähe befindet, und andere wiederum kann man noch kilometerweit vernehmen. Jede Art hat ihre ganz individuelle Tonzusammensetzung, sowohl was Impulsdichte als auch unterschiedliche Frequenzen angeht. Deshalb versuchen Wissenschaftler bereits seit langem, die Arten an ihren unterschiedlichen Lautäußerungen zu unterscheiden.
Die Rufe bilden sich durch Vibrationen der Stimmbänder in der Kehle. Beim Ausatmen von größeren Luftmengen entstehen auf diese Weise die meisten Laute. Einzige Ausnahmen sind hierbei die Unken, die sowohl beim Ein- und Ausatmen einen Ton erzeugen können. Durch das Aufblähen von Schallsäcken werden die Töne der Stimmbänder nicht direkt verstärkt, sondern die Tonschwingungen werden über eine größere Abstrahlfläche in die Luft abgeleitet.
Diese Stimmgewaltigkeit setzt natürlich auch voraus, daß die Tiere in der Lage sind, diese Lautäußerungen zu empfangen. Aus diesem Grund besitzen die meisten Arten beiderseits des Kopfes auffällige Trommelfelle. Jedes Weibchen ist in der Lage, aus einer Gruppe rufender Männchen verschiedener Arten, den passenden Partner zu erkennen.
Einige Arten findet man nur während der Paarungszeit, da zu diesem Zeitpunkt die Rufaktivitäten am größten sind. Die Fortpflanzungszeit wird meistens durch Umwelteinflüsse gesteuert. So sind es häufig lang anhaltende Regenfälle, Temperaturunterschiede oder aber auch Luftdruckschwankungen, die zur Stimulation der Geschlechtspartner führen können.
Wir finden innerhalb des hier beschriebenen Verbreitungsgebietes ein breites Spektrum verschiedener Fortpflanzungsstrategien, angefangen von der Brutpflege bei der Aufzucht der Quappen bei der Gattung *Sooglossus*, über das Höhlenbrüten einzelner Arten innerhalb der Gattungen *Mantella* oder *Plethodontohyla* bis hin zu Schaumnestbauern bei *Stumpffia* sowie Freilaichern, z.B. bei *Tomopterna*.
Viele Arten sind noch nicht erforscht, und es werden immer noch neue Arten entdeckt. Aber auch bei den Fröschen sind es die gleichen Probleme, die zum Aussterben von eventuell noch nicht einmal entdeckten Arten führen, wie bei den Reptilien. Nur durch die Erweiterung unserer Kenntnisse über die Tiere und deren Lebensräume sind wir in der Lage, den Bedürfnissen der verschiedenen Arten gerecht zu werden.

Systematik der Frösche Madagaskars

Familien	Unterfamilien	Gattungen
Microhylidae	**Dyscophinae**	*Dyscophus*
	Scaphiophryninae	*Scaphiophryne*
		Paradoxophyla
	Cophylinae	*Anodonthyla*
		Cophyla
		Madecassophryne
		Platypelis
		Plethodontohyla
		Rhombophryne
		Stumpffia
Hyperoliidae	**Hyperoliinae**	*Heterixalus*
Ranidae	**Raninae**	*Ptychadena*
		Tomopterna
Mantellidae	**Mantellinae**	*Mantella*
Rhacophoridae		*Mantidaetylus*
		Aglyptodactylus
		Boophis
		Laurentomantis
		Megalixalus

Aglyptodactylus madagascariensis
(Duméril, 1853)

Terra typica: Madagaskar
Verbreitung: Das Hauptvorkommen liegt an der Ostküste und erstreckt sich bis ins zentrale Hochland hinein. Im Norden wurde diese Art an verschiedenen, voneinander isolierten Stellen gefunden, dagegen im Westen nur in der Nähe von Antsalova.
Lebensraum: Die Tiere sind nicht an einen speziellen Lebensraum gebunden. Durch ihre gute Anpassungsfähigkeit haben sie ein großes Verbreitungsgebiet besiedelt. Allerdings leben auch diese Frösche nur auf einem etwas feuchten Untergrund und benötigen immer feuchte Rückzugsgebiete. Sehr häufig sieht man die Tiere auf offenen Flächen innerhalb der geschlossenen Waldgebiete.
Größe: Mit einer Größe von 92 mm dürften die Weibchen ausgewachsen sein. Die Männchen bleiben wahrscheinlich deutlich kleiner.
Kennzeichen: Da die Tiere sehr weit verbreitet sind, haben sie auch farblich zahlreiche Variationen hervorgebracht. Vom Habitus ähneln die Frösche unserem einheimischen Grasfrosch. Auffallend ist die sehr spitz zulaufende Schnauze. Die Hinterbeine sind als Sprungbeine gut ausgebildet, und die Zehen sind durch Schwimmhäute verbunden. An den Fingern befinden sich keine Schwimmhäute. Die Grundfärbung ist meistens hellbraun bis beigegrau. Die Hinterbeine sind mit dunklen Querbändern gezeichnet. Ein schwarzer Streifen mit einigen Verdickungen zieht sich von der Schnauzenspitze über das Auge bis hin zur Achselgegend.
Biologie: Es handelt sich bei diesem Frosch um eine monotypische Gattung. Die Tiere zeichnen sich durch den Besitz von Brunftschwielen und durch das Fehlen von Femoraldrüsen aus. In den Monaten Oktober bis Dezember wurden die Männchen abends rufend in der Nähe von Gewässern gefunden. Die kleinen Eier werden in ruhigen, meist stehenden Gewässern direkt an sonnenbeschienenen Stellen abgelegt. Die Entwicklung der Larven ist nach 4–6 Wochen abgeschlossen. Die frisch umgewandelten Frösche haben eine Größe von 10–15 mm.
Terrarium: Das Terrarium sollte eine große Grundfläche besitzen. Ein größeres Wasserbekken sollte vorhanden sein. Der Bodengrund kann aus Waldboden bestehen und mit einer Schicht Laub abgedeckt werden. Einige robuste Pflanzen sowie zahlreiche Kletteräste sollten als Versteckplätze vorhanden sein.

Boophis albipunctatus

Glaw & Thiesmeier, 1993

Terra typica: Tolanaro
Verbreitung: Die Art, von der zwei Unterarten beschrieben worden sind, ist bisher nur aus Ost-Madagaskar bekannt geworden. *B. a. albipunctatus* lebt in den Bergen zwischen Nahampoana und Mandena, sowie nördlich von Tolagnaro, und *B. a. sibilans* lebt in der Gegend um Andasibe im zentralen Ostmadagaskar.
Lebensraum: Beide Formen sind typische Waldbewohner. Die Tiere leben hoch auf den Bäumen im primären Regenwald.
Größe: *B. albipunctatus* erreicht eine maximale Gesamtlänge von ca. 40 mm. Es ist aber gut möglich, daß die Tiere noch erheblich größer werden.
Erkennungsmerkmale: Die Grundfärbung beider Formen ist ein leuchtendes kräftiges Grün und eine feine weiße Punktzeichnung, die sich selbst auf den Gliedmaßen fortsetzt. Nur bei *B. a. sibilans* sind die Oberschenkel nicht punktiert, sondern weisen drei größere weiße Flecken in gleichmäßigem Abstand auf. Die Bauchseite ist weißlich. Die Männchen von *B. a. albipunctatus* besitzen eine grünliche Kehlfärbung und die Männchen von *B. a. sibilans* eine bläuliche. Die auffallend großen Augen zeigen eine gelbliche Iris und eine waagerechte Pupille. Nur zwischen den Zehen besitzen die Tiere Schwimmhäute. Sowohl die Finger als auch die Zehen weisen vorne verbreiterte Scheiben auf.
Biologie: Es handelt sich um eine streng nachtaktive, hoch oben in großen Bäumen lebende Frosch-Art. Selbst rufende Männchen wurden nach Einbruch der Dunkelheit nur äußerst selten einmal in einer Höhe von unter 3 m auf Blättern oder Zweigen in der Nähe eines Baches beobachtet.
Terrarium: Die Art benötigt ein sehr geräumiges Regenwaldterrarium mit einem Wasserteil. Wegen der enormen Sprungkraft sollte der Behälter nicht zu klein gewählt werden. Die Einrichtung kann aus zahlreichen dickeren Kletterästen und einer üppigen Bepflanzung aus dekorativen Farnen und großblättrigen Rankpflanzen bestehen. Die Tageshöchsttemperaturen sollten bei 25–28 °C liegen. Täglich, am besten morgens und abends, muß das gesamte Terrarium überbraust werden.

Boophis jaegeri

Glaw & Vences, 1992

Terra typica: Bei Andoany
Verbreitung: Die Art ist bisher nur von der kleinen im Nordwesten von Madagaskar gelegenen Insel Nosy Bé bekannt geworden. Gefunden wurden dort jedoch nur Männchen und zwar zum einen in der Nähe von Andoany und zum anderen in dem Naturschutzgebiet Lokobe, dem letzten Rest der Primärvegetation auf dieser Insel.
Lebensraum: Bei *B. jaegeri* handelt es sich um einen ausgesprochenen Baumbewohner. Die wenigen bis heute entdeckten Tiere saßen alle höher als 2 m über dem Erdboden. Dabei scheint diese Art nicht so streng an den Regenwald angepaßt zu sein, da die Tiere auch außerhalb des Waldes beobachtet wurden.
Größe: Die gefundenen Männchen weisen eine maximale Gesamtlänge von 30 mm auf. Die Vermutung liegt nahe, daß die Weibchen, wie bei zahlreichen anderen Arten, deutlich größer werden.
Erkennungsmerkmale: Die Frösche zeigen eine grüne bis gelbliche Grundfärbung und darauf ein Muster aus dunkelgrünen Flecken. Die großen hervorstehenden Augen weisen eine horizontale Pupille und sehr häufig einen blauen Rand auf. Die helle Iris ist durchsetzt mit roten Farbpigmenten. Sowohl an den Händen als auch an den Füßen sind die Schwimmhäute mäßig stark ausgebildet.
Biologie: Die Männchen rufen während des gesamten Abend und der Nacht von erhöhten Punkten im Baum aus. Die Eier werden in langsam fließenden Bächen und in stehenden Gewässern abgesetzt. Bis heute ist kaum etwas über die Biologie dieser nur in luftiger Höhe lebenden Art bekannt.
Terrarium: Die Frösche benötigten ein hohes Regenwaldterrarium, dessen Seitenwände mit Rankpflanzen stark bewachsen sind. Ferner sollten zahlreiche Kletteräste nicht fehlen. Ein kleines Wasserteil und häufiges Überbrausen des gesamten Terrariums tragen stark zum Wohlergehen der Tiere bei.

Boophis luteus

(Boulenger, 1882)

Terra typica: Ankafana

Verbreitung: Die Art lebt in ganz Ost- und in weiten Teilen Zentral-Madagaskars. Sie wird sowohl an der Küste, etwa bei Tolagnaro, als auch in Höhenlagen von über 1000 m gefunden.

Lebensraum: *B. luteus* ist ein typischer Baumbewohner der letzten primären Berg- und Regenwälder. Nachts kann man die Frösche aber auch auf Büschen und Felsen am Waldrand entdecken. Häufig sitzen sie auf einem Ast hinter der äußersten Blattreihe, so daß sie zum einen etwas geschützt sind und zum anderen anfliegende Beutetiere sofort entdecken.

Größe: Mit einer maximalen Gesamtlänge von 60 mm gehört *B. luteus* zu den größeren Frosch-Arten. Die Männchen bleiben jedoch deutlich kleiner.

Erkennungsmerkmale: Es handelt sich um sehr hübsche Frösche, die auf einer leuchtend grünen Grundfärbung eine fast weißliche Zeichnung besitzen. An den Händen besitzen die Tiere Schwimmhäute, die an den Füßen nur noch ansatzweise zwischen den ersten und zweiten und zwischen den zweiten und dritten Zehen vorhanden sind. Besonders auffallend ist die teilweise rote Färbung der Iris.

Biologie: Paarung und Amplexus wurden im März beobachtet. Dabei legen die Weibchen über 200 sehr kleine Eier in einem Gewässer ab. Dort entwickeln sich die Quappen und überdauern den Südwinter, um etwa im Oktober bis November das Wasser als fertiger Frosch zu verlassen. Diese Fortpflanzungsstrategie ist äußerst günstig, da die jungen Frösche in der Hauptregenzeit, wenn auch ausreichend Nahrung vorhanden ist, an Land gehen.

Terrarium: Die Art benötigt ein sehr geräumiges und hohes Regenwaldterrarium mit einem kleineren Wasserteil. Die Einrichtung kann aus zahlreichen dicken Kletterästen und einigen großblättrigen Rankpflanzen gestaltet werden. Die Tageshöchsttemperaturen sollten 25 °C nicht übersteigen. Zweimal täglich muß der gesamte Behälter überbraust werden.

Boophis madagascariensis

(Peters, 1874)

Terra typica: Marojezy
Verbreitung: Die Tiere wurden im mittleren Osten von Madagaskar bis hinunter zum Süden gefunden.
Lebensraum: Es sind in der Regel Baumbewohner, die wir bis in 10 m Höhe gefunden haben. Sie sitzen sowohl im Blattwerk der Bäume als auch auf deren Ästen. Während der Laichzeit finden sich die Tiere an allen größeren Wasserstellen im Wald oder in der Nähe von Waldgebieten. Die Art bewohnt nur primäre Waldgebiete.
Größe: Mit einer Größe von 60–80 mm, wobei die Männchen etwas kleiner bleiben, gehören sie schon zu den größeren Frosch-Arten Madagaskars.
Erkennungsmerkmale: Die Grundfärbung besteht aus einem Braunton mit dunkelbraunen Querbändern an den Extremitäten. An den Ellenbogen und an den Fersen befinden sich große Hautlappen. Der Bauch ist hellbeige gefärbt. Die Tiere besitzen große verbreiterte Fingerspitzen mit starken Hafteigenschaften. Nur während der Laichzeit ist die Haut der Männchen leicht granulär. Die Nasenlöcher liegen bei dieser Art in der Mitte zwischen den Augen und der Schnauzenspitze.
Biologie: Rufende Männchen findet man immer in der Nähe von Gewässern, entweder direkt auf dem Boden oder kurz darüber in der Vegetation. Die Paare kann man beim axillaren und lumbaren Amplexus beobachten. Dabei legen die Weibchen etwa 400 Eier pro Gelege. Die Eier wurden aber auch einzeln in seichten, langsam fließenden Gewässern meist im Schatten gefunden. Sie sind ungefähr 3 mm groß und mit einer gallertartigen Umhüllung umgeben. Nach ca. einer Woche schlüpfen die bräunlich aussehenden Kaulquappen. Sie leben hauptsächlich in ruhigen Wasserzonen. Ihr Maul ist eher klein und bauchwärts gerichtet. Die Jungfrösche haben nach der Metamorphose eine Größe von 13–24 mm. Sie sind hellgrün gefärbt mit dunkelbraunen Flekken auf dem Rücken und dunkelbraunen Bändern auf den Extremitäten. Auf dem Kopf, zwischen den Augen, verläuft eine dunkelbraune Linie.
Terrarium: Für diese Art kommt nur ein großes Regenwaldterrarium mit einem größeren Wasserbecken in Frage. Um die Tiere in Paarungsstimmung zu versetzen, muß eine Regenzeit imitiert werden.

Boophis rappiodes

(Ahl, 1928)

Terra typica: Ankoraka
Verbreitung: Die einzelnen Fundorte von *B. rappiodes* sind wieder nur von der Ostküste Madagaskars bekannt geworden. Dabei kommen die Tiere besonders häufig im Großraum Andasibe-Moramanga in einer Höhenlage von etwa 800 m über dem Meeresspiegel vor. Sie werden aber selbst an der Küste bei Tolagnaro gefunden.
Lebensraum: Die Frösche leben sowohl im Wald als auch außerhalb. Es scheinen keine ausgeprägten Baumbewohner zu sein, wie die meisten anderen *Boophis*-Arten. Während einer regnerischen Nacht wurde ein Paar im Amplexus an einem Teich beobachtet. Rufende Männchen findet man überall in der Nähe von Gewässern.
Größe: Die Weibchen erreichen eine maximale Gesamtlänge von 34 mm, während die Männchen mit maximal 24 mm deutlich kleiner bleiben.
Erkennungsmerkmale: *B. rappiodes* gehört sicherlich mit zu den farblich attraktivsten madagassischen Frosch-Arten. Auf einer teilweise leuchtend grünen Grundfärbung zeigen die Tiere ein Muster aus intensiv roten kleinen Flecken, das sich teilweise bis auf die Gliedmaßen fortsetzt. Entlang der Flanken verläuft ein bereits vor den Augen beginnender, heller Streifen. Die Rückseite der großen hervorstehenden Augen ist ebenfalls intensiv rot gefärbt. Die Körperunterseite und die Seiten sind durchsichtig. An den Händen und Füßen sind die Schwimmhäute teilweise nur recht schwach ausgebildet.
Biologie: Die Weibchen setzen ihre bis zu 260 Eier umfassenden Gelege in langsam fließenden Bächen mit einem starken Bewuchs ab. Die frisch metamorphierten Jungfrösche messen etwa 11,5 bis 14 mm.
Terrarium: Die Art läßt sich gut in geräumigen Regenwaldterrarien mit einem großen Wasserteil pflegen. Wichtig ist eine üppige Bepflanzung und zahlreiche Kletteräste. Für eine erfolgreiche Zucht sollte man versuchen, die Jahreszeiten zu imitieren.

Boophis tephraeomystax
(Duméril, 1853)

Terra typica: Madagaskar und die zugehörige Insel Nosy Bé
Verbreitung: Diese Art wurde an der gesamten, mehr als 3000 km umfassenden Küstenregion von Madagaskar gefunden.
Lebensraum: Es sind keine ausschließlichen Waldbewohner. Man findet sie viel häufiger in offenen Geländen, in der Nähe von Sümpfen oder überschwemmten Gebieten.
Größe: Die Weibchen erreichen eine Gesamtlänge von 50 mm während die Männchen meistens bereits mit 40 mm ausgewachsen sind. In einigen Populationen wurden auch größere Tiere gefunden.
Erkennungsmerkmale: In der Färbung sind die Tiere sehr variabel. Dies hängt auch mit dem großen Verbreitungsgebiet zusammen. Sie können sowohl grün als auch braun gefärbt sein. Eine hellbeige Farbe mit einigen Gelbtönen an den Flanken ist sehr häufig. Das große Trommelfell ist auffallend. Die Iris der Augen ist gelb. An den Fingern und Zehen befinden sich deutlich sichtbare Haftscheiben. Die Finger sind frei von Spannhäuten.
Biologie: Den Tag verbringen die Tiere sehr gerne in den Blattachseln von Pflanzen. Die großen hervortretenden Augen sowie die horizontal stehende Pupille weisen schon darauf hin, daß die Tiere nachtaktiv sind. Am häufigsten hört man die Männchen nach Regenschauern rufen. Der Ruf dauert ca. 60 ms. und klingt wie ein kurzes, hohes Quieken. In der Nacht rufen die Männchen hauptsächlich aus Feuchtgebieten wie Reisfeldern und Sümpfen.
Terrarium: Geeignet ist ein bepflanztes Terrarium mit einem Temperaturbereich zwischen 25–28 °C. Eine nächtliche Abkühlung auf 20 °C schadet den Tieren nicht. Eine zeitweise trokkene Haltung mit einer sich anschließenden, länger anhaltenden Regenzeit wirkt sicherlich paarungsstimulierend. Während dieser Zeit sollte ein größeres Wasserbecken mit einer flachen Randzone vorhanden sein.

Boophis viridis

Blommers-Schlösser, 1979

Terra typica: Andasibe
Verbreitung: Bisher ist diese Art nur von der Terra typica bekannt geworden.
Lebensraum: Die klimatischen Verhältnisse, besonders die Temperaturunterschiede von Andasibe, sind sehr extrem. Die jahreszeitlichen Schwankungen können erheblich sein. Bei diesem Frosch handelt es sich um eine baum- und strauchbewohnende Art. Wir fanden die Tiere während der Regenzeit auf den Blättern sitzend in ca. 2–4 m Höhe.
Größe: Die Frösche erreichen eine Größe um 30 mm.
Erkennungsmerkmale: Die Grundfärbung ist ein Hellgrün mit einer ganz feinen roten Punktzeichnung. Die großen, etwas hervorstehenden Augen sind blau eingefaßt. Die Bauchfärbung ist weißlich, fast durchscheinend. Die Pupille ist waagerecht und von einer rotbraunen Iris eingefaßt. An den Fingern und Zehen sind breite Haftscheiben vorhanden. An den Händen und an den Füßen fehlen jegliche Schwimmhäute.
Biologie: Diesen nachtaktiven Frosch findet man in der Regel nach kräftigen Regenschauern. Dann hört man auch das Rufen der Männchen, die in einer Höhe von 1–2 m auf den Blättern von niedrigen Sträuchern sitzen.
Terrarium: Die Art wird in einem gut bepflanzten Regenwaldterrarium gepflegt. Voraussetzung für eine Zucht sind wahrscheinlich langanhaltende Regentage. Da über die Biologie nichts näheres bekannt ist, aber innerhalb der Gattung verschiedene Arten der Fortpflanzung bekannt sind, müssen mehrere Möglichkeiten in Betracht gezogen werden. Die Einrichtung sollte aus einem größeren Wasserbecken sowie darüberhängenden Pflanzen bestehen. Die extremen klimatischen Bedingungen des Verbreitungsgebietes müssen bei der Haltung berücksichtigt werden.

Heterixalus betsileo

(Grandidier, 1872)

Terra typica: Betsileo
Verbreitung: Diese Art besitzt ein großes Verbreitungsgebiet innerhalb Madagaskars. Die Tiere wurden sowohl im Nordwesten, im Norden, an der Ostküste als auch im Hochland gefunden.
Lebensraum: Da diese Art keine großen Ansprüche an ihr Biotop stellt, findet man sie in allen savannenartigen Gebieten, selbst in waldfreien Gegenden und sogar innerhalb der Städte. Sehr häufig sieht man die Tiere in Blattachseln oder auch frei auf den Blättern in der prallen Sonne sitzen.
Größe: Je nach Herkunft gibt es Größenunterschiede. Die Männchen können eine Größe von 18–28 mm, die Weibchen eine Größe von 19–29 mm erreichen.
Erkennungsmerkmale: Es gibt geographisch bedingte Unterschiede in der Färbung. Der Rükken ist grünlich oder beige mit breiten dorsolateralen Bändern. Diese sind von dunklen Streifen eingerahmt. Hände und Füße sind orange. Je höher das Biotop liegt, um so größer sind die Tiere (Antananarivo 28 mm), und die grünliche Farbe überwiegt. In Andasibe sind die Tiere beige gefärbt und 18 mm groß. Der Bauch ist bei allen Tieren cremefarben.
Biologie: Die Frösche sind nachtaktiv, aber während der Laichzeit fangen die Männchen schon am Nachmittag an zu rufen. Diese sitzen tagsüber in höherer Vegetation als die Weibchen. Als Laichgewässer werden sowohl Seen, Tümpel als auch überflutete Reisfelder und Wiesen angenommen. Diese Art führt einen Axillaramplexus aus. Die Eier werden kurz über der Wasseroberfläche an Pflanzenteilen oder auch an Grashalmen angeheftet. Die Eier sind schwarz und weiß gefärbt und haben eine Größe von ungefähr 1,6 mm. Die Kaulquappen findet man häufig in sonnenbeschienenen Wasseransammlungen. Der Körper der Quappen ist eiförmig, und das Maul ist gut bezahnt. Die Augen stehen seitlich, und die Nasenöffnung steht zum Rücken hin. Die Jungfrösche haben nach der Metamorphose eine Größe von 15–20 mm.
Terrarium: Die Tiere können in einem relativ trockenen Becken gehalten werden. Einige großblättrige Pflanzen sowie wassergefüllte Bromelien werden von den Tieren als Schlafplatz genutzt. Damit die Tiere in Paarungsbereitschaft kommen, ist das Simulieren einer Regenzeit wahrscheinlich ausschlaggebend.

Heterixalus boettgeri

(Mocquard, 1902)

Terra typica: Isaka
Verbreitung: Bisher ist diese Art nur aus dem Gebiet der Terra typica bekannt. Dieses liegt im Südosten von Madagaskar in der Nähe von Tolagnaro.
Lebensraum: Der Lebensraum ist ähnlich dem der vorgenannten Art. Diese Art bevorzugt größere Feuchtgebiete. In erster Linie handelt es sich hierbei um Sumpfgebiete und Reisfelder.
Größe: Die Männchen erreichen eine Größe von 22–25 mm, während die Weibchen 27–29 mm groß werden.
Erkennungsmerkmale: Die Tiere sind einfarbig grüngelb gefärbt. Die Jungtiere besitzen eine leichte Bänderzeichnung, die sich im Alter aber verliert. Die Finger und Zehen sind leicht rosa gefärbt. Der Bauch ist weißlich bis cremefarben.
Biologie: Die Tiere sitzen am Tage in der prallen Sonne. Nach starken Regenfällen hört man die Männchen in der Nacht rufen. Im Monat März wurden in langsam fließenden Gewässern Kaulquappen gefunden. Vom Schlupf bis zur Metamorphose benötigten die Quappen im Terrarium über 80 Tage. Während die ersten Jungfrösche bereits ihre Farbe ändern sind die letzten Kaulquappen noch nicht im Besitz ihrer Extremitäten. Die Jungfrösche gehen ohne Probleme sofort ans Futter. Ein im Terrarium aufgezogenes Weibchen war nach 4 Monaten bereits geschlechtsreif, und durch die Bauchdecke waren Eier zu erkennen. Zu diesem Zeitpunkt war der Rücken schon grün gefärbt.
Terrarium: In der Einrichtung bestehen keine Unterschiede zu den anderen Arten. Eine dichte Bepflanzung kommt den Tieren sehr entgegen.

Heterixalus madagascariensis

(Duméril & Bibron, 1841)

Terra typica: Madagaskar

Verbreitung: Das Hauptverbreitungsgebiet liegt im Nordosten Madagaskars. Es wurden aber auch Tiere im Südosten gefunden.

Lebensraum: Die Frösche bevorzugen Feuchtgebiete wie z.B. Sümpfe oder Reisfelder. Aber auch in der Nähe von Bachläufen sowie an den Rändern von Zuckerrohrplantagen kann man sie finden. Sie sitzen tagsüber auf großen Blattpflanzen oder in den Blattachseln und Trichtern großer Pflanzen. Manchmal schauen sie auch nur mit der Schnauzenspitze heraus, um bei einer Störung sofort unterzutauchen. Sehr häufig sitzen sie in der grellen Sonne.

Größe: Während die Männchen mit 35 mm ausgewachsen sind, werden die Weibchen ca. 40 mm groß.

Erkennungsmerkmale: Die Tiere sind in der Färbung sehr variabel, sie können hellgrau gefärbt sein oder aber auch gelb mit schwarzen Punkten. Die Farbe hängt von der Intensität des Sonnenlichtes ab. An kühleren Tagen sind die Frösche meistens braun gefärbt. Die Augen sind groß und treten etwas hervor. Die schwarzen Pupillen sind von einer leuchtend goldfarbenen Iris umgeben. Das Trommelfell ist nicht sichtbar. An den Fingern und Zehen, die frei von Spannhäuten sind, befinden sich mittelgroße Haftscheiben.

Biologie: Nach Regenfällen ist sein piepender Ruf weit hörbar. Als Laichgewässer dienen ihm sonnige Sümpfe und Reisfelder.

Terrarium: Es sollte für diese Art ein gut bepflanztes Terrarium mit einem flachen Wasserteil gewählt werden. Eine intensive Beleuchtung ist nötig, wenn die Tiere ihre volle Farbe zeigen sollen. Häufiges Sprühen ist angebracht, wobei aber keine Staunässe entstehen darf. Damit die Tiere in Paarungsstimmung kommen, muß eine Regenzeit simuliert werden. Häufig wird dies schon durch mehrmaliges Sprühen am Tag ausgelöst.

Heterixalus tricolor

(Boettger, 1881)

Terra typica: Nosy Bé

Verbreitung: Die Tiere wurden auf der Insel Nosy Bé und im nordwestlichen Madagaskar gefunden.

Lebensraum: Am Tage sitzen die Frösche in den Blattachseln von großenblättrigen Pflanzen. Auch diese Art bevorzugt größere Feuchtgebiete.

Größe: Die Männchen erreichen eine Größe von ca. 26 mm, während die Weibchen eine Größe von 28 mm erreichen können.

Erkennungsmerkmale: In der Sonne ist der Rücken fast weiß gefärbt. Die Weibchen besitzen zwei schwarze Flecken über den Augen und zwei Reihen schwarzer Flecken an den Seiten. Diese Zeichnung ist bei den Männchen weniger stark ausgeprägt. Der Bauch ist cremefarben, die Oberschenkel sowie die Unterseite der Extremitäten sind orange.

Biologie: Während der Fortpflanzungszeit findet man die rufenden Männchen nachts in Reisfeldern. Jedoch ist über den genauen Ablauf der Fortpflanzung bisher noch nichts bekannt. Es ist aber anzunehmen, daß keine größeren Unterschiede gegenüber den anderen Arten bestehen. Sehr häufig findet man die Arten nachts in niedrigem Gebüsch, wenn sie hinter der ersten Reihe Blätter sitzend auf Futter warten.

Terrarium: Zur Haltung eignet sich nur ein hohes Regenwaldterrarium, da die Tiere sehr gerne klettern. Die Einrichtung sollte aus einer hohen Laubschicht, zahlreichen Kletterästen und einem Wasserteil bestehen.

Megalixalus seychellensis

(Tschudi, 1838)

Terra typica: Seychellen

Verbreitung: Die Art lebt in den wenigen noch verbliebenen primären Restregenwäldern einiger Granitinseln des Seychellen-Archipels. Wahrscheinlich ist ihr Vorkommen heute nur noch auf die Inseln Mahé und Praslin beschränkt. Sehr häufig sollen die Frösche noch an der Südwestseite Mahés vorkommen.

Lebensraum: *M. seychellensis* ist ein typischer Baumbewohner, der nur in den Wipfeln der großen Bäume und Palmen vorkommt. Entdecken kann man die Tiere nur, indem man auf einen Hang oder Felsen klettert und von dort auf die umliegenden Baumkronen schaut. Man sieht dann die großen grünen Frösche wie sie frei auf Palmenwedeln oder Blättern sitzend schlafen. Nur zur Fortpflanzungszeit verlassen die Tiere einmal ihren Lebensraum und steigen auf den Boden herab.

Größe: Die Art erreicht eine maximale Gesamtlänge von 60–70 mm, wobei jedoch die Männchen meist deutlich kleiner bleiben.

Erkennungsmerkmale: *M. seychellensis* ist eine recht große Frosch-Art, die in ihrem Erscheinungsbild stark an unsere einheimischen Laubfrösche erinnert. Die Oberseite ist einfarbig, intensiv grün bis grüngelb gefärbt. Die Pupillen stehen vertikal, und das Trommelfell ist deutlich sichtbar. An allen Fingern und etwas kleiner an den Zehen besitzt die Art Haftscheiben.

Biologie: Es ist äußerst schwierig, die Lebensweise dieser nur in den Baumkronen lebenden Frösche zu erforschen. Lediglich zur Eiablage steigen die Tiere auf den Boden herab, um in stehenden Gewässern abzulaichen. Dabei werden die aus 100–500 Eiern bestehenden Gelege auf dem Boden oder an Wasserpflanzen immer nur in Gewässern ohne jegliche Strömung fest verankert. Die frisch metamorphierten Jungtiere messen etwa 18 mm.

Terrarium: Die rein nachtaktive Art wird in geräumigen sehr hohen Regenwaldterrarien, die mit einem großen Wasserteil ausgestattet sind, gepflegt. Als Einrichtung dienen dickere Kletteräste und eine üppige Bepflanzung aus großblättrigen Rankpflanzen. Die Tageshöchsttemperaturen sollten etwa bei 28 °C liegen. Mindestens einmal täglich muß das gesamte Terrarium überbraust werden.

Ptychadena mascareniensis

(Duméril & Bibron, 1841)

Terra typica: Isle Bourbon (Maskarenen-Insel)
Verbreitung: Diese Art hat ein großes Verbreitungsgebiet. So findet man diesen Frosch auf den Seychellen, den Maskarenen und überall auf Madagaskar.
Lebensraum: Es gibt keinen speziellen Lebensraum. Sie meiden allerdings den direkten Regenwald. Bevorzugt leben die Frösche auf sonnenbeschienenen, feuchten Flächen. Man findet sie sehr häufig in offenen Savannen und Graslandschaften, sofern es dort feucht genug ist.
Größe: Im ausgewachsenen Zustand können sie eine Größe von ungefähr 70 mm erreichen, wobei hauptsächlich die Weibchen so groß werden.
Erkennungsmerkmale: Es ist ein typischer Ranide, der unserem einheimischen Wasserfrosch ziemlich ähnlich sieht. Die Tiere besitzen einen auffallend spitzen Kopf. Die Hinterbeine sind als Sprungbeine gut ausgebildet, und die Zehen sind bis zu einem Drittel ihrer Länge mit Spannhäuten versehen. Die Finger sind frei von Spannhäuten. Das Trommelfell ist gut sichtbar. Die Grundfärbung variiert zwischen grün und braun mit einer Fleckenzeichnung auf dem Oberköper.
Biologie: Die Männchen hört man hauptsächlich in der Nacht aus dem Wasser rufen. Am intensivsten kann man dies am Ende der Regenzeit wahrnehmen. Die Tiere paaren sich im Wasser, und die Weibchen legen ihre 20–30 Eier in Gruppen ab. Diese werden im flachen Wasser meist zwischen Wasserpflanzen fixiert. Die Gewässer sind meistens Überschwemmungsgebiete oder flache Randzonen von offenen Gewässern.
Terrarium: Eine Haltung im Terrarium ist nur mit einer großen Bodenfläche sinnvoll, da die Tiere exzellente Springer sind. Die Paarungsbereitschaft wird durch Dauerregen ausgelöst. Ein größeres flaches Wasserbecken sollte immer vorhanden sein.

Nesomantis thomasseti

Boulenger, 1908

Terra typica: Seychellen
Verbreitung: Die Art bewohnt nur die höheren Lagen von Mahé und Silhouette. Das Verbreitungsgebiet deckt sich mit dem Gebiet der letzten primären Regenwälder. Es handelt sich um eine sehr scheue und sehr zurückgezogen lebende Frosch-Art.
Lebensraum: *N. thomasseti* ist ein reiner Waldbodenbewohner, der die letzten verbliebenen Reste primären Regenwaldes auf den Seychellen bewohnt. Die Art lebt dort in der Laubstreuschicht und wird häufig in der Nähe der kleinen, schnellfließenden Bachläufe angetroffen.
Größe: Die Art erreicht eine maximale Gesamtlänge von 45 mm und ist somit deutlich größer als die nah verwandten Arten der Gattung *Sooglossus.*
Erkennungsmerkmale: Der Frosch erinnert in seinem Aussehen stark an eine Kröte. Die Grundfärbung besteht aus grünlichen, grauen und braunen Farbtönen. Der Rücken ist deutlich heller gefärbt, teilweise sogar ockerfarben, und durch ein nicht scharf abgegrenztes dunkelbraunes Band von den Seiten abgesetzt. Nur selten zeigen die Tiere eine Art Zeichenmuster aus dunkelbraunen Flecken. Die Augen besitzen eine horizontale Pupille und teilweise eine goldfarbene Iriszeichnung. Sie stehen weit aus dem Kopf heraus. Die Art besitzt keine Haftscheiben und keine Schwimmhäute zwischen den Fingern und Zehen.
Biologie: Über die Biologie dieser sehr zurückgezogen lebenden Art ist bis heute kaum etwas bekannt geworden. So findet man die Tiere nur bei gezielter Suche, da sie sonst aufgrund ihrer Tarnfärbung im Laubstreu kaum auffallen. Die größtenteils dämmerungs- und nachtaktiven Frösche bewegen sich auf der Suche nach Futter langsam kriechend durch das Laubstreu. Wegen ihrer Lebensweise und ihrer nahen Verwandtschaft zu den beiden *Sooglossus*-Arten liegt die Vermutung nahe, daß sich *N. thomasseti* durch eine Art Direktentwicklung, ähnlich wie bei *Sooglossus seychellensis*, fortpflanzt.
Aufgrund ihrer nur kleinen und isolierten Verbreitungsgebiete, die in den letzten Jahren durch Biotopzerstörung weiter eingeschränkt wurden, ist die Art schon recht frühzeitig unter Schutz gestellt worden.

Sooglossus seychellensis

(Boettger, 1896)

Terra typica: Congo Rouge
Verbreitung: Die Art lebt nur auf der Seychelleninsel Mahé. Der genaue Fundort ist eine kleine Berglokaliät, Congo Rouge, in einer Höhenlage von 550 bis 600 m über dem Meer. Hier herrscht ein kühleres und feuchteres Klima als an der Küste vor.
Lebensraum: Die Art lebt in dieser eigentümlichen Landschaft, in den Senken zwischen den teilweise riesigen Granitfelsen. Ihr eigentliches Biotop umfaßt die sich dort angesammelte Schicht aus vermoderter Bodenvegetation. Stehendes Wasser fehlt hier völlig, nur stellenweise fließt ein steiler Bach dem Meer zu.
Größe: Die Art erreicht eine maximale Gesamtlänge von 16–17 mm. Vereinzelt liest man auch von Größenangaben bis zu 25 mm. Trotzdem gehört *S. seychellensis* zu den kleinsten Amphibien-Arten.
Erkennungsmerkmale: Diese kleine Frosch-Art weist eine wunderschöne Tarnfärbung auf. Die Grundfärbung besteht meist aus einem hellen, teilweise sogar goldenen Farbton. Das Zeichenmuster setzt sich aus dunklen, klar abgesetzten großen Flecken zusammen, die häufig wie symmetrisch angeordnet aussehen. Die Gliedmaßen weisen eine dunkelbraune Steifenzeichnung auf. *S. seychellensis* besitzt weder an den Fingern noch an den Zehen Haftscheiben oder Spannhäute. Aufgrund der hervorragenden Tarnfärbung findet man die Frösche nur bei gezielter Suche.
Biologie: Die Tiere führen eine versteckte Lebensweise im Laubstreu der Senken zwischen den Granitfelsen Auch bei diesen Fröschen vollziehen die Jungtiere eine Art Direktentwicklung. Die Weibchen legen ihre bis zu 15 Eier umfassenden Gelege, geschützt durch einen kleinen Schaum- oder Schlammhaufen, auf dem Boden ab. Es scheint, als ob die Männchen Brutpflege betreiben und sogar die Gelege bewachen. Wenn die Quappen nach einigen Tagen fertig entwikkelt sind, läßt das Männchen sie auf seinen Rücken steigen (schlängeln). Die höckrige Hautoberfläche des Männchen zusammen mit einer schleimigen Absonderung gibt den Quappen genügend Halt. Dort verbleiben die Jungtiere bis zur Vollendung der Metamorphose. Der Ruf klingt wie ein hoher Pfeifton. Aufgrund des kleinen, isolierten, inselartigen Verbreitungsgebietes wurde die Art schon recht frühzeitig unter Schutz gestellt.

Tomopterna labrosa

Cope, 1868

Terra typica: Benavony (West-Madagaskar)
Verbreitung: Die Art ist bisher nur im Süden und entlang der madagassischen Westküste sowie im südlichen Bereich des zentralen Hochlandes gefunden worden.
Lebensraum: Trockenwaldgebiete und Buschsavannen mit sandigem bis erdigem Untergrund und krautigem Bewuchs oder einer Schicht abgefallenem Laub bilden den bevorzugten Lebensraum. Mulden, die die Bildung temporärer Tümpel zulassen, sind immer vorhanden.
Größe: Ein mittelgroßer bis großer Frosch von 50–80 mm Körperlänge.
Erkennungsmerkmale: Grundfärbung und Zeichnungsmuster sind sehr variabel. In der Regel ist der Rücken grau bis braun mit mehr oder weniger symmetrischen dunklen Flecken. Es kommen aber auch Exemplare ohne jegliche Rückenzeichnung vor. Eine dunkle Linie geht vom Nasenloch über das Auge und verbindet sich mit dunklen symmetrischen Falten auf dem Rücken. Charakteristisch ist ein heller Fleck zwischen dem vorderen Rand des Auges und der oberen Lippe. Auf dem gut sichtbaren Trommelfell befindet sich ein kleiner, heller Fleck. Die Beine sind quergestreift, und die Finger sind ohne Endscheiben und Schwimmhäute. An den Füßen sind kurze Schwimmhäute vorhanden. Die Männchen haben einen einzigen subgularen Stimmsack.
Biologie: Während der Trockenzeit führen sie ein verborgenes, unterirdisches Leben und erscheinen nur nach heftigen Regenfällen an der Erdoberfläche. Zu Beginn der Regenzeit sammeln sie sich im Flachwasserbereich temporärer Tümpel oder Sumpfgebiete, um dort zu laichen. Es sind in der Regel große Gelege mit einer hohen Anzahl an Eiern. Mehr ist über ihre Fortpflanzung nicht bekannt.
Terrarium: Die Höhe des Terrariums spielt nur eine untergeordnete Rolle, da die Tiere am Boden leben. Der Bodengrund muß so tief sein, daß sich die Tiere ganz eingraben können. Im Herbst sollte die Regenzeit durch häufiges Überbrausen des Terrariums nachgeahmt werden. Ein Wasserteil ist zu dieser Zeit unerläßlich.

Mantella aurantiaca

Mocquard, 1900

Terra typica: Madagaskar, Andasibe

Verbreitung: Die Art ist nur aus einem kleinem Wald zwischen Beforona und Moramanga bekannt geworden. Dort lebt sie nur in der Nähe von Gewässern.

Lebensraum: Die Tiere leben in einem eng begrenzten Gebiet in größeren Populationen. Den Lebensraum bilden sumpfige Waldgebiete mit einer etwas dichteren Vegetation. Der Boden ist an den meisten Stellen sehr stark aufgelockert und von einer Laubschicht bedeckt. Die Tiere haben die Möglichkeit bis zu 40 cm tief in den Boden zwischen den Wurzeln der Bäume einzudringen. Während der Regenzeit ist der untere Bodenbereich mit Wasser überflutet.

Größe: Die Frösche werden ca. 23 mm groß, wobei die Weibchen deutlich größer und etwas breiter als die Männchen sind.

Erkennungsmerkmale: Der deutsche Name „Goldfröschchen" gibt nicht ganz genau die Färbung der Tiere wieder. Es ist aber bisher die einzige bekannte einfarbige Art und reicht von einem hellen Gelb bis hin zu dunkelrot. Beide Farbvarianten kommen sympatrisch vor.

Biologie: Die Tiere sind hauptsächlich in den frühen Morgenstunden und am späten Nachmittag aktiv. Das Rufen der Männchen, das fast wie das Zirpen einer Grille klingt, hört man am häufigsten nach dem Sprühen. Für eine erfolgreiche Nachzucht ist eine länger anhaltende, kühle Phase angebracht. Wenn danach die Temperatur erhöht wird und eine Regenzeit simuliert wird, beginnen die Tiere zu laichen. Die Eiablage erfolgt in dunklen Verstecken. Wir fanden Gelege zwischen aufgeschüttetem Laub sowie in schwarzen, verstecktliegenden Filmdosen. Die Laichballen können bis zu 50 Eier enthalten. In verschiedenen Phasen sind die Eier sehr lichtempfindlich. Die Entwicklung sollte in abgedunkelten Becken erfolgen. Nach ungefähr 14 Tagen verlassen die Kaulquappen schlängelnd die Ablaichhöhle und streben dem Wasser zu. Etwa zwei Monate später ist die Metamorphose abgeschlossen und die Jungfrösche verlassen das Wasser.

Terrarium: Es kommt ein Regenwaldterrarium mit einer aufgelockerten Schicht Waldlaub in Frage. Versteckplätze können aus aufgeschichteten Torfplatten, Filmdosen oder auch anderen Gegenständen, die dunkle Höhlen bilden, bestehen.

Mantella betsileo

(Grandidier, 1872)

Terra typica: Betsileo, Madagaskar
Verbreitung: Das genaue Verbreitungsgebiet umfaßt den Norden und den Osten Madagaskars. Wir fanden die Art sowohl auf den Inseln Nosy Bé und Nosy Bohara, als auch im Süden um Tolagnara.
Lebensraum: Es sind Bodenbewohner, die man in geschlossenen Waldgebieten, an deren Rändern sowie auch in der Sekundärvegetationen finden kann. Sie leben aber auch in wassergefüllten Gräben neben Straßen und Wegen sowie an kleinen Wasseransammlungen im Regenwald.
Größe: Die Tiere können eine Gesamtgröße von 25 mm erreichen.
Erkennungsmerkmale: *M. betsileo* ist auf der Oberseite von der Schnauzenspitze bis zum Ende des Rückens hellbraun bis rotbraun gefärbt. Hierbei sind die Seiten schwarz abgesetzt. Die Extremitäten sind graubraun bis hellbraun gefärbt. Ein weißer Unterlippenstreifen zieht sich bis zu den Vorderextremitäten.
Biologie: Die Tiere findet man sehr häufig in einer größeren Populationendichte in kleinen, fest umrissenen Gebieten. So fanden wir auf der Insel Nosy Bohara auf einer Wiese in der Nähe eines sumpfigen Waldgebietes weit über 200 Tiere. Diese kamen nach einem kräftigen Regenschauer zur Futtersuche auf die Wiese. *M. betsileo* scheint bei Regen wesentlich aktiver zu sein, als andere *Mantella*-Arten. Die Männchen hört man schon von weitem rufen. Die Weibchen, die meistens etwas massiger gebaut sind, legen ihre Eier in der feuchten Laubschicht ab. Die Eier sind weiß und unterscheiden sich nicht von den Gelegen anderer Mantellen. Bisher ist über eine gelungene Nachzucht nichts bekannt. Die Haltung dieser unproblematischen Frösche macht keine Schwierigkeiten. Wir pflegen diese Art schon über sechs Jahre im Terrarium. Gelege sollten aus dem Terrarium entfernt und in einen dafür eingerichteten Becken mit einer schrägen Grundfläche untergebracht werden. Der untere Teil des Beckens ist einige Zentimeter hoch mit Wasser gefüllt. Der obere Teil ist trocken und wird nur durch Sprühen und der vorhandenen Luftfeuchtigkeit am Austrocknen gehindert. Hier werden die Eier zwischen Laub oder auch in schwarzen offenen Filmdosen abgelegt. Die schlüpfenden Quappen haben die Möglichkeit das Wasser schlängelnd zu erreichen.
Terrarium: Es kommt nur ein feuchtes Regenwaldterrarium in Frage. Auf dem Boden befindet sich eine ca. 2–5 cm hohe Laubschicht, die durch kleine Holzstücke oder Korkrinde aufgelockert ist. Ein kleines Wasserbecken kann vorhanden sein, wird aber nicht häufig benutzt. Regelmäßiges Sprühen ist wichtig.

Mantella crocea

Pintak & Böhme, 1990

Terra typica: Andasibe
Verbreitung: Bisher ist diese Art nur aus dem Gebiet um Andasibe und Moramanga bekannt geworden.
Lebensraum: Die Tiere leben in der Laubschicht der immer feuchten Regenwälder und dort bevorzugt in Gewässernähe.
Größe: Es handelt sich hierbei um die kleinste bisher bekannte Art der Gattung *Mantella.* Mit einer Größe von 24 mm sind die Weibchen ausgewachsen. Die Männchen erreichen eine Größe von ca. 20 mm.
Erkennungsmerkmale: Die Tiere sind auf der Oberseite dunkelgelb gefärbt. Eine feine, unregelmäßige schwarze Sprenkelung ist immer unterschiedlich stark ausgeprägt. Diese feinen Punkte sind auch, meistens etwas größer, auf den Extremitäten vorhanden. Eine schwarze Gesichtsmaske zieht sich von der Schnauzenspitze über die Flanken bis zum hinteren Bauchbereich.
Die Innenseiten der Hinterextremitäten leuchten rot. Die Unterseite ist schwarz gefärbt mit einigen weißen Punkten.
Biologie: Diese Art scheint im Vergleich mit den anderen *Mantella*-Arten etwas empfindlicher in der Haltung zu sein. Auch gehen die Tiere nicht so gierig ans Futter. Eine Vergesellschaftung mit anderen *Mantella*-Arten sollte man vermeiden.
Terrarium: Es kommt nur ein feuchtes Regenwaldterrarium in Frage. Auf dem Boden hat sich eine niedrige Laubschicht bewährt. Da diese Frösche wesentlich versteckter leben, sollten reichlich Rückzugsmöglichkeiten vorhanden sein. Das Wasserbecken muß am Rand so flach sein, daß die Frösche ohne Probleme an Land gehen können.

Mantella expectata

Busse & Böhme, 1992

Terra typica: Nähe Toliara
Verbreitung: Die Art wurde im Süden und Südwesten von Madagaskar gefunden.
Lebensraum: Die Tiere scheinen eine mehr trockenere Lebensweise zu bevorzugen. Sie wurden außerhalb des Primärwaldes gefunden.
Größe: Mit 25 mm Gesamtlänge sind die Tiere ausgewachsen.
Erkennungsmerkmale: Durch ihre farblich sehr abgegrenzten Muster gehören sie in den Kreis der Arten *M. betsileo*, *M. viridis* und *M. laevigata.* Auf dem Rücken sind sie gelbgrün gefärbt und die schwarzen Flanken sind scharf abgegrenzt.
Die Beine sind blau gefärbt, wobei einige gelbe Punkte oder braungelbe Flecken vorhanden sein können. Am Bauch sind die Tiere schwarz und blau gefärbt.
Biologie: Es ist bisher nicht sehr viel über diese erst 1992 beschriebene Art bekannt. Die Intensität der Farben gibt Aufschluß über das Wohlbefinden der Tiere. Wenn die Tiere in schlechter Verfassung oder stark gestreßt sind, verblassen ihre Farben.
Terrarium: Obwohl die Tiere in ihrem natürlichen Lebensraum bisher nur in relativ trockenen Gebieten gefunden wurden, so darf dies nicht zu einer Haltung in einem Wüstenterrarium verleiten. Die Frösche benötigen einige feuchte Rückzugsgebiete und einen Wasserteil. Eine Laubschicht mit einigen Versteckmöglichkeiten werden von dieser Art gerne angenommen.

Mantella haraldmeieri

Busse, 1981

Terra typica: Tolagnaro; Südmadagaskar
Verbreitung: Diese Art ist bisher nur aus dem Süden von Madagaskar, aus dem Gebiet um Tolagnaro bekannt.
Lebensraum: Der Lebensraum dieser Art liegt genau im Übergang von der trockenen Dornensavanne zum ostmadagassischen Regenwald. Die Tiere wurden bisher nur an einem Bachlauf mit einer ziemlich steil ansteigenden Felsformation gefunden.
Größe: Die Tiere können eine Größe von 30 mm erreichen, wobei die Männchen etwas schmaler bleiben.
Erkennungsmerkmale: Der Rücken ist hellbraun bis beigebraun gefärbt, die Seiten sind dunkelbraun abgesetzt. Die Vorder- und Hinterextremitäten sind farblich verschieden. Die Vorderbeine können hellbeige bis hellbraun gefärbt sein, während die Hinterbeine rotbraun bis gelbbraun gefärbt sind.
Biologie: Die scharfe Abgrenzung der verschiedenen Farben stellt diese Art in die Nähe einiger anderer *Mantella*-Arten, z.B. *M. betsileo, M. laevigata* oder *M. expectata.* Bisher ist über die Biologie dieser Art nicht sehr viel bekannt. Vereinzelt wurden einige Exemplare im Terrarium gehalten, jedoch scheint die Nachzucht bisher noch nicht gelungen zu sein.
Terrarium: Die Haltung im Terrarium kann nach den gleichen Gesichtspunkten erfolgen wie bei *M. aurantiaca.*

Mantella laevigata

Methuen & Hewitt, 1913

Terra typica: Folohy; Nosy Mangabe
Verbreitung: Die Art ist heute wahrscheinlich nur noch auf der kleinen Insel Nosy Mangabe an der Ostküste Madagaskars vorhanden.
Lebensraum: Die Insel Nosy Mangabe ist von tropischem Regenwald bedeckt. Auf dem Waldboden befindet sich eine hohe Laubschicht. Das Klima ist das ganze Jahr über tropisch feucht mit etwa gleichbleibenden Temperaturen zwischen 20 und 30 °C.
Größe: Die Tiere erreichen eine Größe von 26–30 mm.
Erkennungsmerkmale: Auf der Oberseite sind die Tiere von der Schnauzenspitze bis zum hinteren Rückenteil zitronengelb gefärbt. Häufig endet diese Färbung zum Ende des Rückens in einem gelben Strich. Die Extremitäten können braun abgesetzt sein. Die Seiten und der Bauch sind dunkelbraun bis schwarz gefärbt. Blaue Flecken sind auf der Unterseite sowie auf Händen und Füßen vorhanden. Die Tiere besitzen scheibenförmig verbreiterte Fingerspitzen.
Biologie: Die Tiere findet man am Boden genau so häufig wie auf Bäumen kletternd. Es sind sogenannte Baumhöhlenlaicher. Ein auslösender Faktor für die Eiablage scheinen heftige Regenfälle zu sein. Dies ist wahrscheinlich auch Voraussetzung für die Wasseransammlungen in den Baumhöhlen. Die Tiere heften ihre Eier kurz über der Wasseroberfläche einzeln an. In einigen Höhlen wurden mehrere adulte Tiere mit bis zu 12 Eiern gefunden. Erstaunlich ist die geringe Anzahl an Quappen (1–2), die in den Höhlen gefunden wurden. Die Quappen haben einen stark ausgeprägten Hornkiefer, der deutlich gezähnt ist. Aufgrund der Fortpflanzungsart und des Mundfeldes der Quappen vermutet man, daß die Froschlarven mit arteigenen Eiern gefüttert werden. Das wäre auch eine Erklärung für die geringe Quappenzahl in einer Höhle.
Terrarium: Das Terrarium sollte als feuchtes Regenwaldbecken eingerichtet sein. Für das Ablaichen der Frösche kann man eventuell einige Bambusstangen aufschneiden und den Hohlraum mit Wasser füllen.

Mantella madagascariensis

(Grandidier, 1872)

Terra typica: Madagaskar, Wald von Ambalavato

Verbreitung: Die Tiere sind an der Ostküste Madagaskars weit verbreitet. Im Nordosten wurde die Art nicht so häufig gefunden, dafür aber im Hochland.

Lebensraum: Da die Tiere wesentlich häufiger in Höhenlagen gefunden wurden, scheint die Art diesen Lebensraum zu bevorzugen. Die Frösche leben am Boden entlang von Wasserläufen im Gras oder im Laub. Wichtig scheint eine höhere Umgebungsfeuchte genauso zu sein wie ein starkes jahreszeitliches Temperaturgefälle.

Größe: Die Tiere sind mit 22–31 mm Gesamtlänge ausgewachsen. Hierbei erreichen aber nur die Weibchen die obere Größenangabe.

Erkennungsmerkmale: Die Grundfärbung der Tiere ist schwarz, wobei an den Flanken und im Bereich der Arme und Beine große, gelbgrüne Flecken vorhanden sind. Diese Farbe befindet sich auch auf der Oberseite der Vorderbeine und an den Hinterbeinen bis zu den Kniegelenken. Vom Knie bis zu den Füßen sind die Hinterbeine gelbrosa und schwarz gesprenkelt. Von der Schnauzenspitze bis hinter das Auge zieht sich am Kopf entlang ein heller Strich. Der Bauch ist schwarz mit gelbgrünen Punkten.

Biologie: Bisher liegen nicht sehr viele Untersuchungen über diese Art vor. Der Ruf ist ähnlich dem aller anderen *Mantella*-Arten und besteht aus einer Serie einzelner Klicklaute. Ein Gelege besteht aus 26–27 weißen Eiern. Im Terrarium geschlüpfte Kaulquappen besaßen nach 22 Tagen eine Gesamtlänge von 26 mm. Die Metamorphose setzte nach 61 Tagen ein. Nun hatten die Frösche eine Größe von 10 mm. Etwa 4–5 Wochen danach beginnen sich die Jungfrösche umzufärben.

Terrarium: Die Tiere sollten in einem Feuchtterrarium gepflegt werden. Als Bodengrund haben sich Torfziegel sehr gut bewährt, die übereinander in verschiedenen Größen aufgeschichtet werden. Bis zu einer bestimmten Höhe (3–5 cm) setzt man diese unter Wasser. Zwischen die einzelnen Ziegel legt man kleinere Stücke, um einige Höhlen zu gestalten. Eine Bepflanzung in Töpfen sollte vorhanden sein. Das Terrarium muß öfters übersprüht werden oder mit einer Nebelanlage ausgestattet sein.

Mantella pulchra

Parker, 1925

Terra typica: Antsihanaka
Verbreitung: Bisher wurde diese Art nur von zwei Fundorten aus dem Hochland bekannt, einmal von der Terra typica und einmal aus Andasibe.
Lebensraum: Es handelt sich bei beiden Populationen um reine Regenwaldbewohner. Durch die Höhenlage sind deren Lebensräume extremen Klimaschwankungen unterworfen. Der Boden ist sehr häufig aufgelockert und mit Höhlen durchsetzt, so daß die Tiere leicht nach unten entschwinden können. Meistens ist eine höhere Laubschicht vorhanden.
Größe: Die Frösche erreichen etwa eine maximale Gesamtlänge von 30 mm, wobei die Männchen jedoch meist deutlich kleiner bleiben.
Erkennungsmerkmale: Die Art ist *M. madagascariensis* sehr ähnlich. Die Grundfärbung ist allerdings ein Braunschwarz mit einem meist helleren Schnauzen- und Kopfbereich. Der Körper ist im Bereich der Achseln und Schenkel grün bis grüngelb gefärbt. Von den Knien bis zu den Zehen sind die Hinterbeine braun, manchmal auch leicht marmoriert gezeichnet. Darüber hinaus befinden sich an den Innenschenkeln rosa Flecken. An der Unterseite der Schnauze können einige zusammenhängende gelbgrüne Flecken ein Hufeisen-ähnliches Bild erkennen lassen. Der Bauch ist schwarz mit kleinen gelbgrünen Flecken.
Biologie: Bisher ist noch nichts über diese Art nichts bekannt. Man kann allerdings davon ausgehen, daß die Tiere eine ähnliche Lebensweise wie *M. madagascariensis* besitzen.
Terrarium: Auch bei dieser Art kommt nur ein feuchtes Regenwaldterrarium in Frage. Die Einrichtung kann der bei *M. madagascariensis* beschriebenen entsprechen.

Mantella viridis

Pintak & Böhme, 1988

Terra typica: Südlich von Antsiranana
Verbreitung: Bisher ist diese Art nur von der Nordspitze Madagaskars bekannt geworden.
Lebensraum: Die Angaben zum Lebensraum sind bisher sehr dürftig. Es ist anzunehmen, daß die Tiere ähnliche Biotope bevorzugen wie bei den anderen Arten angegeben. Eine gewisse Bodenfeuchte muß immer vorhanden sein. Nach Aussagen der Einheimischen leben die Frösche unter anderem an kleinen Kraterseen.
Größe: Die Männchen erreichen eine Größe von 22–25 mm und sind auch im Gegensatz zu den Weibchen, die eine Größe von 25–30 mm erreichen, deutlich schlanker.
Erkennungsmerkmale: Die Oberseite kann gelbgrün bis grasgrün gefärbt sein. Der hintere Rücken sowie die Hinterextremitäten sind meistens etwas dunkler abgesetzt. Eine schwarze Gesichtsmaske zieht sich von der Schnauzenspitze bis zum Bauchbereich und wird im Kopfbereich durch einen hellen Oberlippenstreifen zur Unterseite hin abgetrennt. Die Unterseite ist schwarz mit blaugrünen Punkten und Flecken.
Biologie: Bisher ist nicht sehr viel über diese Art bekannt. Die Haltung bereitet keine großen Schwierigkeiten, aber eine Nachzucht ist noch nicht gelungen. Die Tiere sind wesentlich aggressiver untereinander und auch gegenüber anderen Froschlurchen als alle anderen *Mantella*-Arten. Diese Art zeigt den typischen Inguinalamplexus, bei dem das Männchen das Weibchen in der Leistengegend umklammert. Die verwandtschaftliche Beziehung liegt wesentlich näher bei *M. betsileo* als bei anderen Mantellen. Dafür spricht auch das aggressive Verhalten, das man auch häufig auch bei *M. betsileo* beobachten kann. In der Ernährung sind die Tiere nicht wählerisch. Sie fressen alles was sie bewältigen können.
Terrarium: Wir pflegen die Tiere schon seit mehreren Jahren ohne Probleme. Die Unterbringung erfolgt in einem Regenwaldterrarium mit einem etwas tiefer liegendem Wasserbecken. Am Boden befindet sich eine Schicht aus Waldlaub mit einigen hohl liegenden Rindenstücken. Schwarze, offene Filmdosen befinden sich zum Teil darunter. Diese werden häufig als Versteckplätze aufgesucht. Eine Eiablage konnte noch nicht beobachtet werden. Das Terrarium wird täglich gesprüht, wobei aber am Boden keine Staunässe entsteht, da das Wasser in das tiefer liegende Wasserbecken abläuft.

Mantidactylus albofrenatus

(Müller, 1892)

Terra typica: Madagaskar
Verbreitung: An der Ostküste von Madagaskar findet man diese Art von Meeresniveau bis in größere Höhen. Das Hauptverbreitungsgebiet liegt im nordöstlichen Madagaskar.
Lebensraum: Die Tiere wurden hauptsächlich im Wald entlang von Bachläufen gefunden. Der Bodengrund ist mit einer höheren Laubschicht bedeckt. Die Gewässer sind an den Rändern meist stark bewachsen und bemoost. Das Wasser ist klar und fließt meist etwas schneller.
Größe: Mit einer Gesamtgröße von 28 mm sind die Tiere bereits ausgewachsen.
Kennzeichen: Der gesamte Rücken ist gelb-rotbraun gefärbt und zu den schwarzen Flanken hin scharf abgegrenzt. Nur im mittleren Rückenbereich befinden sich zwei dorsolaterale Falten. Am Kopf verläuft ein heller Strich von einem Auge entlang der Schnauze zum anderen Auge hin. Unterhalb der Augen verläuft ein weiterer heller Strich bis zu den Vorderbeinen. Die Kehle ist dunkel mit einigen hellen Flecken, welche oft zu einer Mittellinie zusammenfließen. Auf den Hinterbeinen befinden sich dunkle Bänder. Die Haut ist auf dem Rücken glatt bis fein granulär. Die Finger sind ohne, die Zehen mit Schwimmhäuten verwachsen.
Biologie: Während der Monate Juli-Oktober hört man die Männchen aus dichter Vegetation heraus rufen. Die Weibchen legen ihre Eier außerhalb des Wassers ab. Die Eigröße beträgt ungefähr 2,5 mm. Die Kaulquappen sind braun gefärbt. Man findet sie in ruhigen Wasserzonen zwischen Pflanzen und Steinen. Die Fortpflanzungszeit wird wahrscheinlich durch die Regenzeit eingeleitet.
Terrarium: Zur erfolgreichen Haltung und Zucht kommt nur ein feuchtes Regenwaldterrarium in Frage. Ein Wasserlauf, der über eine Pumpe betrieben wird, sollte vorhanden sein. Damit die Tiere in Paarungsbereitschaft kommen, ist eine länger anhaltende Regenzeit zu simulieren. Eine Sprühanlage ist hier angebracht.

Mantidactylus bicalcaratus

(Boettger, 1913)

Terra typica: Nosy Bohara
Verbreitung: Diesen Frosch findet man an der gesamten Ostküste Madagaskars, von der Küste bis ins Hochland nach Andasibe hinein, sowie auf der Insel Nosy Bohara.
Lebensraum: Tagsüber sitzen die Frösche in den wassergefüllten Blattachseln der *Pandanus*-Gewächse. Aber auch in den Blattachseln von *Ravenala* kann man sie finden, allerdings nur in solchen Pfanzen, die im Regenwald oder an dessen Randgebieten stehen.
Größe: Es handelt sich um eine kleinere Art mit einer Größe von 23–26 mm für die Männchen und 28–29 mm für die Weibchen.
Erkennungsmerkmale: Je nach Herkunft sind die Tiere unterschiedlich gezeichnet. Die Frösche von St. Marie sind nicht so kontrastreich gezeichnet wie die Tiere von Andasibe. Diese haben auf hellem Grund einige dunkelbraune Flecken, die zu einer dorsolateralen Zeichnung zusammenfließen.
Biologie: Die Gelege werden über dem Wasserspiegel angeklebt. Ein Gelege besteht aus ungefähr 20–30 bräunlichen Eiern. Die fertig entwickelten Kaulquappen fallen direkt ins Wasser. Kaulquappen wurden das ganze Jahr über gefunden.
Terrarium: Eine gute Bepflanzung ist Voraussetzung für eine erfolgreiche Pflege dieser Frösche. Als Tagesverstecke dienen größere Bromelien. Es sollten aber auch andere großblättrige Pflanzen vorhanden sein, deren Blätter bis über das Wasserbecken reichen.

Mantidactylus boulengeri

Methuen, 1919

Terra typica: Folohy, Madagaskar
Verbreitung: Die Tiere findet man nur im Osten Madagaskars sowie auf der Insel Nosy Mangabe.
Lebensraum: *M. boulengeri* lebt im Primär- und Sekundärwald. Er ist häufig am Boden anzutreffen, aber als geschickten Kletterer findet man ihn auch auf höheren Pflanzen und niedrigem Buschwerk.
Größe: Die Tiere erreichen eine Größe von 35 mm.
Erkennungsmerkmale: Diese Art besitzt eine horizontale Pupille. Ihre Finger und Zehen sind frei von Spannhäuten, und auch die Haftscheiben sind nicht sehr groß. In Zeichnung und Farbe sind die Tiere sehr variabel. Ein typisches Merkmal bei dieser Art ist die stets trocken aussehende Haut.
Biologie: Bis heute ist über ihre Fortpflanzungsbiologie noch nichts bekannt. Häufig findet man die Tiere tagsüber am Boden. Hier hört man die Männchen selbst tagsüber in den Monaten Dezember bis März laut rufen, auch dann wenn kein Wasser in der Nähe ist. Wahrscheinlich sind lang anhaltende Regenfälle der Auslöser für Fortpflanzungsaktivitäten.
Terrarium: Es kommt nur ein feuchtes Regenwaldterrarium in Frage, das mit einer dichten Bepflanzung ausgestattet ist. Ein kleines Wasserbecken sollte auf jeden Fall vorhanden sein. Der Boden kann mit einer leichten Laubschicht bedeckt sein.

Mantidactylus grandidieri

Mocquard, 1895

Terra typica: Ost-Madagaskar
Verbreitung: Die Art bewohnt nur Ost-Madagaskar sowie die vorgelagerte Insel Nosy Mangabe. Dabei können die Frösche von Meereshöhe bis in die Hochlagen vorkommen.
Lebensraum: Diese Frösche leben hauptsächlich an fließenden Bächen innerhalb von Waldgebieten. Hier findet man sie an den Rändern im Wasser sitzend.
Größe: Es handelt sich um eine etwas größere Art, die erst mit einer Gesamtlänge von 75–95 mm ausgewachsen ist.
Kennzeichen: Es sind große braune Frösche, die auch teilweise mit einem weißen Rückenstrich gefunden wurden. Die Tiere können sowohl weiße bis gelbliche Punkte oder unterbrochene dunkle Flecken besitzen. Sie haben eine horizontale Pupille. Die Finger sind frei von Schwimmhäuten, dagegen sind die Füße komplett mit Schwimmhäuten versehen.
Biologie: Die Tiere sind hauptsächlich nachtaktiv. Sie sitzen sehr gerne im Wasser und tauchen bei der geringsten Störung unter. Nur bei starken Regenfällen wurden Tiere etwas weiter vom Wasser entfernt gefunden. Die Weibchen legen die Eier frei im Wasser ab. Diese haben eine Größe von 4 mm. Die Jungfrösche haben eine Größe von ungefähr 20 mm. Nach starkem langanhaltendem Regen wurden im Dezember in Tolanaro viele Jungfrösche gefunden.
Terrarium: Es kommt nur ein feuchtes Terrarium mit einem großen Wasserteil in Frage. Die Frösche müssen die Möglichkeit haben ganz unterzutauchen. Da sich die Tiere hauptsächlich am Boden aufhalten, ist die Grundfläche der Größe der Tiere anzupassen. Einige robuste großblättrige Pflanzen sorgen für die notwendigen Versteckmöglichkeiten.

Mantidactylus horrida

(Boettger, 1880)

Terra typica: Nosy Bé

Verbreitung: Die Art ist bisher nur von der nördlichen Hälfte der Ostküste und von der Madagaskar nordwestlich vorgelagerten Insel Nosy Bé bekannt geworden. Sie scheint nur in dem Regenwaldgürtel verbreitet zu sein. Die bekannten Fundpunkte sind Nosy Bé, Marojezy, Tampolo, Fenerive und Andasibe.

Lebensraum: Die Frösche leben auf dem Boden der Wälder. Dort findet man sie häufig in der Nähe kleiner Bachläufe oder Wasseransammlungen, wenn sie zwischen Moosen und Farnen umherlaufen.

Größe: Es handelt sich um eine recht kleine Frosch-Art. Die maximale Größe beträgt etwa 26 mm, wobei Männchen auch kleiner bleiben.

Erkennungsmerkmale: Das besondere Kennzeichen aller *Laurentomantis*-Arten ist der langgestreckte und breite Kopf und die sehr stark granulierte Haut. Die Grundfärbung besteht meist aus einem Braun- oder Grauton mit einem sehr variablen Zeichenmuster aus schwarzen Punkten. Weder an den Füßen noch an den Händen besitzen die Tiere Schwimmhäute.

Biologie: Bei den Arten der alten Gattung *Laurentomantis* handelt es sich bis heute um die unbekanntesten madagassischen Frosch-Arten. Bisher sind drei Arten bekannt und beschrieben worden, jedoch sind ihre genauen verwandtschaftlichen Beziehungen immer noch nicht geklärt. Es wird vermutet, daß sie eigentlich in die Gattung *Mantidactylus,* genauer zur *M. boulengeri*-Gruppe, gehören. Weitergehende Untersuchungen sind aufgrund des wenig umfangreichen Tiermaterials derzeit nicht möglich.

Mantidactylus leucomaculatus

(Guibe, 1975)

Terra typica: Nosy Mangabe
Verbreitung: Diese Art wurde nur im Nordosten von Madagaskar gefunden sowie auf den Inseln Nosy Bohara und Nosy Mangabe.
Lebensraum: Die Frösche leben ausschließlich in Primärwäldern. Die hohe relative Luftfeuchtigkeit sowie der dichte Bewuchs sind hierbei sicher die wichtigsten Faktoren. Dazu kommt eine ganzjährig fast gleichbleibende Temperatur. Die Lichtintensität ist im Inneren der Regenwälder nicht sehr hoch.
Größe: Die Männchen erreichen eine Größe von fast 40 mm, wogegen die Weibchen bis ca. 45 mm groß werden können.
Erkennungsmerkmale: Auf dem Rücken sind die Tiere hellbraun und die dunklen Flanken sind durch Dorsolateralfalten deutlich abgegrenzt. Zwischen den Augen befindet sich ein schwarzer Streifen. Eine Y-förmige Zeichnung ist auf dem vorderen Rückenteil zu sehen. Die Unterseite ist hell mit bräunlichen Sprenkeln. Die Kehle ist deutlich dunkler abgesetzt. Auf den Hinterextremitäten befinden sich einige dunkle Querstreifen.
Biologie: Es ist eine baumbewohnende Art. Die Frösche können zum Teil sehr hoch oben in den Bäumen sitzen. Nur nachts hört man die Männchen rufen. Über die Biologie dieser Art ist bisher nicht viel bekannt.
Terrarium: Die Tiere hält man in einem hohen dicht bepflanzten Regenwaldterrarium. Ein Wasserbecken sollte auf jeden Fall vorhanden sein. Da über die Fortpflanzung dieser Art nichts bekannt ist, muß man verschiedene Möglichkeiten in Betracht ziehen.

Mantidactylus luteus

Methuen & Hewitt, 1913

Terra typica: Folohy; Madagaskar

Verbreitung: Die Art findet man in Ost-Madagaskar sowie auf den Inseln Nosy Bohara und Nosy Mangabe.

Lebensraum: Es sind Primärwaldbewohner, die sowohl auf dem Boden als auch auf Blättern in niedriger Höhe (etwa 1–2 m) gefunden wurden. Der Boden ist mit einer Laubschicht bedeckt.

Größe: Die Tiere erreichen eine Größe von 50–60 mm.

Erkennungsmerkmale: Je nach Verbreitung sind die Frösche unterschiedlich gefärbt und gezeichnet. Die Grundfärbung bildet meist ein hell- bis rotbrauner Farbton. Typisch sind zwei Falten auf dem Rücken. Die Hinterfüße besitzen zwischen den Zehen Schwimmhäute, die an den Fingern fehlen. Die Finger und Zehen sind mit Haftscheiben ausgestattet. Die Pupille ist horizontal mit einer goldfarbenen Iris. Die Männchen besitzen eine schwarze Schallblase. Eine dunkle Bänderung kann auf den Extremitäten vorhanden sein. Das Trommelfell ist nur undeutlich sichtbar.

Biologie: Obwohl die Frösche nachtaktiv sind, kann man häufig auch Tiere tagsüber auf dem Boden finden. In der Nacht hört man die Männchen meist aus einer Höhe von 1–2 m rufen. Bisher ist nicht sehr viel über diese Art bekannt.

Terrarium: Zur Haltung eignet sich nur ein hohes Regenwaldterrarium, da die Tiere sehr gerne klettern. Die Einrichtung sollte aus einer hohen Laubschicht, zahlreichen Kletterästen und einem Wasserteil bestehen.

Mantidactylus microtympanum

Angel, 1935

Terra typica: Isaka-Ivondro

Verbreitung: Die Art ist bis heute nur im Süden Madagaskars gefunden worden. Bekannte Fundorte sind Bekazaha, Chaines Anosyennes, Ambana und Soavala. Die Tiere bewohnen sowohl die feuchtheiße Küstenregion als auch die etwas kühleren Gebirgsregionen.

Lebensraum: Den Tag verbringen die Tiere meist geschützt in großen dunklen Felsenhöhlen. Hingegen findet man sie in der Nacht in der Spritzwasserzone von felsigen Gebirgsbächen. An langsam fließenden Stellen kann die Art gemeinsam mit *M. grandidieri* vorkommen.

Größe: Die Tiere erreichen eine Kopf-Rumpf-Länge von fast 5 cm.

Erkennungsmerkmale: Die Körperform ähnelt stark der unserer Grasfrösche. Die Färbung zeigt ein verwaschenes Muster aus unregelmäßig angeordneten, dunklen Flecken, wobei die Grundfärbung meist ein Grün- oder Grauton ist. Die Unterseite ist meist hell bis weiß und zeigt eine dunkle Zeichnung sowie zwei schwarze keilförmige Flecken auf der Kehle. Das Trommelfell ist winzig und kaum zu erkennen. Die Fingerscheiben hingegen sind gut ausgebildet.

Biologie: Die Art ist streng nachtaktiv. Während des Tages verbergen sich die Tiere in dunklen und feuchten Verstecken wie Felsenhöhlen. Während der Nacht hingegen findet man sie entlang der Bachläufe, in denen sie auch bei Gefahr untertauchen.

Terrarium: Die Art ist gut in einem Regenwaldterrarium mit integriertem Bachlauf zu pflegen. Lediglich für ausreichende Versteckmöglichkeiten ist zu sorgen. Dies kann zum Beispiel durch eine im Terrarium eingefügte dekorative Wurzel geschehen. Die Tageshöchstemperaturen sollten 25 °C nicht übersteigen und in der Nacht auf Zimmertemperatur absinken. Mit der Zeit verlieren die Tiere ihre Scheu und lassen sich selbst am Tage gut mit Heimchen, Wachsmotten usw. füttern.

Mantidactylus redimitus

(Boulenger, 1889)

Terra typica: Madagaskar, Marojezy 300–600 m
Verbreitung: Die Tiere leben nur im Nordosten Madagaskars, etwa in dem Gebiet um Maroantsetra-Atalaha sowie auf den vorgelagerten Inseln Nosy Bohara und Nosy Mangabe.
Lebensraum: Es handelt sich um einen reinen Regenwaldbewohner, den man hauptsächlich am Boden antrifft. Das Gebiet, in dem die Tiere leben, gehört zu den feuchtesten Gebieten von Madagaskar. Während des Tages sitzen sie in der feuchten Laubschicht oder auch etwas erhöht auf umgestürzten Baumstämmen.
Größe: Die Frösche erreichen eine maximale Gesamtlänge von ungefäher 50 mm.
Erkennungsmerkmale: Je nach Population sind die Tiere recht unterschiedlich gefärbt. Die Haut ist leicht granuliert. Die Finger und Zehen sind frei von Spannhäuten aber mit breiten Haftscheiben versehen. Die Augen besitzen eine horizontale Pupille und treten an dem spitz zulaufenden Kopf etwas stärker hervor. Das Trommelfell ist gut sichtbar.
Biologie: Über die Biologie dieser Art ist bisher noch nichts bekannt. Die Männchen wurden in der Nacht in etwa 1-2 m Höhe rufend angetroffen.
Terrarium: Für die Haltung kommt nur ein feuchtes Regenwaldterrarium in Frage. Eine etwas höhere Laubschicht ist sicher angebracht. Versteckmöglichkeiten sollten unbedingt vorhanden sein. Eine dichte Bepflanzung, zahlreiche Kletteräste und ein Wasserbecken vervollständigen die Einrichtung. Ein regelmäßiges Überbrausen des Terrariums muß gewährleistet sein. Dafür ist eine Sprüh- oder Nebelanlage sicher sehr hilfreich.

Mantidactylus tornieri

(Ahl, 1928)

Terra typica: Ankoraka

Verbreitung: Das Verbreitungsgebiet umfaßt das östliches Madagaskar mit der Insel Nosy Bohara. Selbst in Hochlagen bis etwa nach Andasibe kann diese Art noch vorkommen.

Lebensraum: Die Tiere bevorzugen etwas offeneres Gelände innerhalb von Waldgebieten und deren Rändern. Häufig findet man sie auch in einzelstehenden Ravenalas. Die Frösche klettern sehr gerne, so daß man sie nachts öfters hoch in den Pflanzen und an den Bäumen sehen kann.

Größe: Dieser Frosch ist mit einer Gesamtlänge von ca. 50 mm ausgewachsen, wobei die Weibchen meist etwas größer werden als die Männchen.

Erkennungsmerkmale: Es handelt sich um einen auf der Oberfläche ziemlich einheitlich braungefärbten Frosch. Die Kopfoberseite und der Rücken sind etwas dunkler abgesetzt. An den Flanken wird die Färbung immer heller, bis sie dann in den fast weißen Bauch übergeht. Die Tiere besitzen große Sprungbeine, wobei die Finger und Zehen mit Haftscheiben versehen sind. Die Zehen weisen ebenfalls noch Schwimmhäute auf. An der Kehle besitzen sie eine große weiße Schallblase. Das Trommelfell ist gut sichtbar. Die großen Augen treten etwas hervor und besitzen eine horizontale Pupille.

Biologie: Die Männchen wurden in den Monaten Februar bis März in der Nacht an stehenden Gewässern rufend angetroffen. Die Art ist mit *M. depressiceps* nahe verwandt. Da beide Arten ihre Gelege an Blättern über dem Wasser in einer Gallerthülle ankleben, kann man den Unterschied nur durch die Färbung der Gelege erkennen. Während die Eier von *M. depressiceps* weiß sind, sind die Eier von *M. tornieri* grün oder braun. In Andasibe waren die Gelege braun und auf St. Marie waren sie grün gefärbt. Ein Gelege besteht aus 40–100 Eiern und hat eine Größe von ca. 4-5 cm, wobei das einzelne Ei einen Durchmesser von 2,3 mm hat. Die Kaulquappen findet man in stehenden Gewässern.

Terrarium: Da die Frösche auch größere Sprünge ausführen, sollte das Terrarium dementsprechend groß sein. Es ist angebracht die Höhe so zu wählen, daß die Tiere ihren Klettergewohnheiten nachkommen können. Es kommt nur ein gut bepflanztes Regenwaldterrarium mit einem größeren Wasserbecken in Frage.

Biologie: Es wurden einige Gelege in unterschiedlichen Biotopen aufgefunden. Bei Fort Dauphin wurde ein Gelege im feuchten Kies unter einem Stein direkt am Rand eines Bachrandtümpels entdeckt. An anderer Stelle wurde ein Gelege an einem Baumstamm unter Moos, ca. 40 cm vom Wasser entfernt, gefunden. Es besaß einen Umfang von 60 Eiern, wobei die einzelnen Eier eine Größe von 2,5 mm aufwiesen. Die Larven schlüpfen nach ungefähr 7 Tagen. Die Art ist nachtaktiv, aber sehr häufig hört man die Männchen schon am frühen Abend rufen.

Terrarium: Am besten hält man die Tiere in einem feuchten, gut bepflanzten Terrarium mit einem flachen Wasserbecken.

Mantidactylus ulcerosus

(Boettger, 1880)

Terra typica: Nosy Bé

Verbreitung: Diese Art findet man in Nord-Madagaskar auf der Insel Nosy Bé und Nosy Mangabe, sowie an der Ostküste bis hinunter zum Südosten.

Lebensraum: Es handelt sich hier um einen typischen Bodenbewohner, den man im Wald und auch in der Sekundärvegetation finden kann. Die Frösche kommen immer in der Nähe von Wasser vor. Häufig findet man sie in den stehenden Abschnitten von Bächen oder in der Nähe kleinerer Wasseransammlungen.

Größe: Mit 35 mm sind die Männchen bereits ausgewachsen, während die weiblichen Tiere eine durchschnittliche Größe von 45 mm erreichen können.

Erkennungsmerkmale: Die Tiere sind im hinteren Bereich hellbraun bis gräulich gefärbt. Ein breiter gelber Rückenstreifen kann vorhanden sein. Auf der Oberfläche befinden sich unregelmäßige dunkle Punkte. An der Unterlippe sieht man helle und dunkle horizontale Bänder. Das Trommelfell ist nicht sichtbar und die Pupille ist horizontal.

Anodonthyla boulengeri

Müller, 1892

Terra typica: Madagaskar

Verbreitung: Die Art bewohnt die gesamte Ostküste Madagaskars sowie die vorgelagerten Inseln Nosy Mangabe und Nosy Bohara. Sehr häufig sind die Tiere auch im Privatpark der Familie Gottlebe anzutreffen.

Lebensraum: Es handelt sich um eine streng an den Lebensraum Baum angepaßte Frosch-Art, da die Tiere fast ausschließlich in kleinen, meist mit Wasser gefüllten Baumhöhlen und Löchern leben. Dabei wird die Art sowohl in Primär- als auch in Sekundärwäldern wie auch außerhalb geschlossener Waldgebiete gefunden.

Größe: Mit einer maximalen Gesamtlänge von 23 mm ist *A. boulengeri* ein recht klein bleibender Microhylide. Die Männchen und Weibchen haben annähernd dieselbe Größe.

Erkennungsmerkmale: Die Art besitzt eine sehr variable Färbung, teilweise handelt es sich dabei um geographische Variationen. Die Grundfärbung ist fast immer ein Braunton. Darauf können die Tiere weiße Punkte auf winzigen Tuberkeln zeigen, aber auch dunkle Zeichenmuster sind möglich. Weder an den Händen noch an den Füßen besitzen die Frösche Schwimmhäute. Die Rückenhaut ist schwach granuliert.

Biologie: Rufende Männchen sitzen in der Nacht an Baum- oder Palmenstämmen und rufen aus ihren Verstecken. Nur sehr selten sieht man die Tiere einmal auf einem Blatt. Ihre Gelege setzen die Weibchen in den mit Wasser gefüllten Baumhöhlen der Männchen ab, in die sie durch das Rufen gelockt werden. Die Gelege bestehen etwa aus 23–30 Eiern. Die Eigröße beträgt etwa 2 mm im Durchmesser, sie sind von einer 3 mm starken Gallerthülle umgeben. Frisch metamorphosierte Jungtiere messen etwa 8,5 mm.

Terrarium: Die Art läßt sich leicht in einem Regenwaldterrarium pflegen. Nur sollte man versuchen ihren natürlichen Lebensraum, wie zum Beispiel die wassergefüllten Baumhöhlen, nachzugestalten. Die Tageshöchsttemperaturen sollten etwa bei 25 °C liegen, auch muß das Terrarium täglich überbraust werden.

Cophyla phyllodactyla

Boettger, 1880

Terra typica: Nosy Bé

Verbreitung: Die Art ist bisher nur aus dem Norden Madagaskars bekannt geworden, sowie von der im Nordwesten vorgelagerten Insel Nosy Bé. Als typische Fundorte gelten Bemavony und die Montagne d'Ambre.

Lebensraum: *C. phyllodactylus* bewohnt sowohl die Primär- als auch die Sekundärwälder innerhalb seines Verbreitungsgebietes. Selbst in Ylang-Ylang- und verwilderten Kaffee-Plantagen kann man die Tiere beobachten. Der eigentliche Lebensraum jedoch sind Löcher und Höhlen in Baumstämmen, in denen sich etwas Wasser angesammelt hat. Diese kleinen „Teiche" werden jeweils von einem Männchen besetzt und wahrscheinlich auch verteidigt. Rufende Männchen kann man nachts frei sitzend auf Blättern beobachten.

Größe: Diese klein bleibende baumbewohnende Microhyliden-Art erreicht nur eine maximale Gesamtlänge von 29 mm.

Erkennungsmerkmale: Die Art weist ein sehr variables Zeichenmuster auf. Oft jedoch zeigen die Tiere nur eine einfache Braunfärbung mit einer beigefarbigen Mittellinie auf dem Rücken. Die Hände sind völlig ohne Schwimmhäute, die nur an den Füßen schwach entwickelt sind.

Biologie: Diese überaus interessante Art vermehrt sich in den von den Männchen besetzten Baumhöhlen. Dafür scheinen die Männchen die Weibchen anzulocken und sie dort zur Ablage ihrer aus bis zu 50 Eiern bestehenden Gelege zu bewegen. Die Quappen bleiben dann die ganze Zeit mit den Männchen in der Baumhöhle. Während ihrer Entwicklungszeit nehmen die Tiere keine Nahrung zu sich, sie leben ausschließlich von ihrem Dottervorrat. Erst sehr spät pigmentieren die Quappen. Frisch metamorphosierte Jungfrösche messen etwa 5 mm.

Terrarium: Die Art wird am besten in einem kleineren Regenwaldterrarium gepflegt. Nur muß immer eine entsprechend nachgestaltete Wohnhöhle für die Aufzucht der Quappen vorhanden sein.

Dyscophus antongili

Grandidier, 1877

Terra typica: Bucht von Antongil
Verbreitung: Die Art bewohnt die Ostküste Madagaskars, von Maroansetra bis südlich von Toumasina. Bekanntester Fundort sind die Wassergräben um Maroansetra.
Lebensraum: In der Trockenzeit vergraben sich die Tiere mehrere Zentimeter tief in den sandigen Boden. Nur während der Regenzeit treten sie in großen Mengen auf. Man findet die hauptsächlich dämmerungs- und nachtaktiven Tiere dann sogar während des Tages. In ihrem natürlichen Lebensraum benutzen die Frösche hauptsächlich temporäre Gewässer zur Fortpflanzung. In der Nähe menschlicher Siedlungen, wo sie auch sehr häufig gefunden werden, nutzen sie die langsam fließenden Abwassergräben. Darüber hinaus werden Reisfelder, überflutete Wiesen und sonnige Sümpfe als Laichgewässer angenommen.
Größe: Die Weibchen werden über 90 mm groß, während die Männchen nur eine Größe von 60–70 mm erreichen.
Erkennungsmerkmale: Der deutsche Name „Tomatenfrosch" gibt die Färbung treffend wieder. So reicht die Grundfärbung von orangerot über dunkelrot bis rotbraun, wobei die Bauchseite weiß abgesetzt ist. Die Männchen von *Dyscophus antongili* erkennt man an der kehlständigen Schallblase.
Biologie: Zum Beginn der Regenzeit versammeln sich die Männchen in der Nähe der Wasserstellen und beginnen zu rufen. Das Fortpflanzungsverhalten wird wahrscheinlich durch das Niederprasseln der Regentropfen ausgelöst. Männchen, die in einem Terrarium im Wintergarten gehalten wurden, fingen plötzlich an zu rufen als es draußen regnete. Pintak (1987) konnte erstmalig diese Art im Terrarium zur Fortpflanzung bringen. Nachdem die Tiere sich im Amplexus befanden, legte das Weibchen am folgenden Tag ca. 1000 Eier frei im Wasser ab. Die größte Schwierigkeit bei der Zucht im Terrarium ist die zeitlich synchronisierte Paarungsbereitschaft der Geschlechter.
Terrarium: Die Tiere benötigen Behälter mit einer größeren Grundfläche und einer ca. 10 cm hohen Erdschicht. Ein Wasserbecken sollte eine Größe aufweisen, die den Tieren ermöglicht frei zu schwimmen. Eine Sprühanlage ist angebracht, um die Regenzeit zu simulieren. Robuste Bodenpflanzen werden von den Tieren nicht beschädigt.

Dyscophus guineti

(Grandidier, 1875)

Terra typica: Sambava
Verbreitung: *D. guineti* ist bisher nur aus dem östlichen Madagaskar bekannt geworden. Alle bisherigen Fundpunkte liegen oberhalb 600 m.
Lebensraum: Da sich die Tiere in der Lebensweise der vorherigen Art sehr ähneln, sind sie auch dem Lebensraum von *D. antongili* angepaßt. Zur Fortpflanzung benutzen sie stehende, nährstoffreiche Gewässer.
Größe: Die Tiere erreichen eine Gesamtgröße von 80–95 mm.
Erkennungsmerkmale: Gegenüber der vorherigen Art sind diese Frösche gelb-orange gefärbt. Auf dem Rücken befinden sich schwarze rhomben- oder herzförmige Markierungen. Der gelbliche Bauch weist an der Kehle dunkle Flekken auf. Die Haut auf dem Rücken ist glatt mit zwei lateralen Falten. Die Fingerspitzen sind nicht verbreitert und es befinden sich keine Schwimmhäute zwischen den Fingern. Die Zehen der Hinterfüße sind durch Schwimmhäute verbunden, die bei den Männchen zusätzlich als schmale Streifen bis zu den Zehenspitzen ausgebildet sind.
Biologie: Bisher ist über die Biologie dieser Art nicht sehr viel bekannt. Es ist anzunehmen, daß diese Frösche ähnlich im Verhalten sind wie *D. antongili*. Die Tiere vollziehen einen axillaren Amplexus. Die Paarungsaktivitäten werden wahrscheinlich wie bei der vorherigen Art durch starke Regenfälle ausgelöst. Während der Regenzeit wurden die Tiere in großen Mengen an Wassergräben gefunden.
Terrarium: Auch bei dieser Art ist es wichtig, daß das Terrarium eine größere Grundfläche besitzt, da sich die Tiere nur am Boden aufhalten. Das Wasserbecken sollte so groß sein, daß die Frösche frei schwimmen können. Für Unterschlupfmöglichkeiten muß gesorgt werden, weil sich die nachtaktiven Tiere am Tage verstecken. Wenn eine höhere Erdschicht vorhanden ist, graben sich die Frösche darin ein.

Paradoxophyla palmata

(Guibé, 1974)

Terra typica: Ambana
Verbreitung: Die Art ist bisher nur von zwei Fundorten bekannt geworden. Der eine liegt im zentralen Ostmadagaskar (Andasibe) etwa 800 m hoch, und der andere liegt im Südosten der Insel (Ambana).
Lebensraum: *P. palmata* lebt in den letzten Resten an Primärwäldern Ost-Madagaskars. Während des Tages verbergen sich die rein nachtaktiven Frösche in der Laubschicht. Besonders während der Fortpflanzungszeit, die etwa von Januar bis Februar dauert, kann man die Tiere nachts schwimmend oder am Rande von stehenden Gewässern beobachten.
Größe: Die Art erreicht nur etwa eine maximale Gesamtlänge von 24 mm, wobei die Männchen meist noch deutlich kleiner bleiben.
Erkennungsmerkmale: Die Art weist ein recht variables Farbkleid auf. Die Tiere zeigen meist eine gräuliche oder braune Grundfärbung mit einigen wenigen schwarzen Punkten als Zeichenmuster. Nur die Beine sind deutlich schwarz gestreift. An den Füßen besitzen die Tiere zwischen den Zehen Schwimmhäute, an den Händen jedoch keine. Die Art hat kleine Augen mit einer stehenden Pupille. Die Haut ist leicht granuliert.
Biologie: *P. palmata* zeichnet sich durch eine hohe Vermehrungsrate aus. Die Weibchen können bis zu 500 Eier pro Gelege absetzen. Die Eier sind etwa 1 mm im Durchmesser groß und von einer 2 mm dicken Gallerthülle umgeben. Frisch metamorphierte Jungtiere messen 8–9 mm.
Terrarium: Die Art wird am besten in einer kleinen Gruppe in einem größeren Terrarium mit einem großen Wasserteil gepflegt. Der Boden sollte mit einer Laubschicht, auf die eine Wurzel gelegt wird, bedeckt sein. Eine üppige Bepflanzung sowie zahlreiche Rinden- und Korkstücke bieten den Tieren ausreichend Versteckmöglichkeiten. Die Tagestemperaturen sollten etwa bei 25 °C liegen und in der Nacht auf Zimmertemperatur abfallen. Auch eine gewisse Jahresschwankung sollte als wahrscheinlicher Auslöser für die Fortpflanzung unbedingt eingehalten werden.

einige rufende Männchen gefunden. Die Kaulquappen sind weißlich gefärbt und können bis 16 mm Gesamtlänge erreichen. In einem wassergefüllten Baumloch wurde ein Männchen zusammen mit Kaulquappen entdeckt.
Terrarium: Für die Haltung der Frösche kommt nur ein Regenwaldterrarium in Frage. Eine gute Bepflanzung ist sehr wichtig. Für die Eiablage sollte den Tieren außerdem einige Baumhöhlen zur Verfügung stehen. Die Luftfeuchtigkeit sollte 75% nicht unterschreiten. Eine Sprüh- oder Nebelanlage ist hierbei äußerst sinnvoll.

Platypelis barbouri

Noble, 1940

Terra typica: Wald von Fanovana
Verbreitung: Die Art wurde an der Ostküste Madagaskars und dort in der Gegend um Andasibe gefunden.
Lebensraum: Die Frösche leben am Rande aber auch im Inneren von zusammenhängenden Waldgebieten. Besonders häufig sitzen sie in den Blattachseln von *Ravenala, Pandanus* und *Crinum firmifolium*. Darüber hinaus entdeckt man sie auch in Baumhöhlen und im Inneren von offenen Bambusstangen.
Größe: Die Männchen erreichen eine Größe von 19–23 mm.
Erkennungsmerkmale: Auf dem dunkelbraunen Rücken der Tiere befinden sich große beige oder leicht orangene Flecken oder Markierungen. Eine beige Mittellinie kann vorhanden sein. Die Rückenhaut ist stark granulär. Der Bauch ist weiß gefärbt mit einer dunklen Sprenkelung. Die Männchen besitzen eine große Schallblase.
Biologie: Über die Biologie ist bisher nicht viel bekannt. Die Tiere sind nachtaktiv. In einer Höhe von 1–2 m wurden auf Blättern sitzend

Platypelis grandis

(Boulenger, 1889)

Terra typica: Madagaskar, Sahambendrana
Verbreitung: Die Tiere findet man an der gesamten Ostküste von Madagaskar sowie auf der Insel Nosy Mangabe.
Lebensraum: Es sind hauptsächlich Regenwaldbewohner, die aber auch in den Ravenalas (Baum der Reisenden) am Rande von Wäldern gefunden wurden. Im Wald bewohnen sie wassergefüllte Baumhöhlen.
Größe: Wie bei den meisten Frosch-Arten, so ist auch bei dieser Art ein Größenunterschied zwischen den Geschlechtern vorhanden. Die Weibchen erreichen eine Größe von bis zu 88 mm, wohingegen die Männchen nur bis zu 61 mm groß werden.
Erkennungsmerkmale: Die stark granuläre Haut erinnert etwas an unsere Kröten. Charakteristisch sind die großen breiten Haftscheiben. Die Finger und Zehen sind frei von Spannhäuten. Die Tiere besitzen eine horizontale Pupille und ein verborgenes Trommelfell. Als Grundfärbung zeigen sie ein Olivbraun.
Biologie: Tagsüber schlafen die Frösche in wassergefüllten Baumhöhlen oder auch in den Blattachseln größerer Pfanzen. In der Nacht klettern sie an den Bäumen und im niedrigen Unterholz umher. Die Weibchen setzen ihre Gelege in den wassergefüllten Baumhöhlen ab. Dort verbleiben die mundöffnungslosen („non-feeding") Kaulquappen bis zur Metamorphose, das heißt, die Kaulquappen nehmen während der gesamten Entwicklung keine Nahrung zu sich.
Terrarium: Es kommt nur ein Regenwaldterrarium in Frage. Eine ausreichende Bepflanzung ist wichtig für die geschickt kletternden Frösche. Bambusrohre, die mit einer seitlichen Öffnung versehen sind, werden bis zur Hälfte mit Wasser gefüllt. Diese werden von den Tieren erklettert und als Schlafplatz angenommen.

Platypelis milloti

Guibe, 1950

Terra typica: Lokobe (Nosy Bé)
Verbreitung: Vorwiegend von der Terra typica bekannt, darüber hinaus wurde die Art auch im Norden von Madagaskar gefunden.
Lebensraum: Die Tiere leben im Randbereich der Regenwälder. Hier saßen sie in der Nacht auf den Blättern von *Ravenala* und *Typhonodorum* in einer Höhe von 2–4 m.
Größe: Die Größe beträgt ca. 25–30 mm.
Erkennungsmerkmale: Die Tiere sind schokoladenbraun gefärbt mit vier großen schwarzen Flecken auf dem Rücken. Diese werden von einem median verlaufenden, beigen Streifen durchzogen. Von Auge zu Auge zieht sich über dem Kopf hinweg ein breites beiges Band. Die Unterseite der Extremitäten sowie Teile der Füße sind rot gefärbt. Der Bauch ist weißlich und an der Kehle bräunlich. Die Hände sind ohne Schwimmhäute und an den Füßen sind diese auch nur angedeutet. Die Männchen besitzen eine große Schallblase.
Biologie: Über die Biologie ist wenig bekannt. So wurden rufende Männchen nachts in *Ravenala*-Palmen und *Typhonodorum*-Bäumen gefunden. Es ist zu vermuten, daß sie tagsüber in Blattachseln leben.
Terrarium: Die Einrichtung sollte der eines Regenwaldterrariums entsprechen. Blattpflanzen sowie Trichterpflanzen (Bromelien) sind für das Wohlbefinden der Tiere wichtig. Die Temperaturen sollten am Tage etwa bei 28 °C liegen und nachts leicht abfallen.

Plethodontohyla notosticta

(Günther, 1877)

Terra typica: Mahanororo und Anzahamaru
Verbreitung: Dieser Frosch kommt an der gesamten Ostküste von Madagaskar vor.
Lebensraum: Wir fanden diese Art nur in zusammenhängenden Regenwaldgebieten. Die Tiere leben sowohl am Boden als auch auf umgestürzten Baumstämmen und auf niedrigen Bäumen. Den Tag verbringen sie in Blattachseln oder in feuchten, mit Blättern gefüllten Baumhöhlen.
Größe: Mit einer Gesamtlänge von 40 mm sind die Tiere ausgewachsen.
Erkennungsmerkmale: Die Frösche sind in der Färbung und Zeichnung sehr variabel. Überwiegend findet man rötlichbraune bis dunkelbraune Tiere. Auf dem Rücken kann sich eine Netzzeichnung aus Strichen und Punkten befinden. Eine helle dorsolaterale Linie, beginnend an dem auffallend spitz zulaufenden Kopf, trennt den gemusterten Rücken von den einheitlich gefärbten Flanken. Die Fingerspitzen sind verbreitert und nicht durch Schwimmhäute verbunden.
Biologie: Diese nachtaktiven Frösche haben ein ausgeprägtes Brutverhalten. Es sind Höhlenbrüter, die ihre Eier in wassergefüllten Baumhöhlen ablegen. Die gesamte Entwicklung, vom Ei bis zur Metamorphose, wird vom Männchen bewacht. Diese Entwicklung vollzieht sich innerhalb von zwei Wochen. Während dieser Zeit sind die Männchen auch größeren Störenfrieden gegenüber sehr aggressiv. Sie geben nicht nur laute Töne von sich, sondern sie verteidigen auch ihre Nachkommen. In einer Baumhöhle wurde ein Männchen mit ungefähr 60 Eiern und ebensovielen Quappen gefunden. Die Größe der weißlichen Eier liegt bei 3–3,2 mm. Sie kleben in den Baumhöhlen kurz über der Wasseroberfläche. Nach Abschluß der Metamorphose haben die Frösche eine Größe von 6 mm. Bei starken Regenfällen hört man die Männchen auch außerhalb ihrer Baumhöhlen rufen.
Terrarium: Es kommt nur ein gut bepflanztes Regenwaldterrarium in Frage. Zur Nachahmung von Baumhöhlen wurden verschiedene Gegenstände ausprobiert. Es können etwa armdicke Bambusrohre oder geschlossene PVC-Rohre mit einer seitlichen Öffnung benutzt werden. Diese kann man noch mit einer Korkröhre verkleiden. Der Innenraum wird bis zur Hälfte mit Wasser gefüllt.

Rhombophryne testudo

Boettger, 1880

Terra typica: Nosy Bé

Verbreitung: Die Art lebt auf der Insel Nosy Bé und im Norden von Madagaskar.

Lebensraum: Die Tiere leben vorwiegend in der Erde, in Höhlen von 5–10 cm Tiefe. Eine mehrere Zentimeter hohe Laubschicht ist in den meisten Fällen vorhanden. Man findet sie in primären Wäldern und auch in sekundärer Vegetation.

Größe: Die Frösche erreichen eine Größe von 45 mm.

Erkennungsmerkmale: Die Tiere sind einfarbig dunkelbraun bis rotbraun gefärbt. Auf den Hinterbeinen befinden sich einige dunkle Querbänder. Die Bauchseite ist fast transparent. Auf dem Rücken befinden sich zwei parallel verlaufende Tuberkelreihen. Auf der Unterlippe befinden sich einige kurze Hautfortsätze. Die kleinen Augen stehen sehr weit vorne am Kopf. Die Tiere besitzen keine Schwimmhäute zwischen den Fingern und Zehen. Die Extremitäten sind im Verhältnis zum Körper recht klein. Der Körper wirkt plump und unförmig.

Biologie: Die Männchen haben eine subgulare Schallblase, die in ihrer vollen Ausdehnung den halben Bauch einnimmt. Dadurch sind die Rufe langanhaltend und weithin hörbar. Während starker Regenfälle sind die Rufe am intensivsten. Die Lautäußerungen ähneln sehr stark dem Blöken von Kühen. Befindet man sich während eines starken Regenschauers im Regenwald, so hat man das Gefühl auf einer Weide mit Tausenden von Kühen zu stehen. Ausgegrabene Tiere haben ein bestimmtes Verteidigungsverhalten. Sie strecken die Hinterbeine so weit, daß der Rücken konkav wird. In dieser Position ist es sehr schwierig die Tiere auf dem Rücken zu legen. Über die Fortpflanzung ist bisher noch nichts bekannt.

Terrarium: Gepflegt wird die Art in einem Regenwaldterrarium. Der Bodengrund muß aus einer mehrere Zentimeter hohen Bodenschicht bestehen. Darüber kommt eine Schicht Waldlaub. Da die Tiere keine großen Strecken zurücklegen, kann die Grundfläche kleiner bemessen sein. Eine höhere Erdfeuchte muß immer vorhanden sein.

Scaphiophryne gottlebei

Busse & Böhme, 1992

Terra typica: Montagne de l'Isalo: Vallée des Singes
Verbreitung: Diese Art ist bisher nur aus dem Isalo-Gebirge im zentralen Süd-Madagaskar bekannt geworden.
Lebensraum: Bei dem bekannten Fundort, dem Vallée des Singes, handelt es sich um eine Art Oasenlandschaft, die sich entlang von Bächen oder Flüssen in Cañons gebildet hat. Hier hat sich ein spezielles Mikroklima entwickelt, was den Fröschen auch in dieser eigentlich heißen und trockenen Gegend ein Überleben sichert.
Größe: *S. gottlebei* erreicht etwa eine maximale Gesamtlänge von 40 mm, wobei aber noch nicht genügend Tiere bekannt geworden sind, um diesen Wert ausreichend zu bestätigen.
Erkennungsmerkmale: Bei *S. gottlebei* handelt es sich um eine der farblich schönsten Frosch-Arten Madagaskars. Die Tiere besitzen ein buntes Zeichenmuster aus grünen und teilweise leuchtend roten bis rosafarbigen großen Flekken, die von einer breiten schwarzen Zeichnung abgegrenzt sein können. Am leichtesten könnte man die Art mit *S. marmorata* verwechseln, jedoch besitzt *S. gottlebei* eine glatte Haut. Auch besitzen die Tiere an den Zehen Schwimmhäute und mit Fingerscheiben verbreiterte Finger.
Biologie: Bei *S. gottlebei* handelt es sich um eine recht verborgen lebende Frosch-Art. Aufgrund der starken jahreszeitlichen Klimaschwankungen ist die Hauptaktivitätszeit auf die Regenzeit beschränkt. So wurden die Tiere bisher nur während weniger Monate im Jahr gefunden, etwa in der Zeit von November bis April und dann auch nur nach starken Regenfällen. Während dieser kurzen Zeit kann man sie beim Umherlaufen auf dem Boden beobachten. Ansonsten lebt der Frosch vergraben im Erdreich oder verborgen unter Steinen. Auffallend ist bei dieser Art, daß die Tiere nur in der Nähe von Gewässern gefunden wurden.
Terrarium: Die Art benötigt tropisch bepflanzte Terrarien mit einer großen Bodenfläche. Wichtig sind ferner eine hohe und lockere Bodenschicht, in die sich die Frösche problemlos eingraben können, einen Wasserteil und einige Steinplatten mit feuchten und trockenen Versteckmöglichkeiten.

Scaphiophryne marmorata

Boulenger, 1882

Terra typica: Est Betsileo. Coll. Cowan
Verbreitung: Die Art wird in ganz Ost-Madagaskar gefunden. Außerdem scheint sie noch ein kleines isoliertes Verbreitungsgebiet im Westen auf dem Plateau Tsingy de Bemaraha zu besitzen. Im Osten deckt sich das Verbreitungsgebiet etwa mit dem Berg- oder Regenwaldgürtel der Ostküste.
Lebensraum: Der typische Lebensraum scheinen bewaldete Regionen gewesen zu sein. Heute jedoch findet man die Art auch in der Kulturlandschaft. *S. marmorata* ist ein reiner Bodenbewohner.
Größe: Die Art erreicht eine maximale Gesamtlänge von etwa 55 mm.
Erkennungsmerkmale: Die Grundfärbung besteht aus einem grünen bis olivfarbenen Ton, auf dem sich ein großes, braunes Zeichenmuster befindet. Einige Tiere können auch noch eine schwarze und weiße Tupfenzeichnung aufweisen. Insgesamt ist das an Flechten und Moose erinnernde Zeichenmuster sehr variabel. Die Gliedmaßen sind dunkel gebändert. Weitere wichtige Kennzeichen sind der kleine Kopf mit den deutlich hervorstehenden Augen, die horizontalen Pupillen, das verborgene Trommelfell und die stark granulierte Haut. Sowohl die Finger als auch die Zehen weisen keine Spannhäute auf. Ebenso wie *S. gottlebei* besitzt *S. marmorata* verbreiterte Fingerscheiben. Hierdurch lassen sich diese beiden Arten auch leicht von den anderen Scaphiophrynen unterscheiden.
Biologie: Bei *S. marmorata* handelt es sich um eine rein nachtaktive, recht verborgen lebende Frosch-Art. In sehr großen Stückzahlen findet man die Tiere nachts nach starken Regenfällen, wenn sie ähnlich wie unsere Kreuzkröten auf dem Boden zwischen den Pfützen umherlaufen, um im Scheine einer Lampe nach Futter zu suchen. Rufende Männchen findet man nur in der Nähe von Gewässern.
Terrarium: Die Tiere müssen in Regenwaldterrarien, die eine große Bodenfläche und einen Wasserteil besitzen, gepflegt werden. Wichtig ist eine hohe Bodenschicht, die mit Moosplatten oder Rinden- bzw. Korkstücken abgedeckt werden sollte.

Scaphiophryne pustulosa

(Angel & Guibé, 1945)

Terra typica: Madagaskar
Verbreitung: Die Art ist bisher nur aus dem Hochland Zentral-Madagaskars bekannt geworden. Genauer gesagt handelt es sich dabei um die östliche Seite des Ankaratragebirges, etwa von Manjakatompo bis Ambatotampy-Tsinjoarivo.
Lebensraum: *S. pustulosa* scheint ein typischer Bewohner der dort nur noch in Resten vorhandenen Berg- und Nebelwälder zu sein. Die Frösche leben dort in der Laubschicht, werden aber auch außerhalb bzw. an den Rändern der Wälder angetroffen.
Größe: Die Art erreicht eine maximale Gesamtlänge von über 40 mm, wobei die Männchen meist kleiner bleiben.
Erkennungsmerkmale: Auch diese *Scaphiophryne*-Art weist wieder ein wunderschönes, netzartiges Zeichenmuster auf. Die Grundfärbung besteht aus einem leuchtend hellen Grünton und ist von großen braunen Flecken, die teilweise deutlich schwarzfarbig abgegrenzt sind, so stark durchsetzt, daß sie wie eine symmetrische Streifenzeichnung aussieht. Dieses Zeichenmuster setzt sich am Kopf und auf den Gliedmaßen fort. Sowohl die Zehen als auch die Finger zeigen keine Anzeichen von Schwimmhäuten. Der Kopf ist klein. Die aufgesetzten Augen haben eine horizontale Pupille. Die Haut auf dem Rücken ist leicht granuliert. Die Männchen lassen sich leicht durch den dunkleren Kehlsack von den Weibchen unterscheiden. Im Gegensatz zu *S. gottlebei* und *S. marmorata* besitzt *S. pustulosa* keine verbreiterten Fingerscheiben.
Biologie: Es handelt sich um einen grabenden Bodenbewohner, der nur nachts, besonders nach heftigem Regen, sein Versteck verläßt und nach Futter sucht.
Terrarium: Die Tiere benötigen ein üppig bepflanztes Terrarium. Ein kleiner Wasserteil sollte nicht fehlen. Sehr wichtig ist eine hohe Bodenschicht, die mit Moos und Rindenstücken abgedeckt wird, sowie eine Wurzel oder ähnliches Material, unter dem sich die Tiere verbergen können.

Stumpffia grandis

Guibé, 1974

Terra typica: Marojezy Berge

Verbreitungsgebiet: Die Art ist bisher nur von verschiedenen, voneinander isolierten Fundgebieten in Ost-Madagaskar bekannt geworden. Dazu gehören die Insel Nosy Mangabe sowie Voloina und Andasibe.

Lebensraum: Bei dieser winzigen Art handelt es sich um einen ausgesprochenen Bodenbewohner. Die Fröschchen verbringen ihren Tag verborgen im Laubstreu zwischen Moosplatten und Wurzeln der Wälder, wo sie wegen ihrer Winzigkeit leicht übersehen werden.

Größe: *St. grandis* erreicht eine Gesamtlänge von 25 mm und stellt somit die größte bekannte *Stumpffia*-Art dar.

Erkennungsmerkmale: Diese Frosch-Art besitzt ein überaus variables Farbkleid. Es gibt Tiere, die nur ein rosafarbiges, stellenweise stärker pigmentiertes Farbkleid tragen, andere zeigen eine graue oder braune Grundfärbung mit einer teilweise recht variablen Zeichnung. Unterscheiden kann man die Tiere von den anderen *Stumpffia*-Arten, indem man die Hände und Füße vergleicht. So besitzt *St. grandis* Füße mit fünf Zehen, wobei der innere jedoch stark reduziert ist, und Hände mit nur vier Fingern, wobei ebenfalls der innere stark zurückgebildet ist. Die Frösche besitzen hinter dem Auge jeweils ein deutlich sichtbares großes Trommelfell. Nur die Tiere von Nosy Mangabe besitzen einige Tuberkel auf dem Rücken.

Biologie: Da alle Tiere, auch die kleinsten Jungtiere, bisher fast immer weit entfernt von einem Gewässer gefunden wurden, liegt die Vermutung nahe, daß sich die Fortpflanzung völlig außerhalb eines Gewässers vollzieht. Das heißt, die Frösche durchlaufen eine Direktentwicklung, wobei der kleine Jungfrosch als fertiges Tier aus dem Ei schlüpft. Da die Eier für die Entwicklung eine gewisse Feuchtigkeit benötigen, werden sie immer an einer geschützten, feuchten Stelle auf dem Erdboden abgelegt.

Stumpffia pygmaea

Vences & Glaw, 1991

Terra typica: Nosy Bé
Verbreitung: Die Art ist bisher nur von den im Nordwesten Madagaskars gelegenen Inseln Nosy Bé und Nosy Komba bekannt geworden. Auf diesen Inseln jedoch sind die Tiere überaus häufig und man kann ihnen überall begegnen. Bekannteste Fundorte sind der kleine Restregenwald und Nationalpark Lokobe und die Umgebung von Hellville.
Lebensraum: Die Frösche leben in allen Sekundär- und Primärwäldern auf den Inseln. Ja selbst in den Ylang-Ylang-Plantagen und an einigen Straßenrändern kann man der Art begegnen. *St. pygmaea* lebt auf dem feuchten Waldboden zwischen Blättern.
Größe: Bei *St. pygmaea* handelt es sich mit einer maximalen Gesamtlänge von 10–12 mm um die kleinste bekannte Frosch-Art der Welt.
Erkennungsmerkmale: Diese sehr kleine Frosch-Art zeigt eine bräunliche, häufig golden oder grünlich schimmernde Grundfärbung, meist ohne eine charakteristische Zeichnung. Die Art besitzt fünf Zehen und vier Finger, wobei jeweils der innere stark reduziert ist. Das Trommelfell ist recht klein, etwa ein Drittel des Augendurchmessers.
Biologie: Von dieser Art ist Direktentwicklung nachgewiesen. Die Weibchen legen ihre fünf bis acht Eier umfassenden Gelege, umgeben von einer weichen Schaumhülle, auf dem feuchten Boden versteckt zwischen den Blättern ab. Sehr wichtig für die Entwicklung ist eine hohe relative Luftfeuchtigkeit und eine gewisse Substratfeuchte. Innerhalb von nur 15 Tagen entwickelt sich ein weniger als 3 mm großer Frosch, der das Ei fertig verläßt.
Terrarium: Die Frösche werden am besten in kleinen Terrarien, die nur eine immer feucht zu haltende Bodenschicht und eine gewisse Laubschicht aufweisen, gepflegt. Sehr wichtig ist ausreichend Kleinstfutter, zum Beispiel in Form von Springschwänzen.

Stumpffia tetradactyla

Vences & Glaw, 1991

Terra typica: Nosy Bohara, Nosy Mangabe, Tolagnaro

Verbreitung: Die Art ist bisher nur von der Terra typica bekannt geworden, deren Lokalitäten alle in Ostmadadagaskar liegen. Besonders häufig und weit verbreitet sind die Frösche auf der Insel Nosy Bohara.

Lebensraum: Die Art bewohnt in der Regel nur das Laubstreu der letzten Primärwälder, sie wird aber auch teilweise in der Sekundärvegetation gefunden. Hier bewegen sich die Tiere langsam kriechend fort, indem sie zwischen Moosen und Farnen über Blätter hinwegklettern, immer auf der Suche nach kleinsten Futtertieren.

Größe: Mit einer maximalen Gesamtlänge von 13–15mm gehört *St. tetradactyla* mit zu den kleinsten Frosch-Arten der Welt.

Erkennungsmerkmale: Das Farbkleid ist äußerst variabel. Es gibt Tiere mit und ohne helle Mittellinie auf dem Rücken. Die Grundfärbung ist meist ein heller Braunton. Typisch ist ein häufig vorhandenes dunkles Zeichenmuster auf dem Rücken, welches stark an ein „Gummibärchen" erinnert. Auch die Hinterextremitäten sind meist dunkel gestreift. Die Art besitzt vier Finger, von denen der innere reduziert ist, und vier Zehen. Es sind keine Schwimmhäute vorhanden und nur die Zehen haben recht schwach ausgeprägte Fingerscheiben. Das kleine Trommelfell ist nicht immer deutlich zu erkennen.

Biologie: Auch bei dieser Art wird Direktentwicklung vermutet. Bereits am späten Nachmittag beginnen die Männchen zu rufen. Ihr Ruf klingt etwa wie ein piepsiger Pfeifton. Die Rufaktivität zieht sich bis weit in die Dunkelheit hinein und findet nicht um ein Gewässer konzentriert statt.

Stumpffia tridactyla

Guibé, 1975

Terra typica: Marojezy Berge
Verbreitung:sgebiet Die Art ist bisher nur aus dem zentralen Ost-Madagaskar etwa in Höhenlagen von 800 m und mehr bekannt geworden. Die einzigen bisher entdeckten Fundorte sind das Marojezy-Gebirge, Andasibe und Analamazoatra.
Lebensraum: Auch diese Art lebt wieder nur in der Laubschicht der letzten kleinen primären Bergwälder auf Madagaskar. Man findet die Tiere leicht, wenn man bei regnerischem Wetter vorsichtig den Waldboden nach ihnen absucht. Die Tiere bewegen sich dort äußerst langsam kriechend fort. Sie können aber auch bei Belästigung zur Flucht bis zu 20 cm weite Sprünge ausführen.
Größe: Diese sehr kleine Art, die maximale Gesamtlänge beträgt nur bis 10–11 mm, streitet mit *St. pygmaea* darum die kleinste bekannte Frosch-Art der Welt zu sein.
Erkennungsmerkmale: Der winzige Frosch weist meist eine rötlich braune Grundfärbung auf. Häufig zeigen die Tiere zwei kleine schwarze Augenflecken, die sich in einer dunklen Querstreifung der Ober- und Unterschenkel fortsetzen kann. Die Flanken sind dunkel abgesetzt. Das besondere Kennzeichen dieser Art ist die extreme Reduktion der Finger und Zehen. So besitzen die Tiere nur noch drei Zehen, zwei davon reduziert, und nur noch einen deutlich erkennbaren Finger. Das Trommelfell ist recht groß, etwa dem halben Augendurchmesser entsprechend. Die waagerechte Pupille ist kupferrot.
Biologie: Da auch diese Art fast immer weit von einem Gewässer entfernt lebt, liegt wieder die Vermutung nahe, daß die Art sich durch Direktentwicklung fortpflanzt. Bei Regenwetter beginnen die Männchen tagsüber bis zum Einbruch der Dunkelheit zu rufen. Den piepsenden Pfeifton kann man dann am Rande und überall in den Primärwäldern vernehmen. Auch diese Frosch-Art dürfte man nur bei gezielter Suche einmal zu Gesicht bekommen, da die kleinen, hervorragend getarnten Tiere tagsüber, wenn sie im Laubstreu nach Futter suchen, im Dämmerungslicht am Boden der Wälder nicht auffallen.

Familie: Bufonidae, Kröten

Bufo regularis
Reuß, 1833

Terra typica: Ägypten
Verbreitung: Die Art bewohnt ganz Afrika mit Ausnahme des Nordwestens. Sie wurde wahrscheinlich von Menschen auf die Maskarenen verschleppt.
Lebensraum: Entsprechend ihrem weiten Verbreitungsgebiet ist *B. regularis* nicht an ein bestimmtes Biotop gebunden. Sie lebt sowohl in trockenen Gebieten, dort aber nur in Wassernähe, als auch in feuchten Gebieten mit starkem Pflanzenbewuchs. Während des Tages verbergen sich die Tiere im Erdboden oder unter Steinen. Nur während der Nacht, besonders nach starken Regenfällen, kann man die Tiere überall umherlaufen sehen.
Größe: Mit einer maximalen Gesamtlänge von 90 mm gehört die Pantherkröte zu den mittelgroßen Kröten-Arten. Die Männchen bleiben meist deutlich kleiner.
Erkennungsmerkmale: *B. regularis* zeigt das typische Erscheinungsbild einer Kröte. Die Färbung ist nicht sehr auffallend. So besteht die Grundfärbung aus einem olivgrauen bis olivbraunen Farbton. Darauf zeigen die Kröten eine Zeichnung aus mehr oder minder geometrisch angeordneten, annähernd quadratischen, dunkelbraunen Flecken. Sehr häufig ist auch eine helle Längslinie in der Körpermitte vorhanden. Die Körperunterseite ist meist leicht cremefarben und kann von großen dunklen Flecken unterbrochen sein. Auffallend sind die waagerechten Pupillen, das sehr deutlich erkennbare Trommelfell und die großen elliptischen Paratoiden (Ohrdrüsen). Die Männchen erkennt man leicht an der dunklen Kehlfärbung, worunter die Schallblase liegt, sowie an den Brunftschwielen der ersten Finger.
Biologie: *B. regularis* ist ein nachtaktiver Jäger. Die ganze Nacht, an regnerischen Tagen auch während des Tages, durchstreifen die Kröten ihr Revier. So kommt es, daß sie sich besonders zahlreich unter Lampen versammeln, wo sich, angelockt durch das Licht, ein entsprechendes reichhaltiges Nahrungsangebot an Insekten konzentriert.
Terrarium: Geeignet sind die unterschiedlichsten Terrarientypen, nur müssen sie eine große Bodenfläche aufweisen. Da die Tiere sich gerne in einer lockeren Bodenschicht vergraben, sollten alle Pflanzen nur eingetopft in das Terrarium integriert werden. Zahlreiche feuchte sowie auch trockenere Versteckplätze müssen unbedingt vorhanden sein.

Reptilien

Schildkröten

Die Einmaligkeit der Schildkröten innerhalb der Tierwelt liegt in der Tatsache begründet, daß kein anderes Lebewesen einen Panzer in dieser Form entwickelt hat. Auch geschichtlich können sie sehr weit zurückblicken. Die älteste fossile echte Schildkröte ist etwa 200 Millionen Jahre alt. Hierbei handelt es sich um die Keuperschildkröte *Triassochelys dux* mit einer Panzerlänge von ungefähr 50 cm. Jedoch gab es auch wesentlich größere Exemplare. In den USA fand man Versteinerungen einer Meeresschildkröte aus der oberen Kreidezeit mit 4 m Carapaxlänge. Im Unterschied zu den heute lebenden Schildkröten besaßen die Tiere früher Zähne. Diese haben sich im Laufe der Evolution zu Hornscheiden umgebildet. Eine Besonderheit stellen auch die Lungen dar, weil durch den starren Panzer eine normale Rippenatmung nicht möglich ist. Die Luft wird durch bestimmte Muskeln in die Lungen hinein- und auch herausgepreßt. Aber auch die Hautatmung hat einen großen Anteil bei einigen aquatisch lebenden Schildkröten. Alle anatomischen Besonderheiten haben sicher dazu beigetragen, daß die Schildkröten sich die unterschiedlichsten Lebensräume erobern konnten. Leider hat sie das nicht vor dem vernichtenden Raubbau des Menschen geschützt. So gehören die Schildkröten heute zu den gefährdetsten Reptilien. Durch rigoroses Abschlachten für den Verzehr, für industrielle Zwecke oder als ausgestopfte Präparate haben einige Arten ihr Existenzminimum erreicht. Viele Arten haben nicht einmal bis in unser Jahrhundert hinein überlebt. So wurden die meisten großen Landschildkröten bereits in vorigen Jahrhunderten auf den Inseln im Indischen sowie im Pazifischen Ozean ausgerottet. Aber auch heute noch werden in Madagaskar Schildkröten, die unter das Washingtoner Artenschutz-Abkommen fallen, in Restaurants zum Verzehr angeboten.

Ordnung Testudines

Familie	**Gattung**
Testudinidae	*Geochelone*
	Pyxis
	Kinixys
Pelomedusidae	*Erymnochelys*
	Pelomedusa
	Pelusios

Geochelone radiata

(Shaw, 1802)

Terra typica: Madagaskar
Verbreitung: Man findet die Tiere an der Küste von Süd- und Südwest-Madagaskar, teilweise auch bis zu 100 km im Landesinneren.
Lebensraum: Sie leben in trockenen und heißen Savannengebieten. Es handelt sich häufig um aride Gebiete mit offenem Gelände und sehr wenig Bewuchs.
Größe: Die Carapaxlänge beträgt bei ausgewachsenen Tieren 40 cm. Sie können bis zu 15 kg schwer werden.
Erkennungsmerkmale: Die Carapax-Grundfärbung ist schwarz und die Weichteile sind hellgelb gefärbt. Einige dunkle Flecken befinden sich auf dem Kopf, auf dem Schwanz und auf den Schenkeloberseiten. Auf jedem Rückenschild hat diese Art einen gelben Fleck, von dem aus gelbe Streifen strahlenförmig zum Schildrand verlaufen. Auch auf den Randschildern sind diese Strahlen sichtbar. Die Afterschilder sowie der vordere Carapaxrand sind gezähnt. Die Tiere haben einen sehr hochgewölbten Panzer. Die Männchen erkennt man an ihrem konkaven Plastron.
Biologie: In einigen abgelegenen und schwer zugänglichen Gebieten sollen die Tiere noch in sehr großen Populationen leben. Leider werden sie auch heute noch von den Madagassen gefangen und verspeist. Nach starken Regenfällen sind die Tiere sehr aktiv und man findet sie wesentlich häufiger. Bisher sind Nachzuchterfolge bei dieser Art in Gefangenschaft die Ausnahme. Weibchen legen mehrmals im Jahr Eier ab. Ein Gelege umfaßt ca. 6 Eier, die fast kreisrund sind. Die Größe der Eier liegt bei 40x38 mm. Bei 28 °C schlüpften die Jungtiere nach 145 Tagen. Bei niedrigen Temperaturen kann sich der Schlupf bis über 200 Tage hinziehen. Die Tiere benötigen einen Temperaturbereich von 25–32 °C mit lokaler Erhöhung auf 40 °C. Ein Tag- und Nacht-Gefälle ist von Vorteil. Die Tiere ernähren sich von allerlei Pflanzen sowie Gräsern und auch Opuntien. Es wurden auch Tiere beobachtet, die trockenen Kuhmist mit den darin lebenden Tieren fraßen.
Terrarium: Es kommen nur Großterrarien in Frage. Die Einrichtung sollte dem natürlichen Lebensraum der Tiere entsprechen. In den Sommermonaten ist ein Freilandaufenthalt angebracht. Die Tiere müssen aber die Möglichkeit haben sich vor Regen und kühleren Tagen zu schützen.

Geochelone yniphora

(Veiland, 1885)

Terra typica: Madagaskar
Verbreitung: Die Tiere leben an der Nordwestküste Madagaskars nur im Gebiet um die Bay von Baly.
Lebensraum: Die Art lebt in lichten, laubabwerfenden Trockenwäldern mit einem dichten Buschbewuchs. Durch Brandrodungen wird dieser Lebensraum immer weiter eingeschränkt. Teilweise wurden auch Tiere in Sekundärwäldern angetroffen.
Größe: Die Carapaxlänge beträgt bei ausgewachsenen Exemplaren 40 cm.
Erkennungsmerkmale: Der deutsche Name „Schnabelbrustschildkröte" ist charakteristisch für das schnabelförmig aufgebogene, unpaarige Kehlschild. Statt einer Strahlenzeichnung haben die Tiere auf hellem Grund dunkle, rhombische Flecken. Auf den Seitenschildern erscheinen helle Dreiecke, die mit der Spitze nach unten zeigen. Der Panzer ist gleichmäßig hoch aufgewölbt. Die Ähnlichkeit mit *A. radiata* ist sehr augenscheinlich.
Biologie: Diese Art gehört mit zu den bedrohtesten Schildkröten der Welt. Der Bestand wird auf ungefähr 100–400 Tiere geschätzt. Innerhalb des kleinen Verbreitungsgebietes wird eine Populationsdichte von höchstens 5 Tiere pro km^2 angenommen. Die Aktivitätszeit der Tiere liegt in den Morgenstunden und am späten Nachmittag. So wurden futtersuchende Schildkröten morgens zwischen 8 und 10 Uhr und nachmittags nach 16 Uhr angetroffen. In der Mittagszeit und in der Nacht sind die Tiere versteckt. Bei Kotuntersuchungen fand man heraus, daß sich die Tiere von den Blättern einiger Büsche und verschiedener Gräser ernähren. Über die gesamte Biologie dieser Tiere ist sehr wenig bekannt. Wahrscheinlich können diese Art nur noch intensive Schutzmaßnahmen in Verbindung mit einem Nachzuchtprogramm vor Ort vor dem Aussterben bewahren.

Pyxis arachnoides
Bell, 1827

Terra typica: Madagaskar
Verbreitung: An der Küstenregion von Süd- bis Südwest-Madagaskar bis 15 km ins Landesinnere.
Lebensraum: Die spärlich bewachsenen Sanddünen sowie das mit niedrigem Bewuchs versehene Hinterland wird von dieser Art bewohnt. Es sind extrem trockene Gebiete, in denen größere Regenfälle die Ausnahme sind.
Größe: Die Tiere erreichen eine Carapaxlänge von 10 cm und gehören damit zu den kleinsten Landschildkröten der Welt.
Erkennungsmerkmale: Auf dunklem Grund besitzen die Tiere ein gelbes Netzmuster. Die Seitenschilder sind durch einen rundherum verlaufenden gelben Streifen sichtbar abgesetzt. Als einzige echte Landschildkröte besitzen sie ein Gelenk zwischen den Humeral- und Pectoralplatten. Das gesamte Plastron ist gelblich ohne eine Musterung.
Biologie: Es werden drei Unterarten unterschieden. Ganz im Süden lebt *P. a. oblonga,* in der Umgebung von Tulear findet man *P. a. arachnoides* und bei Morombe *P. a. brygooi. P. arachnoides* ist in den frühen Morgenstunden und am späten Nachmittag aktiv. Wenn es regnet, sind sie auch außerhalb dieser Zeiten unterwegs. Während der kühleren Jahreszeit vergraben sich die Tiere im Boden und halten eine Ruhephase ein. Über die gesamte Biologie dieser Tiere ist bisher recht wenig bekannt. In einigen Fällen wurde beobachtet, daß die Tiere in den Monaten Juni bis August geschlechtliche Aktivitäten entwickeln. Dagegen waren sie in den Monaten Dezember bis Mai sehr häufig im Boden vergraben. In diesem Zeitraum ist auch eine Nahrungsaufnahme sehr selten. In der Natur ernähren sie sich von Gräsern und frisch ausgetriebenen Blättern. Aber auch trockener Kuhmist mit den darin lebenden Insektenlarven wurde gefressen. Über die Fortpflanzung ist nicht viel bekannt. Ein Gelege besteht nur aus einem einzigen Ei. Über die Anzahl der Gelege in einem Jahr sowie die Zeitigung der Eier ist nichts bekannt.
Terrarium: Es kommt nur ein trockenes Terrarium in Frage. Der Temperaturbereich kann wie bei *G. radiata* gewählt werden.

Pyxis planicauda

(Grandidier, 1867)

Terra typica: Wald von Andranomena
Verbreitung: Diese Art hat nur ein ganz kleines Verbreitungsgebiet in Madagaskar. Sie wurde bisher nur im Wald von Amborompotsy gefunden, etwa 50 km nordöstlich von Morondava gelegen.
Lebensraum: Die Tiere leben in einem laubabwerfernden Trockenwald. Eine Laubschicht ist immer auf der 10 cm tiefen Humusschicht vorhanden. Dadurch behält der Boden stets eine gewisse Feuchtigkeit. Das Sonnenlicht fällt nur an offenen Stellen in den Wald hinein.
Größe: Die Tiere erreichen eine Gesamtlänge von ungefähr 130 mm.
Erkennungsmerkmale: Diese Art hat einen flachen Carapax, von dem der deutsche Name „Flachrückenschildkröte" abgeleitet wird. Die Jugendzeichnung ist wesentlich intensiver und verblaßt mit zunehmendem Alter. Bei älteren Tieren ist der Panzer häufig mit Algen überzogen. Dadurch sind sie sehr gut getarnt, jedoch auch die jüngeren Exemplare mit ihren grellen gelben, hellbraunen und dunkelbraunen Mustern fallen auf dem Waldboden nicht auf.
Biologie: Die meiste Zeit des Jahres sind die Tiere unter dem Laub der Bäume sowie unter vermoderndem Holz vergraben. Es ist hauptsächlich die Trockenzeit, die sich von April bis November hinzieht, in der sich die Tiere im feuchten, kühleren Boden verbergen. Bei kräftigen Regenschauern werden die Tiere wieder aktiv. Sie leben hauptsächlich im Schatten des Waldes und vermeiden dabei offenes Sonnenlicht. Im Alter von 10 Jahren sind die Geschlechter eindeutig zu erkennen. Die Männchen besitzen einen längeren Schwanz und das Plastron ist leicht konkav. Kopulationen wurden von Januar bis März beobachtet. Über die Fortpflanzung ist nicht viel bekannt. Angeblich sollen die Tiere nur ein Ei legen.
Terrarium: Ihrem Lebensraum entsprechend benötigen die Tiere ein Regenwald-ähnliches Terrarium mit einer höheren Laubschicht. Eine Ruhephase mit einer etwas trockeneren Haltung kommt dem natürlichen Rhythmus der Tiere entgegen. Nur mit den nötigen Kenntnissen und den optimalen Möglichkeiten zur Haltung sollte diese Art im Terrarium gepflegt werden.

Erymnochelys madagascariensis

(Grandidier, 1867)

Terra typica: Madagaskar
Verbreitung: Diese Art findet man in den Flüssen und Seen West-Madagaskars.
Lebensraum: Es ist eine rein aquatisch lebende Schildkröte, die hauptsächlich in Seen und Flüssen gefunden wird. Es scheint so, als ob diese Art klares, sauberes Wasser bevorzugt. Da die Madagassen die Tiere sehr gerne verzehren, kann es natürlich auch sein, daß dadurch die Art aus kleineren Gewässern abgefischt wurde.
Größe: Die Carapaxlänge kann über 40 cm betragen.
Erkennungsmerkmale: Der Carapax ist ziemlich einheitlich braun gefärbt ohne eine stärker hervortretende Musterung. Die Weichteile sind bei erwachsenen Tieren gelblich abgesetzt. Jungtiere sind einheitlich dunkelbraun gefärbt und haben einen dachförmig zulaufenden Rückenpanzer. Die Nasenlöcher liegen etwas vorstehend auf der Schnauzenspitze. Die Tiere besitzen einen großen runden Kopf. Im ausgewachsenen Zustand erkennt man die Männchen an dem etwas längeren, an der Wurzel dickeren Schwanz.
Biologie: Die Geschlechtsreife setzt bei den Männchen bei einer Panzergröße zwischen 23 und 28 cm ein, bei den Weibchen mit über 26 cm. Da die Tiere ein sehr großes Verbreitungsgebiet haben, dürften die Eiablagezeiten auch dementsprechend über das Jahr verteilt sein, wobei die Hauptablagezeit sicherlich in den Monaten September bis Januar liegen wird. Die Anzahl der Eier liegt in der Regel zwischen 20 und 30 Stück. Die Tiere ernähren sich sowohl von pflanzlicher als auch tierischer Nahrung. Bei Magenuntersuchungen fand man allerlei pflanzliche Reste sowie auch Fisch und Insekten. Die Art ist extrem unverträglich und auch untereinander sehr aggressiv.
Terrarium: Die Tiere benötigen ein geräumiges Terrarium mit einem entsprechenden Wasserbecken. Ein leistungsstarker Filter ist für die Reinhaltung des Wassers wichtig.

Pelomedusa subrufa

(Lacépède, 1788)

Terra typica: Madagaskar

Verbreitung: Diese Art hat ein sehr großes Verbreitungsgebiet. Man findet die Tiere in Afrika, Madagaskar, auf den Maskarenen und auch auf den Seychellen.

Lebensraum: Es werden die unterschiedlichsten Gewässer aufgesucht. Auch Wasseransammlungen, die nur periodisch auftreten, werden von den Tieren besiedelt.

Größe: Die Carapaxlänge kann bei ausgewachsenen Tieren 30 cm betragen.

Erkennungsmerkmale: Die Tiere besitzen einen sehr flachen Carapax. Sie sind insgesamt einheitlich braun gefärbt. Die beiden Unterarten unterscheiden sich dadurch, daß bei *P. s. subrufa* die Naht zwischen Humeralschild und Pectoralschild direkt an die Mittelnaht des Plastrons stößt, welches bei *P. s. olivacea* über eine Zwischennaht verbunden ist. Die Weichteile können farblich etwas abgesetzt sein. Die Augen sind sehr weit vorne am Kopf und stehen etwas hervor.

Biologie: Diese Schildkröten sind hauptsächlich dämmerungsaktiv, werden aber auch häufig beim Sonnenbaden beobachtet. Für eine Zeitlang graben sich die Tiere an Land ein und machen somit eine Ruhephase durch. Die Eiablage erfolgt in der Natur in den Monaten November bis Dezember. Es werden bis zu 20 Eier im Sand vergraben. Die Inkubationszeit in der Natur kann, je nach Temperatur, bis zu drei Monate betragen. Die Eier von der Unterart *P. s. olivacea* wurden bei einer Temperatur von 30 °C erfolgreich gezeitigt. Die jungen Schildkröten schlüpften nach 51 Tagen.

Terrarium: Es kommt nur ein Aquaterrarium in Frage. Im Landteil sollte eine Sandschicht von 10–20 cm vorhanden sein, da die Tiere sich gerne vergraben und auch dort ihre Eier ablegen. Der Wasserstand sollte nicht unter 15 cm betragen. Die Wassertemperatur ist mit 28 °C ausreichend. Eine Freilandhaltung in den Sommermonaten kommt den Tieren sehr entgegen.

Geochelone gigantea

(Schweigger, 1812)

Terra typica: Seychellen

Verbreitung: Heute nur noch auf dem Aldabra Atoll zu finden. Die größte Populationsdichte liegt bei 27 Exemplaren pro ha auf Grande Terre. Auf einer kleinen Granitinsel der Seychellen, Curieuse, wurde 1978 eine kleine Kolonie dieser Schildkröten als Touristenattraktion eingebürgert. Im Jahre 1980 wurde das erste Jungtier dort gefunden.

Lebensraum: Die Tiere leben in verschiedenen Habitaten, aber immer mit der Möglichkeit unter schattenspendendem Buschwerk der Mittagshitze zu entweichen. Zum Abkühlen werden sehr häufig Wasseransammlungen, Schlammlöcher und Salzteiche aufgesucht. Die Vegetation ist in einigen Gebieten durch das starke Abgrasen der Tiere verändert worden. Dort gibt es nur noch eine niedrige Vegetation.

Größe: Die Tiere erreichen im ausgewachsenen Zustand eine Carapaxgröße von 105 cm und ein Gewicht von 120 kg.

Erkennungsmerkmale: Es ist die zweitgrößte Schildkröten-Art der Welt. Nur auf den Galapagos-Inseln wurde noch eine etwas größere Art gefunden. Das dicke, gewölbte Rückenschild ist an den Seiten sehr stark abgeflacht. Die vorderen und hinteren Randschilder sind etwas abgeflacht, leicht nach oben gebogen und nicht gezackt. Die Vorderextemitäten sind länger und stehen enger zueinander als die Hinterextremitäten. Die Färbung ist einheitlich bräunlichgrau. Das Plastron ist im Gegensatz zu anderen Schildkröten kürzer und es fehlt die hintere Einkerbung. Im Gegensatz zu den Galapagos-Schildkröten ist der Kopf enger und keilförmig zulaufend mit einem konvexen Gesichtsfeld.

Biologie: Die Paarungszeit liegt in den Monaten Februar bis Mai. Das Männchen nähert sich dem Weibchen und riecht an ihrem Rückenschild. Während des Besteigens streckt das Männchen den Kopf sehr weit heraus und legt die Vorderfüße auf den vorderen Teil des weiblichen Rükkenschildes. Die meisten Paarungsversuche bleiben allerdings erfolglos. Bei der Paarung ist das Stöhnen der Männchen weithin hörbar. Zur Eiablage graben die Weibchen ungefähr 25 cm tiefe, flaschenförmige Gruben. Die Eiablage erfolgt in den meisten Fällen in der Dämmerung oder in der Nacht, da die Tagestemperaturen die Weibchen dabei sehr schnell überhitzen könnten. In Populationen mit hoher Dichte legen die Weibchen nur ein einziges Gelege mit 4–5 Eiern im Abstand von einigen Jahren. Bei einer geringeren Populationsdichte legen die Weibchen mehrere Gelege mit je 12–14 Eiern pro Jahr. Die Eier sind kugelförmig mit einer Größe von 48–51 mm. Der Schlupf der Jungtiere kann je nach Temperatureinfluß nach 98 und 200 Tagen erfolgen. Die Tiere sind in der Aufnahme der Futterpflanzen nicht sehr wählerisch, es werden sogar die trockenen Blätter der Kokosnußpalme gefressen.

Krokodile
Ordnung Crocodylia
Familie Crocodylidae

Die Panzerechsen gehören heute mit zu den größten und kräftigsten rezenten Kriechtieren. Mit einer Gesamtlänge von bis zu 10 m sind die Arten *Crocodylus niloticus* und *C. porosus* die größten ihrer Familie. Schädelfunde auf Madagaskar beweisen, daß dort Tiere mit einer Gesamtlänge von mehr als 12 m gelebt haben. Heute findet man die Tiere auf Madagaskar nur noch in einigen Rückzugsgebieten sowie größeren Kraterseen. Auf den anderen Inseln (Komoren, Seychellen) scheinen die Tiere ausgerottet zu sein. Leider werden in vielen Gebieten die Krokodile immer noch wegen ihrer Haut gejagt und getötet. Alle Arten führen eine rein amphibische Lebensweise. Die anatomische und physiologische Anpassung ist bei diesen Tieren sehr ausgeprägt. So befinden sich die Nasenlöcher, die Augen und die Ohren erhöht am Schädel. Dadurch sind diese Sinnesorgane auch dann voll funktionsfähig, wenn der Rest des Körpers unter Wasser liegt. Durch bewegliche Unterlider und eine halb durchsichtigen Nickhaut können die Augen geschlossen werden. Aber auch der äußere Gehörgang und die Nasenlöcher können durch Hautfalten abgedichtet werden. Die Haut ist sehr großschuppig und im Rückenbereich stark verhornt. Die sehr deutlichen Hinterhaupthöcker (Postoccipitalia) und Nackenhöcker (Nuchalia) werden sehr oft als diagnostische Merkmale verwendet. Die sehr großen, dreieckigen Schwanzschuppen, die am Schwanzansatz aus zwei Längsreihen bestehen, gehen zum Ende des Schwanzes in einen hohen Kamm über. Dies verleiht den Tieren unter Wasser eine starke Antriebskraft. Durch schlängelnde Bewegungen können sie den Schwanz unter Wasser wie ein Ruder benutzen. Die Extremitäten sind im Verhältnis zum Körper relativ klein. Durch ihre starke Muskulatur sind sie auch in der Lage, größere Strecken über Land zurückzulegen. Man sollte sich auch nicht durch ihr träges Verhalten täuschen lassen, denn sie können sehr schnelle, wenn auch kurze, Spurts einlegen. Die Zehen der hinteren Gliedmaße sind komplett durch Schwimmhäute verbunden. Krokodile wachsen ihr Leben lang, aber auch die Bezahnung bleibt durch das Erneuern alter Zähne immer funktionstüchtig. Die Bezahnung ist auch für die ganze Familie charakteristisch. Ein typisches Merkmal ist hierbei der vierte Unterkieferzahn, der auch bei geschlossenem Maul sichtbar bleibt. Die Tiere leben sowohl im Süßwasser als auch in Brackwasserzonen.

Crocodylus niloticus

Laurenti, 1768

Terra typica: Afrika
Verbreitung: Das ursprüngliche Verbreitungsgebiet reichte in Afrika von der Sahara bis zum Kapland. Auf den Komoren und den Seychellen sind sie ausgerottet und auf Madagaskar nur noch in einzelnen Rückzugsgebieten oder Seen, die von der Bevölkerung meist als heilig angesehen werden, vorhanden.
Lebensraum: Es sind überwiegend große Seen und größere offene Gewässer, in denen man die Tiere findet, selten in Gewässern von geschlossen Waldgebieten.
Größe: Die Tiere erreichen eine Gesamtlänge bis zu 7 m, selten darüber.
Erkennungsmerkmale: Im Alter haben die Tiere am Schädel stark aufgewulstete Seitenränder.
Biologie: Während der Paarungszeit bilden die Männchen größere Reviere aus, die von ihnen auch ständig abgeschwommen werden. Darüber hinaus machen sie auch durch lautes Brüllen auf sich aufmerksam. Während dieser Zeit kommt es auch unter den Männchen häufig zu Rivalitätskämpfen.
Die Weibchen bevorzugen nicht nur die stärksten Männchen, sondern diejenigen mit den besten Sonnen- und Nistplätzen. Die Paarung vollzieht sich im Wasser und dauert nur 30–120 Sekunden. Bis zur Eiablage vergehen einige Monate. Etwa 2 m über der Wasserkante wird vom Weibchen eine 20–50 cm tiefe Grube ausgehoben. Bis zu 50 Eier werden in drei Schichten übereinander abgelegt. Dies geschieht überwiegend in der Nacht oder in den frühen Morgenstunden. Danach wird das Nest zugescharrt und auch gegen zu hohe Temperaturen abgedeckt. Die Nester werden so angelegt, daß im Inneren eine Bruttemperatur von 30–35 °C herrscht. Das Nest wird vom Weibchen bewacht. Sehr häufig werden die Gelege von Nesträubern geplündert. Dieses geschieht in der Zeit, wo sich die Weibchen im Wasser abkühlen. Nach etwa 11 Wochen ist die Entwicklung der Eier abgeschlossen. Die Jungtiere signalisieren in den Eiern durch lautes Quäken, daß ihr Schlupf kurz bevorsteht. Das Weibchen öffnet nun das Nest und trägt den größten Teil der nun geschlüpften Jungtiere mit dem Maul ins Wasser. Nach kurzer Zeit gehen die Jungen ihre eigene Wege. Die meisten Jungtiere fallen Feinden zum Opfer, wobei Kannibalismus nicht ausgeschlossen ist. Nach 9–12 Jahren sind die Tiere geschlechtsreif.

Chamäleons
Familie Chamaeleonidae

Wohl kaum eine andere Echsenfamilie dürfte so bekannt und faszinierend sein wie die Chamäleons. Dies liegt vor allem an dem an „Miniatur-Saurier" erinnernden Aussehen, aber auch an ihren zahllosen einmaligen Besonderheiten, wie dem sehr bekannten Farbwechsel, der Bewaffnung mit einer Schleuderzunge und den enorm beweglichen Augen. Mit diesen im Tierreich nahezu einmaligen anatomischen Anpassungen haben die Chamäleons auch die Menschen immer schon tief beeindruckt, so daß sie in der Mythologie zahlreicher Völker, so auch derjenigen der Madagassen, eine von Stamm zu Stamm unterschiedliche, wichtige Rolle spielen. Zum einen werden sie als Glücksbringer oder Hort der Seelen der Verstorbenen verehrt und geachtet, ein anderes Mal widerum als Unglücksboten gemieden und verfolgt.

Das Verbreitungsgebiet der Familie der Chamaeleonidae erstreckt sich über Afrika, das Mittelmeergebiet, die Arabische Halbinsel, Indien und Ceylon, aber auch vor allem auf Madagaskar, die Komoren, die Seychellen, Mauritius und Réunion. Entwickelt haben sich die Chamäleons in Ostafrika, doch konnten sie in Madagaskar aufgrund fehlender Feinde die größte Artenvielfalt hervorbringen.

Heute werden die Chamäleons in zwei Unterfamilien unterteilt, einmal in die Echten Chamäleons (Chamaeleoninae) und zum anderen in die Erd- oder Stummelschwanzchamäleons (Brookesiinae). Von den Echten Chamäleons sind zwei Gattungen (zum einen die phylogenetisch junge Gattung *Furcifer* und zum anderen die phylogenetisch alte Gattung *Calumma*) auf den Inseln endemisch. Von den Erdchamäleons bewohnt nur eine Gattung Madagaskar, nämlich die dort ebenfalls endemische *Brookesia*.

Kein treffenderer Name konnte für diese Tiere gefunden werden als Erdlöwe (chamai = auf der Erde, leon = Löwe), handelt es sich bei den meisten Tieren doch um von Natur aus recht unverträgliche Einzelgänger.

Aufgrund zahlreicher morphologischer Anpassungen haben sie sich im Laufe der Zeit zu den am besten an das Leben auf Büschen und Bäumen angepaßten Echsen entwickelt. So haben sich die Füße zu Greifzangen umgeformt. Jeweils sind 2 oder 3 Zehen in der Weise miteinander verwachsen, daß die Chamäleons Äste fest und sicher umgreifen können. Der Schwanz ist bei den Echten Chamäleons sehr beweglich und dient als Greifschwanz, quasi wie eine fünfte Hand. Nur bei den Erdchamäleons ist er nahezu unbeweglich und dient lediglich zum Abstützen im Gelände.

Besonders faszinierend sind die voneinander unabhängig beweglichen Augen. Sie sind verhältnismäßig groß und ragen weit aus dem Kopf heraus, was ihnen im Gegensatz zu anderen Echsen eine deutlich größere Bewegungsfreiheit verschafft. Das Sehfeld jedes Auges beträgt etwa 180° horizontal und 90° vertikal, was einem Rundumblick gleichkommt. Auf diese Weise können die Chamäleons ihre ganze Umgebung im Auge behalten, ohne durch Körperbewegungen ihren eigenen Standort zu verraten. Nicht geklärt ist dabei bis heute, ob die Chamäleons zwei Gesichtsfelder im Gehirn wahrnehmen und verarbeiten oder ob sie immer nur mit einem Auge schauen.

Die letzte Anpassung an diesen Lebensraum stellt die Schleuderzunge dar. Mit Hilfe verschiedener Muskeln und eines Zungenbeins sind die Tiere in der Lage, oft auch über eine Distanz von mehr als ihrer Körperlänge, durch Vorschnellen der Zunge ihre Beute zu fangen. Dabei umgreifen sie das Insekt mit der Zungenspitze und ziehen sie, mitsamt der Beute, wieder in das Maul. Dieser ganze Vorgang erfolgt so schnell, er dauert etwa 1/125 Sekunde, daß er für das menschliche Auge nur schemenhaft erkennbar ist.

Ihren Tag verbringen die Chamäleons gut getarnt als Lauerjäger (sit and wait) im Geäst. Da sie unterschiedliche Lebensräume für sich erobert haben, kann man ihnen nahezu überall begegnen. Trotz auffallender Färbung gehört aber schon etwas Übung und Glück dazu, ein Tier in der freien Natur auszumachen, denn die Chamäleons sind Meister der Tarnung. Am perfektesten haben sich die Erdchamäleons ihrer natürlichen Umgebung angepaßt, daß es nur selten einmal gelingen wird, ein Tier im Laub und Geäst am Boden der letzten Regenwälder auszumachen. Sieht man dagegen die farben-

Calumma cuculata

prächtigen Echten Chamäleons, müßte man meinen, daß die Tiere überall sofort auffallen. Dies ist aber nicht der Fall, denn zum einen drehen sich alle Chamäleons bei Annäherung eines Menschen hinter den Ast auf dem sie gerade sitzen, und zum anderen sorgt gerade die kontrastreiche, bunte Färbung für eine perfekte Auflösung der Konturen im Habitat. So kommt es, daß die Chamäleons trotz ihrer Häufigkeit, zahlreiche Arten haben sich zu Kulturfolgern entwickelt, von einem Spaziergänger immer nur in geringer Stück- und Artenzahl entdeckt werden. Ebenfalls allgemein bekannt ist die Fähigkeit der Chamäleons zum Farbwechsel. Dabei ist diese Fähigkeit nicht so stark ausgeprägt, wie oft angenommen wird. Da es sich bei dem Farbwechsel um einen komplizierten physiologischen Vorgang handelt, läuft er auch weniger schnell als erwartet ab. Zahlreiche Arten, unter ihnen die Erdchamäleons, sind aber auch gar nicht zum Farbwechsel befähigt und zeigen lediglich eine Hell-Dunkel-Färbung sowie matte und leuchtende Farben. Der Farbwechsel dient nicht nur der Anpassung an die Umgebung, denn auf diese Weise drücken die Chamäleons auch ihre Stimmung aus.
Zahlreiche Arten werden heute schon recht erfolgreich im Terrarium nachgezogen. Die Besonderheiten werden bei den einzelnen Arten kurz abgehandelt werden, lediglich einige Grundvoraussetzungen sollen hier nochmals erwähnt werden.
Grundsätzlich werden die Echten Chamäleons immer einzeln in großen, ausreichend belüfteten und je nach Herkunft entsprechend beleuchteten Terrarien gepflegt. Im Gegensatz dazu werden die Erdchamäleons paarweise in kleineren Behältern untergebracht, die eine hohe relative Luftfeuchtigkeit, ohne daß Stickluft entsteht, aufweisen und deren Einrichtung eine Imitation der Laubschicht darstellt.
Gefüttert werden die Tiere täglich und möglichst abwechslungsreich, wobei das gesamte Futter ausreichend mit einem Vitamin-Mineralstoff-Aminosäurengemisch-Gemisch eingestäubt wird. Sehr wichtig ist auch eine ausreichende Wasserversorgung. Ab etwa einer Gesamtlänge von ungefähr 15 cm müssen die Tiere, neben der Möglichkeit täglich Sprühwasser in Form von Tropfen von den Blättern aufnehmen zu können, zusätzlich etwa zweimal in der Woche von Hand getränkt werden.

Brookesia bonsi

Ramanantsoa, 1979

Terra typica: „Tsingy de Namoroka"
Verbreitung: Die Art bewohnt die Trockenwälder an der Westküste Madagaskars. Den bekanntesten Fundort stellt ein Plateau in dem „Réserve Naturelle du Tsingy de Namoroka" in einer Höhe von 200–300 m dar.
Lebensraum: Die Erdchamäleons bewohnen die Laub- und Krautschicht der lichten Trockenwälder, die sich durch einen laubabwerfenden Baumbestand auszeichnen. Das Klima dort weist starke Jahresschwankungen auf, so ist der Sommer heiß und feucht und der Winter kühl und trocken.
Größe: Die Art erreicht eine maximale Gesamtlänge von 67 mm, wovon bis zu 29 mm auf den Schwanz entfallen.
Erkennungsmerkmale: *B. bonsi* besitzt einen gedrungenen, kurzen Körperbau. Die schmale Rückensäge, sie besteht aus nach beiden Seiten gerichteten entlang des Rückenfirst verlaufenden Reihen von Stachelschuppen, verbreitert sich an der Schwanzwurzel zu einem großen Karo und läuft auf dem Schwanz aus. Auch der Helm und die Extremitäten sind mit Dornen- und Stachelschuppen übersät. Die Körperfärbung besteht aus grauen und braunen Farbtönen. Häufig zeigen die Tiere eine Art Streifenmuster.
Biologie: Leider ist bis heute kaum etwas über diese nur in unzugänglichen Gebieten lebenden Tiere bekannt geworden. Gefunden wird diese Art ausschließlich während der Regenzeit, wobei die Tiere dann auf dem Boden der letzten primären Trockenwälder nach Futter suchen. Während des Winters legen die Tiere eine Art Winterruhe oder besser eine inaktive Phase ein. Vermutlich verbringen sie diese Zeit verborgen in der Laubschicht oder im Erdreich.
Terrarium: Geeignet sind kleinere Behälter, die mit einer guten Lüftung ausgestattet sind, damit keine Stickluft entsteht. Die Einrichtung sollte aus einer dünnen, immer leicht feuchten Bodenschicht, auf die eine Laubschicht aufgetragen wird, und zahlreichen Kletterästen bestehen. Die Tiere sollten auf unseren Jahresrhythmus umgewöhnt und bei Tagestemperaturen von 28 °C im Sommer und 18 °C im Winter gepflegt werden. Wichtig ist ein häufiges Überbrausen des Terrariums während des Sommers.

Brookesia decaryi

Angel, 1938

Terra typica: Ankarafantsika
Verbreitung: Die Art ist bisher nur aus einem kleinen isolierten Restregenwaldgebiet im Nordwesten Madagaskars bekannt geworden.
Lebensraum: *B. decaryi* ist ein typischer Bewohner der Laub- und Krautschicht dieses kleinen Waldgebietes. Das besondere Kennzeichen dieses Regenwaldes ist, daß er während des Winters sein gesamtes Laub verliert.
Größe: Mit einer maximalen Gesamtlänge von etwa 85 mm gehört *B. decaryi* schon mit zu den größten Erdchamäleon-Arten.
Erkennungsmerkmale: Die Art weist einen kompakten Körperbau auf. Besonders stark ausgeprägt ist die Rückensäge, die in einer großen Plattenschuppe oberhalb der Schwanzwurzel endet. Der ganze Körper und die Gliedmaßen sind mit unregelmäßig angeordneten Höcker- und Stachelschuppen überzogen. Auch der Helm ist besonders stark ausgeprägt und deutlich vom Körper abgesetzt. Die Färbung besteht aus verschiedenen Brauntönen. Ein besonderes Kennzeichen sind schwarze Flecken kurz hinter dem Helm, in der Körpermitte des Tieres und oberhalb der Schwanzwurzel. Je nach Stimmungslage können die Chamäleons aber auch nur ein einfarbiges Farbkleid zeigen.
Biologie: Fühlt sich ein *B. decaryi* entdeckt, so plattet es seinen Körper einfach in der Weise ab, daß die Haut der Körperseiten platt auf dem Boden anliegt, so daß die Tiere nicht mehr von einem vertrockneten Blatt zu unterscheiden sind. Die bizarre Körperstruktur verstärkt diesen Eindruck noch mehr.
Die Art hat sich dem rauhen und trockenen Klima im Südwesten Madagaskars angepaßt, indem sie sich im Winter im Boden zwischen Laub und Wurzeln verbirgt und so eine etwa dreimonatige Ruhephase verbringt.
Terrarium: Die Art wird am besten paarweise in Terrarien mit einer hohen Laubschicht und zahlreichen Kletterästen gepflegt. Die Tiere sind sehr scheu und führen eine zurückgezogene Lebensweise. Fühlen sie sich beobachtet, so verharren sie in ihren sowieso schon langsamen Bewegungen und warten bis der Beobachter aufgegeben hat. Sehr wichtig bei der artgerechten Pflege ist das unbedingte Einhalten einer mehrmonatigen Winterruhe.

Brookesia ebenaui

(Boettger, 1880)

Terra typica: Nosy Bé

Verbreitung: Die Art bewohnt weite Landstriche in West-Madagaskar. Dabei ziehen sich die einzelnen Fundpunkte entlang der Westküste bis Tulear, außerdem leben sie in isolierten Gebieten in Zentral- und Ost-Madagaskar.

Lebensraum: *B. ebenaui* ist ein typischer Bewohner der Laub- und Krautschicht dieser lichten Trockenwälder in Nord- und West-Madagaskar. Die Tiere klettern dort in das Geäst etwa bis in eine Höhe von 1 m, halten sich aber hauptsächlich am Boden auf.

Größe: Die Art erreicht eine maximale Gesamtlänge von 75 mm, wovon etwas weniger als die Hälfte auf den Schwanz entfällt. Die Tiere bleiben deutlich kleiner als *B. stumpffi.*

Erkennungsmerkmale: *B. ebenaui* ähnelt im Aussehen sehr stark *B. stumpffi*, einer Art, mit der sie häufig verwechselt wird. Unterscheiden lassen sich die Tiere fast nur im direkten Vergleich.

Die Gliedmaßen sind kräftig und mit wehrhaften Stachelschuppen übersät. Die breite Rückensäge endet in einem Karo auf der Schwanzwurzel. Entlang des im Querschnitt viereckigen, oben abgeplatteten Schwanzes zieht sich seitlich je eine Reihe kleiner Dornen, quasi als Fortsatz der Rückensäge. Der große deutlich abgesetzte Helm ist oben abgeplattet und an den Seiten sowie nach vorne mit deutlich ausgebildeten Stachelschuppen besetzt. Die Färbung besteht aus verschiedenen braunen und dunkleren Farbtönen.

Biologie: Die Erdchamäleons verbringen den größten Teil des Tages damit, in der Laubschicht am Waldboden nach Insekten zu suchen. Die Art ist stark an das Dämmerungslicht auf dem Waldboden angepaßt und meidet direktes Sonnenlicht. Während des kühlen und trockenen Südwinters legen die Tiere wahrscheinlich eine Art inaktive Phase ein.

Terrarium: Die Tiere lassen sich am besten paarweise im Terrarium mit einer Kantenlänge von mindestens 40 cm pflegen. Zur Eiablage sollte zumindest ein Teil des Bodengrundes immer feucht gehalten und mit Moosplatten oder Rindenstücken abgedeckt werden. Zahlreiche Kletteräste, eine höhere Laubschicht, einige Rankpflanzen und eine dichtere, buschähnliche Pflanze, in die sich die Tiere als Versteck zurückziehen können, vervollständigen die Einrichtung.

Brookesia legendrei

Ramanantsoa, 1979

Terra typica: Nosy Bé

Verbreitung: Die Art ist bisher nur von der im Nordwesten von Madagaskar gelegenen Insel Nosy Bé bekannt geworden. Sie ist ein typischer Bewohner der letzten primären kleinen Regenwälder auf dieser Insel und wird ausschließlich in Höhenlagen von 10–100 m gefunden.

Lebensraum: *B. lengendrei* ist ein typischer Waldbewohner. Im Gegensatz zu den anderen *Brookesia*-Arten leben sie jedoch nicht in der Laub- und Krautschicht oder in niedrigem Gebüsch, sondern hoch oben in den Bäumen. Nur äußerst selten findet man ein *Brookesia* unterhalb einer Höhe von ca. 3 m. Dabei handelt es sich dann meist um Weibchen, die zur Eiablage auf den Boden hinabgestiegen sind oder um frisch geschlüpfte Jungtiere, die noch keinen Baum als den normalen Lebensraum erklettert haben.

Größe: Die Art erreicht eine maximale Gesamtlänge von ungefähr 7 cm.

Erkennungsmerkmale: *B. lengendrei* weist einen schmalen, länglichen Körperbau auf. Die Rückensäge ist ebenfalls schmal und setzt sich bis auf den Schwanz fort. Besonders der Helm, aber auch die Gliedmaßen, sind mit unregelmäßig angeordneten Stachelschuppen besetzt. Ein besonderes Kennzeichen sind die großen Stacheln auf der Schnauzenoberseite und an der Helmkante. Die Tiere zeigen eine braune, häufig rinden- oder flechtenartige Musterung.

Biologie: Aufgrund ihres ungewöhnlichen Lebensraumes dürfte es nur äußerst selten gelingen, diese Tiere einmal in der freien Natur zu beobachten. Will man sie dennoch finden, so muß man versuchen, sie von jüngeren Bäumen herunterzuschütteln.

Terrarium: Bei dieser Erdchamäleon-Art handelt es sich um einen langlebigen und leicht pflegbaren Terrarienbewohner, der im Terrarium ein Lebensalter von weit über 5 Jahren erreichen kann. Da diese Art eine enorme innerartliche Aggressivität aufweist, empfiehlt sich jedoch nur eine Einzelhaltung oder eine Vergesellschaftung mit anderen Tieren.

Brookesia minima

Boettger, 1893

Terra typica: Nosy Bé, Lokobe

Verbreitung: Bis heute ist diese kleine Chamäleon-Art ausschließlich von der nordwestlich von Madagaskar gelegenen Insel Nosy Bé bekannt geworden.

Lebensraum: *B. minima* bewohnt nur die Laubschicht der letzten kleinen Restprimärregenwälder. Da die Insel sehr stark bevölkert ist, wird der größte Teil der Fläche zum Anbau landwirtschaftlicher Produkte genutzt. So leben heute leider nur noch kleine Restpopulationen dieser Art an noch nicht gerodeten, meist völlig unzugänglichen kleinen Waldstücken, die sich für eine landwirtschaftliche Nutzung nicht eignen. Dadurch existieren einzelne Populationen auf einer Fläche von weniger als 100 m^2, so daß es nur noch eine Frage der Zeit ist, bis diese Populationen erlöschen.

Größe: Mit einer maximalen Gesamtlänge von 34 mm handelt es sich um die kleinste bekannte Chamäleon-Art, wahrscheinlich sogar um die kleinste Reptilien-Art der Welt überhaupt.

Kennzeichen: Äußerlich betrachtet erinnert *B. minima* an einen kleinen Blattstiel. Die Art hat einen walzenförmigen Körper, an dem die winzigen Gliedmaßen kaum auffallen und auch der Kopf ist kaum vom Körper abgesetzt. Die Grundfärbung besteht aus verschiedenen Beige-, Braun- oder Grüntönen, wobei die Tiere verschiedenste Zeichnungsmuster annehmen können.

Biologie: Über diese Art läßt sich einiges berichten. So zum Beispiel über den hell leuchtenden, sandfarbenen runden Fleck auf der Stirn, der es den kleinen Erdchamäleons in ihrem unübersichtlichen Biotop ermöglicht, sich zu finden. Besonders ausgefallen ist auch das Balz- und Paarungsverhalten. Im Gegensatz zu den anderen Chamäleon-Arten tragen die Weibchen die Männchen einige Tage mit sich herum, bevor es zur eigentlichen Paarung im Schutze der Dunkelheit kommt.

Terrarium: Die Tiere werden am besten paarweise in kleinen Behältern mit einer Kantenlänge von ungefähr 30 cm gepflegt. Wichtig ist eine etwa 2 cm hohe, immer feucht zu haltende Bodenschicht, in der die Weibchen ihre Eier ablegen können, und eine darauf aufgetragene etwa 5 cm hohe Laubschicht.

Brookesia perarmata

(Angel, 1933)

Terra typica: Antsingy
Verbreitung: Die Art ist bis heute nur in wenigen Exemplaren aus dem zentralen Westen Madagaskars, genauer aus der Region um Antsalova bekannt geworden. Das Verbreitungsgebiet besteht aus dem Naturschutzgebiet „Tsingy de Bemaraha" sowie den angrenzenden Wäldern.
Lebensraum: Es handelt sich um einen ausgesprochenen Waldbewohner, der gerne hoch in die Vegetation klettert. Die Tiere werden vor allem in den Trockenwäldern in einer Höhenlage von 300–600 m gefunden.
Größe: *B. perarmata* ist mit einer maximalen Gesamtlänge von 11 cm die größte bisher bekannte *Brookesia*-Art.
Erkennungsmerkmale: *B. perarmata* ist aber nicht nur die größte, sondern auch mit die bizarrste Chamäleon-Art. Äußerlich betrachtet erinnern die Tiere an den australischen Dornenteufel. Der Körperbau ist kräftig und gedrungen. Von ihm hebt sich der durch Stachelschuppen stark verbreiterte Helm deutlich ab. Die bis zu 23 mm breite Rückensäge beginnt im Nacken und endet auf der Schwanzwurzel. Die Gliedmaßen, der Schwanz und sogar die Körperseiten sind mit starken Stacheln besetzt. Die Grundfärbung besteht aus verschiedenen Braun- oder Grüntönen, eine helle Färbung sieht man eher selten. Der Helm ist häufig farbig gelb abgesetzt.
Biologie: Die Art führt eine an die Echten Chamäleons erinnernde Lebensweise. So findet man die Tiere zum Beispiel frei sitzend auf Bäumen und in Büschen, wenn sie früh morgens ein Sonnenbad nehmen. Bei Annäherung eines Menschen lassen sie sich auf den Boden fallen und verhalten sich ganz ruhig, da sie sich immer auf die Schutzfunktion ihrer hervorragenden Tarnung verlassen.
Terrarium: Die Art wird am besten paarweise in geräumigen Behältern, die mit vielen Ästen und zahlreichen Pflanzen ausgestattet sind, gepflegt. Im Gegensatz zu den übrigen Erdchamäleon-Arten benötigen sie eine niedrigere relative Luftfeuchtigkeit und einen kleinen Strahler für das tägliche Sonnenbaden.

Brookesia peyrierasi

Brygoo & Domergue, 1975

Terra typica: Nosy Mangabe, Baie d'Antongil
Verbreitung: Die Art ist nur von der Insel Nosy Mangabe und den Wäldern um Maroantsetra im Osten Madagaskars bekannt geworden. Es handelt sich dort um die regenreichste Gegend Madagaskars mit einer durchschnittlichen Niederschlagsmenge von über 6000 mm im Jahr.
Lebensraum: Die Art ist ein ausgesprochener Bewohner der Laub- und Krautschicht der Regenwälder. Dort erreicht die Art wesentlich höhere Populationsstärken als die anderen Arten aus der *B. minima*-Gruppe.
Größe: Die Art erreicht eine maximale Gesamtlänge von 43 mm, wovon etwa 18 mm auf den Schwanz entfallen.
Erkennungsmerkmale: *B. peyrierasi* weist einen sehr stabilen, walzenförmigen Körperbau auf. Der Rückenkamm ist leicht erhöht und die Rückensäge nur etwas angedeutet. Auf der Schnauzenoberseite und entlang der Helmkanten befinden sich zahlreiche Runzeln. Die Tiere zeigen meist eine einfache Braunfärbung. Sie können aber auch eine Streifenzeichnung oder ein flechtenartiges Muster zeigen.
Biologie: *B. peyrierasi* führt eine sehr zurückgezogene Lebensweise. Aufgrund der klimatischen Verhältnisse ist die Art jedoch gezwungen höher in die Krautschicht zu klettern, da bei den täglichen wolkenbruchartigen Niederschlägen meist der ganze Waldboden einen Zentimeter hoch unter Wasser gesetzt wird.
Terrarium: Die kleinen Erdchamäleons werden am besten paarweise in kleinen Behältern mit einer Kantenlänge von 30 cm gepflegt. Wichtig ist eine ausreichend hohe Bodenschicht von ca. 2 cm und eine etwa 5 cm dicke Laubschicht. Einige Kletteräste sowie kleinere Rankpflanzen vervollständigen die Einrichtung. Die Temperaturen sollten während des Tages etwa 25 °C betragen, und mindestens zweimal täglich muß das gesamte Terrarium überbraust werden.

Brookesia ramanantsoai

Brygoo & Domergue, 1975

Terra typica: Forét d'Ambohiboatavo

Verbreitung: Die Art ist bisher nur im zentralen Osten Madagaskars in den Höhenlagen von 800–1300 m gefunden geworden.

Lebensraum: Die Chamäleons bewohnen ausschließlich die Laubschicht der in dieser Region noch vorhandenen Bergwälder. Nur äußerst selten klettern sie einmal etwas höher ins Gestrüpp.

Größe: Mit einer maximalen Gesamtlänge von 44 mm gehört *B. ramanantsoai* zu den größeren Arten aus der *B. minima*-Gruppe.

Erkennungsmerkmale: Die Art besitzt einen sehr schlanken Körperbau. Der Helm ist nur mäßig vom Körper abgesetzt und weist an den Augenzipfeln größere Stachelschuppen auf. Die recht breite Rückensäge besteht aus nur vereinzelt nach den Seiten gerichteten Stachelschuppen und setzt sich auf dem Schwanz fort. Die Färbung setzt sich aus verschiednen Brauntönen zusammen, die meist ein rinden- oder flechtenartiges Muster zeigen.

Biologie: Es handelt sich um eine tagaktive Echse, die eine sehr zurückgezogenen Lebensweise in der oberen Laubschicht führt. Diese durchstreifen die kleinen Erdchamäleons immer auf der Suche nach kleinstem Futter, wie z.B. Springschwänzen, die in der sich zersetzenden Laubschicht besonders häufig sind.

Terrarium: Zur artgerechten Pflege benötigen die Erdchamäleons dicht bepflanzte, mit einer immer feucht zu haltenden Bodenschicht und einer hohen Laubschicht ausgestattete Regenwaldterrarien. Die Tagestemperaturen dürfen 23–25 °C, je nach Jahreszeit, nicht überschreiten. Mehrmals tägliches Überbrausen des gesamten Terrariums, oder besser der Einsatz einer Nebelanlage, sind dem Wohlergehen der Tiere sehr zuträglich. In den Bergwäldern herrscht nachts häufig eine relative Luftfeuchtigkeit von nahezu 100%.

Brookesia stumpffi

Boettger, 1894

Terra typica: Nosy Bé und Soalala
Verbreitung: *B. stumpffi* bewohnt große Gebiete im Norden und Nordwesten Madagaskars, ebenso wie die vorgelagerte Insel Nosy Bé.
Lebensraum: *B. stumpffi* ist ein Bewohner der Regen- und Trockenwälder. Die Art wird aber genauso in verwilderten mit Sekundärwald bewachsenen Plantagen und in stark zugewucherten Gärten meist in unmittelbarer Waldnähe gefunden. Die Erdchamäleons leben dort sowohl in der Laub- und Krautschicht als auch im Gestrüpp bis in eine Höhe von etwa 1m.
Größe: Die Art erreicht eine maximale Gesamtlänge von 10 cm, bleibt jedoch meist kleiner.
Erkennungsmerkmale: Rein äußerlich betrachtet erinnert *B. stumpffi* an ein verwelktes Blatt. Der Körper ist langgestreckt und walzenförmig, wovon sich der leicht erhöhte Helm nur wenig absetzt. Besonders auffallend ist die aus abgeplatteten Stachelschuppen bestehende, paarig verlaufende Rückensäge. Die Gliedmaßen und der Helm sind wehrhaft bestachelt. Die Grundfärbung besteht aus verschiedenen braunen, roten, olivgrünen und sehr dunklen bis schwarzen Farbtönen. Nur äußerst selten sieht man einmal ein flechten- oder rautenartiges Zeichenmuster.
Biologie: Die tagaktive Echse verbringt ihre Zeit mit der Futtersuche im Laub oder als Lauerjäger im niedrigen Geäst. Zu den zahllosen Besonderheiten gehört sicherlich auch das Todstellverhalten (Akinese), das die Tiere bei Belästigung zeigen.
Terrarium: Die Art wird paarweise in einem dicht bepflanzten Terrarium mit einer Kantenlänge von ungefähr 40 cm gepflegt. Nach einer Tragzeit von 40 Tagen legt das Weibchen ihre 2–5 Eier umfassenden Gelege unter feuchten Moosplatten oder ähnlichem ab. Die Eier müssen sofort aus dem Terrarium entnommen und in leicht feuchtem Vermiculit bei Zimmertemperaturen von ca. 20–23 °C ausgebrütet werden. Unter diesen Bedingungen schlüpfen die Jungtiere nach ungefähr 60 Tagen. Die Aufzucht hat einzeln in kleinen Miniterrarien zu erfolgen. Wichtig ist jedoch, daß ausreichend kleinstes Futter in Form kleiner, flugunfähiger Drosophila und während der ersten Tage auch in Form von Springschwänzen vorhanden ist.

Brookesia superciliaris

(Kuhl, 1820)

Terra typica: Wahrscheinlich aus Afrika

Verbreitung: Die Art bewohnt die gesamte Ostküste Madagaskars sowie die vorgelagerte Insel Nosy Bohara. Da jedoch auf Nosy Bohara in den letzten Jahren die kleinen Waldgebiete fast völlig verschwunden sind, muß man davon ausgehen, daß die Art dort ausgestorben ist.

Lebensraum: Bei *B. superciliaris* handelt sich um einen reinen Regenwaldbewohner, der in allen Höhenlagen von 0–1000 m gefunden wurde. Als strenger Waldbewohner meidet die Art jegliches Sonnenlicht.

Größe: Die Art erreicht eine maximale Gesamtlänge von 10 cm, diese ist jedoch auch populationsabhängig.

Erkennungsmerkmale: Auch *B. superciliaris* ist eine bizarre Erdchamäleon-Art. Sie weist einen langgestreckten, walzenförmigen Körperbau auf, der seitlich etwas abgeflacht ist. Der Rükkenkamm ist leicht erhöht und nur mäßig nach den Seiten hin abgesetzt. Auffallendstes Kennzeichen sind die steil aufgerichteten Augenbrauen sowie vier stets vorhandene Stachelschuppen an der Schnauzenunterseite. Die Tiere zeigen meist eine braune, beige oder graue Färbung.

Biologie: *B. superciliaris* ist eine an das Leben auf dem Boden im Regenwald angepaßte Chamäleon-Art. Die meiste Zeit des Tages verbringen die Tiere damit, etwas erhöht über dem Boden, auf dünnen Ästen zu sitzen und auf vorbeilaufende Futtertiere zu warten. Aufgrund der enormen jahreszeitlichen Schwankungen verbringen die Tiere meist eine kurze inaktive Phase während der Monate Juni bis August.

Terrarium: Die Art wird paarweise in größeren Regenwaldterrarien gepflegt. Sehr wichtig ist neben einer dichten Bepflanzung auch eine ausreichende Ausstattung mit vielen Kletterästen, auf denen die Tiere den Tag verbringen. Die Tagestemperaturen sollten im Sommer je nach Herkunftsgebiet zwischen 23 und 25 °C liegen und in der Nacht auf Zimmertemperatur abfallen. Während der Winterphase dürfen die Temperaturen 18 °C nicht übersteigen.

Brookesia thieli

Brygoo & Domergue, 1969

Terra typica: Amodimanga
Verbreitung: Das Vorkommen dieser Erdchamäleon-Art beschränkt sich auf ein kleines, isoliertes Verbreitungsgebiet im zentralen Ostmadagaskar. Bekanntester Fundort ist das Réserve de Faune de Perinet-Analamazaotra und die umliegenden Wälder. Dieses Gebiet liegt etwa 800–1300 m über dem Meeresspiegel.
Lebensraum: Die Art lebt auf niedrigen Büschen, steigt aber auch im Geäst der Bäume bis in 3 m Höhe. Nur äußerst selten sieht man die Tiere einmal in der Laubschicht umherlaufen. Das Klima zeichnet sich durch starke jahreszeitliche Schwankungen, feuchtheiße Sommer und feuchtkalte Winter aus. Während des Winters verbringen die Tiere eine Ruhephase, wahrscheinlich versteckt in der Laub- oder Bodenschicht der Regenwälder.
Größe: Bei *B. thieli* handelt es sich um eine mittelgroße Erdchamäleon-Art, die maximale Gesamtlänge beträgt etwa 7 cm.
Erkennungsmerkmal Die Tiere erinnern mit ihrem seitlich stark zusammengepreßten Körperbau an kleine Ästchen. Sie weisen häufig eine schmutzig braune oder gräuliche Körperfärbung auf. Nur sehr selten zeigen die Erdchamäleons eine helle Streifenzeichnung. Als besondere Kennzeichen sind die nur schwach ausgebildete Rückensäge sowie einige sich auf der Schnauzenoberseite befindende Dornen, von denen sich zwei deutlich abheben, zu erwähnen.
Biologie: *B. thieli* ist eine sehr ruhige Chamäleon-Art. Die Tiere verbringen den größten Teil des Tages mit dem Warten auf Beutetiere im Geäst. Zu ihren bevorzugten Futtertieren gehören daher kleine Motten und verschiedenste Arten von Fliegen. Die innerartliche Aggressivität ist sehr ausgeprägt, so daß man nie zwei Tiere in einem Busch findet. Die Fortpflanzungsperiode erstreckt sich von November bis etwa Anfang Mai. In dieser Zeit setzen die Weibchen etwa alle 6–8 Wochen ein aus 2–4 Eiern bestehendes Gelege ab. Bei Temperaturen um 18–20 °C schlüpfen die Jungtiere nach 60–70 Tagen.
Terrarium: Die Art sollte paarweise in hohen Terrarien gepflegt werden. Eine gute Belüftung, bei ausreichend hoher relativer Luftfeuchtigkeit, und eine üppige Bepflanzung sind Vorraussetzung für eine erfolgreiche Haltung und Zucht. Die Nachzucht im Terrarium ist schon wiederholt gelungen.

Brookesia vadoni

Brygoo & Domergue, 1968

Terra typica: Vallée de la Iaraha
Verbreitung: Die Art ist bis heute nur aus dem Nordosten Madagaskars bekannt geworden. Sie lebt auf der völlig unzugänglichen und unerforschten Halbinsel Masuala in den Höhenlagen von 600–1000 m.
Lebensraum: Es handelt sich um einen ausgesprochenen Regenwaldbewohner, der jedoch häufig auch auf Lichtungen angetroffen wird. Im Gegensatz zu den meisten anderen Erdchamäleon-Arten klettert *B. vadoni* auch gerne einmal etwas höher ins Geäst.
Größe: Die Art erreicht eine maximale Gesamtlänge von etwa 6 cm.
Erkennungsmerkmale: Auffälligstes Kennzeichen von *B. vadoni* ist die bunte Körperfärbung. Als bisher einzige Erdchamäleon-Art zeigen die Tiere ein Farbmuster aus leuchtend hellblauen, grünen, gelben und weißen Farbtönen. Nur die Weibchen sind etwas trister gefärbt, meist einfarbig braun mit grüner Zeichnung. Die Art besitzt einen recht schlanken, langgestreckten Körperbau. Die Rückensäge besteht aus großen, nach den Seiten hin gerichteten Stachelschuppen und setzt sich bis auf den Schwanz fort. Ebenfalls besonders auffallend sind die enormen Verlängerungen der Augenbrauen, die in einer Stachelschuppe enden.
Biologie: Es handelt sich um eine an das Leben im Regenwald angepaßte Erdchamäleon-Art. Sehr häufig findet man die Tiere an den bemoosten Baumstämmen, an denen sie aufgrund ihrer Färbung hervorragend getarnt sind.
Terrarium: Die Art benötigt ein etwas höheres sehr feuchtes Regenwaldterrarium. Die Seiten- und Rückwände sollten mit Kork oder Rindenstücken verkleidet sein. Eine Laubschicht, einige Kletteräste und eine üppige Bepflanzung bilden die Einrichtung. Die Tageshöchsttemperaturen sollten 23 °C nicht übersteigen und in der Nacht auf Zimmertemperatur abfallen. Zweimal tägliches Überbrausen des gesamten Terrariums ist dem Wohlergehen der Tiere sehr zuträglich.

Calumma boettgeri

(Boulenger 1988)

Terra typica: Nosy Bé
Verbreitung: Die Art bewohnt weite Gebiete im Norden Madagaskars sowie die im Nordwesten vorgelagerte Insel Nosy Bé.
Lebensraum: *C. boettgeri* ist ein typischer Bewohner des Regenwaldes und sich daran anschließender Gebiete. So werden die Tiere selbst in verwilderten Gärten gefunden. Man findet die Tiere sowohl am Boden als auch bis in eine Höhe von über 4 m. Auf der Suche nach Nahrung durchstreifen sie das Dickicht auf dem Boden und an den Rändern der Regenwälder.
Größe: Die Art erreicht eine maximale Gesamtlänge von 13 cm.
Erkennungsmerkmale: *C. boettgeri* weist einen schlanken, flachen und langgestreckten Körperbau auf. Auffälligstes Kennzeichen ist ein Schnauzenanhang, der stark an eine Nase erinnert, und die kleinen Occipitallappen, die am Hinterkopf sitzen und an Elefantenohren erinnern. Gerade anhand dieses letzten Merkmals läßt sich die *Calumma nasuta*-Gruppe am einfachsten erkennen. Die Grundfärbung besteht aus schmutzig gelben, braunen und grünen Farbtönen. Selten zeigen die Tiere einmal leuchtend blaue Flecken an den Seiten oder auf dem Nasenfortsatz.
Biologie: *C. boettgeri* ist eine sehr lebhafte und friedliche Chamäleon-Art. Aufgrund ihrer Anpassung an den Lebensraum Regenwald ist die Art eher ein Kulturflüchter.
Terrarium: Die Chamäleons sollten in hohen Regenwaldterrarien gepflegt werden. Die Einrichtung sollte aus zahlreichen dünnen Ästen und einer üppigen Bepflanzung sowie einer etwa 5 cm hohen Bodenschicht bestehen. Wegen des geringen Gewichts der Tiere kann man getrost auch empfindliche Pflanzen zur Einrichtung verwenden. Die Temperaturen sollten tagsüber etwa 25 °C betragen und nachts auf Zimmertemperatur absinken. Das Terrarium muß zweimal täglich überbraust werden. Wegen der nicht so stark ausgeprägten innerartlichen Aggressivität pflegt man diese Art am besten paarweise. Etwa 45 Tage nach einer Paarung vergräbt das Weibchen seine 2–4 Eier im Boden. Die Eier müssen sofort entnommen und bei 22–24 °C in leicht feuchtem Vermiculit gezeitigt werden. Unter diesen Bedingungen schlüpfen die Jungtiere nach ca. 90 Tagen.

Calumma brevicornis

(Günther, 1879)

Terra typica: Ost-Madagaskar

Verbreitung: Die Art bewohnt die gesamte Ostküste Madagaskars sowie isolierte Gebiete im Norden und die Insel Nosy Bohara.

Lebensraum: *C. brevicornis* (Kurzhorn-Chamäleon) ist ein typischer Waldrandbewohner. Man findet die Tiere auf Bäumen, in Büschen und im Gestrüpp.

Größe: Die Männchen erreichen eine maximale Gesamtlänge von ungefähr 35 cm und die Weibchen eine Größe von etwa 28 cm.

Erkennungsmerkmal: Auffälligstes Merkmal sind die großen Occipitallappen, die wie Elefantenohren abgespreizt werden können, und der besonders bei den Männchen stark vergrößerte Schnauzenfortsatz. Die Körperbeschuppung besteht aus kleinen Schuppen mit eingestreuten Plattenschuppen. Die Färbung setzt sich aus einem sehr variablen Muster verschiedener Braun-, Beige- und Grüntöne zusammen.

Biologie: *C. brevicornis* ist eine sehr aggressive Chamäleon-Art. Im erregten Zustand zeigen die Männchen eine helle Helmfärbung mit rotem Schnauzenfortsatz. Verärgerte Weibchen hingegen dunkeln ihre Färbung ab und zeigen an der Helmoberseite und an den Occipitallappen leuchtend orange oder rote Flecken. Die Tiere lassen sich am besten morgens und abends beobachten, da sie sich während der wärmeren Tagesstunden ins Gestrüpp zurückziehen.

Terrarium: Die Chamäleons müssen immer einzeln gepflegt werden. Dabei ist unbedingt darauf zu achten, daß kein Sichtkontakt zu einem der Nachbarterrarien möglich ist. In den Terrarien der Weibchen ist eine etwa 20 cm hohe Bodenschicht zur Eiablage unerläßlich. Die Temperaturen sollten im Sommer tagsüber ungefähr 27 °C und im Winter ca. 20–23 °C betragen und nachts jeweils um einige Grade abfallen. In ihrem Verbreitungsgebiet sind im Winter selbst nachts Fröste möglich. Das Terrarium muß zweimal täglich vollständig überbraust werden. Zur Paarung setzt man das Weibchen in das Terrarium des Männchens. Sofort nach der Paarung sind die Tiere unbedingt wieder zu trennen. Nach einer Tragzeit von ca. 40 Tagen legen die Weibchen ihre bis zu 30 Eier umfassenden Gelege an einer feuchten Stelle im Terrarium ab. Die Zeitigung ist bis heute nicht gelungen.

Calumma furcifer

(Vaillant & Grandidier, 1880)

Terra typica: Ostküste von Madagaskar

Verbreitung: Die Art ist bisher nur von der zentralen Ostküste Madagaskars bekannt geworden. Gefunden wurden die Chamäleons ausschließlich in der Umgebung von Toamasina und in einem Gebiet beginnend in der Region Fito bis hin zum östlichen Ufer des Lac Alaotra.

Lebensraum: Die Art ist ein reiner Regenwaldbewohner. Häufig findet man die Tiere im Gebüsch an Waldrändern und auf Lichtungen.

Größe: *C. furcifer* erreicht eine maximale Gesamtlänge von ca. 12 cm, wovon etwa die Hälfte auf den Schwanz entfällt.

Erkennungsmerkmale: Auffälligstes Kennzeichen der Art sind zwei schmale, seitlich zusammengedrückte, gleichmäßige Schnauzenanhänge, die nach vorne hin schräg auseinanderlaufen. Der Körper ist schlank und langgestreckt. Die Grundfärbung besteht aus verschiedenen Grüntönen, von denen sich der weiße Lateralstreifen, der nur von zwei hellen leuchtenden Flecken unterbrochen wird, deutlich abhebt. Die Bauchseite ist immer leuchtend weiß gefärbt.

Biologie: Die Chamäleons klettern gerne im Geäst der Bäume und Büsche. Da es sich um ausgesprochene Baumkronenbewohner handelt, bekommt man diese Art nur äußerst selten einmal zu Gesicht.

Terrarium: Die Chamäleons müssen einzeln in kleineren, hochformatigen Regenwaldbehältern, die mit ausreichend Klettermöglichkeiten und einer hervorragenden Lüftung ausgestattet sind, gepflegt werden. Die Tagestemperaturen sollten etwa bei 25 °C liegen, wobei ein kleiner Strahler zum zusätzlichen Aufwärmen immer vorhanden sein sollte.

Calumma gallus

(Günther, 1877)

Terra typica: Mahanoro
Verbreitung: Die Art bewohnt die Küstengebiete im zentralen Osten Madagaskars. Nördlichster Fundort ist bis jetzt Andapa. Außerdem lebt die Art auf der Insel Isle aux Prunes vor Toamasina.
Lebensraum: Diese Chamäleon-Art wird in den unteren Schichten der Regenwälder etwa bis in Höhen von 5m über dem Boden gefunden. Es handelt sich um einen ausgesprochenen Regenwaldbewohner, der nur äußerst selten einmal ein Sonnenbad nimmt.
Größe: *C. gallus* gehört mit einer maximalen Gesamtlänge von ungefähr 11cm, wovon etwa die Hälfte auf den Schwanz entfällt, zu den kleineren Chamäleon-Arten.
Erkennungsmerkmale: Die Art besitzt einen schlanken, seitlich abgeflachten, länglichen Körperbau. Sowohl der Bauch- als auch der Kehl- und Rückenkamm fehlen völlig. Auffälligstes Kennzeichen ist ein langer, spitzer, weicher und beschuppter Nasenfortsatz. Dieser ist bei den Männchen bis zu 1cm lang, bei den Weibchen deutlich kürzer und bei den Jungtieren gar nicht vorhanden. Die Art besitzt ein sehr variables Farbkleid aus den unterschiedlichsten grünen, braunen, grauen und weißen, selten blauen Farbtönen.
Biologie: Diese kleine tagaktive Echse ist ein reiner Regenwaldbewohner, der offene Landschaften strikt meidet. Man findet die Tiere während des Tages auf dem Boden der Regenwälder, an den Baumstämmen der Urwaldriesen oder im niedrigen Gebüsch, immer auf der Suche nach Futter.
Terrarium: Die Art wird am besten paarweise in großen Regenwaldterrarien gepflegt. Trotz einer notwendigen hohen relativen Luftfeuchtigkeit muß immer für eine ausreichende Belüftung gesorgt werden. Die Einrichtung wollte aus zahlreichen Kletterästen und einer üppigen Bepflanzung bestehen. Die Tagestemperaturen dürfen 25°C nicht überschreiten.

Calumma gastrotaenia

(Boulenger, 1888)

Terra typica: Madagaskar
Verbreitung: Die Art bewohnt die höheren Lagen der Regen-, Berg- und Trockenwälder in Ost- und Zentral-Madagaskar.
Lebensraum: Es handelt sich um einen reinen Waldbewohner, der nur in geschlossenen Waldgebieten gefunden wird. Sehr häufig findet man die Tiere morgens am Waldrand, wo sie ein kurzes Sonnenbad nehmen. Jungtiere gehen auch zur Nahrungssuche gerne einmal auf angrenzende Wiesen oder Kulturlandschaften.
Größe: Die Art erreicht eine maximale Gesamtlänge von über 12 cm, wovon etwa die Hälfte auf den Schwanz entfällt.
Erkennungsmerkmale: Die Art besitzt einen länglichen, seitlich stark zusammengepreßten Körper. Der Helm ist eher undeutlich abgesetzt. Die Tiere zeigen fast immer ein einfarbiges Farbkleid aus verschiedenen grünen, gelben, braunen oder beigen Farbtönen. Deutlich abgesetzt ist immer ein heller Lateralstreifen, der von leuchtend weißen Flecken unterbrochen sein kann. Die Körperunterseite ist leuchtend weiß gefärbt. Insgesamt wird das Farbkleid als Grasmimese gedeutet.
Biologie: Da diese Art in recht unterschiedlichen Regionen Madagaskars gefunden wird, hat sie zahlreiche Unterarten hervorgebracht. Die Tiere sind in ihren Verbreitungsgebieten sehr häufig, aber aufgrund ihrer Tarnung und weil sie sich bei Annäherung eines Menschen schnell auf die Rückseite ihres Sitzastes drehen, sind sie nur schwer zu entdecken.
Terrarium: Die Art muß einzeln in Terrarien mit einer Kantenlänge von mindestens 30 cm gepflegt werden. Es ist unbedingt darauf zu achten, daß eine gute Belüftung und immer eine ausreichend hohe relative Luftfeuchtigkeit von ca. 60–80% vorhanden sind. Die Tageshöchsttemperaturen sollten ganzjährig etwa 23 °C betragen.

Calumma globifer

(Günther, 1879)

Terra typica: Umgebung von Antananarivo
Verbreitung: Die Art bewohnt die Regen- und Bergwälder im Osten Madagaskars etwa in den Höhenlagen von 700–1300 m.
Bekannteste Fundorte sind Waldgebiete um Moramanga.
Lebensraum: *C. globifer* ist ein typischer Bewohner der Regenwälder. Die Tiere leben hauptsächlich in den Baumkronen der Urwaldriesen. Man findet sie aber auch auf niedrigen Bäumen entlang von Bachläufen im Wald. Die Art meidet offene Landschaften. Das Verbreitungsgebiet zeichnet sich durch ausgeprägte jahreszeitliche Schwankungen aus.
Größe: Die Chamäleons erreichen eine maximale Gesamtlänge von etwa 35 cm.
Erkennungsmerkmale: *C. globifer* gehört in die *C. parsonii*-Gruppe. Der Helm ist leicht erhöht. Entlang der Schnauzenränder besitzen die Tiere zwei knöcherne Fortsätze, die bei den Männchen etwas über die Schnauzenspitze hinausreichen. Der Rückenkamm ist stark ausgeprägt, Bauch- und Kehlkamm fehlen völlig. Die Tiere zeigen eine schmutzige Färbung aus verschiedenen Grün-, Gelb-, Grau- oder Brauntönen. Besonders deutlich sichtbar ist ein heller Lateralstreifen sowie eine schräg nach vorn wegfallende Bänderung. Die Tiere können aber auch nur einfarbig grün gefärbt sein.
Biologie: Die Art ist sehr friedlich, selbst innerartlich kann man kaum Aggressionsverhalten beobachten. Lediglich die Männchen sind untereinander immer unverträglich und drohen einander in der für Chamäleons typischen Art. Weicht keiner der Kontrahenten aus, so kommt es zu einem Kommentkampf, bei dem die beiden Männchen versuchen, sich gegenseitig mit ihren schaufelartigen Helmfortsätzen vom Ast zu drükken. Die Kämpfe gehen immer unblutig aus, da das schwächere Tier schnell aufgibt und das Weite sucht.
Terrarium: Die Tiere sollten paarweise in großen Terrarien oder Wintergärten gepflegt werden. Wichtig ist jedoch, daß die Tageshöchsttemperaturen 25 °C im Sommer und 20 °C im Winter nicht überschreiten. Eine deutliche Nachtabsenkung ist, ebenso wie das zweimal tägliche Überbrausen des gesamten Terrariums, unabdingbare Voraussetzung für eine erfolgreiche Haltung. Die Tiere trinken sehr gerne aus bewegtem Wasser, wie z.B. Zimmerspringbrunnen.

Calumma hilleniusi

(Brygoo, Blanc & Domergue, 1973)

Terra typica: Station de Manjakatompo
Verbreitung: Die Art bewohnt nur das madagassische Zentralmassiv l'Ankaratra und wird dort in den Höhenlagen von 1800 bis über 2000 m gefunden. Das Klima hier zeichnet sich durch besonders hohe Tag-Nacht-Temperaturschwankungen aus.
Lebensraum: Die Chamäleons leben im Gestrüpp der Waldränder, auf Lichtungen und inzwischen auch auf der neu entstandenen Kultursteppe. Man findet die Tiere aber nie mehr als 50 m weit vom nächsten Baumbestand entfernt. In dem Verbreitungsgebiet herrschen Kiefernforste vor, die von den Franzosen zur Holzgewinnung angelegt wurden.
Größe: Die Männchen erreichen eine Gesamtlänge von über 15 cm und die Weibchen von maximal 15 cm.
Erkennungsmerkmale: Auffallenstes Kennzeichen sind die kleinen Occipitallappen, weswegen die Art früher als Unterart von *C. brevicornis* angesehen wurde. Entlang der Helmkante an der Schnauzenoberseite befindet sich eine Reihe vergrößerter Tuberkelschuppen, die nur bei den Männchen ein klein wenig über die Schnauzenspitze reichen können. Die Färbung ist sehr variabel. Die Männchen zeigen meist gelbe oder grüne Farbtöne, und der braune Helm ist leuchtend rot eingefaßt. Die Weibchen hingegen zeigen nur eine schmutzige Tarnfärbung aus braunen, beigen oder grünen Farbtönen.
Biologie: Es ist schon ein erstaunlicher Anblick, diese urweltlichen, kleinen Drachen auf Kiefernästen in europäisch anmutenden Wäldern zu entdecken. Die innerartliche Aggressivität ist sehr stark ausgeprägt, und so findet man höchstens einmal ein Pärchen gemeinsam auf einem Ast oder einem Busch sitzen. Nach dem morgendlichen Sonnenbad gehen die Tiere sofort zur Nahrungssuche auf den Boden, ehe sie vor der großen Hitze Schutz im Dickicht suchen.
Terrarium: Die Art wird am besten einzeln in kleinen Terrarien mit einer Kantenlänge von ca. 30 cm gepflegt. Einige Kletteräste und einige Rankpflanzen sollten dem Terrarium einen attraktiven Eindruck verleihen.

Calumma malthe

(Günther, 1879)

Terra typica: Bei Antananariva
Verbreitung: Die Art bewohnt weite Gebiete im zentralen Osten Madagaskars sowie die Halbinsel Masoala. Besonders häufig findet man die Art um Moramanga.
Lebensraum: *C. malthe* ist ein Bewohner der Waldränder. Man findet die Tiere aber auch auf frei stehenden, großen Bäumen, in Gärten und an Straßenrändern.
Größe: Die Art erreicht eine maximale Gesamtlänge von 26 cm, wovon etwa 15 cm auf den Schwanz entfallen.
Erkennungsmerkmale: Auffälligstes Kennzeichen sind die großen Occipitallappen am Hinterkopf, die oben nicht getrennt sind, sowie die durch große Höckerschuppen abgegrenzte Schnauzenoberseite. Nur bei den Männchen reicht diese Schuppenreihe, die wie ein nasenähnlicher Fortsatz aussieht, weit über die Schnauzenspitze hinaus. Die Art besitzt einen Rückenkamm, der auf dem Schwanz langsam ausläuft. Im Gegensatz zur nächstverwandten Art *C. brevicornis* ist *C. malthe* jedoch sehr farbenfroh. Die Tiere zeigen häufig neben ihrer braunen Grundfärbung grüne und blaue Farbtöne, wobei die Beine, der untere Teil des Bauches, der Kehlsack und Teile des Helms leuchtend blau gefärbt sein können.
Biologie: Es handelt sich um einen reinen Baumbewohner. Häufig sieht man die Tiere in den Baumkronen auf dicken Ästen entlanglaufen. Nur selten einmal findet man die Tiere im dichteren Gebüsch in einer Höhe von unter 5 m.
Terrarium: Die Tiere müssen einzeln in hohen Terrarien gepflegt werden. Die Einrichtung sollte aus zahlreichen Kletterästen und einer üppigen Bepflanzung bestehen. Tageshöchsttemperaturen von 25 °C und eine gewisse Nachtabsenkung sind völlig ausreichend.

Calumma nasuta

(Duméril & Bibron, 1836)

Terra typica: Madagaskar
Verbreitung: Die Art bewohnt den gesamten Osten Madagaskars sowie die vorgelagerte Insel Nosy Bohara.
Lebensraum: *C. nasuta* ist ein typischer Bewohner der Regenwälder Ost-Madagaskars. Man findet die Tiere hauptsächlich in der Laub- und Krautschicht, im niedrigeren Gebüsch, aber auch auf der Rinde von dicken Urwaldriesen.
Größe: *C. nasuta* erreicht eine maximale Gesamtlänge von ungefähr 10 cm.
Erkennungsmerkmale: Das auffallenste Merkmal ist, wie der Name schon ausdrückt, ein beweglicher, beschuppter Schnauzenanhang, der stark an eine Nase erinnert. Dieser ist jedoch nach Geschlechtern und Fundorten unterschiedlich stark ausgeprägt. Der Körperbau ist schlank und langgestreckt. Die Färbung ist sehr variabel, meist zeigen die Tiere nur eine Tarnfärbung aus verschiedenen grünen, grauen, gelben, beigen oder braunen Tönen. Nur zur Balz, zum Anlocken der Weibchen, zeigen die Männchen auf ihrem Nasenfortsatz und um ihre Augen leuchtend hellblaue Farbtöne.
Biologie: *C. nasuta* ist eigentlich ein typischer Waldbewohner, jedoch im Gegensatz zu den anderen phylogenetisch sehr alten Arten der Gattung *Calumma* scheinen sie den Sprung zur Anpassung an die überall in ihrem Verbreitungsgebiet durch Rodung entstehende Kultursteppe zu bewältigen.
Terrarium: *C. nasuta* ist eine sehr friedliche Art, die am besten paarweise in größeren Regenwaldterrarien gepflegt wird. Die Tageshöchsttemperaturen sollten im Sommer bei 25 °C und im Winter bei etwa 20 °C liegen. Eine starke Nachtabsenkung ist unabdingbare Voraussetzung für eine erfolgreiche Haltung und Zucht. Etwa 30–50 Tage nach der Paarung legen die Weibchen ihre bis zu 5 Eier umfassenden Gelege versteckt unter Moos oder Rinde am Boden des Terrariums ab. Die Eier müssen sofort entnommen und bei Temperaturen von 22–23 °C in leicht feuchtem Vermiculit gezeitigt werden. Unter diesen Bedingungen beträgt die Zeitigungsdauer etwa 60 Tage. Die Aufzucht erfolgt in kleinen Terrarien. Für ausreichend Kleinstfutter in Form von Springschwänzen muß immer gesorgt sein.

Calumma oshaughnessyi

(Günther, 1881)

Terra typica: Pays Betsileo
Verbreitung: Die Art wird an der ganzen Ostküste sowie im Nordwesten in der Gegend um Ambanja in den wenigen noch vorhandenen Regenwäldern gefunden. Diese isolierten Vorkommen liegen alle in einer Höhe von 600–1300 m. Ferner bewohnt die Unterart *C. o. ambreensis* noch die Nordspitze Madagaskars.
Lebensraum: Es handelt sich um eine streng an den Regenwald angepaßte Art. Offene Waldgebiete sowie Kulturlandschaften werden streng gemieden. Die Tiere leben innerhalb des Waldes in allen Bereichen vom Waldboden bis in die Baumkronen.
Größe: Die Art erreicht eine maximale Gesamtlänge von 39 cm, wovon etwas mehr als die Hälfte auf den Schwanz entfällt.
Erkennungsmerkmale: *C. oshaughnessyi* ist eine eher unscheinbare Art. Dafür sorgt schon die Tarnfärbung. So zeigen die Weibchen meist nur eine einfarbige, schmutzige Grünfärbung. Die Männchen zeigen hingegen im Nackenbereich eine braune Färbung, die aber am Körper in einen Grünton wechselt. Außerdem weisen sie noch eine intensiv grüne Querbänderung auf. Bei allen Tieren erkennt man den immer nur angedeuteten Lateralstreifen. Nur die Männchen besitzen knöcherne, seitlich zusammengedrückte Schnauzenfortsätze.
Biologie: Die Tiere kann man am leichtesten im unteren Bereich der Wälder, wo die Chamäleons zur Futtersuche auch auf den Boden herabsteigen, entdecken. Von dieser Art wurde später die Unterart *C. o. ambreensis* aus der Montagne d'Ambre beschrieben.
Terrarium: Die Chamäleons müssen einzeln in geräumigen Terrarien gepflegt werden. Die Art ist aber auch zur Haltung in ganzjährig nicht zu warmen Wintergärten oder Gewächshäusern geeignet. Die Tageshöchsttemperaturen sollten etwa bei 23–25 °C liegen, wobei den Tieren morgens die Gelegenheit gegeben werden muß, sich auf ihre Vorzugstemperatur zu erwärmen.

Calumma parsonii

(Cuvier, 1824)

Terra typica: Nicht bekannt
Verbreitung: Zum Verbreitungsgebiet gehört die Ostküste Madagaskars einschließlich der vorgelagerten Insel St. Marie und dem kleinen Regenwaldgürtel im Norden Madagaskars, der sich vom Osten nach Westen erstreckt und bis nach Nosy Bé reicht. Innerhalb dieses riesigen Verbreitungsgebietes besitzt die Art allerdings nur inselartige Populationen.
Lebensraum: *C. parsonii* ist ein Regenwaldbewohner. Die Art bewohnt die Bäume entlang von Bachläufen im Regenwald, wobei sich die Tiere morgens häufig in den Baumkronen aufhalten und sich erst mit steigenden Tagestemperaturen in die kühlen, eine sehr hohe relative Luftfeuchtigkeit aufweisenden, kleinen Schluchten zurückziehen.
Größe: *C. parsonii* gehört mit zu den größten Chamäleon-Arten. Die Männchen erreichen eine maximale Gesamtlänge von ungefähr 65 cm, die Weibchen bleiben nur geringfügig kleiner.
Erkennungsmerkmale: Die Männchen zeigen meist eine blaue, türkisfarbene oder grüne Grundfärbung, von der sich die Augen und die Schnauzenkante deutlich orangefarbig absetzen. Die Weibchen sind meist einfarbig grün, gelb oder beige gefärbt. Beide Geschlechter können einen gelben Seitenflecken aufweisen und eine schräge Streifenzeichnung zeigen, die sich bis auf den Schwanz fortsetzt. Die in Andasibe vorkommende Unterart *C. parsonii christifer* weist meist eine verwaschene Tarnfärbung aus den oben genannten Farbtönen auf und besitzt einen deutlichen Rückenkamm.
Biologie: Bei *C. parsonii* handelt es sich um eine sehr ruhige und langsame Chamäleon-Art. Die meiste Zeit des Tages verbringt sic als Lauerjäger ruhig auf einem Ast sitzend. Lediglich zur Paarungszeit entwickeln die Tiere eine erhöhte Aktivität. So kann es passieren, wenn man im Regenwald auf ein *C. parsonii* trifft, daß dieses ruhig auf dem Ast sitzenbleibt und sich ganz auf seine Tarnfärbung verläßt.
Terrarium: Die Tiere sollten paarweise in riesigen Terrarien oder besser frei im Zimmer oder Wintergarten gepflegt werden. Voraussetzung ist, daß die Höchsttemperaturen 25 °C am Tage nicht überschreiten und nachts um einige Grade abfallen. Jedoch muß immer ein kleiner Strahler vorhanden sein, an dem sich die Tiere nach Belieben aufwärmen können. Sonnenbäder werden nur selten und für kurze Zeit genommen.
Die Art weist einen jährlichen Fortpflanzungsrhythmus auf. Auslöser für die Paarung scheint eine erfolgte Winterruhe und die anschließende Steigerung der Tageslänge bzw. spätere Abnahme zu sein. Etwa 100 Tage nach erfolgter Paarung legen die Weibchen ihre Eier am Ende eines bis auf den Terrarienboden gegrabenen Ganges ab. Die Eier müssen sofort aus dem Terrarium entnommen werden und sollten bei recht kühlen Temperaturen mit einer kühlen Phase gezeitigt werden. Zeitigungserfolge sind bis heute leider noch immer eine große Ausnahme.

Calumma tigris

(Kuhl, 1820)

Terra typica: Seychellen
Verbreitung: Die Art ist bisher auf den Inseln Mahé, Praslin, Silhouette, Niol und Misere gefunden worden. Besonders häufig sind die Tiere im Vallée de Mai auf Praslin.
Lebensraum: Die Chamäleons leben auf Bäumen, in Büschen und im Gestrüpp. Man kann sie sowohl am Strand als auch in den Nebelwäldern der Hochlagen entdecken.
Größe: *C. tigris* erreicht eine maximale Gesamtlänge von ungefähr 16 cm, wovon in etwa die Hälfte auf den Schwanz entfällt.
Erkennungsmerkmale: Das auffälligste Kennzeichen dieser Art ist ein kleiner, an der Schnauzenunterseite hängender, beschuppter Hautlappen. Der Helm ist nur mäßig vom Körper abgesetzt, der Rückenkamm besteht aus einzelnen Stachelschuppen. Die Grundfärbung und das Zeichenmuster sind sehr variabel. Die Chamäleons zeigen meist recht helle Farbtöne, von gelb über beige und grau bis weiß und darauf ein unregelmäßiges, dunkles Muster.
Biologie: *C. tigris* ist eine tagaktive Chamäleon-Art. Bereits am frühen Morgen kann man die Tiere beim Sonnenbaden entdecken, ehe sie sich vor der großem Mittagshitze in den Schattenbereich zurückziehen. Nur in den höheren Lagen, so z.B. im Vallée de Mai, kann man die Tiere den ganzen Tag über beobachten. Für die Touristen sind hier die interessantesten Stellen besonders ausgeschildert.
Terrarium: Die Chamäleons müssen einzeln in Terrarien mit einer Kantenlänge von mindestens 30 cm gepflegt werden. Die Einrichtung sollte aus zahlreichen Kletterästen sowie einer üppigen Bepflanzung bestehen. Als Tageshöchsttemperaturen reichen 28 °C aus, wobei aber immer ein kleiner Strahler, an dem sich die Tiere noch weiter erwärmen können, vorhanden sein muß.

◁ **Calumma parsonii 1,0 + 0,1**

Furcifer antimena

(Grandidier, 1872)

Terra typica: Westküste von Madagaskar

Verbreitung: Die Art wohnt in den trockenen und heißen Regionen Südwest-Madagaskars. Ihr Verbreitungsgebiet beginnt nördlich des Onilahy Flusses und reicht etwa bis Ihotry. Im nördlichen Teil überschneidet sich das Verbreitungsgebiet mit dem von *F. labordi.*

Lebensraum: Die Art ist ein typischer Bewohner der Dornen- und Baumsavanne. Man findet die Tiere sowohl in größeren Büschen des Dornenwaldes als auch auf Bäumen und im Gestrüpp. Auffällig ist dabei, daß es sich immer um halb- oder ganzbeschattete Habitate handelt, die die Chamäleons nur morgens für ein kurzes Sonnenbad verlassen.

Größe: Die Männchen sind erheblich größer als die Weibchen. Sie erreichen eine maximale Gesamtlänge von 34 cm, wovon etwa 18 cm auf den Schwanz entfallen. Die Weibchen erreichen gerade einmal eine Gesamtlänge von ungefähr 18 cm.

Erkennungsmerkmale: Auffälligstes Kennzeichen ist der knöcherne, seitlich zusammengedrückte Nasenfortsatz, der bei den Männchen etwa doppelt so hoch und lang ist wie bei den Weibchen. Außerdem haben die Männchen einen einige Zentimeter hohen Rückenkamm, der bei den Weibchen nur angedeutet ist und bereits nach wenigen Millimetern endet. Die Grundfärbung der Männchen besteht aus grünen und recht hellen Farbtönen. Darauf zeigen die Chamäleons ein Zeichenmuster, bestehend aus einem weißen Lateralstreifen und einer Querbänderung, das sich bis auf den Schwanz fortsetzt. Die Weibchen hingegen weisen meist eine braune oder grüne Grundfärbung und als Zeichenmuster entlang des Lateralstreifens einige dunkle, große Kreise auf. Nur bei Erregung oder während der Trächtigkeit zeigen sie auch einmal lila und rote Farbtöne.

Biologie: *F. antimena* ist eine sehr ruhige Chamäleon-Art, die eine eher zurückgezogene Lebensweise führt. Die Tiere verlassen sich immer auf ihre Tarntracht, was angesichts der teilweise bunten Farben doch recht erstaunlich wirkt. Doch gerade sie sowie die bizarre Körperform sorgen für eine perfekte Auflösung der Strukturen im Habitat.

Terrarium: Die Tiere müssen einzeln in sehr geräumigen Trockenterrarien gepflegt werden. Als Einrichtung dienen einige Kletteräste sowie einige dekorative Sukkulenten. Die Tageshöchsttemperaturen sollten etwa bei 28 °C liegen, wobei aber immer ein Strahler vorhanden sein muß, an dem sich die Tiere lokal noch stärker erwärmen können. Auch bei dieser Art wird das Weibchen zum Verpaaren ins Terrarium des Männchens gesetzt. Nach etwa 35 Tagen legen die Weibchen ca. 20 Eier. Die Zeitigung ist wiederholt schon gelungen.

Furcifer antimena gehört mit zu den interessantesten Chamäleon-Arten. Oben: Männchen, unten: Weibchen. ▷

Furcifer balteatus

(Duméril & Bibron, 1851)

Terra typica: Madagaskar
Verbreitung: Die Art ist bisher nur aus einem kleinen isolierten Bergwaldgebiet bekannt geworden. Dieses Gebiet liegt zwischen Ifanadiana und Fort Carnot im zentralen Osten Madgaskars.
Lebensraum: *F. balteatus* ist ein reiner Regenwaldbewohner. Die Tiere leben hauptsächlich in den Baumkronen der Urwaldriesen. Nur zur Nahrungssuche oder um Schutz vor zu kühler Witterung zu suchen, steigen sie gelegentlich auf niedrigere Äste hinab.
Größe: Die Männchen erreichen eine Gesamtlänge von etwa 44 cm und die Weibchen von 37 cm.
Erkennungsmerkmale: Der Helm ist leicht erhöht. An der Schnauzenoberseite besitzen die Männchen zwei leicht schräg nach außen verlaufende, seitlich zusammengedrückte Fortsätze. Hingegen zeigen die Weibchen keinerlei Ansätze dieser Schnauzenfortsätze. Die Färbung der Männchen besteht aus einer schrägen, abwechselnd beigen und grünen Streifenzeichnung, wohingegen die Weibchen meist nahezu einfarbig grün, gelb oder braun sind. Allen Tieren gemeinsam ist ein sich immer farblich abhebender Strich, der kurz hinter dem Helm beginnt und schräg nach unten, erst steil herunter, dann entlang der Bauchkante verläuft.
Biologie: *F. balteatus* ist ein reiner Urwaldbewohner, der in geschlossenen Waldgebieten zu finden ist. Frühmorgens kann man die Chamäleons beim Sonnenbaden am Waldrand beobachten, doch mit steigenden Tagestemperaturen ziehen sie sich wieder in das Dickicht zurück. Begegnen sich zwei Männchen, so führen sie meist einen Kommentkampf aus, wobei sie versuchen sich gegenseitig mit ihren Schnauzenfortsätzen vom Ast zu drücken.
Terrarium: Die Chamäleons benötigen geräumige und sehr hohe Behälter, die mit zahlreichen, auch dickeren Kletterästen ausgestattet sein müssen. Die paarweise Haltung ist nur in riesigen Terrarien oder Wintergärten möglich. Die Tageshöchsttemperatur sollte etwa bei 25 °C liegen und in der Nacht auf Zimmertemperatur abfallen. Die Tiere trinken gerne bewegtes Wasser, etwa aus einem nachgestalteten Bachlauf oder Wasserfall oder einfach nur aus einem Zimmerspringbrunnen.

Furcifer belalandaensis

(Brygoo & Domergue, 1970)

Terra typica: Village de Belalanda
Verbreitung: Die Art ist bisher nur aus isolierten Gebieten im Südwesten Madagaskars bekannt geworden. Hier herrscht ein trockenes und heißes Klima vor.
Lebensraum: *F. belalandaensis* ist ein typischer Bewohner der Trockensavanne und Trockenwälder Südwest-Madagaskars. Die Tiere leben in Büschen auf Bäumen und werden selbst in den Dornenwäldern angetroffen.
Größe: Die Chamäleons erreichen eine Größe von 23 cm, wovon etwa 11 cm auf den Schwanz entfallen.
Erkennungsmerkmale: Die Art weist einen ausgeprägten Rückenkamm auf, der kurz hinter der Schwanzwurzel endet. Der Helm ist deutlich erhöht und reicht einige Millimeter über die Schnauzenspitze hinaus. Die Grundfärbung besteht aus verschiedenen Grün-, Braun-, Gelb- oder Grautönen. Deutlich ist immer ein weißer Lateralstreifen zu erkennen.
Biologie: Die Art ist ein typischer Bewohner der trockenen und heißen Landschaften im Südwesten Madagaskars. Es handelt sich um eine sehr lebhafte und aggressive Chamäleon-Art, die man morgens und abends, wenn die Sonne noch nicht oder nicht mehr ihre ganze Kraft besitzt, gut bei der Nahrungssuche beobachten kann. Während des trockenen und kühlen Winters verbringt dieses Chamäleon wahrscheinlich eine Art Winterruhe.
Terrarium: Die Tiere benötigen geräumige Behälter, die über eine gute Belüftung verfügen. Die Temperaturen sollten tagsüber bei 28–30 °C liegen und nachts auf Zimmertemperatur absinken. Die Einrichtung kann denkbar einfach gestaltet sein. Einige Sukkulenten sowie zahlreiche trockene Äste können dem Terrarium ein attraktives Aussehen verleihen.

Furcifer bifidus

(Brongniart, 1800)

Terra typica: Isle de l'Océan Indien

Verbreitung: *F. bifidus* ist ein typischer Bewohner der feuchten und heißen Küstengebiete im zentralen Teil der Ostküste von Madagaskar. Das Verbreitungsgebiet reicht etwa von Brickaville bis oberhalb von Nosy Bohara.

Lebensraum: Ursprünglich war die Art wohl einmal ein reiner Bewohner der Primärwälder. Heute jedoch findet man diese Baumbewohner auch in lichteren Wäldchen, im Sekundärwald und selbst in Kulturlandschaften.

Größe: Die Männchen erreichen eine maximale Gesamtlänge von 42 cm, jedoch bleiben die Weibchen mit einer Gesamtlänge von 30 cm deutlich kleiner.

Erkennungsmerkmale: *F. bifidus* ist eine recht farblose Chamäleon-Art. Die Tiere zeigen meist eine graue, selten eine grünliche oder bläuliche Grundfärbung mit einer dunklen Querbänderung. Auffällig ist ein schräger, meist weißlicher Strich, der schräg nach hinten im vorderen Bereich des Rückens verläuft. Nur die Männchen haben zwei riesige, bis zu 25 mm über die Schnauzenspitze hinausreichende gabelartige Fortsätze.

Biologie: Wie bei den meisten Chamäleon-Arten ist auch bei *F. bifidus* die Frage nach dem „Warum haben die Männchen derartige Schnauzenfortsätze?" nicht befriedigend geklärt. Sicherlich dienen sie den Weibchen während der Fortpflanzungszeit zum sicheren Erkennen der artzugehörigen Männchen. Auch führen diese damit ihre typischen Kommentkämpfe aus. Begegnen sich zwei Männchen auf einem Ast, so drohen sie sich kurz zur Begrüßung. Weicht keiner von ihnen aus, so versuchen sie, sich mit ihren Schnauzenfortsätzen gegenseitig vom Ast zu drücken. Diese Kämpfe verlaufen immer unblutig.

Terrarium: Die Art muß in großen Terrarien, die eine ausreichend hohe relative Luftfeuchtigkeit von 60–80% aufweisen, ohne daß sich Stickluft bilden kann, gepflegt werden. Die Tageshöchsttemperaturen sollten bei 25 °C liegen, zusätzlich muß ein kleiner Strahler, unter dem sich die Tiere weiter erwärmen können, vorhanden sein.

Furcifer campani

(Grandidier, 1872)

Terra typica: Massif de l'Ankaratra

Verbreitung: Die Art ist bisher nur aus dem madagassischen Zentralmassiv l'Ankaratra bekannt geworden. Die Tiere bewohnen dort die Höhenlagen ab etwa 2000 m. Das Klima dort zeichnet sich durch besonders starke Temperaturschwankungen aus. Während es am Tage recht heiß ist, sinken die Temperaturen in der Nacht stark ab. Im Winter kann hier sogar Schnee fallen.

Lebensraum: Die Tiere leben in einer Art Grassavanne, die für die Höhenlagen dieses Gebirgszuges kennzeichnend ist.

Größe: *F. campani* erreichen nur eine maximale Gesamtlänge von etwa 13 cm.

Erkennungsmerkmale: Die Art weist einen ovalen, sehr hohen Körperbau auf, der stark an ein Blatt erinnert. Durch diesen Körperbau wirken die Tiere oft größer als sie wirklich sind. Der Helm ist dachförmig und hinten leicht erhöht. Die Art ist farblich sehr ansprechend. So zeigen die Chamäleons eine Zeichnung aus verschiedenen Längsstreifen und unterschiedlich angeordneten Punkten. Die Männchen weisen (siehe Abbildung) meist eine braune oder graue Grundfärbung mit leuchtend blauen Flecken besonders im Kopfbereich auf. Die Weibchen hingegen sind meist einfarbig grün oder gelb mit einer sehr bunten, häufig aus roten Farbtönen bestehenden Zeichnung.

Biologie: *F. campani* kann als das Hochlandchamäleon Madagaskars bezeichnet werden. Keine Art dringt bis in derartige Höhenlagen vor. Ähnlich wie *F. lateralis* leben die Tiere fast ausschließlich auf dem Boden und suchen in Erdhöhlen Schutz vor den kalten Nachttemperaturen.

Terrarium: Die Tiere müssen immer einzeln in kleinen Terrarien gepflegt werden. Etwa 40 Tage nach erfolgter Paarung legen die Weibchen 6–16 Eier. Diese müssen sofort aus dem Terrarium entnommen werden und in einer dicht schließenden Klarsicht-Plastikdose, die mit leicht feuchtem Vermiculit gefüllt ist, gezeitigt werden. Während der ersten 45 Tage sollten die Temperaturen 25 °C betragen, danach etwa 45 Tage 12–15 °C und anschließend wieder 25 °C bis zum Schlupf. Unter diesen Bedingungen schlüpfen die Nachzuchten nach etwa 220 Tagen. Die Aufzucht bereitet keine Probleme. Lediglich als Erstfutter müssen sehr kleine Futtertiere angeboten werden.

Furcifer cephalolepis

(Günther, 1880)

Terra typica: Komoren
Verbreitung: Die Art bewohnt nur die Komoreninsel Grande Comore, wo ein feuchtes und heißes Küstenklima vorherrscht.
Lebensraum: *F. cephalolepis* bewohnt die Waldränder sowie Hecken und Baumansammlungen. Dort findet man die Tiere im dichten Buschwerk der Sträucher.
Größe: Die Männchen erreichen eine maximale Gesamtlänge von 18 cm, hingegen bleiben die Weibchen mit 13 cm deutlich kleiner.
Erkennungsmerkmale: Die Grundfarbe ist ein satter, leuchtender und heller Grünton. Bei den Männchen ist häufig ein weißer Lateralstreifen deutlich sichtbar, der bei weiblichen Tieren nur selten auftritt. *F. cephalolepis* kann aber auch, besonders bei Erregung, gelbe, blaue und dunkelgrüne Farbtöne im Farbkleid aufweisen. Die Körperbeschuppung ist gleichmäßig. Entlang der Helmkante finden sich größere Höckerschuppen, die an der Schnauzenspitze am größten sind und nur bei den Männchen bis etwa 2 mm über die Schnauzenspitze hinausreichen können.
Biologie: *F. cephalolepis* ist eine sehr lebhaftes Chamäleon, das sich auch innerhalb der eigenen Art sehr aggressiv verhält. Selbst wesentlich größere vermeintliche Feinde werden sofort angegriffen, wenn sie sich den Chamäleons zu sehr nähern. Fühlen sie sich jedoch von einem Menschen entdeckt, so drehen sie sich einfach auf die Rückseite ihres Sitzastes und vertrauen völlig auf ihre Tarnfärbung.
Terrarium: Die Tiere müssen einzeln in Terrarien mit einer Kantenlänge von mindestens 30 cm gepflegt werden. Eine gute Belüftung ist bei dieser Art unbedingt erforderlich. Die Einrichtung kann aus einem kleinen Bäumchen und zahlreichen Kletterästen bestehen. Die Tageshöchsttemperaturen sollten 30 °C nicht übersteigen und nachts etwas abfallen.
Nach einer Tragzeit von bis zu 45 Tagen legt das Weibchen ein Gelege, das aus 4–7 Eiern bestehen kann, am Ende eines selbst gegrabenen Ganges ab. Die Eier werden auf die übliche Weise bei Temperaturen von 26–28 °C gezeitigt. Unter diesen Bedingungen schlüpfen die Nachzuchten nach 244–310 Tagen.

Furcifer labordi

(Grandidier, 1872)

Terra typica: Westküste von Madagaskar
Verbreitung: Die Art bewohnt den niederschlagsarmen Westen Madagaskars. Das Verbreitungsgebiet erstreckt sich etwa südlich von Ihotry bis nach Bilo Tsiribihina. Im südlichen Teil überschneidet sich das Verbreitungsgebiet mit dem der sehr nah verwandten Art *F. antimena.*
Lebensraum: *F. labordi* lebt auf Bäumen, in Sträuchern und im Gebüsch der lichten Trockenwälder. Man findet die Tiere aber auch in der Dornensavanne und in der Nähe menschlicher Siedlungen.
Größe: Der Größenunterschied zwischen den Geschlechtern ist sehr auffällig. Die Männchen erreichen eine maximale Gesamtlänge von etwa 31 cm, wo hingegen die Weibchen nur eine maximale Gesamtlänge von bis zu 17 cm erreichen.
Erkennungsmerkmale: Im Gegensatz zu *F. antimena* besitzen die *F. labordi* einen wesentlich höheren Helm. Außerdem ist der Rückenkamm bei den Männchen auffallend niedriger und fehlt bei den Weibchen völlig. Nur die Männchen besitzen einen riesigen, bis über einen Zentimeter über die Schnauzenkante reichenden, nasenähnlichen Fortsatz, der seitlich stark zusammengedrückt ist. Bei den Weibchen erkennt man diesen nur ansatzweise. Die Färbung der Männchen besteht aus verschiedenen Grüntönen und einem weißen Lateralstreifen, der von der dunkelgrünen Querbänderung unterbrochen wird. Die Weibchen sind wesentlich farbenfroher. Die Grundfärbung besteht wieder aus einem Grünton. Auf diesem zeigen die Weibchen jedoch eine leuchtend blaue und violette Fleckenzeichnung und entlang der Rückenmitte eine Reihe orangefarbener Flecken. Besonders auffallend ist auch ein leuchtend dunkelroter Fleck im Nackenbereich.
Biologie: Die Art lebt in einer sehr trockenen und heißen Landschaft, in der man eigentlich nur Schildkröten vermuten würde. Trotz der auffälligen Färbung sind die Tiere nur äußerst schwer im Gestrüpp aus dornenbestückten Pflanzen oder auf Bäumen zu entdecken.
Terrarium: Die Chamäleons werden einzeln in geräumigen Terrarien oder paarweise in Wintergärten oder Gewächshäusern gepflegt. Die relative Luftfeuchtigkeit sollte nicht zu hoch sein. Tageshöchsttemperaturen von 27 °C sind völlig ausreichend, wobei jedoch ein Strahler, unter dem sich die Tiere noch weiter erwärmen können, vorhanden sein sollte.

Furcifer lateralis

(Gray, 1831)

Terra typica: Madagaskar
Verbreitung: Die Art bewohnt fast ganz Madagaskar mit Ausnahme des Nordens und des Nordwestens. Ursprünglich lebten die Teppichchamäleons nur in den Feuchtsavannen des Hochlandes. Infolge der Waldvernichtung hat sich die Art immer weiter ausbreiten können.
Lebensraum: Heute gilt *F. lateralis* als Kulturfolger. Man begegnet der Art selbst in den Vorgärten von Antananarivo sowie an den Rändern der Reisfelder und auf den Wiesen des Hochlands. Dabei sitzen die Tiere im Gebüsch und Gestrüpp oder laufen auf dem Boden herum, wobei sie sich dort ähnlich geschickt fortbewegen wie unsere einheimische Zauneidechse.
Größe: Die Chamäleons können eine Gesamtlänge von bis zu 25 cm erreichen.
Erkennungsmerkmale: Typisch ist das teppichartige Zeichenmuster und der Lateralstreifen, der sogar bei frisch geschlüpften Jungtieren erkennbar ist. Der Helm ist leicht erhöht, und die Körperbeschuppung ist gleichmäßig und mit eingestreuten Plattenschuppen durchsetzt. Das Foto oben zeigt ein Männchen, rechts ein Weibchen.
Biologie: F. lateralis ist eine sehr aggressive und agile Chamäleon-Art, die während des ganzen Tages aktiv ist. Die Art hat eine an die Jahreszeiten angepaßte Fortpflanzungsstrategie entwickelt. So schlüpfen in der Natur die Jungtiere einige Zeit nach Beendigung des Winters und erreichen die Geschlechtsreife innerhalb von nur 90 Tagen. Dann legen sie etwa alle zwei Monate ein Gelege, bevor sie im nächsten Winter sterben. Nur die Eier im Boden und einige Jungtiere überdauern den Winter, wahrscheinlich in Erdhöhlen verborgen.
Terrarium: *F. lateralis* gehört zu den leicht pflegbaren und gut nachziehbaren Chamäleon-Arten. Untergebracht werden die Tiere immer einzeln in Terrarien mit einer Grundfläche von 50 mal 50 cm und einer Höhe von 80 cm. Nur zur Paarung setzt man die Chamäleons zusammen. Nach einer Trächtigkeit von 30–50 Tagen verstreuen die Weibchen ihre Eier wahllos auf dem Terrarienboden. Diese müssen sofort entnommen werden und in dicht schließenden Plastikdosen, gefüllt mit leicht feuchtem Vermiculit, bei folgenden Temperaturen gezeitigt werden: Während der ersten 45 Tage 25 °C, dann 45 Tage 10–15 °C und dann etwa 25–28 °C bis zum Schlupf. Unter diesen Bedingungen schlüpfen die Jungtiere nach etwa 200 Tagen.

Furcifer minor

(Günther, 1879)

Terra typica: Fianarantsoa
Verbreitung: Die Art bewohnt den südlichen Teil des zentralen Hochlands und die im Südwesten Madagaskars gelegenen Gegenden um den Ort Belo-sur-Mer.
Lebensraum: Die Art ist ein typischer Bewohner der primären Baumsavanne, die sich über das Hochland und weite Teile des Westens von Madagaskar erstreckte. Heute findet man die Chamäleons nur noch in den entsprechenden Resten der ursprünglichen Vegetation des zentralen Hochlandes.
Größe: Die Männchen werden mit einer maximalen Gesamtlänge von 21 cm deutlich größer als die nur etwa 14 cm erreichenden Weibchen.
Erkennungsmerkmale: Bei *F. minor* handelt es sich um eine der farbenprächtigsten Chamäleon-Arten. Die Weibchen (siehe Abbildung auf Seite 6) zeigen ein leuchtend buntes Farbkleid aus grünen und gelben bis goldenen Farbtönen. Oberhalb der Vorderbeine in der Körpermitte zeigen die Weibchen während der Trächtigkeit oder bei Erregung einen leuchtenden violetten Fleck. Die Helmoberseite ist häufig leuchtend rot gefärbt. Die Männchen zeigen kein so ansprechendes Farbkleid. Sie sind meist braun, grün bis leicht gelblich gefärbt. Da sie deutlich größer sind als die Weibchen, und nur sie zwei seitlich stark zusammengedrückte Schnauzenfortsätze besitzen, könnte man sie leicht für eine andere Art halten.
Biologie: Die Art ist ein Bewohner arider Wälder. Man findet die tagaktive Echse sowohl im Gebüsch als auch auf Bäumen.
Terrarium: Die Chamäleons müssen einzeln in kleineren Terrarien, die mit ausreichenden Klettermöglichkeiten ausgestattet sind, gepflegt werden. Es ist unbedingt für eine gute Durchlüftung zu sorgen. Die Tageshöchsttemperaturen sollten etwa 25 °C betragen und nachts stark abfallen. Zusätzlich muß immer ein kleiner Strahler im Terrarium vorhanden sein, an dem sich die Tiere bis auf ihre Vorzugstemperatur erwärmen können. Die Zucht dieser Art ist schon wiederholt gelungen. Dabei wurden die Eier ähnlich wie die von *F. lateralis* gezeitigt, nur daß die kühle Phase nicht mit so niedrigen Temperaturen durchgeführt werden sollte.

Furcifer oustaleti

(Mocquard, 1894)

Terra typica: Madagaskar
Verbreitung: Die Art bewohnt den Süden, Westen und Norden Madagaskars sowie isolierte Gebiete im Osten. Besser umschreiben läßt sich das Verbreitungsgebiet mit den heißen Regionen Madagaskars.
Lebensraum: Man findet die Art in der offenen Savannenlandschaft aber auch in lichten Wäldern. Häufig sieht man die Tiere am Boden umherlaufen. In einigen Gebieten Madagaskars holen sich die Einwohner die Chamäleons regelmäßig in ihre Hütten und Gärten, damit sie dort das Ungeziefer verzehren.
Größe: Die Art gilt als die größte Chamäleon-Art. Häufig liest man in der Literatur Größenangaben von bis zu 1 m. Belegt sind aber nur Größen von bis zu 70 cm.
Erkennungsmerkmale: Es handelt sich um eine recht unscheinbare Chamäleon-Art. Der Helm ist stark vergrößert und seitlich etwas zusammengedrückt. Rücken- und Kehlkamm bestehen aus dicht hintereinanderstehenden Kegelschuppen. Die Männchen zeigen meist eine leicht gemusterte, schmutzige Tarnfärbung aus grauen oder braunen Farbtönen. Die Weibchen sind etwas farbenfroher. Ihr Farbkleid enthält zusätzlich gelbe, grüne und rote Farbtöne.
Biologie: *F. oustaleti* ist eine an die heiße Regionen Madagaskars angepaßte Chamäleon-Art. Selbst in der Mittagshitze kann es passieren, daß die Tiere vor einem die Straße überqueren. In der Regel sind die Tiere jedoch sehr standorttreu und bewohnen die einzelnen Baumriesen in der Savannenlandschaft.
Terrarium: *F. oustaleti* ist eine eher langsame und friedliche Chamäleon-Art. Nur die Männchen untereinander und trächtige Weibchen sind immer unverträglich. Am besten werden die Tiere einzeln in geräumigen Terrarien oder paarweise in Wintergärten gehalten. Ein Vorteil dieser Art ist, daß sie nicht so empfindlich auf hohe Temperaturen reagieren. Jedoch benötigen auch sie immer kühle und feuchte Verstecke. Nach einer Tragzeit von ca. 40 Tagen legen die Weibchen ihre bis zu 50 Eier umfassenden Gelege auf dem Boden des Terrariums ab. Die Zeitigung erfolgt in der üblichen Weise bei Temperaturen von ca. 28 °C. Unter diesen Bedingungen schlüpfen die Jungtiere nach 210–280 Tagen. Die Aufzucht ist problemlos. Das Wachstum der Tiere ist enorm, bereits mit einem Jahr sind die Tiere geschlechtsreif.

Furcifer pardalis

(Cuvier, 1829)

Terra typica: Ile de France (Mauritius)
Verbreitung: Die Art bewohnt den Norden und Osten, sowie weite Küstenregionen im Süden und Westen Madagaskars ebenso wie die vorgelagerten Inseln Nosy Bé und Nosy Bohara. Ferner wurde diese Art noch nach Mauritius und Réunion verschleppt.
Lebensraum: Das Pantherchamäleon lebt auf Bäumen, in Büschen und im Gestrüpp, allerdings nur in offener Landschaft und an Waldrändern. Geschlossene Waldgebiete werden nicht besiedelt. Das ganze Verbreitungsgebiet zeichnet sich durch ein feuchtheißes Küstenklima aus.
Größe: *Furcifer pardalis* gehört zu den großen Chamäleon-Arten. Die Männchen erreichen eine Gesamtlänge von 52 cm und die Weibchen von etwa 35 cm.
Erkennungsmerkmale: Aufgrund des riesigen Verbreitungsgebietes haben sich unterschiedliche Farbvarianten herausgebildet. So sind die Männchen meist auffällig bunt gefärbt, während die Weibchen eine Art Tarnfärbung, bestehend aus grünen, gelben, braunen, grauen und orangenen Farbtönen, zeigen. Alle Tiere weisen einen Lateralstreifen auf. Besonders auffallend sind die stark vergrößerten Schuppen auf der Schnauzenoberseite, die nach den Seiten und nach vorne deutlich vergrößert sind. Bei den männlichen Tieren können sie sogar einige Millimeter über die Schnauzenspitze hinausreichen.
Biologie: *F. pardalis* ist eine phylogenetisch junge, sehr anpassungsfähige Art. Überall wo in ihrem Verbreitungsgebiet Wälder gerodet werden, besetzt die Art die dort neu entstehende Kultursteppe und verdrängt die dort lebenden Arten.
Terrarium: Das Pantherchamäleon ist ein sehr geeigneter Terrarienpflegling. Die Tiere werden einzeln bei Tagestemperaturen von ungefähr 30 °C und einer Nachtabsenkung auf Zimmertemperatur gehalten. Zweimal tägliches Überbrausen des gesamten Terrariums fördert das Wohlergehen erheblich. Nach einer Tragzeit von ca. 40 Tagen legen die Weibchen 12–45 Eier, die bei konstant 28 °C in mäßig feuchtem Vermiculit gezeitigt werden. Unter diesen Bedingungen schlüpfen die Jungtiere nach etwa 280 Tagen. Die Aufzucht des Pantherchamäleons ist problemlos.

Furcifer pardalis Männchen und Weibchen ▷

Furcifer petteri

(Brygoo & Domergue, 1966)

Terra typica: Ankarana Massif
Verbreitung: Die Art bewohnt nur den Norden Madagaskars, genauer die mittleren Höhenlagen der Montagnes d'Ambre.
Lebensraum: Es handelt sich um einen ausgesprochenen Baumbewohner. Die Tiere leben hauptsächlich in den Baumkronen, weshalb sie auch nur so selten gefunden werden. Die einzigen bis heute bekannten Biotope sind alte Obstgärten in der Nähe von Joffreville und der angrenzende Trockenwald, der sich bis zum Nebelwald in 1300 m Höhe hochzieht. Leider ist gerade dieser Wald nicht geschützt, und jedes Jahr wird ein weiteres Stück gerodet.
Größe: *F. petteri* ist eine eher kleine Chamäleon-Art. Sie erreicht eine maximale Gesamtlänge von ca. 16 cm.
Erkennungsmerkmale: Die Männchen erkennt man leicht an zwei großen Schnauzenfortsätzen, die wie ein Geweih weit über die Schnauzenkante hinausreichen. Diese Fortsätze sind bei den Weibchen nur leicht angedeutet. Den Ansatz eines Rückenkammes, bestehend aus einzelnen Kegelschuppen, besitzen nur die Männchen.

Die Grundfärbung besteht aus verschiedenen Gelb- oder Grüntönen. Nur paarungsbereite oder stark erregte Weibchen zeigen eine leuchtend zitronengelbe Färbung, von der sich der leuchtend rote Helm besonders stark absetzt. Bei der Balz und bei Erregung zeigen die Männchen einen hellblauen Seitenstreifen. Hin und wieder zeigen die Tiere auch einen weißen Lateralstreifen.
Biologie: *F. petteri* ist eine stark an das Leben in den Baumwipfeln angepaßte Chamäleon-Art. Nur zur Eiablage verlassen die Weibchen ihre sicheren Bäume und begeben sich auf den Boden. Etwa ab Februar findet man überall in den Gärten auf Grashalmen und im Gebüsch die frisch geschlüpften Jungtiere sitzen. Innerhalb kürzester Zeit erklimmen aber auch sie die luftigeren Höhen.
Terrarium: *F. petteri* ist eine sehr attraktive Chamäleon-Art, die immer einzeln in kleinen hohen Terrarien gepflegt werden muß. Nur zur Paarung setzt man die Tiere zusammen. Nach einer Tragzeit von etwa 30 Tagen legen die Weibchen ihr Gelege am Ende eines selbst gegrabenen Ganges auf dem Terrarienboden ab und verscharren die Eiablagestelle wieder sorgfältig. Bei Zeitigungstemperaturen von etwa 25 °C schlüpfen nach 240 Tage die recht kleinen Jungtiere. Die Aufzucht muß einzeln erfolgen und ist recht problemlos. Im Alter von etwa einem Jahr erreichen die Tiere die Geschlechtsreife.

Furcifer polleni

(Peters, 1873)

Terra typica: Mayotte
Verbreitung: *F. polleni* stellt die zweite auf den Komoren vorkommende Chamäleon-Art dar. Die Art bewohnt nur die Insel Mayotte.
Lebensraum: Die Art ist ein typischer Bewohner der Buschlandschaft. Man findet die Tiere überall auf Bäumen, im Gebüsch und im Gestrüpp sitzen.
Größe: Die Art erreicht eine maximale Gesamtlänge von über 20 cm.
Erkennungsmerkmale: Der Helm ist stark erhöht. Nur die Männchen besitzen einen bis auf den Schwanz reichenden Rückenkamm. Die Grundfärbung ist sehr variabel. Die Männchen zeigen eine leichte Musterung aus verschiedenen Grau- und Grüntönen. Selten sieht man einfarbig graue oder grüne Tiere. Die Lippenschilder sind meist deutlich weiß gefärbt. Die Weibchen zeigen häufig grüne oder gelbe Farbtöne, wobei die Oberseite des Helms und die Fußspitzen ziegelrot, die Augenlider und die Kehlfalte hellblau gefärbt sein können.
Biologie: Es handelt sich um eine sehr ruhige Art. Lediglich die innerartliche Aggressivität ist stark ausgeprägt. Begegnen sich zwei Männchen, so stürzen sie mit weit aufgerissenem Maul aufeinander, und es kommt zu einer Beißerei, bei der sie versuchen, sich gegenseitig vom Ast zu stoßen.
Terrarium: Alle Tiere müssen einzeln ohne Sichtkontakt zueinander in kleinen Terrarien gepflegt werden. Die Temperaturen sollten tagsüber etwa 27 °C betragen und nachts auf Zimmertemperatur abfallen. Etwa 4 Wochen nach einer Kopulation legen die Weibchen 6–12 Eier am Boden des Terrariums ab. Nach der Eiablage verschließen sie den Gang sehr sorgfältig und planieren den Boden so, daß von der Grabtätigkeit kaum noch etwas zu sehen ist. Bei Zeitigungstemperaturen von 28–31 °C schlüpfen die Jungtiere nach 260–270 Tagen. Die Aufzucht erwies sich als problemlos.

Furcifer rhinoceratus

(Gray, 1843)

Terra typica: Madagaskar

Verbreitung: Die Art bewohnt den zentralen Westen Madagaskars. Das Verbreitungsgebiet erstreckt sich etwa von Nahajanga bis ins Landesinnere nach Ankarafantsika.

Lebensraum: Es handelt sich um einen reinen Waldbewohner, der die ariden und laubabwerfenden Wälder im Westen Madagaskars bewohnt. Man findet die Tiere sowohl auf Bäumen als auch auf Büschen in etwa einer Höhe von 1–5 m.

Größe: Bei dieser Art ist der Größenunterschied zwischen den Geschlechtern am extremsten ausgefallen. Die Männchen erreichen eine maximale Gesamtlänge von bis zu 28 cm, während die Weibchen nur etwa eine maximale Gesamtlänge von 12 cm erreichen.

Erkennungsmerkmale: Auffallendstes Merkmal ist der seitlich stark zusammengepreßte Schnauzenanhang, der selbst bei frisch geschlüpften Jungtieren bereits gut zu erkennen ist. Der Rückenkamm besteht aus einzelnen großen Stachelschuppen, und der Helm ist deutlich vom Körper abgesetzt. Entsprechend dem trockenen Lebensraum besteht das Zeichenmuster aus verschiedenen braunen, beigen und schmutzig weißen Tönen. Auf diesem Grundmuster zeigen die Tiere einige deutlich dunklere bis schwarze Querbänder, die ebenso wie der farblich immer abgesetzte Lateralstreifen deutlich sichtbar sind.

Biologie: *F. rhinoceratus* ist eine sehr scheue, tagaktive Echse, die nur frühmorgens beim Sonnenbaden leicht zu entdecken ist. Haben die Tiere ihre Vorzugstemperatur erreicht, ziehen sie sich in das Dickicht des Waldes zurück, wo sie aufgrund ihrer Tarnung nicht mehr zu entdekken sind.

Terrarium: Die Tiere werden einzeln in hohen Terrarien, die mit zahlreichen Kletterästen und einigen Rankpflanzen ausgestattet sind, gepflegt. Während des Sommers muß das Terrarium einmal täglich überbraust werden, wobei die Tageshöchsttemperaturen 26 °C nicht überschreiten sollten. Während des Winters wird das Terrarium nur etwa alle 2 Tage überbraust und die Tageshöchsttemperaturen sollten 20 °C nicht übersteigen. Etwa 40 Tage nach der Paarung vergräbt das Weibchen sein Gelege. Die Eier werden in leicht feuchtem Vermiculit bei ca. 25 °C gezeitigt. Nach etwa 200 Tagen schlüpfen die Nachzuchten.

Furcifer verrucosus

(Cuvier, 1829)

Terra typica: Réunion

Verbreitung: Die Art bewohnt fast die gesamte Küstenregion Madagaskars sowie den Süden und das südliche Zentralmadagaskar. Es handelt sich dabei um die heißesten Gegenden der Insel.

Lebensraum: Die Art ist ein typischer Bewohner der Savannenlandschaften, geschlossene Waldgebiete werden nicht besiedelt. Man findet die Tiere daher überall in der Kulturlandschaft, aber auch in den Resten der Primärvegetation wie den sehr lichten und ariden Trockenwäldern und der Dornensavanne.

Größe: Die Männchen erreichen eine maximale Gesamtlänge von 57 cm, wohingegen die Weibchen meist deutlich kleiner bleiben.

Erkennungsmerkmale: Am leichtesten unterscheidet man *F. verrucosus* von der nächstverwandten Art *F. oustaleti* an den entlang der Helmkante auf der Schnauzenoberseite befindlichen Reihen vergrößerter Tuberkelschuppen, die nur bei den Männchen die Schnauzenspitze erreichen bzw. ein klein wenig überragen können. Ansonsten sind die Tiere recht unscheinbar gefärbt. Sie zeigen eine schmutzige Tarnfärbung aus grünen, grauen und braunen Farbtönen. Häufig ist auch ein breiter Lateralstreifen sichtbar. Nur die Weibchen zeigen zusätzlich noch bunte Farbtöne wie gelb und rot in ihren ansonsten recht ähnlichen Zeichenmuster. Auf den Fotos rechts ein Männchen, links das Weibchen.

Biologie: Von *F. verrucosus* sind zwei Unterarten beschrieben worden, und dies, obwohl bis heute noch nicht einmal geklärt ist, ob es sich überhaupt um eine eigene Art handelt. Es wird vermutet, daß es sich nur um eine Sonderform von *F. oustaleti* handeln könnte.

Terrarium: Die Tiere brauchen geräumige Behälter. Besser ist jedoch eine paarweise Haltung in Wintergärten oder Gewächshäusern. Die Tageshöchsttemperaturen sollten bei 28 °C liegen, wobei zusätzlich ein Strahler zur lokalen Erwärmung vorhanden sein muß. In der Nacht sollte die Temperatur auf Zimmertemperatur abfallen. Die Weibchen legen bis zu 45 Eier, die in leicht feuchtem Vermiculit bei 26–28 °C gezeitigt werden müssen. Nach ungefähr 200 Tagen schlüpfen die Nachzuchten.

Furcifer willsii

(Günther, 1890)

Terra typica: Wälder im Osten von Imerina
Verbreitung: *F. willsii* ist ein Bewohner der Bergwälder im zentralen Osten Madagaskars. Die Fundgebiete liegen alle in der weiteren Umgebung von Andasibe.
Lebensraum: Es handelt sich um einen ausgesprochenen Baumkronenbewohner. Nur zur Eiablage steigen die Weibchen auf den Boden.
Größe: Die Männchen erreichen eine maximale Gesamtlänge von bis zu 17 cm, während die Weibchen nur eine Länge von bis zu 15 cm erreichen.
Erkennungsmerkmale: Es handelt sich um eine sehr attraktive Chamäleon-Art. Sie zeigt meist auf leuchtend grüner bis gelber Grundfärbung ein Muster aus unregelmäßigen hellen und dunklen Flecken sowie eine angedeutete Querbänderung. Typisch ist auch ein weißer Mittelstreifen, der oberhalb der Vorderfüße beginnt und bis etwa zur Körpermitte reicht. Sehr auffallend ist auch, daß die äußeren hinteren Zehen immer farblich vom Rest des Körpers abgesetzt sind. Nur die Männchen besitzen zwei parallel verlaufende Schnauzenfortsätze, die bis zu 1 cm lang werden können.
Biologie: Aufgrund ihrer hervorragend dem Lebensraum Baumkronen angepaßten Färbung, bekommt man die Tiere nur äußerst selten einmal zu Gesicht. Dabei sind die Chamäleons in ihrem Verbreitungsgebiet recht häufig anzutreffen. Sie meiden auch nicht die Nähe menschlicher Siedlungen und leben selbst in Obstgärten und hohen Hecken.
Terrarium: Die Chamäleons müssen immer einzeln in kleineren Behältern, die mit zahlreichen Kletterästen und einer üppigen Bepflanzung eingerichtet sind, gepflegt werden. Eine paarweise Haltung in riesigen Behältern ist nur möglich, wenn die Tiere Bereiche aufsuchen können, in denen sie keinen Sichtkontakt zu dem anderen Chamäleon haben. Es muß immer für eine gute Belüftung gesorgt sein, da die Art sehr anfällig auf Stickluft reagiert. Die Tageshöchsttemperaturen sollten etwa bei 23–25 °C liegen. In der Nacht sollten die Temperaturen auf Zimmertemperatur abfallen.

Leguane und Agamen Familien Iguanidae und Agamidae

Das inselartige Vorkommen der Leguane auf Madagaskar und den Komoren, also umgeben nur von dem riesigen Verbreitungsgebiet der Agamen abseits von ihrem Herkunftsgebiet Amerika, wirft einige interessante zoogeographische Fragen auf, die wir schon im Vorspann angesprochen haben.

Durch dieses isolierte Vorkommen haben sich die Leguane Madagaskars zu einer eigenen Unterfamilie, den Oplurinae, entwickelt, die sich in zwei Gattungen unterteilt. Einmal die monotypische Gattung *Chalarodon* und zum anderen die recht artenreiche Gattung *Oplurus.* Während *Chalarodon madagascariensis* nur den Süden und Westen Madagaskars bewohnt, kann man die *Oplurus*-Arten fast in ganz Madagaskar und auf der Komoreninsel Grande Comore antreffen. Bei dieser zweiten Gattung handelt es sich um boden-, felsen- und baumbewohnende Arten, die aber fast alle auch an Baumstämmen leben. Sie ähneln im Aussehen und in ihrer Lebensweise stark den afrikanischen Agamen. Erstaunlicherweise gibt es weitere Gemeinsamkeiten. So fehlen in Afrika die an das Leben auf Bäumen angepaßten Agamen-Arten Asiens völlig. Und auch auf Madagaskar haben sich keine in ihrer Körperform an das Leben auf Bäumen angepaßte Leguan-Arten entwickelt.

Typischerweise leben die Leguane in trockenen Gebieten. Dabei findet man sie sowohl in der Savanne als auch in ariden Wäldern. Die beiden Gattungen lassen sich recht einfach unterscheiden. So besteht der Schwanz bei den *Oplurus*-Arten im Gegensatz zu *Chalarodon* aus großen, wirteligen Dornenschuppen.

Nur durch Verschleppung in jüngster Zeit ist das Vorkommen von *Calotes versicolor* auf den Maskarenen zu erklären. Man vermutet, daß die Art als blinder Passagier in einer Ladung Zuckerrohrpflanzen um 1865 Réunion erreichte und von dort gegen 1900 nach Mauritius verschleppt wurde.

Sowohl die Leguane als auch die Agamen benötigen zur artgerechten Pflege sehr geräumige Terrarien, damit sie ihr volles Verhaltensrepertoire zeigen können. Sehr wichtig ist es, besonders während der Eingewöhnungsphase, daß die Rück- und die Seitenwände dicht mit Kork oder Rindenstücken verkleidet sind. Sie dienen nicht nur zum Klettern, sondern sollen auch verhindern, daß aufgeschreckte Echsen panikartig gegen die Scheibe laufen. Nach einer mehr oder weniger langen Eingewöhnungsphase verlieren die Tiere ihre Scheu und werden recht zutraulich. Für die Zucht der Madagaskar-Leguane ist es wichtig zu wissen, daß die Tiere während des Südwinters eine Art Winterruhe oder besser inaktive Phase verbringen, die gleichzeitig auch Auslöser für eine erfolgreiche Fortpflanzung ist. Die Tiere sollten auf die hiesigen Jahreszeiten umgestellt werden. Dies geschieht einfach, indem man die Tieren während unseres Sommers keinerlei Gelegenheit gibt, eine Winterruhe einzulegen. Erst von Dezember bis Februar begrenzt man die Tagestemperaturen im Terrarium auf unter 20 °C. Daraufhin ziehen sich die Tiere in ihre Verstecke zurück und halten sich nur noch äußerst selten einmal außerhalb auf.

Chalarodon madagascariensis

Peters, 1854

Terra typica: Madagaskar, Baie de St. Augustin

Verbreitung: Die Art bewohnt die offenen Landschaften im Süden und Westen Madagaskars. Besonders häufig findet man die Leguane in unmittelbarer Meeresnähe direkt am Strand und auf den Sanddünen.

Lebensraum: Die tagaktiven Echsen sind reine Bodenbewohner, die Gebiete mit spärlich bewachsener Vegetation und sandigen Böden als Lebensraum bevorzugen. Man findet sie aber auch in den Dornengestrüppwäldern im Süden Madagaskars.

Größe: Die Art erreicht eine maximale Gesamtlänge von etwa 30 cm, wovon jedoch mehr als die Hälfte auf den Schwanz entfällt.

Erkennungsmerkmale: Im Gegensatz zu den *Oplurus*-Arten weist *C. madagascariensis* einen schlanken, seitlich erhöhten Körperbau auf. Die Grundfärbung besteht aus verschiedenen grauen, braunen oder gelblichen Farbtönen und ist mit einer Zeichnung aus hellen und dunklen Streifen und Flecken durchsetzt. Besonders auffällig ist das Parietalauge auf der Schädeloberseite.

Biologie: Als Bodenbewohner ist die Echse ein sehr guter Läufer, der sich selbst im lockeren Sand problemlos fortbewegen kann. Vor zu hohen Temperaturen und während der Winterruhe verbergen sich die Tiere, indem sie sich einfach in den lockeren Boden eingraben.

Terrarium: Wegen des enormen Bewegungsdranges und der häufigen kleinen Spurts, die die Leguane bei dem Jagen von Futtertieren einlegen, benötigen sie ein Terrarium mit einer großen Grundfläche, das räumlich geschickt durch Felsimitationen aufgeteilt sein sollte. Da die Tiere sich gerne im lockeren Sand vergraben, sollte immer eine höhere Bodenschicht im Terrarium vorhanden sein. Einige Wurzeln sowie einige hübsche Sukkulenten vervollständigen die Einrichtung. Etwa 4 Wochen nach Beendigung der Winterruhe verpaaren sich die Tiere, und einige Zeit später legen die Weibchen ihre Gelege ab. Dabei wird kein Nest gegraben, sondern die Eier werden einfach in leicht feuchtem Sand unter Steinen oder Holzstücken abgelegt.

Oplurus cuvieri

(Gray, 1831)

Terra typica: „Brésil" (irrtümlich)

Verbreitung: Die Art bewohnt West-Madagaskar, aber auch weite Teile Zentral-Madagaskars bis an die Grenzen des östlichen Regenwaldgürtels. Besonders häufig findet man die Tiere in der Gegend um Mahajanga.

Lebensraum: *O. cuvieri* ist ein Bewohner der Trockenwälder. Obwohl die Art als Baumstammbewohner gilt, findet man sie auch in der offenen Landschaft und an Felsen, ja selbst an Hütten und in den Gärten der Einheimischen lassen sich die Tiere leicht beobachten.

Größe: Die Art erreicht eine maximale Gesamtlänge von 38 cm, wovon etwa 23 cm auf den Schwanz entfallen.

Erkennungsmerkmale: Die Tiere besitzen einen gedrungenen, leicht abgeflachten Körperbau. *O. cuvieri* zeigt ein sehr variables Farbkleid. Die Grundfärbung besteht meist aus braunen, grauen oder beigen Farbtönen, worauf die Tiere häufig eine dunkle Querbänderung zeigen. Um die Art von *O. cyclurus* zu unterscheiden, muß man die aus groben Wirtelschuppen bestehenden Schwänze vergleichen. *O. cuvieri* besitzt einen wesentlich stärker gewirtelten Schwanz, der zudem zwischen den einzelnen Wirteln noch eine schmale Zwischenleiste aufweist.

Biologie: Es handelt sich um eine große, tagaktive Leguan-Art. Als typischer Baumstammbewohner spielt sich das Leben der Tiere meist in der Nähe von größeren Baumhöhlen ab, in die sie sich bei Gefahr auch zurückziehen. Die Art gilt als nicht sehr aggressiv gegenüber anderen Reptilien. So wurden an von ihnen bewohnten Bäumen die verschiedensten Gecko-Arten gefunden. Neben der üblichen Insektennahrung fressen die Tiere auch gerne einmal Obst und verschiedene Blätter.

Terrarium: Aufgrund ihrer Größe benötigen die Tiere sehr voluminöse Terrarien. Die Seiten- und Rückwand sollten mit Rindenstücken verkleidet sein, um den Tieren ein möglichst problemloses Klettern zu ermöglichen. Ebenfalls sollte ein dikker, hohler Baumstamm nicht fehlen. Die Tagestemperaturen sollten etwa 30 °C betragen. In der Nacht sollten die Temperaturen auf Zimmertemperatur abfallen.

Oplurus cyclurus

(Merrem, 1820)

Terra typica: „Brésil" (irrtümlich)
Verbreitung: Die Art bewohnt den gesamten Süden und den Südwesten Madagaskars. Außerdem ist diese Art noch auf Grande Comore heimisch.
Lebensraum: Es handelt sich um einen ausgesprochenen Waldbewohner der lichten Trockenwälder. Die Tiere leben hauptsächlich an Baumstämmen, aber auch auf Felsen und auf dem Waldboden. Häufig kann man sie an den Waldrändern und auf Lichtungen beim Sonnenbaden beobachten.
Größe: *O. cyclurus* ist die kleinste der madagassischen Leguan-Arten. Die Tiere erreichen eine maximale Gesamtlänge von 25 cm, wovon aber nur etwa 9 cm auf den Schwanz entfallen.
Erkennungsmerkmale: Die Art weist einen kräftigen und gedrungenen Körperbau auf. Besonders auffällig ist der aus riesigen dornigen Wirtelschuppen bestehende Schwanz, der im Vergleich zu den anderen *Oplurus*-Arten recht kurz ist. Die Grundfärbung ist sehr variabel. So weisen die Tiere meist beige oder graue bis hin zu braunen Farbtönen auf. Darauf zeigen sie dunkle Querbänder und ein immer deutlich sichtbares schwarzes Halsband. Die Querbänder sind mit einem weißen Strich nach hinten abgesetzt. Zahllose helle Flecken lockern die Grundfärbung auf.
Biologie: Es handelt sich um einen ausgesprochenen Baumbewohner, den man in seinem Biotop fast ausschließlich an Baumstämmen lebend antrifft. Bei Gefahr zieht sich der Leguan in eine Baumhöhle zurück. Zahlreiche Tiere besitzen aber auch keine derartige Versteckmöglichkeit und verbringen die Nacht, indem sie frei am Baumstamm hängend schlafen.
Terrarium: *O. cyclurus* benötigt ein hohes Terrarium. Die Rück- und die Seitenwände sollten mit Rindenstücken beklebt sein, an denen die Tiere gerne klettern. Einige dicke Kletteräste sowie eine Bepflanzung aus robusten Ranken vervollständigen die Einrichtung. Die Temperaturen sollten im Sommer tagsüber etwa 30 °C betragen, wobei den Tieren zusätzlich die Gelegenheit gegeben werden muß, sich lokal noch stärker zu erwärmen. Unabdingbare Voraussetzung für die Zucht ist eine etwa dreimonatige, kühle Winterphase. Bereits kurz nach Beendigung der Winterruhe verpaaren sich die Tiere. Die Eier werden in tiefen, selbst gegrabenen Höhlen an warmen, leicht feuchten Stellen im Terrarium vergraben. Sie sind sofort aus dem Terrarium zu entnehmen und in leicht feuchtem Vermiculit bei 26–28 °C zu zeitigen. Bereits nach 69–75 Tagen schlüpfen die ca. 5 cm großen Jungtiere. Die Aufzucht ist problemlos und kann in kleinen Gruppen erfolgen.

Oplurus fierinensis

Grandidier, 1869

Terra typica: Mafale
Verbreitung: Die Art ist bisher nur aus dem Südwesten Madagaskars bekannt geworden. Sie lebt in inselartigen Populationen in der Umgebung von Toliara.
Lebensraum: Es handelt sich um einen reinen Felsbewohner, der die inselartigen Felsbrocken in der heißen Savannenlandschaft und in dem unzugänglichen Dornenwald bewohnt.
Größe: Die Art erreicht eine Gesamtlänge von ungefähr 28 cm, wovon etwa 18 cm auf den Schwanz entfallen.
Erkennungsmerkmale: Die Tiere besitzen einen kurzen gedrungenen Körperbau. Die Gliedmaßen sind kräftig ausgebildet und ermöglichen ein sicheres Fortbewegen auf den glatten Granitfelsen. Die Grundfärbung besteht aus einem Grauton, der sich je nach Lichtintensität bis zu einem Taubenblau mit einer beachtlichen Leuchtkraft steigern kann. Die Körperunterseite ist immer einfarbig grau gefärbt.
Biologie: *O. fierinensis* stellt von allen madagassischen Leguan-Arten die am besten an den Lebensraum Felsen angepaßte Art dar. So zeigt selbst ihr Farbkleid die gleiche Farbe wie die blau-grauen herausragenden Felsen in der sehr unzugänglichen Landschaft. Die Bewohner nennen die Tiere Lo-lam-ba-lo, was soviel wie Steingeist bedeutet. Bei Gefahr ziehen sich die Leguane in Höhlen und Felsspalten zurück.
Terrarium: Die Tiere brauchen einen sehr geräumigen Behälter, damit sie ihr natürliches Verhaltensrepertoire zeigen können. Die Seiten- und die Rückwände sollten mit dünnen Steinplatten verkleidet sein, um ein leichtes Erklettern zu ermöglichen. Einige Felsaufbauten mit zahlreichen Spalten als Versteckmöglichkeiten vervollständigen die Einrichtung. Das Terrarium sollte eine sehr gute Beleuchtung aufweisen. Geeignet sind nur Metalldampfentladungslampen und ähnliche Strahler. Die Temperaturen sollten am Tage etwa 35 °C erreichen und nachts auf Zimmertemperatur absinken.

Oplurus grandidieri

(Mocquard, 1900)

Terra typica: Vinanitelo
Verbreitung: Die Art bewohnt nur ein kleines isoliertes Verbreitungsgebiet im Südosten Madagaskars. Es handelt sich dabei um Hochebenen im Massif de l'Ikongo.
Lebensraum: Bei der Art handelt es sich um einen Bewohner lichter Bergwälder. Man findet die Tiere jedoch hauptsächlich auf dem Boden und an Felsen. Geschlossene Waldgebiete werden gemieden.
Größe: Die Art erreicht eine maximale Gesamtlänge von ungefähr 35 cm.
Erkennungsmerkmale: Auffälligstes Kennzeichen dieser ansonsten an *O. fierinensis* erinnernden Art ist ein breiter, hellblauer, immer sichtbarer Mittelstreifen, der sich zu den Körperrändern hin auflöst und sich bis auf den Schwanz fortsetzt. Die Grundfärbung ist meist ein dunkler Grauton. Ebenfalls auffällig sind die schwarzen, etwa 3 cm langen Längsstreifen oberhalb der Vorderbeine. Der Körperbau ist etwas gestreckter als bei den anderen *Oplurus*-Arten und der Schwanz ist nur mit schwach ausgeprägten, dornigen Wirtelschuppen besetzt.
Biologie: Es handelt sich um große, tagaktive Echsen, die an den besonders sonnenexponierten, kahlen Flächen in ihrem Verbreitungsgebiet häufig anzutreffen sind.
Terrarium: Da die Leguane sehr lebhaft und bodenbewohnend sind, sollte das Terrarium eine große Grundfläche aufweisen. Als Einrichtung dienen dekorative Wurzelstücke und einige Felsaufbauten mit zahlreichen Spalten als Versteckmöglichkeiten. Die Tagestemperaturen sollten im Sommer etwa bei 30 °C liegen, wobei den Tieren lokal die Möglichkeit geboten werden muß, sich noch stärker zu erwärmen. Eine ausreichende Nachtabsenkung ist für das Wohlbefinden dieser Art unbedingt einzuhalten. Ebenfalls wichtig ist eine kühle Winterphase von mindestens 3 Monaten, während der die Temperaturen 20 °C nicht überschreiten sollten.

Oplurus quadrimaculatus

Duméril, 1851

Terra typica: Madagaskar

Verbreitung: Auch *O. quadrimaculatus* ist ein Bewohner des Südens und Westens von Madagaskar. Man findet die Tiere besonders häufig in der offenen Savannenlandschaft und nur äußerst selten in den unzugänglichen Dornenwäldern.

Lebensraum: Bei dieser Art handelt es sich um einen ausgesprochenen Bodenbewohner, der nur selten an Baumstämmen oder Felsen klettert.

Größe: *O. quadrimaculatus* ist die größte der madagassischen Leguan-Arten. Sie erreicht eine maximale Gesamtlänge von über 40 cm.

Erkennungsmerkmale: Die Art zeigt meist eine helle Körperfärbung, bestehend aus verschiedenen Beige- und Brauntönen. Hiervon heben sich immer deutlich zwei Längsstreifen ab, die hinter dem Kopf beginnen und bis zum Schwanz reichen. Zum Ende hin lösen sich die Streifen in einzelne Flecken auf. Das übrige Zeichenmuster besteht aus nicht so deutlich abgesetzten, dunklen Querbändern und unregelmäßig hellen Flekken. Ein Halsband ist auch ansatzweise nicht vorhanden. Die dornigen Schwanzwirtelschuppen sind nur relativ schwach ausgeprägt.

Biologie: *O. quadrimaculatus* ist eine sehr lebhafte, tagaktive Leguan-Art. Am leichtesten lassen sich die Tiere in den frühen Morgen- und späten Abendstunden beobachten, wenn sie ihre Reviere auf der Suche nach Futter durchstreifen. Die heißen Mittagsstunden verbringen die Tiere meist versteckt in ihren Erdbauten oder in Felsspalten.

Terrarium: Entsprechend der Lebhaftigkeit der Tiere muß der Behälter eine große Grundfläche aufweisen. Einige Felsaufbauten sowie dickere Äste und eine Bepflanzung mit hartlaubigen Sukkulenten (die leider oft mit dem Futter verwechselt werden) bilden die Einrichtung. Die Tagestemperaturen sollten im Sommer mindestens 30 °C erreichen, wobei lokal zusätzliche Wärmequellen vorhanden sein müssen. Eine mehrmonatige kühle Winterphase ist unabdingbare Voraussetzung für die Zucht. Die Weibchen vergraben ihre 6–8 Eier an einer leicht erwärmten Stelle im mäßig feuchten Substrat am Terrarienboden. Das Gelege muß anschließend aus dem Terrarium entnommen und in leicht feuchtem Vermiculit bei Temperaturen von ca. 28 °C gezeitigt werden. Unter diesen Bedingungen schlüpfen nach etwa 60 Tagen die Jungtiere, die wegen ihrer Futtergier einzeln aufgezogen werden sollten.

Calotes versicolor

(Daudin, 1802)

Terra typica: Pondicherry, Indien
Verbreitung: Die Art bewohnt ganz Süd- und Südostasien, von wo aus sie auch nach Réunion und Mauritius verschleppt wurde. Man findet die Tiere am häufigsten im Flach- und niedrigen Bergland.
Lebensraum: Die Agamen sind an kein bestimmtes Biotop gebunden. Am häufigsten findet man sie im offenen Gelände, welches von Bäumen und vereinzelten Büschen durchsetzt ist. Aber auch in felsigen Gebieten kann man den Agamen begegnen, sowie am Strand und in den Vorgärten der Städte und der Hotelanlagen.
Größe: Die Art erreicht eine maximale Gesamtlänge von etwa 50 cm, von der mindestens 35 cm auf den Schwanz entfallen.
Erkennungsmerkmale: *C. versicolor* besitzt einen für Agamen typischen Körperbau. Der Kopf ist etwas länger als breit und deutlich vom Rumpf abgesetzt. Die Tiere können die unterschiedlichsten Färbungen aufweisen. Man findet sowohl einfarbige, meist grau-braune oder grüne, als auch bunt gemusterte Exemplare. Drohende und imponierende Männchen zeigen häufig eine rote Kopffärbung, daher auch der deutsche Name „Blutsaugeragame".
Biologie: *C. versicolor* ist ein ausgesprochener Räuber. Überall wo die Art vorkommt, nehmen die Bestände an anderen tagaktiven Echsen ab. Zwar ernähren sich die Tiere hauptsächlich von Insekten, sie verschmähen aber selbst Regenwürmer nicht. Auch betätigen sie sich gelegentlich gerne als Nesträuber, die sowohl den Eiern als auch den Jungvögeln nachstellen.
Begegnen sich zwei Männchen, so beginnen sie mit dem Kopf und dem Vorderkörper zu nicken, wobei sie ihren kleinen Kehlsack abspreizen. Weicht keines der Männchen aus, so kommt es unweigerlich zum Kampf. Dabei stürzen die eiden Männchen geradlinig aufeinander los, stellen sich auf ihre Hinterbeine und den Schwanz und versuchen den Gegner zu beißen.
Terrarium: Die Art sollte paarweise in sehr geräumigen Terrarien gepflegt werden. Die Tagestemperaturen müssen etwa bei 30 °C liegen, wobei den Tieren lokal noch die Gelegenheit gegeben werden muß, sich stärker zu erwärmen. Damit die recht scheuen Agamen sich bei einer panikartigen Flucht nicht verletzen, müssen Rück- und Seitenwände mit Kork verkleidet sein. Die Weibchen legen 6–14 weichschalige

Eier in feuchter Erde ab. Zur Zeitigung werden die Eier aus dem Terrarium entnommen und in leicht feuchtem Vermiculit bei 25–28 °C gezeitigt.

Schildechsen
Familie Cordylidae

Bei den Gürtel- oder Schildechsen handelt es sich um eine recht kleine Echsenfamilie, der insgesamt weniger als 50 Arten angehören. Diese Echsenfamilie entwickelte sich in Südafrika, wo auch heute noch ihr Verbreitungsschwerpunkt liegt. Neben dem südlichen Teil von Afrika leben die Arten dieser Familie nur noch auf Madagaskar und stellen somit eine eindeutige Verbindung zwischen der madagassischen und der afrikanischen Herpetofauna her.
Die beiden auf Madagaskar endemischen Gattungen *Tracheloptychus*, bestehend aus nur 2 Arten, und *Zonosaurus*, bestehend aus insgesamt 13 Arten, bilden die eigene Unterfamilie Gerrhosaurinae, die sogenannten Schildechsen.
Die Tiere ähneln im Aussehen sehr stark den Skinken, mit denen sie früher auch häufig verwechselt wurden. Der längliche Körper ist nur mäßig abgeflacht, und der große Kopf ist nur ein wenig vom Rumpf abgesetzt. Ihr Schwanz ist leicht brüchig und nicht regenerierbar. Die Beschuppung der Schildechsen ist besonders auffallend. Sie besteht aus großen, in regelmäßigen Längs- und Querreihen angeordneten gekielten, aber nicht dornigen Schuppen. Ebenfalls charakteristisch ist die tiefe, feinkörnig beschuppte Seitenfalte, die eine starke Dehnung des Körpers ermöglicht. An diesem Merkmal lassen sich auch die beiden Gattungen leicht und zweifelsfrei unterscheiden. Während bei den *Zonosaurus*-Arten die Seitenfalte entlang des gesamten Körpers verläuft, ist sie bei den *Tracheloptychus*-Arten rein auf die Halsregion beschränkt.
Den Gürtelechsen begegnet man auf Madagaskar in den unterschiedlichsten Biotopen vom Regenwald bis zur Halbwüste und in allen Regionen, bis auf die Hochgebirgszonen. Bevorzugte Lebensräume sind sandige und weicherdige Böden, in die sich die Schildechsen leicht eingraben können. Einige Arten legen sich sogar regelrechte Erdbauten als Wohnhöhlen an. Die tagaktiven, bodenbewohnenden Echsen sind von ihrem Wesen her nicht sehr scheu und lassen sich leicht beobachten. Alle madagassischen Schildechsen-Arten pflanzen sich durch Eier fort, im Gegensatz zu den meisten südafrikanischen Cordylidae-Arten, die eine ovovivipare Fortpflanzungsart besitzen.

Zonosaurus brygovi gut getarnt im natürlichen Lebensraum

Tracheloptychus madagascariensis

(Peters, 1854)

Terra typica: Toliara

Verbreitung: Die Art bewohnt das gesamte südliche Madagaskar, etwa die Region zwischen Tolagnaro-Toliara und dem Südkap.

Lebensraum: Die Gürtelechsen bewohnen die unterschiedlichsten Landschaftstypen, von der Halbwüste bis zum Dornenbusch. Im Vergleich zu *T. petersi* bewohnt sie jedoch auch feuchtere und felsigere Lebensräume. So kann man diese Art selbst an Flußufern in großer Anzahl entdecken.

Größe: Die Art erreicht eine maximale Gesamtlänge von ca. 25 cm, wovon aber fast exakt zwei Drittel auf den Schwanz entfallen.

Erkennungsmerkmale: *T. madagascariensis* besitzt eine Körperform, die stark an die unserer einheimischen Eidechsen erinnert. Ihre Grundfärbung ist ein heller bis sehr dunkler Braunton, der teilweise sogar bis ins Schwarze reichen kann. Auf dem Rücken zeigen sie drei helle Längslinien. Die mittlere Linie ist oft dunkler und endet kurz nach der Schwanzwurzel, während sich die beiden äußeren Streifen bis auf den Schwanz fortsetzen. Die Lateralzeichnung besteht aus aufgelockerten Längsbändern, die aus dunklen und hellen Flecken besteht. Es fehlt jegliche Blau- oder Rotfärbung. Die Unterseite ist gelblich weiß.

Biologie: *T. madagascariensis* ist ein ausgesprochener Bodenbewohner. Die tagaktive Echse verbringt fast die gesamte Zeit mit der Suche nach Nahrung. Nur während der größten Tageshitze verbergen sich die Tiere in ihren Verstecken.

Terrarium: Die Art benötigt ein geräumiges Terrarium mit einer möglichst großen Bodenfläche. Die Bodenschicht sollte aus einem stabilen Sand-Lehm-Gemisch bestehen und ca. 5–10 cm hoch sein. Ferner gibt man einige Steinplatten und eine alte Wurzel als Versteckmöglichkeiten in das Terrarium. Einige dekorative Sukkulenten und eine größere Wasserschale vervollständigen die Einrichtung. Die Tageshöchsttemperaturen sollten etwa bei 30 °C liegen. In der Nacht sollten die Temperaturen auf Zimmertemperatur abfallen. Einmal täglich, am besten morgens, wird das gesamte Terrarium kurz überbraust.

Tracheloptychus petersi

(Grandidier, 1869)

Terra typica: Morombe
Verbreitung: Die Art bewohnt das gesamte südwestliche Madagaskar. Im Gegensatz zu *T. madagascariensis* reicht ihr Verbreitungsgebiet jedoch deutlich weiter in Richtung Norden. In der Gegend um Toliara kommen die beiden Arten gemeinsam vor.
Lebensraum: *T. petersi* bewohnt sowohl den Küstenstreifen als auch das gesamte Hinterland. Dabei leben die Schildechsen sowohl in der Dünenlandschaft als auch in der offenen Grassavanne und in den Dornenbuschwäldern. Im Gegensatz zu *T. madagascariensis* bewohnt diese Art jedoch wesentlich trockenere Gebiete und fast ausschließlich sandige Böden.
Größe: Die Art erreicht eine maximale Gesamtlänge von etwa 21 cm, wovon etwas mehr als die Hälfte auf den Schwanz entfällt.
Erkennungsmerkmale: Die Tiere besitzen einen Eidechsen-ähnlichen Körperbau. Die Echsen zeigen eine meist braune Grundfärbung. Entlang der Flanken geht diese teilweise in eine intensive Rotfärbung über, die unter dem Kopf beginnt und bis zu den Hinterbeinen reichen kann. Diese Färbung ist mit hellen Flecken durchsetzt. Markantes Merkmal ist eine blaue Seitenfärbung des Kopfes, die sich abgeschwächt auch auf dem Hals und den Rumpfseiten fortsetzen kann. Die Oberseite ist durchgehend rotbraun und beidseitig durch einen hellen und dunklen Längsstreifen scharf abgesetzt.
Biologie: Es handelt sich um eine tagaktive, bodenbewohnende Echsenart. Die Schildechsen vertragen Temperaturen bis zu 40 °C. Zum Schutz vor zu großer Hitze und während der Nacht vergraben sie sich einfach in sandigen Böden.
Terrarium: Es reichen kleinere Terrarien ab etwa 80 cm Kantenlänge. Die Einrichtung sollte aus einer hohen Schicht Sand-Lehm-Gemisch, einigen Steinplatten und einigen eingetopften Sukkulenten bestehen. Der Behälter sollte nur mit hochwertigen Strahlern, zum Beispiel HQI-Strahlern, beleuchtet werden. Die Tageshöchsttemperaturen sollten ungefähr bei 30 °C liegen. Als Futter dienen kleinere Insekten, wie z.B. Heimchen und Grillen.

Zonosaurus haraldmeieri

Brygoo & Böhme, 1985

Terra typica: Joffreville
Verbreitung: Die Art bewohnt nur die Nordspitze Madagaskars. Dort ist sie bis heute nur von der Terra typica Joffreville bekannt geworden.
Lebensraum: Bei dem Verbreitungsgebiet handelt es sich um eine kleine, isolierte Berglokalität, etwa 30 km südlich von Antsirana gelegen, die sich durch ein feuchteres und kühleres Klima auszeichnet. *Z. haraldmeieri* ist ein reiner Bodenbewohner, der in den Trockenwäldern und in der Savannenlandschaft, selbst in der Kultursteppe, sehr häufig vorkommt.
Größe: Die Art erreicht eine maximale Gesamtlänge von 35 cm, wovon etwas mehr als die Hälfte auf den Schwanz entfällt.
Erkennungsmerkmale: Die Körperform ist länglich und horizontal etwas abgeflacht. Der Kopf ist nur mäßig vom Körper abgesetzt. Die Rückenfärbung weist einen metallisch gelbgrünen oder auch rein grünen Farbton auf. Das eigentliche Farbkleid wird von vielen schwarzen, unregelmäßigen Flecken gebildet. Die Unterseite ist gelbgrau bis dunkelrosa.

Biologie: *Z. haraldmeieri* lebt völlig isoliert von allen anderen *Zonosaurus*-Arten. Man kann die Tiere leicht beim Spazierengehen in Joffreville in den Gärten und an den Feldrändern entdecken, dort natürlich immer nur an besonders sonnenexponierten Plätzen. Mit ihrem kräftigem Gebiß knacken die Schildechsen selbst kleine Gehäuseschnecken.
Terrarium: Die Echsen müssen in geräumigen Terrarien gepflegt werden. Besonders wichtig ist eine etwa 10 cm hohen Bodenschicht, in die sich die Schildechsen leicht eingraben können und die immer sowohl trockene als auch feuchte Stellen aufweisen soll. Die übrige Einrichtung sollte aus einer dekorativen alten Wurzel, einigen breiten Kletterästen und einer reichhaltigen Bepflanzung bestehen. Die Tageshöchsttemperaturen müssen etwa bei 25 °C liegen, wobei jedoch immer ein kleiner Strahler über dem Terrarium vorhanden sein sollte, unter dem sich die Tiere noch weiter erwärmen können. Bei der Pflege ist ferner zu beachten, daß die Art eine stärkere Nachtabsenkung für ihr Wohlergehen benötigt. Gefressen werden die verschiedensten kleinen Insekten und süßes Obst.

Zonosaurus karsteni

(Grandidier, 1869)

Terra typica: Fierin
Verbreitung: Die Art bewohnt den Südwesten, den Westen und den zentralen Süden Madagaskars. Bekannte Fundpunkte sind Fierin, Mahabo, Ambolisatra, Lovokampy und die Region um Fiherenana.
Lebensraum: Die Art bewohnt die unterschiedlichsten Lebensräume vom Dornenbusch bis hin zum Trockenwald. *Z. karsteni* ist ein reiner Bodenbewohner, der selten klettert.
Größe: Die Art erreicht eine maximale Gesamtlänge von etwa 40 cm, wovon allerdings mehr als die Hälfte auf den Schwanz entfällt.
Erkennungsmerkmale: Die Art besitzt einen den Skinken ähnlichen Körperbau. Der Rücken ist gleichmäßig hellbraun gefärbt und wird beidseitig durch je einen gelben Streifen begrenzt, der von zwei dunkelbraunen Bändern eingefaßt ist. Ferner befinden sich an jeder Seite vier Reihen weißlicher Karrees. Im Kinnbereich und um die Schnauze zeigen die Tiere eine leichte Orangefärbung. Die Flanken gehen von dunkelbraun über rotbraun in einen bläulichen Farbton über.
Biologie: *Z. karsteni* besitzt zwar ein großes Verbreitungsgebiet, ist aber nirgends als häufig zu bezeichnen. Es sind ruhige Tiere, die sich stundenlang in der Sonne aufheizen können, bei Gefahr jedoch blitzschnell flüchten. Nachts graben sie sich einfach im lockeren Erdreich ein. Die Phase der Fortpflanzung reicht von Oktober bis Januar. In der Zeit von April bis Juni verbringen die Schildechsen eine inaktive Phase.
Terrarium: Die Art kann paarweise in einem geräumigen Trockenterrarium mit einer ca. 15 cm hohen Schicht aus Sand-Lehm-Gemisch gepflegt werden. Die Bepflanzung muß mit Blumentopf in den Boden eingelassen werden, damit die Tiere sie nicht täglich ausgraben. Als Lichtquelle eignen sich nur HQI-Strahler. Die Temperaturen sollten tagsüber bei 28–35 °C und nachts um 20 °C liegen. Gefressen werden vorzugsweise Heimchen und Grillen, aber auch andere kleine Insekten und süßes Obst.
Nach einer kurzen Überwinterung verpaaren sich die Tiere und wenig später kommt es zu mehreren Eiablagen (ca. 4 Eier pro Gelege). Die Jungtiere schlüpfen nach etwa 90 Tagen und sind dann ca. 80 mm groß. Die Nachzuchten fressen ab dem 3. Tag selbstständig kleinste Insekten.

Zonosaurus laticaudatus

(Grandidier, 1869)

Terra typica: Madagaskar

Verbreitung: Das Verbreitungsgebiet dieser Art erstreckt sich über den gesamten Osten, Süden und Westen Madagaskars. Dabei ist das Vorkommen immer auf die Küstenregionen mit ihrem Hinterland beschränkt. Zentral- und Nordmadagaskar werden von dieser Art nicht bewohnt.

Lebensraum: *Z. laticaudatus* lebt in wilden und lichten Primär- und Sekundärwäldern. Dabei werden die Schildechsen sowohl in feuchten als auch in den trockenen Biotopen gefunden. Die Art ist ein reiner Bodenbewohner.

Größe: Mit einer maximalen Gesamtlänge von 45 cm, wovon jedoch fast zwei Drittel auf den Schwanz entfallen, gehört *Z. laticaudatus* zu den größten Schildechsen-Arten.

Erkennungsmerkmale: Die Art weist eine den Skinken ähnliche Körperform auf. Der Kopf ist nur mäßig vom Körper abgesetzt. Die Grundfärbung besteht aus einem Braunton. Darauf zeigen die Tiere zwei helle Längslinien, die im Nacken beginnend sich immer mehr verbreitern und zum Schwanzansatz hin sogar verschmelzen. Die Kopfoberseite ist etwas dunkler gefärbt als der Nacken und stets ohne jegliche Fleckenzeichnung. Die Unterseite ist cremefarben. Die männlichen Tiere erkennt man an ihrer roten Kehle.

Biologie: *Z. laticaudatus* ist eine sehr anpassungsfähige und häufige Art. Während des Südwinters legen die Tiere eine kurze, teils auch mehrmonatige Ruhephase ein. Sofort nach Beendigung der Winterruhe beginnt die Fortpflanzungszeit. Die Tiere verpaaren sich und die Weibchen legen mehrmals nur wenige Eier umfassende Gelege ab. Etwa ab Januar kann man dann die frisch geschlüpften Jungtiere entdekken.

Terrarium: Die Art benötigt ein riesiges Terrarium, welches mit einer mindestens 10 cm hohen Bodenschicht, zahlreichen Versteckplätzen, einigen dicken und rauhen Kletterästen, einer großen Wasserschale und einer dekorativen Bepflanzung ausgestattet sein sollte. Die Tageshöchsttemperaturen müssen etwa bei 30 °C liegen, wobei jedoch immer ein kleiner Strahler vorhanden sein sollte, unter dem sich die Tiere lokal noch weiter erwärmen können.

Zonosaurus madagascariensis

(Gray, 1831)

Terra typica: Madagaskar
Verbreitung: Die Art besitzt das größte Verbreitungsgebiet aller *Zonosaurus*-Arten auf Madagaskar. *Z. madagascariensis* wird in nahezu allen Landesteilen, wenn auch häufig nur in kleinen isolierten Populationen, gefunden. Ferner lebt die Art noch auf den Inseln Nosy Bohara, Ile aux Prunes, Nosy Bé, Glorieuse und Aldabra.
Lebensraum: *Z. madagascariensis* ist ein ausgesprochener Bodenbewohner, den man aber auch häufig beim Klettern auf Felsen und Baumstämmen beobachten kann. Aufgrund ihres riesigen Verbreitungsgebietes scheint die Art an kein bestimmtes Biotop gebunden zu sein. Sehr häufig leben sie in trockenen und offenen Landschaften, wie z.B. ariden lichten Wäldern, in der Baumsavanne, im Dornenbusch, in der Dünenlandschaft und selbst in der Kultursteppe, dort bevorzugt an Feldrändern und in Gärten.
Größe: Die Art erreicht eine maximale Gesamtlänge von ca. 35 cm, wovon fast zwei Drittel auf den Schwanz entfallen.
Erkennungsmerkmale: Die Art weist einen länglichen, horizontal leicht abgeflachten Körperbau auf. Die Grundfärbung bildet ein Braunton. Das Zeichenmuster besteht aus zwei gelben Längsstreifen, die hinter dem Auge beginnen und bis zum Schwanzansatz reichen. Diese Linien lösen sich etwa ab der Körpermitte auf. Die Flanken sind sehr variabel gefärbt, teilweise durchsetzt mit hellen Flecken. Der Bauch ist grau-weiß. Nur die Tiere von der Insel St. Marie haben eine rötliche Unterseite.
Biologie: Als Kulturfolger ist *Z. madagascariensis* überall in seinem Verbreitungsgebiet sehr häufig anzutreffen. Die Population auf Glorieuse und Aldabra gehen auf die Verschleppung durch den Menschen zurück. Die Schildechsen sind geschickte Jäger, die kleine Insekten, aber auch sehr gerne süßes Obst zu sich nehmen.
Terrarium: Die Art wird am besten in einer kleinen Gruppe in einem großen Terrarium gepflegt. Geeignet sind Gruppen bestehend aus einem Männchen mit mehreren Weibchen. Die Einrichtung sollte aus einer hohen Bodenschicht, die immer sowohl feuchte als auch trockene Stellen aufweist, zahlreichen Versteckmöglichkeiten, einer großen Wasserschale und einer üppigen Bepflanzung bestehen.

Zonosaurus maximus

(Boulenger, 1896)

Terra typica: Imerina
Verbreitung: Die Art bewohnt nur ein kleines Gebiet an der Südostküste Madagaskars. Dieses Gebiet wird begrenzt von der Küste und dem Massif de l'Ikongo.
Lebensraum: *Z. maximus* kommt immer nur in der Nähe von Flüssen vor, in die er auch bei Gefahr flieht. In seinem kleinen Verbreitungsgebiet sind das die Flüsse Faraony, Matitana, Mananara, Tolongoina und Manampanihy.
Größe: Die Art erreicht eine maximale Gesamtlänge von ca. 70 cm, wovon jedoch etwa zwei Drittel auf den Schwanz entfallen. Sie stellt die größte bekannte *Zonosaurus*-Art dar.
Erkennungsmerkmale: Die Art besitzt einen länglichen Körperbau, der nur mäßig abgeflacht ist. Der Kopf ist kaum vom Körper abgesetzt. Die Grundfärbung besteht aus einem grauen bis braunen Farbton. Die Geschlechter lassen sich leicht unterscheiden, da nur die Männchen rötliche Flanken aufweisen. *Z. maximus* besitzt eine artspezifische Jugendfärbung. So zeigen die Jungtiere auf hellgrauer Grundfärbung ein Zeichenmuster aus gelben Punktlinien und schwarzen Flecken. Diese Färbung dunkelt später nach, und die gelbe Färbung geht vollständig verloren.
Biologie: Die Riesenschildechse bewohnt nahezu ausschließlich die Ufer der Wasserläufe in ihrem kleinen Verbreitungsgebiet. In unmittelbarer Nähe haben sie auch ihre Wohnhöhlen gegraben, in denen sie die Nacht verbringen. Bei Gefahr suchen die Echsen nicht etwa Schutz in ihren Wohnhöhlen, sondern springen ins Wasser und schwimmen oder tauchen davon. Die Art ist ein hervorragender Schwimmer und weist teilweise eine aquatische Lebensweise auf. Aus diesem Grunde nennen die Madagassen *Z. maximus* auch „petit caiman".
Terrarium: Gemäß ihrer Größe benötigt die Art ein riesiges Terrarium mit einem großen und tiefen Wasserbecken. Die Einrichtung sollte aus einer hohen und festen Bodenschicht, zahllosen Versteckmöglichkeiten sowie einer üppigen Bepflanzung bestehen. Will man die Art im Terrarium züchten, so muß man unbedingt die Jahreszeiten nachahmen und die Schildechsen eine etwa zweimonatige Ruhephase einlegen lassen, die wahrscheinlich der Auslöser für die Fortpflanzung ist.

Zonosaurus ornatus

(Gray, 1831)

Terra typica: Ambatomainty

Verbreitung: *Z. ornatus* lebt in allen Teilen Madagaskars. Dabei handelt es sich teilweise um recht kleine, inselartig isolierte Populationen. Einen Verbreitungsschwerpunkt stellt der Regenwaldgürtel an der Ostküste dar.

Lebensraum: Die Art ist ein reiner Waldbewohner. Besonders häufig sieht man die Tiere an den Waldrändern und auf sonnenbeschienenen Lichtungen im Wald. Nur äußerst selten trifft man diese Schildechsen-Art einmal in der offenen Savanne oder in der Kulturlandschaft an.

Größe: Z. ornatus gehört zu den kleinen *Zonosaurus*-Arten. Sie erreichen eine maximale Gesamtlänge von ca. 30 cm, wovon etwa die Hälfte auf den Schwanz entfällt.

Erkennungsmerkmale: *Z. ornatus* ist eine farblich sehr ansprechende Schildechsen-Art. Die Grundfärbung besteht immer aus unterschiedlichen Brauntönen. Darauf zeigen die Tiere ein äußerst variables Zeichenmuster, bestehend aus drei hellen, meist gelben Längsstreifen sowie einer Punkt- und Fleckenzeichnung entlang der Flanken. Der Schädel ist intensiv dunkelbraun gefärbt und mit schwarzen Flecken übersät. Die Unterseite weist einen weißgrauen Farbton auf.

Biologie: *Z. ornatus* ist verglichen mit den anderen *Zonosaurus*-Arten eine sehr seltene Art, die stark an den Lebensraum Wald mit seinem meist feuchteren und kühleren Klima angepaßt ist. Die Art klettert gerne und geschickt.

Terrarium: Die Schildechsen werden am besten in einer kleinen Gruppe in einem großen Regenwaldterrarium gepflegt. Es sollte immer eine ca. 10 cm hohe, immer feuchte und trockene Stellen aufweisende Bodenschicht sowie zahlreiche, auch trockene Versteckplätze, zum Beispiel in Form einer dekorativen Wurzel oder einiger Steinplatten, vorhanden sein. Ein größerer Wasserteil und eine üppige Bepflanzung vervollständigen die Einrichtung. Die Tageshöchsttemperatur sollte nur bei etwa 25 °C liegen, wobei jedoch immer ein kleiner Strahler, unter dem sich die Tiere noch weiter erwärmen können, vorhanden sein muß. Auch für diese Art ist eine kühlere Ruhephase im Winter unabdingbare Voraussetzung für eine erfolgreiche Nachzucht.

Zonosaurus quadrilineatus

(Grandidier, 1867)

Terra typica: Toliara
Verbreitung: *Z. quadrilineatus* bewohnt ausschließlich den nördlichen Teil Süd-Madagaskars. Ihr Verbreitungsgebiet schließt sich direkt an das von *Z. trilineatus* an, ohne sich mit ihm zu überlappen. Bekannte Fundorte sind die Umgebung von Toliara, von Lavenonbato und von Fiherenana.
Lebensraum: Die Art bewohnt die Dornenbuschsavanne, die Dünenlandschaft und die ariden Trockenwälder in dieser sehr trockenen und heißen Landschaft. Ebenso wie bei *Z. trilineatus,* eine Art mit der *Z. quadrilineatus* sehr nah verwandt ist, werden sandige Böden bevorzugt.
Größe: *Z. quadrilineatus* erreicht eine maximale Gesamtlänge von bis zu 40 cm, wobei jedoch etwas mehr als die Hälfte auf den Schwanz entfällt.
Erkennungsmerkmale: Im Vergleich mit anderen *Zonosaurus*-Arten besitzt *Z. quadrilineatus* einen auffallend breiten Körperbau und einen vergleichsweise kürzeren Schwanz. Die Grundfärbung ist lackschwarz bis rotbraun. Darauf zeigen sie ihr typisches Zeichenmuster, bestehend aus vier gelben Längslinien, die unterbrochen oder versetzt sein können. Die Unterseite ist rosa oder cremefarben.
Biologie: Die Schildechsen gelten als Kulturflüchter. Die Art ist ein typischer Bodenbewohner sandiger Substrate, in die sich die Tiere bei Gefahr schnell eingraben können. Außerhalb ihrer kurzen Aktivitätsphase, sie dauert meist nur morgens und abends einige Stunden, sind die Gürtelechsen im losen Sand vergraben. Die Tiere fressen in der Natur außer Insekten gerne Beeren und kleine Früchte.
Terrarium: *Z. quadrilineatus* sind sehr verträgliche Tiere, brauchen aber ein großes Terrarium mit mindestens 1 m^2 Bodenfläche und einer hohen Sandschicht. Beleuchtet werden sollte das Terrarium nur mit hochwertigen Beleuchtungskörpern, z.B. HQI-Strahlern. Als Nahrung nehmen die recht schnell zutraulich werdenden Echsen Heimchen und Grillen, die Larven des großen Schwarzkäfers, Wachsraupen sowie andere kleine Insekten und ab und zu auch süßes Obst zu sich.

Zonosaurus rufipes

(Boettger, 1881)

Terra typica: Nosy Bé
Verbreitung: Die Art ist bisher nur von der kleinen, dem Nordwesten Madagaskars vorgelagerten Insel Nosy Bé bekannt geworden.
Lebensraum: *Z. rufipes* gehört zu dem Formenkreis der kleinen, rein waldbewohnenden *Zonosaurus*-Arten. Die Tiere leben fast ausschließlich in den letzten primären Regenwäldern, wie z.B. Lokobe, und nur äußerst selten auch in bereits wieder stark verwilderten Plantagen oder Sekundärwäldchen. Im Gegensatz zu den meisten anderen Schildechsen-Arten klettert *Z. rufipes* gerne und geschickt. Häufig entdeckt man die Tiere in der Nähe von Wasserläufen.
Größe: Die Art erreicht nur eine maximale Gesamtlänge von etwa 22 cm, wovon jedoch etwa zwei Drittel auf den Schwanz entfallen.
Erkennungsmerkmale: *Z. rufipes* weist einen, im Vergleich mit den anderen *Zonosaurus*-Arten eher schlanken, im Aussehen an Skinke erinnernden Körperbau auf. Die Grundfärbung besteht aus verschiedenen Brauntönen. Diese ist jedoch bei einer Schildechse nicht einheitlich, vielmehr zeigen die Tiere unterschiedliche Tönungen im Dorsal- und Lateralbereich. Das typische Zeichenmuster besteht aus zwei hellen Fleckenreihen, die schwarz eingefaßt sind. Die Unterseite ist meist grau, gelb oder sogar rot gefärbt.
Biologie: Im Wald sucht die Art bevorzugt sonnenbeschienene Plätze auf. *Z. rufipes* lebt sehr zurückgezogen und scheu, es bereitet daher schon einige Schwierigkeiten, die Tiere überhaupt einmal zu Gesicht zu bekommen.
Terrarium: Zur Haltung und Zucht geeignet sind alle größeren Regenwaldterrarien. Eine üppige Bepflanzung und ein kleiner Wasserteil vervollständigen die Einrichtung. Die Tageshöchsttemperaturen sollten bei etwa 28 °C liegen. Zweimal täglich, am besten morgens und abends, muß das gesamte Terrarium überbraust werden. Die Art frißt alle Arten von kleinen Insekten, sehr gerne genommen werden Wachsmotten, aber auch süßes Obst.

Zonosaurus trilineatus

Angel, 1939

Terra typica: Ambovombe

Verbreitung: Die Art ist nur aus dem südlichen Teil Südwestmadagaskars bekannt geworden. Das genaue Verbreitungsgebiet umfaßt die Region zwischen Toliara und Ampany und schließt sich quasi lückenlos an das Verbreitungsgebiet von *Z. quadrimaculatus* an.

Lebensraum: *Z. trilineatus* ist ein typischer Bewohner der trockenen und heißen Gegenden Südwest-Madagaskars. Die Art ist ein reiner Bodenbewohner und lebt in den unterschiedlichsten Biotopen, vom lichten Trockenwald über die Dornensavanne bis hin zur Halbwüste und Dünenlandschaft. Bevorzugt leben die Tiere jedoch immer auf sandigen Böden, in denen sie sich jederzeit vergraben können.

Größe: Die Art erreicht eine maximale Gesamtlänge von bis zu 38 cm, wobei jedoch etwas mehr als die Hälfte auf den Schwanz entfällt.

Erkennungsmerkmale: Der Körper ist langgestreckt und horizontal etwas abgeflacht. Der kräftige Kopf ist nur mäßig vom Rumpf abgesetzt. Die Grundfärbung besteht aus einem hellen braunen, beigen, teilweise rötlichen, bis sogar schwarzen Farbton, worauf die Art ihr typisches Zeichenmuster, bestehend aus drei hellen Längslinien zeigt. An den Seiten zeigen die Tiere unregelmäßig angeordnete helle Flecken.

Biologie: *Z. trilineatus* verbringt die heißeste Zeit des Tages und die Nacht vergraben im lockeren Erdreich. Nur während der frühen und späten Tagesstunden kann man die Tiere außerhalb ihrer Verstecke beobachten. Während dieser kurzen Aktivitätsphase suchen sie in ihrem Lebensraum nach Insekten und verschiedenen Früchten.

Terrarium: Die Art benötigt ein geräumiges Terrarium mit einer sehr hohen Bodenschicht. Geeignet ist z.B. ein lockeres Sand-Lehm-Gemisch, was beim Graben nicht sofort zusammenbricht. Darauf gibt man eine dekorative alte Wurzel sowie einige Steinplatten. Einige gut und sicher eingetopfte Sukkulenten und eine kleine Wasserschale vervollständigen die Einrichtung. Die Tageshöchsttemperaturen sollten etwa bei 30–35 °C liegen. In der Nacht sollten die Temperaturen auf Zimmertemperatur abfallen.

Die Geckos
Familie Gekkonidae
Unterfamilie Gekkoninae

Etwa vor 50 Millionen Jahren entwickelte sich vermutlich aus den jurassischen Ardeosauridae und Bavarisauridae die heutige Familie der Gekkonidae. Allerdings stammen die ältesten Funde echter Geckos aus dem Eozän. Heute unterscheidet man ungefähr 900 Arten, die in vier Unterfamilien aufgeteilt sind. Die in Madagaskar und auf umliegenden Inselgruppen vorkommenden Geckos sind nur mit einer Unterfamilie, den Gekkoninae, vertreten. Die frühzeitige Isolierung dieses Gebietes hat dazu beigetragen, daß acht Gattungen endemisch sind.

Wir unterscheiden zwischen tagaktiven und nachtaktiven Geckos. Die tagsüber aktiven Tiere reagieren hauptsächlich auf sichtbare Reize und sind auch wesentlich bunter gefärbt. Aber auch die Form der Pupille gibt Auskunft über die Aktivitätszeit. So besitzen die tagaktiven Geckos runde Pupillen, während die nachtaktiven Gekkos Schlitzpupillen besitzen. Die Lautäußerungen der Geckos gehören zu den Besonderheiten innerhalb der Reptilien. Es sind allerdings hauptsächlich die nachtaktiven Geckos, die von ihrer Stimme reichlich Gebrauch machen. Am besten kann man dieses beobachten und hören, wenn sich abends die Geckos der Gattung *Hemidactylus* im Schein einer Lampe um die Futterplätze streiten, oder wenn die Männchen lautstark auf sich aufmerksam machen. Eine andere Besonderheit ist das Autotomieverhalten der Geckoschwänze. Die Tiere besitzen die Fähigkeit ihren Schwanz aktiv abzuwerfen. Dieses Verhalten ist als Schutzmaßnahme gedacht, da der abgeworfene Schwanz heftige Bewegungen ausführt, und somit einen Angreifer auf sich fixiert und auf diese Weise ablenkt. Der Schwanz wächst nach einigen Wochen wieder vollständig nach, allerdings ist die Art der Beschuppung sowie die Zeichnung des regenerierten Schwanzes vom Originalschwanz verschieden. Die auffälligste und eindrucksvollste Eigenschaft der Geckos ist jedoch die Fähigkeit der meisten Arten, an senkrechten sowie überhängenden Flächen umherlaufen zu können. Dies verdanken sie ihren Haftpolstern an den Zehen. Diese bestehen aus einer Vielzahl mikroskopisch kleiner Einzelborsten, die wie Haare dicht nebeneinander stehen. Jede einzelne Borste ist so aufgebaut, damit sie nach dem Prinzip der Adhäsion haften kann. Durch die hohe Anzahl der Einzelborsten bekommen die Tiere einen sicheren Halt. Darüber hinaus besitzen die Tiere aber auch Krallen an den Zehen, die es ihnen ermöglichen auch an groben Flächen Halt zu finden. Die Geckos haben fast alle ökologischen Nischen besetzt. Wir finden sie am Boden, an Bäumen, an Felsen und auch in menschlichen Behausungen. In der folgenden Artenbeschreibung stellen wir den größten Teil der in diesem Gebiet lebenden Gecko-Arten vor.

Die im bearbeiteten Verbreitungsgebiet vorkommenden Gattungen

Gattungen	Verbreitung
Ailuronyx	Seychellen
Cyrtodactylus	Mauritius (Round Island)
Ebenavia	Madagaskar; Komoren
Geckolepis	Madagaskar; Komoren
Gehyra	Kosmopolitisch
Hemidactylus	Kosmopolitisch
Homopholis	Madagaskar; Afrika
Lepidodactylus	Kosmopolitisch
Lygodactylus	Madagaskar; Komoren; Afrika
Millotisaurus	Madagaskar
Paragehyra	Madagaskar
Paroedura	Madagaskar; Komoren
Phelsuma	Madagaskar; Komoren; Seychellen; Maskarenen; Andamanen; Afrika
Phyllodactylus	Kosmopolitisch
Urocoteledon	Seychellen
Uroplatus	Madagaskar

Ailuronyx seychellensis

(Duméril & Bibron, 1836)

Terra typica: Seychellen Inseln
Verbreitung: Man findet diese Art auf fast allen Seychellen-Inseln.
Lebensraum: Die Tiere halten sich vorwiegend an Kokospalmen auf. Als Kulturfolger findet man sie aber auch sehr häufig in der Nähe menschlicher Siedlungen ebenso wie in Parkanlagen.
Größe: Es sind drei verschiedene Körpergrößen bekannt. Die größten Exemplare mit 250 mm und die kleinsten dieser Art mit 150 mm kommen auf der Insel Praslin sympatrisch vor. Von der Insel Mahé und einigen kleineren Inseln ist die mittlere Form mit etwa 220 mm Gesamtlänge bekannt.
Erkennungsmerkmale: Die Grundfärbung ist ein gelbbraun bis hin zu grau. Es gibt aber auch Tiere die Bronzetöne besitzen, von denen der deutsche Name „Bronzegecko" abgeleitet wurde. Einige Tiere haben aber auch weiße Punkte und Streifen. Die leichte Verletzbarkeit der Haut ist bei allen Tieren stark ausgeprägt. Vorsicht beim Berühren der Tiere! Es könnten sich hierbei leicht ganze Hautflächen ablösen!
Biologie: Da die Tiere untereinander sehr streitsüchtig sind, kommt nur eine paarweise Haltung in Frage. Aber auch dann kommt es immer wieder zu Auseinandersetzungen, die meist mit leichten Verletzungen des Weibchens enden. Die Männchen erkennt man an den ausgeprägten Präanalporen und sichtbaren Hemipenistaschen. Bei der Paarung wird vom Männchen ein Paarungsbiß in den Nacken des Weibchens durchgeführt. Die Weibchen kleben ihre Eier an einem geschützten Ort an. Es sind meistens Doppeleier. Bei einer Temperatur von 28 °C schlüpfen die Jungtiere nach ca. 90 Tagen.
Terrarium: Für die größeren Tiere sollte eine Höhe von 80 cm nicht unterschritten werden. Die Einrichtung besteht aus armdicken Ästen und Bambusröhren sowie einigen robusten Pflanzen. Die Luftfeuchtigkeit kann zwischen 75 und 100% liegen. Die Temperaturen sollten nachts nicht unter 20 °C sinken und am Tage nicht über 30 °C ansteigen. Es müssen reichlich Versteckmöglichkeiten vorhanden sein. Dies können hohle Bambusröhren, Korkröhren oder auch eine dichte Bepflanzung sein. Eine Sprüh- oder Nebelanlage kommt den Tieren sehr entgegen.

Ebenavia inunguis

Boettger, 1878

Terra typica: Nosy Bé
Verbreitung: Man findet diese Art auf Madagaskar, den Komoren und den Maskarenen.
Lebensraum: Die Geckos leben bevorzugt an Bäumen mit sehr rauher Rinde. Den Tag verbringen sie schlafend darunter. Die Tiere leben nur in Gebieten, die sich durch eine höhere relative Luftfeuchtigkeit auszeichnen. In Madagaskar findet man sie an der gesamten Ostküste, im Norden, auf den Inseln Nosy Bé und Nosy Bohara sowie auch im Hochland in Andasibe.
Größe: Die Tiere erreichen eine Größe von ungefähr 80–100 mm.
Erkennungsmerkmale: Unterschiede in der Färbung, je nachdem aus welchem Gebiet die Tiere kommen, lassen auf verschiedene Formen schließen. Die Tiere variieren in der Grundfärbung von olivgrün über beige bis hin zu dunkelbraun. Ein dunkler Seitenstreifen kann vorhanden sein. Manche Populationen besitzen eine intensive Musterung auf dem Körper. Der Schwanz kann einfarbig, schwarzweiß geringelt, aber auch orange gestreift sein. Es ist nötig, diese Art wissenschaftlich zu überarbeiten.
Biologie: Schon während der Dämmerung werden die Tiere aktiv. Sie haben kein aggressives Wesen, so daß man in einem größeren Terrarium mehrere Paare zusammen pflegen kann. Wegen ihrer geringen Größe legen die Weibchen immer nur ein hartschaliges Ei ab. Dies erfolgt etwa 5 Wochen nach der Paarung. Es wird meistens am Boden unter Laub oder Holz versteckt. Gelegentlich werden die Eier auch hinter Baumrinde verborgen. In der Fortpflanzungsphase legt das Weibchen etwa viermal ein Ei ab. Bei einer Umgebungstemperatur von 25 °C benötigen die Jungtiere etwa 65 Tage bis zum Schlupf. Die Aufzucht der Jungtiere erfolgt mit stummelflügligen Drosophila, kleinen Wachsraupen, kleinen Heimchen und Grillen oder Raupen der Gespinstmotte. Nach einem Jahr sind die Jungen geschlechtsreif und auch schon ausgewachsen. Eine separate Aufzucht der Jungtiere ist in jedem Fall sinnvoll.
Terrarium: Die Tiere sind sehr anpassungsfähig. Dennoch ist es ratsam, den Lebensraum, aus dem die Tiere entnommen wurden, im Terrarium nachzuempfinden. Der Bodengrund kann aus Erde bestehen und mit einigen bodendeckenden Gewächsen bepflanzt sein. Wichtig sind genügend Versteckmöglichkeiten sowie einige fingerdicke Äste zum Klettern.

Geckolepis maculata

Peters, 1880

Terra typica: Anfica, nordwestliches Madagaskar

Verbreitung: Das Verbreitungsgebiet reicht vom Nordwesten Madagaskars über Nosy Bé bis nach Grande Comore.

Lebensraum: Eine vorwiegend an Bäumen lebende Art, die aber auch als Kulturfolger an den Hütten und Häusern der Einheimischen zu finden ist.

Größe: Mit einer Länge von ca. 140 mm gehören die Tiere dieser Art zu den größten ihrer Gattung.

Erkennungsmerkmale: Die Arten unterscheiden sich untereinander kaum. Ein wichtiges Kriterium ist die Größe und die Beschuppung. *G. maculata* ist z.B. etwas feiner beschuppt als *G. typica*, von der Größe her sind sie aber fast gleich. Die Färbung geht sehr stark ins Rotbraune hinein, manchmal findet man auch Tiere, die eingestreute rote Schuppen besitzen. Gegenüber *G. typica* wirkt *G. maculatus* immer etwas schlanker.

Biologie: Die einzelnen Schuppen liegen eng am Körper an, und sind in etwas kleiner als bei *G. typica*. Allerdings sind auch sie in der Lage ihre gesamte Beschuppung bei leichtestem Druck abzustreifen. Das Regenerationsvermögen ist sehr gut, nach etwa drei Wochen können ganze Hautpartien wieder nachgebildet sein. Bei großflächigen Hautverlusten benötigen die Tiere in der ersten Zeit ein etwas feuchteres Versteck, damit die Haut nicht zu stark austrocknet.

Terrarium: Die Ansprüche der Tiere sind nicht sehr groß. Das Terrarium sollte höher als lang sein. Für einige Versteckmöglichkeiten muß ebenfalls gesorgt werden. Auch hier haben sich etwas dickere Bambusröhren am besten bewährt. In diese kleben die Weibchen auch ihre Eier.

Geckolepis polylepis

Boettger, 1893

Terra typica: Mahajanga
Verbreitung: Die Art wurde im westlichen Madagaskar und auf der Insel Nosy Bohara gefunden.
Lebensraum: Je nach Verbreitungsgebiet bevorzugen die Tiere unterschiedliche Lebensräume. Im trockenen Westen findet man sie sehr häufig in den Blattachseln der Fächerpalme. Da sich dort immer etwas Restfeuchte befindet, sind diese Palmen auch für andere Bewohner ideale Lebensräume. An anderer Stelle lebt diese Art auf Bäumen mit einer groben, häufig bereits abgelösten Rinde. An solchen Stellen treten sie immer in größeren Gruppen auf.
Größe: Die Tiere werden etwas über 100 mm groß.
Erkennungsmerkmale: Die Tiere sind in der Grundfärbung grau bis hellgrau mit einigen schmalen, oft unterbrochenen schwärzlichen Längslinien. Ein dunkler Nasofrenalstreifen zieht sich über das Auge und das Trommelfell bis zu den Vordergliedmaßen.
Biologie: In der Biologie unterscheiden sich die Tiere nicht von den anderen Arten. Obwohl sie häufig in Gruppen angetroffen werden, so sind sie doch sehr streitsüchtig untereinander. Die Männchen beißen sich heftig und fügen sich Verletzungen zu. Obwohl die Haut äußerst verletzbar ist, kommt ein Verlust des Schwanzes doch recht selten vor.
Terrarium: Die Tiere können in einem Trockenterrarium gepflegt werden. Voraussetzung sind allerdings feuchte Verstecke. Eine Gruppenhaltung ist nur in großen Terrarien möglich. Eine paarweise Haltung jedoch geht problemlos. Die Weibchen kleben in einer Saison alle 4 Wochen zwei hartschalige Eier in einem geschützten Versteck an.

Geckolepis typica

Grandidier, 1867

Terra typica: Nosy Bohara.

Verbreitung: Die Art ist auf Madagaskar weit verbreitet, darüber hinaus findet man sie auf den Inseln Nosy Bohara und Ile aux Prunes.

Lebensraum: Es sind sowohl Baum- als auch Strauchbewohner, die man auch sehr häufig an den Hütten der Einheimischen sieht. Da sie überwiegend im östlichen Madagaskar gefunden wurden, ist für diese Art eine höhere Luftfeuchtigkeit sehr wichtig. Auch kommen in dieser Gegend keine großen jahreszeitlichen Temperaturschwankungen vor.

Größe: Einige Tiere werden bis 140 mm groß, liegen meist aber bei einer Größe von ca. 125 mm.

Erkennungsmerkmale: Auch bei dieser Art fallen die dachziegelartig übereinanderliegenden Schuppen auf. Insgesamt ist die Beschuppung etwas gröber als bei den anderen Arten. Die Tiere haben einen kurzen Kopf mit einer abgerundeten Schnauze. Die Augen sind im Verhältnis zum Kopf sehr groß. Die Färbung ist gelbbraun bis bronze mit einer dunkelbraunen bis schwarzen Sprenkelung.

Biologie: Wie bei allen anderen Arten, löst sich auch bei diesen Tieren die Haut bei etwas festerem Druck sofort großflächig ab. Die Tiere sind zwar streitsüchtig untereinander, aber in einem größen Terrarium kann man ein Männchen mit mehreren Weibchen zusammen pflegen. Die Männchen erkennt man an den etwas verdickten Hemipenistaschen an der Schwanzwurzel.

Die Weibchen kleben ihre 14x12 mm großen Eier an eine Unterlage an. Dafür suchen sie sich sichere Versteckplätze aus. Die Eier kleben meistens paarig aneinander. Gemeinsame Eiablageplätze entdeckt man in der Natur häufig. Die etwa 45 mm großen Jungtiere schlüpfen bei einer Umgebungstemperatur von 25–30 °C nach etwa 40 Tagen.

Terrarium: Am besten eignet sich ein feuchtes Regenwaldterrarium. Eine dichte Bepflanzung kann vorhanden sein. Die Tiere benötigen aber glatte Flächen, an denen sie umherlaufen können. Dicke Äste mit einer glatten Rinde kommen den Tieren sehr entgegen.

Gehyra multilata

(Wiegmann, 1835)

Terra typica: Manila, Philippinen

Verbreitung: Als Kosmopolit ist dieser Gecko fast auf der ganzen Welt beheimatet. Er lebt im östlichen Madagaskar sowie auf der Insel Nosy Bohara, den Maskarenen, den Seychellen, den Komoren und auf fast allen anderen Inseln des Indischen Ozeans.

Lebensraum: Dieser Gecko hat sich alle Lebensräume erobert. Man findet ihn in bewaldeten Gebieten genauso wie in menschlichen Siedlungen, wobei er als Kulturfolger häufiger an menschlichen Behausungen angetroffen wird. Oft sieht man die Tiere nachts in der Nähe von Lampen, wenn sie dort nach Motten und anderen Insekten jagen.

Größe: Die Tiere erreichen eine Größe von ca. 100 mm.

Erkennungsmerkmale: Diese Art ist sehr gut an dem abgeflachten, an den Seiten gezähnelten Schwanz zu erkennen. In der Nacht sind die Tiere grauweiß bis hellrosa gefärbt.

Biologie: Die Tiere sind dämmerungs- und nachtaktiv. Wie oben erwähnt findet man sie nachts in der Nähe von Lampen. Es sitzen meistens immer mehrere Tiere um eine Lichtquelle herum und warten auf anfliegende Insekten. Sie haben auch eine Vorliebe für süße Dinge, weswegen sie in einigen Gegenden auch als „Sugarlizard" bezeichnet werden. In größeren Populationen kommt es auch hin und wieder zu kleinen Streitereien, die aber keine ernsten Verletzungen zur Folge haben. In Siedlungen treten sie häufig in größeren Stückzahlen auf. Die Weibchen legen ihre Eier in geschützten Verstecken ab. Die Tiere sind sehr ortstreu, so kann man einzelne Tiere über einen längeren Zeitraum gut beobachten.

Terrarium: Die Art stellt keine großen Ansprüche an ihre Umgebung. Sie kann in einem sogenannten Standardterrarium gepflegt werden. Der Bodengrund besteht aus Sand und einige Äste werden senkrecht und waagerecht in das Terrarium eingebracht. Eine Bepflanzung kann nach rein optischen Gesichtspunkten erfolgen. Allerdings sollte auf eine ständig hohe Luftfeuchtigkeit verzichtet werden. Einmaliges Sprühen am Tage reicht völlig aus. Versteckplätze können in Form von Kork- oder Bambusröhren ins Terrarium eingebracht werden.

Hemidactylus frenatus

Duméril & Bibron, 1836

Terra typica: Kap der Guten Hoffnung sowie die Inseln Madagaskar und Mauritius

Verbreitung: Man findet die Art auf Madagaskar, auf den Inseln Nosy Bé und Nosy Bohara, Mauritius sowie im gesamten Bereich des Indischen Ozeans. Sie stammt aus dem asiatischen Raum und ist dort weit verbreitet.

Lebensraum: Als Kulturfolger findet man die Tiere in allen größeren Hafenstädten der Welt. Obwohl sie sehr anpassungsfähig sind, bewohnen sie doch vorrangig größere Bäume. Man findet diese Geckos sowohl in trockenen Gebieten als auch an den Rändern der Regenwälder. Im Inneren der Regenwälder sind sie allerdings sehr selten.

Größe: Die Tiere erreichen eine Gesamtlänge von 140 mm.

Erkennungsmerkmale: Die Körperoberfläche von *H. frenatus* wirkt durch eingestreute Tuberkelschuppen sehr grobkörnig. Es ist ein schlanker Gecko, dessen Grundfärbung von graubraun bis beigebraun reicht. Meistens ist eine Musterung aus dunklen und hellen Flecken und Strichen vorhanden. Die Bauchseite ist hellbeige. Der Schwanz ist deutlich mit einigen Reihen kleiner Kegelschuppen besetzt.

Biologie: Obwohl dieser Gecko in größeren Populationen auftritt, sind die Tiere doch sehr unverträglich untereinander. In der Nacht jagen sie häufig in größeren Stückzahlen in der Nähe von Lampen nach anfliegenden Insekten. Die Reviere werden aber immer heftig verteidigt. Ungefähr 3–4 Wochen nach der Paarung setzt das Weibchen zwei hartschalige Eier ab. Diese werden meist paarig, als sogenannte Doppeleier, in ein sicheres Versteck geklebt. Bei einer Umgebungstemperatur von 28 °C schlüpfen die etwa 50 mm großen Jungtiere nach 55–62 Tagen. Bei guter Ernährung sind die Tiere bereits nach einem Jahr geschlechtsreif.

Terrarium: Der Bodengrund kann sowohl aus Sand als auch aus Blumenerde bestehen. Eine ständig hohe Luftfeuchtigkeit sollte vermieden werden. Die Gestaltung des Terrariums kann mit Steinplatten oder auch armdicken Ästen erfolgen. Eine Kombination aus beiden ist möglich. Der Temperaturbereich sollte zwischen 25 und 30 °C liegen. Die Tiere trinken aus einem Wasserbecken.

Hemidactylus mabouia

(Moreau de Jonnés, 1818)

Terra typica: Toliara
Verbreitung: Der Ursprung dieser Art liegt in Afrika, von dort aus hat sie die halbe Welt erobert. Sie ist im Bereich des Indischen Ozeans genau so häufig wie in der Karibik, Mittelamerika und im östlichen Südamerika.
Lebensraum: Es besteht kein großer Unterschied zu der vorherigen Art, außer daß dieser Gecko vorrangig in und an menschlichen Behausungen lebt. In Madagaskar fanden wir an einer angeleuchteten Garagentür in der Nacht über 30 Exemplare bei der Jagd nach Motten.
Größe: Im ausgewachsenen Zustand haben die Tiere eine Gesamtlänge von 190 mm.
Erkennungsmerkmale: *H. mabouia* ist in der Lage einen sehr schnellen Farbwechsel vorzunehmen, wobei es sich um ein Verdunkeln oder Aufhellen handelt. In der Nacht sind die Tiere fast einfarbig grau bis fleischfarben. Am Tage passen sie sich hauptsächlich dem Untergrund an. Die Färbung reicht von olivgrün bis graubraun. Auf dem Rücken können dunkle Flecken und Streifen vorhanden sein.
Biologie: Es sind vorwiegend nachtaktive Gekkos, die aber auch häufig am Tage hervorkommen. Die Tiere sind untereinander und auch gegenüber anderen Arten sehr aggressiv. Die Männchen sind an den gut entwickelten Femoralporen leicht zu erkennen. Die Weibchen kleben ihre Eier in geschützte Verstecke. Es sind in der Regel zwei hartschalige Eier. Bei einer Umgebungstemperatur von 26–30 °C schlüpfen die Jungen nach etwa 60 Tagen.
Terrarium: Das Terrarium kann wie bei der zuvor beschriebenen Art eingerichtet sein. In einem Terrarienzimmer mit ausreichend Futter oder festen Futterplätzen kann man diese Art sehr gut frei laufen lassen.

Homopholis antongilensis

Böhme & Meier, 1980

Terra typica: Bucht von Antongil
Verbreitung: Bisher wurde diese Art im östlichen Madagaskar sowie auf der Insel Nosy Bohara gefunden.
Lebensraum: Es handelt sich bei dieser Art um rein baumbewohnende Tiere. Sie leben ausschließlich in den Regenwäldern des östlichen Madagaskars. Es sind keine Kulturfolger.
Größe: Sie erreichen eine Gesamtlänge von 200 mm.
Erkennungsmerkmale: Einige wellenförmige Querbinden verlaufen vom Kopf bis zur Schwanzspitze. Eine unterbrochene breitere Linie verläuft median über den gesamten Körper. Die Grundfärbung reicht von graubraun bis beigebraun. Kleinere Kegelschuppen bedecken den gesamten Oberkörper.
Biologie: Die Tiere sind untereinander sehr streitsüchtig und fügen sich häufig ernsthafte Verletzungen zu. Es kommt nur eine paarweise Haltung in Frage, da sich auch die Weibchen untereinander nicht vertragen. Bei der Paarung kann es zu Verletzungen der Weibchen im Nakkenbereich kommen, da die Männchen den Paarungsbiß sehr fest ausführen. Die Weibchen vergraben ihre Eier im Boden. Wenn man die Eiablage nicht bemerkt hat und die Verhältnisse im Terrarium optimal sind, schlüpfen die Jungtiere auch im Terrarium. Es muß aber eine separate Aufzucht der ca. 50 mm großen Jungtiere erfolgen, da ihnen die Elterntiere nachstellen. Die Aufzucht macht keine großen Probleme.
Terrarium: Der baumbewohnenden Lebensweise entsprechend wird das Terrarium mit senkrecht stehenden, armdicken Ästen ausgestattet. Die nötige Luftfeuchtigkeit, nicht unter 75%, erreicht man durch häufiges Sprühen oder eine Nebelanlage. Einige dickere Bambusröhren werden von den Tieren als Versteckplätze gerne angenommen. Eine dichte Bepflanzung ist angebracht.

Homopholis boivini
(Duméril, 1856)

Terra typica: Madagaskar
Verbreitung: Bisher ist diese Art nur aus dem nördlichen Madagaskar bekannt.
Lebensraum: Man findet die Geckos genauso häufig an Bäumen wie an Felsen.
Größe: Mit einer Gesamtlänge von 300 mm ist es die größte Art dieser Gattung.
Erkennungsmerkmale: Die Tiere sind hellbeige bis graugelb gefärbt. Eine ausgeprägte Musterung ist nicht vorhanden. Der ganze Oberkörper ist mit kleineren Kegelschuppen übersät. Auf der Unterseite sind die Tiere weiß mit kleinen, braunen Sprenkeln. Die Augen sind bernsteinfarben und mit gelben Ringen umgeben.
Biologie: Die Tiere sind untereinander wie auch gegenüber anderen Arten sehr unverträglich. Bei ihren Streitigkeiten fügen sie sich großflächige Verletzungen zu. Paare, die sich gefunden haben, bleiben immer zusammen. Die Tiere besitzen eine ähnliches Brutpflegeverhalten wie es von der Art *Gekko gecko* bekannt ist. Es sind vorrangig die Weibchen, die immer in der Nähe der Gelege sitzen und sie bewachen. Die Eier werden wie bei den anderen Arten auch im Boden vergraben. Die Jungtiere werden von den Elterntieren nicht behelligt, so daß man sie im Terrarium belassen kann. Voraussetzung ist natürlich, daß genügend Kleinstfutter vorhanden ist. Sollte es einmal vorkommen, daß ein Elterntier ein Jungtier schnappt, dann stößt dieses einen quiekenden Laut aus und das erwachsene Tier spuckt das Jungtier sofort wieder aus. Allerdings werden die Jungtiere nur bis sie etwa semiadult sind geduldet. Es ist also wichtig, die Jungen früh genug herauszufangen. Wenn man die Eier aus dem Terrarium entfernen will, muß man darauf achten, daß sie nicht am Boden ankleben. Es kommt darauf an, daß man die Eier vorsichtig freilegt. Dies macht man am besten mit einem Pinsel.
Terrarium: Der Größe der Tiere entsprechend sollte die Terrariengröße gewählt werden. Mindestens armdicke Äste, bevorzugt wird eine glatte Rinde, sollten hochkant stehen. Größere Steinplatten oder Felsaufbauten werden von den Tieren auch angenommen.

Homopholis sakalava

(Grandidier, 1867)

Terra typica: Toliara

Verbreitung: Das Hauptverbreitungsgebiet liegt im Westen von Madagaskar. Im Süden wurden Tiere gefunden, die der Art sehr ähnlich sind.

Lebensraum: Es handelt sich bei diesen Tieren um Baumbewohner der trockenen und heißen Waldgebiete im Westen und Süden von Madagaskar.

Größe: Die Tiere erreichen eine Gesamtlänge von 200 mm.

Erkennungsmerkmale: Die Tiere sind grau gefärbt mit einer dunkelbraunen Musterung. Diese kann in Form einer Balkenzeichnung auf dem Rücken vorhanden sein. Hinter dem Auge befindet sich ein kurzer, schwarzer Strich. Die gesamte Unterseite ist hellbeige ohne Musterung. Auf dem Körper befinden sich eine Menge kleine Kegelschuppen. Die Schnauze ist sehr kurz und stumpf.

Biologie: Auch diese Art ist wie die gesamte Gattung sehr unverträglich untereinander. Die Tiere leben immer paarweise an einem Baum. Bei der Paarung wird das Weibchen auch durch einen Paarungsbiß gehalten. Die Paarung kann bis zu 15 Minuten dauern. Zur Eiablage gräbt das Weibchen eine mehrere Zentimeter tiefe Grube. Dieses geschieht meistens in der Nähe einer glatten Fläche oder eines Baumstammes. Das Tier hält sich mit den Vorderbeinen fest und benutzt die Hinterbeine zum Graben. Der ganze Vorgang kann über eine Stunde dauern. Danach legen die Weibchen ihre Eier und halten sie mit den Hinterbeinen solange fest, bis sie ausgehärtet sind. Dieses geschieht mit jedem Ei einzeln, so daß keine Doppeleier entstehen. Danach wird die Grube mit den Eiern wieder sorgfältig zugeschaufelt. Die Weibchen halten sich in den nächsten Stunden immer noch in der Nähe des Eiablageplatzes auf. Die Zeitigung sowie die Aufzucht der Jungtiere kann wie bei den anderen Arten erfolgen.

Terrarium: Die Tiere hält man am besten in einem trockenen Terrarium mit einigen armdikken Ästen, die senkrecht eingebracht werden. Einige Versteckplätze aus Korkröhren werden gerne angenommen.

Lepidodactylus lugubris

(Duméril & Bibron 1836)

Terra typica: Tahiti
Verbreitung: Als Kosmopolit kommen diese Tiere in der ganzen tropischen Welt vor. Die Art ist auf fast allen Inseln der Seychellen vertreten.
Lebensraum: Man findet die Tiere von Strandnähe bis in die tiefsten Regenwälder. Am häufigsten allerdings sind sie an menschlichen Behausungen anzutreffen. Sie gehören auch zu den reinen Kulturfolgern. In manchen Gegenden schätzt man sie als Hausgeckos. Dementsprechend stellen die Tiere auch nur geringe Anforderungen an ihre Umwelt.
Größe: Die Tiere bleiben unter 100 mm.
Erkennungsmerkmale: Auffallend für diese Art ist der abgeflachte, an den Seiten fein gezackte Sägeschwanz. Die Grundfärbung ist ein Graubraun bis Gelbbraun. Auf dem Rücken sind einige dunkelbraune bis schwarze Flecken und Punkte angeordnet. Diese können paarig vorhanden sein und in der Mitte aneinander stoßen.
Biologie: Es handelt sich bei diesen Tieren um eine Art, die sich fast ausschließlich auf der ganzen Welt parthenogenetisch (Jungfernzeugung) vermehrt. Hierbei legen die Weibchen in Abständen von 2–6 Wochen ein oder zwei Eier. Diese werden in einem geschützten Versteck angeklebt. Da sich die Tiere das ganze Jahr über fortpflanzen und immer wieder den gleichen Ablageplatz benutzen, entstehen große Massengelege. Je nach Temperatur schlüpfen nach 60–100 Tage die 35–37 mm großen Jungtiere. Es handelt sich dabei immer um Weibchen, die bei guter Ernährung schon nach 6–8 Monaten wieder geschlechtsreif sind. Daran erkennt man, wie schnell sich diese Art fortpflanzt und ausbreitet. Bei der Haltung im Terrarium ist die Aufzucht der Jungtiere bei den adulten Tieren nur bei ausreichendem Kleinstfutterangebot möglich.
Terrarium: Die Tiere können in einfach eingerichteten Terrarien gehalten werden. Einige Äste und Korkröhren sorgen für die nötigen Versteckmöglichkeiten. Eine trockene Haltung ist auf jeden Fall von Vorteil. Hierbei reicht es aus, wenn das Terrarium alle 2 Tage übersprüht wird. Natürlich muß eine Schale mit vitaminisiertem Wasser vorhanden sein.

Lygodactylus heterurus

Boettger, 1913

Terra typica: Insel Nosy Bé, im Norden von Madagaskar
Verbreitung: Bisher nur von der Terra typica bekannt. Die Insel Nosy Bé liegt im Norden von Madagaskar und hat ein feuchtheißes Klima.
Lebensraum: Es sind Baumbewohner, die man in zusammenhängenden Waldgebieten findet. Das feuchtwarme Klima ist für diese Art lebenswichtig.
Größe: Die Tiere erreichen im ausgewachsenen Zustand eine Gesamtlänge von 60 mm.
Erkennungsmerkmale: Die Art ist graubraun bis rötlichgrau gefärbt, auf dem Oberkörper marmoriert mit einer dunklen Wellenzeichnung. An den Halsseiten befinden sich zwei parallele, dunkel gewellte Längslinien, die hinter dem Auge beginnen. Zwischen den Extremitäten enden diese in einem welligen Seitenstreifen oder in gröberen Flecken. Am Kinn und an der Kehle befinden sich 5–7 feine, wellige, schwärzliche Längsstreifen. Der Schwanz ist deutlich gewirtelt, wobei jeder Wirtel aus 8–9 Schuppenreihen besteht.
Biologie: Wie bei fast allen madagassischen *Lygodactylus*-Arten ist auch über diese Art recht wenig bekannt. Wir fanden die Tiere meist einzeln an Bäumen lebend. Sie sind sehr schnell und entziehen sich dem Auge des Beobachters durch Herumlaufen um den Baumstamm, auf dem sie sich gerade befinden. Sie scheinen keine ausgiebigen Sonnenbäder zu lieben. Wir sahen sie immer nur kurzzeitig in der Sonne sitzen.
Terrarium: Es kommt nur ein Regenwaldterrarium in Frage. Ein Temperaturbereich von 23–28 °C sowie eine relative Luftfeuchtigkeit von mehr als 75 % sollten eingehalten werden. Da es sich um rein baumbewohnende Tiere handelt, muß die Einrichtung aus dickeren, senkrecht aufgestellten Ästen bestehen.

Lygodactylus miops

Günther, 1891

Terra typica: Wald bei Moramanga
Verbreitung: Bisher ist diese Art nur aus dem Gebiet um Moramanga und Andasibe im zentralen Ostmadagaskar bekannt geworden.
Lebensraum: Die Tiere leben an den Bäumen der Regenwälder. Die hohe relative Luftfeuchtigkeit sowie die Kühle der Wälder ist für diese Art lebenswichtig. Das Verbreitungsgebiet hat starke jahreszeitliche Temperaturschwankungen. In den Monaten Juli-August sinkt die Nachttemperatur häufig unter 10 °C. Temperaturen um den Gefrierpunkt kommen vor.
Größe: Mit einer Gesamtlänge von 70 mm sind die Tiere ausgewachsen.
Erkennungsmerkmale: Auf der Oberseite sind die Tiere schwarzbraun gefärbt mit einem dunkelgrünen Schimmer. Einige wellenförmige Flekken befinden sich auf dem Rücken. Die Unterseite ist gelblich-weiß, die Kehle, Brust und Schwanzunterseite sind stark grau gepunktet und gefleckt. Die Art besitzt einen deutlichen Geschlechtsdimorphismus, wobei die Männchen einen dorsolateralen gelben Streifen besitzen, der bis zur Schwanzspitze ausläuft.
Biologie: Die Tiere leben nur im Schattenbereich und meiden dabei die Sonneneinstrahlung. Gegenüber hohen Temperaturen reagieren sie sehr empfindlich. Man findet sie hauptsächlich an Bäumen mit starker Flechtenzeichnung. Nach unseren Beobachtungen sieht es so aus, als würden die Tiere paarweise an einem Baum leben.
Terrarium: Die Tiere können nur in einem feuchten Regenwaldterrarium gehalten werden. Die Temperaturen sollten am Tage nicht über 25 °C hinausgehen. Ein nächtlicher Temperaturabfall auf Raumtemperatur ist sinnvoll. Einige armdicke Äste sollten senkrecht im Terrarium stehen. Die Tiere schlafen nachts hinter der Rinde der Bäume oder in kleinen hohlen Ästen. Einige hohle, senkrecht stehende Korkröhren bieten die nötigen Versteckplätze. Die Luftfeuchtigkeit sollte 75% nicht unterschreiten.

Millotisaurus mirabilis

Pasteur, 1962

Terra typica: Mont Tsiafajavona

Verbreitung: Bisher wurde diese Art nur im Zentralmassiv von Madagaskar etwa in den Höhenlagen von 2000 bis 2500 m gefunden.

Lebensraum: Der Lebenraum dieser Art, hoch im Gebirge, gleicht einer Almwiese in den Alpen. Bisher wurden die Tiere immer nur in unmittelbarer Nähe von größeren Steinen, die in der Wiese eingebettet lagen, oder größeren felsigen Flächen gefunden. Da die Art tagaktiv ist, wird sie die Nacht wahrscheinlich unter den Steinen verbringen. In einigen Gebieten teilt sie sich den Lebensraum mit *P. barbouri.*

Größe: Die Tiere erreichen eine Gesamtlänge von 60–80 mm.

Erkennungsmerkmale: Die Geckos sehen aus wie eine Miniaturausgabe unserer einheimischen Eidechse. Die Art hat einen deutlichen Geschlechtsdimorphismus. Die Männchen sind längsgestreift, während die Weibchen gepunktet sind.

Biologie: Die Tiere leben in lockerer Gemeinschaft zusammen. Nach unseren Beobachtungen besteht keine feste Partnerbindung. Die Weibchen legen ein hartschaliges Ei, das an einem geschützten Platz versteckt wird.

Terrarium: Das Terrarium sollte dem natürlichen Lebensraum in etwa nachgebildet werden. Genauso wichtig sind die klimatischen Bedingungen. Am Tage benötigen die Tiere eine intensive Beleuchtung und lokal eine Temperatur um 28–32 °C. In der Nacht sollten die Temperaturen auf unter 20 °C zurückgehen und die Luftfeuchtigkeit auf über 80% ansteigen. Eine Nebelanlage wäre hier angebracht. Der Bodengrund kann aus Blumenerde bestehen in dem einige dickere Steine liegen. Eine Bepflanzung mit kleineren Bodendeckern ist angebracht.

Paroedura androyensis

(Grandidier, 1867)

Terra typica: Cap St. Marie
Verbreitung: Diese Art findet man an der Ostküste bis hinunter zum Süden von Madagaskar. Wir fanden im Gebiet um Ankarafansika (Westmadagaskar) eine *Paroedura*-Species die *P. androyensis* sehr ähnlich sieht.
Lebensraum: Die Geckos leben in einem laubabwerfenden Trockenwald. Da sie nachts zwischen dem Laub umherlaufen, sind sie sehr gut getarnt, und man hört sie mehr als man sie sieht. In jedem Jahr gibt es eine längere Trockenzeit. An der Ostküste findet man diese Art am Boden der Regenwälder. Diese Tiere benötigen auf jeden Fall eine höhere Umgebungsfeuchte.
Größe: Die Tiere erreichen im ausgewachsenen Zustand eine Gesamtgröße von 80 mm.
Erkennungsmerkmale: Die Grundfärbung ist ein dunkles Braun, das aber auch bis zu einem Braunbeige aufhellen kann. Die Unterseite ist fast weiß, wobei sich diese Färbung am Kopf bis zu den Oberlippenschildern fortsetzt. Vier hellbeige Flecken, die aussehen wie hintereinander fliegende Vögel, befinden sich verteilt vom Nacken bis zum Schwanzansatz. Die gesamte Oberfläche ist mit kleinen Kegelschuppen bedeckt.
Biologie: Diese Art ist bisher recht wenig erforscht. Die Tiere leben innerhalb einer Population in einer lockeren Gemeinschaft. Eine feste Partnerbindung konnte nicht beobachtet werden. In einem größeren Terrarium können auch mehrere Männchen zusammen gepflegt werden. Allerdings müssen dann auch genügend Versteckplätze vorhanden sein. Die Tiere leben überwiegend am Boden. Die Weibchen verstekken ihre beiden hartschaligen Eier am Boden. Es kommt gelegentlich vor, daß die Eier aneinander kleben. Es handelt sich hierbei aber nicht um Doppeleier. Die Jungtiere sind beim Schlupf mit einer Gesamtlänge von 21 mm sehr klein. Sie haben einen hellbraun abgesetzten Kopf und einen gelborange gefärbten Schwanz.
Terrarium: Es kommt nur ein relativ feuchtes Terrarium in Frage. Als Bodengrund wird einc wenige Zentimeter dicke Schicht aus Blumenerde eingebracht. Darauf streut man eine dünne Schicht Waldlaub mit kleinen Holz- oder Rindenstücken. Damit verhindert man das Zusammenfallen der Laubschicht. Einige schräg stehende, etwa daumendicke Äste werden von den Tieren gerne erklettert. Die Tiere fressen alles was sie an Insekten bewältigen können.

Paroedura bastardi

(Mocquard, 1900)

Terra typica: Mahafaly, Madagaskar.
Verbreitung: Bisher wurde die Art in Süd- und Zentralmadagaskar gefunden.
Lebensraum: Ihr Lebensraum erstreckt sich von den Dornensteppen im Süden bis zum Zentralmassiv von über 1000 m Höhe. Die Tiere leben in Trockenwäldern am Boden und am unteren Stammbereich der Bäume. Im Gebirge findet man die Tiere zwischen den Felsen und unter Steinen.
Größe: Eine Gesamtlänge von 130 mm wird nicht überschritten.
Erkennungsmerkmale: Die Tiere haben einen sehr kompakten Körperbau mit einem großen dreieckigen Kopf. Der gesamte Körper ist mit spitzen Kegelschuppen bestückt. Die Grundfärbung ist dunkelbraun mit einigen grauen Flekken. Die Kopfoberseite ist meistens heller abgesetzt. Die Jungtiere besitzen eine stark abweichende Juvenilfärbung. Zwei helle, fast weiße Querbänder unterbrechen die dunkelbraune Rückenfärbung. Der Kopf und der Schwanz sind hellbraun abgesetzt. Mit zunehmendem Alter verliert sich diese Zeichnung.

Biologie: Auch bei dieser Art sind die Männchen untereinander sehr unverträglich. Eine Gruppe von einem Männchen mit mehreren Weibchen macht allerdings keine Probleme. Die Tiere scheinen in der Natur in lockeren Gemeinschaften zusammenzuleben. Eine feste Partnerbindung konnte nicht beobachtet werden. Die Weibchen legen während der Fortpflanzungszeit von September bis April alle 3–4 Wochen zwei hartschalige Eier ab. Diese werden im feuchten Bodengrund vergraben. Obwohl es hartschalige Eier sind, wird ein feuchtes Substrat zur Eiablage bevorzugt. Die Eier werden einzeln abgelegt, so daß keine Doppeleier enstehen können.
Terrarium: Wenn man weiß, aus welchem Gebiet die Tiere stammen, ist es kein Problem das Terrarium nachzugestalten. Bisher sind aber keine Nachteile in der Haltung bekannt, die auf eine falsche Terrarieneinrichtung zurückzuführen sind. Die Tiere passen sich ihrer Umgebung sehr schnell an. Am geeignetsten scheint eine Kombination aus Felsaufbau mit einigen Ästen zu sein. Eine mehrere Zentimeter dicke Bodenschicht aus Blumenerde erhält die nötige Luftfeuchtigkeit. Einmal am Tage sollte das Terrarium übersprüht werden. Ein Temperaturbereich von 25–28 °C ist optimal.

Paroedura gracilis

(Boulenger, 1896)

Terra typica: Madagaskar

Verbreitung: Die Art ist aus dem östlichen und südlichen Madagaskar bekannt. Wir fanden die Tiere in Andasibe.

Lebensraum: Diese Art lebt in feuchten Regenwaldgebieten. Die Gegend um Andasibe zeichnet sich dadurch aus, daß es dort starke jahreszeitliche Temperaturschwankungen gibt. In den kühlen Monaten Juli und August kann die Temperatur bis auf wenige Grad über Null sinken, meist allerdings nur in den Nächten. Wenn am Tage die Sonne herauskommt, wird es sehr schnell wieder über 20 °C warm. Ständiger Nebel und Niederschläge erhöhen die relative Luftfeuchtigkeit auf ca. 100%. In den Monaten Dezember und Januar liegen die Temperaturen im Wald bei Tag und Nacht nicht unter 20 °C. Auf dem Waldboden liegt eine Schicht Laub und niedriges Buschwerk wächst zwischen den Bäumen.

Größe: Die Tiere können eine Gesamtlänge von ca. 150 mm erreichen.

Erkennungsmerkmale: Das auffälligste Unterscheidungsmerkmal gegenüber anderen *Paroedura*-Arten ist die auffällige Längsstreifung. Die Grundfärbung ist ein helles Braun und auf dem Oberkörper befinden sich drei dunkelbraune Längstreifen. Die Unterseite ist einfarbig beigegrau.

Biologie: Die Tiere verstecken sich tagsüber am Boden. Wahrscheinlich werden hierfür auch eigene Höhlen gegraben. Bisher ist nicht sehr viel über diese Art bekannt geworden. In der Nacht sitzen die Tiere mit dem Kopf nach unten im unteren Stammbereich der Bäume. Es sind Lauerjäger, die so auf vorbeilaufende Insekten warten. Dieses Verhalten kann man bei den meisten *Paroedura*-Arten beobachten. Wenn man die Tiere anleuchtet, verschwinden sie blitzschnell auf die andere Seite des Stammes.

Terrarium: Es kommt nur ein feuchtes Regenwaldterrarium in Frage. Eine kühle Phase für 3–4 Wochen im Jahr mit Temperaturen unter 15 °C ist bei der Haltung wichtig. Die Temperatur kann in der übrigen Zeit des Jahres bei 25–30 °C liegen.

Paroedura homalorhinus

(Angel, 1936)

Terra typica: Ankarana
Verbreitung: Bisher ist diese Art nur aus dem Norden von Madagaskar, vom Montagne de Française bekannt geworden.
Lebensraum: Die Tiere leben in Grotten an den Steinen. Dort herrscht immer ein dämmeriges Licht am Tage und eine hohe Luftfeuchtigkeit.
Größe: Mit einer Gesamtlänge von 130 mm sind die Tiere ausgewachsen.
Erkennungsmerkmale: Die Grundfärbung ist ein blasses Rosa mit einer deutlichen Bänderzeichnung. Der Kopf sowie drei breite Bänder über dem Oberkörper sind bräunlich abgesetzt. Der Oberkörper ist mit Kegelschuppen übersät. Eine dunkelbraune Sprenkelung findet sich am ganzen Körper.
Biologie: Durch das Dämmerlicht in den Höhlen, in denen die Tiere leben, sind sie schon am Tage aktiv. Es handelt sich aber auch bei dieser Art um eigentlich nachtaktive Tiere. Es scheint keine feste Partnerbindung unter den Tieren zu existieren. Eine Population besteht aus einer lockeren Gemeinschaft. Die Männchen sind untereinander sehr streitsüchtig.
Terrarium: Da die Tiere in ihrem natürlichen Habitat an Felsen leben, sollte das Terrarium auch ähnlich eingerichtet werden. Größere Steinplatten, an denen sich die Tiere ohne Probleme aufhalten können, werden hochkant aufgestellt, so daß sie an einigen Stellen Nischen bilden. Eine höhere relative Luftfeuchtigkeit von mehr als 75% sollte eingehalten werden.

Paroedura oviceps

(Boettger, 1881)

Terra typica: Nosy Bé; Madagaskar
Verbreitung: Bisher ist diese Art nur von der Terra typica bekannt.
Lebensraum: Alle Tiere wurden an den Felsen eines Bachlaufes im Regenwald gefunden. Da an Bäumen keine Tiere gesehen wurden, ist anzunehmen, daß es sich bei dieser Art um Felsbewohner handelt.
Größe: Die Tiere erreichen eine Gesamtgröße von 120 mm.
Erkennungsmerkmale: Die Unterhaut ist hellbeige mit einer gelbbraunen Musterung, die durch eine dunkelbraune Sprenkelung vervollständigt wird. Auf dem Rücken entlang der Wirbelsäule befinden sich einige schmetterlingsähnliche, dunkelbraune Flecken. Der Körper ist übersät von deutlich sichtbaren Kegelschuppen. Der Schwanz ist mit größeren Kegelschuppen gewirtelt und schwarz weiß geringelt. Der Kopf besitzt eine weniger ausgeprägte Dreiecksform als andere *Paroedura*-Arten.
Biologie: Die Tiere können in einer Gruppe von einem Männchen mit mehreren Weibchen gehalten werden. Das Verhalten ist dem anderer Arten sehr ähnlich. Es sind überwiegend Lauerjäger, die eventuell durch kleine Spurts ihre Beute fangen. Auch bei dieser Art vergraben die Weibchen ihre Eier im Boden oder legen sie unter einer dickeren Laubschicht ab. Während einer Periode von 3–4 Monaten legen die Weibchen alle 3–4 Wochen zwei hartschalige Eier ab.
Terrarium: Das Terrarium sollte als Feuchtterrarium eingerichtet sein, wobei ein Felsaufbau unbedingt vorhanden sein sollte. Diesen kann man auch sehr schön aus Zementmörtel nachbauen. Häufiges Sprühen oder eine Nebelanlage halten die Luftfeuchtigkeit bei etwa 75%. Die Temperaturen sollten nicht über 30 °C ansteigen.

Paroedura pictus

(Peters, 1854)

Terra typica: St. Augustin-Bay, Madagaskar
Verbreitung: Die Tiere findet man im Süden und Südwesten von Madagaskar.
Lebensraum: Die Art ist ein Nachtgecko der trockenen Wüsten- und Savannengebiete Madagaskars. Da es sich um einen Bodengecko handelt, schlafen die Tiere am Tage unter Steinen, großen Holzstücken oder in selbstgegrabenen Höhlen. Nachts sieht man sie dann sehr schnell über den Boden huschen. Sie leben meistens auf Sandboden, der so feinkörnig ist, daß man überall ihre Laufspuren sehen kann.
Größe: Die Tiere können bis 140 mm groß werden. Die Weibchen bleiben in der Regel etwas kleiner.
Erkennungsmerkmale: Die Grundfärbung der Tiere besteht aus verschiedenen Brauntönen, die von beigefarbenen Punkten und Flecken unterbrochen ist. Eine median verlaufende, beigefarbene Linie vom Kopf bis zur Schwanzspitze kann vorhanden sein. Die Tiere besitzen eine feine Beschuppung, wobei der Oberkörper mit kleinen Kegelschuppen übersät ist. Besonders auffällig ist die Jugendzeichnung, die auf hellbraunem Grund vier bis fünf weiße Querbänder aufweist, wobei der Schwanz ebenfalls gebändert ist. Dieses Farbkleid bleibt bis ungefähr zur Geschlechtsreife erhalten. Danach färben sich die Tiere um.
Biologie: In der Natur haben die Tiere eine Fortpflanzungsperiode, die von September bis Mai dauert. Unter optimalen Bedingungen pflanzen sich die Tiere im Terrarium das ganze Jahr hindurch fort. Von dieser Art ist auch bekannt, daß sie eine Vorratsbefruchtung besitzt. Das bedeutet, daß nur einmal verpaarte Weibchen mehrere befruchtete Gelegen absetzen können. Die Eiablage erfolgt etwa alle 3–4 Wochen. Bei einer Zeitigungstemperatur von 28 °C schlüpfen die Jungtiere nach 56–60 Tagen. Bei guter Ernährung und optimaler Haltung sind die Jungtiere bereits nach einem halben Jahr geschlechtsreif. Die Aufzucht der Jungtiere ist problemlos.
Terrarium: Da diese Art nicht sehr viel klettert, ist eine größere Bodenfläche wichtig. Eine 10 cm hohe Sandschicht, hier hat sich Seesand am besten bewährt, sollte vorhanden sein. Eine Stelle wird immer etwas feucht gehalten. Einige Versteckplätze aus Rindenstücken oder hohl liegenden Steinen müssen vorhanden sein.

Paroedura stumpffi

(Boettger, 1878)

Terra typica: Insel Nosy Bé
Verbreitung: Die Art findet man im Norden von Madagaskar und auf der Insel Nosy Bé.
Lebensraum: Diese Art lebt am Boden und am unteren Stamm- und Wurzelbereich etwa armdicker Bäume. Man findet die Tiere nur in zusammenhängenden Waldgebieten. Den Tag verschlafen sie in selbstgegrabenen Höhlen oder unter großen, umgefallenen Baumstämmen.
Größe: Die Tiere erreichen eine Gesamtgröße von 130 mm.
Erkennungsmerkmale: Die Grundfärbung besteht aus verschiedenen Brauntönen. Meistens paarig angeordnete, dunkelbraune Flecken ziehen sich vom Nacken bis zur Schwanzspitze. Dazwischen befindet sich eine wellenförmige Querbänderung, die heller abgesetzt ist. Ein median verlaufender, heller Streifen kann vorhanden sein. Die Haut ist mit zahlreichen kleinen Kegelschuppen übersät. Die Bauchseite ist hellbeige.
Biologie: Die Tiere haben eine besondere Jagdtechnik entwickelt. Sie sitzen mit dem Kopf nach unten an einem Baum und warten auf vorbeilaufende Futtertiere. Man findet die Tiere allerdings nie höher am Baum als 5–10 cm. Es sind in der Regel Bodenbewohner. Diese Art kann man zusammen in kleinen Gruppen von einem Männchen mit mehreren Weibchen halten. Ein Weibchen kann in einer Legeperiode bis zu achtmal zwei hartschalige Eier ablegen. Diese werden am Boden versteckt. Bei einer Umgebungstemperatur von 26 °C schlüpfen die Jungen nach ungefähr 60 Tagen. Die Aufzucht bereitet keine Probleme.
Terrarium: Es kommt nur ein feuchtes Regenwaldterrarium in Frage. Der Bodengrund kann aus Walderde oder Blumenerde bestehen. Etwas Waldlaub auf dem Boden kommt dem natürlichen Lebensraum sehr nahe. Einige armdicke Äste werden hochkant ins Terrarium gestellt. Als Versteckmöglichkeit legt man einige Korkröhren oder Rindenstücke auf den Boden. Die Luftfeuchtigkeit sollte immer zwischen 75 und 100% liegen. Der Temperaturbereich liegt zwischen 24 und 28 °C.

Gattung Phelsuma

(Gray, 1825)

Die Taggeckos der Gattung *Phelsuma* sind meist grün gefärbt. Ihr Verbreitungsgebiet erstreckt sich von der Ostküste Afrikas über die Inseln des Indischen Ozeans bis hin zu den Andamanen. Die Art *Phelsuma ocellata* ist der einzige Vertreter für Südafrika. Erst in den letzten Jahren wurden an dieser Gattung einige neue Untersuchungen vorgenommen. Dadurch wurden etliche Unterarten in den Artenstatus erhoben sowie neue Arten entdeckt.

Einige Arten sind zu reinen Kulturfolgern geworden und bewohnen heute Häuser und andere Bauwerke des Menschen. Diese Arten haben es verstanden sich den veränderten Umweltbedingungen vorzüglich anzupassen. Andere Arten dagegen sind so stark an ihre Lebensräume gebunden (z.B. Regenwaldbewohner), daß sie sich den schnell veränderten Bedingungen nicht anpassen können. Durch die sehr schnell fortschreitende Rodung der Regenwälder sind diese Arten in ihrem Bestand stark zurückgegangen. Die neu entstandenen ökologischen Nischen werden sofort von anderen Arten besiedelt, die weniger spezialisiert sind. So stellt man heute fest, daß sich einige Arten immer weiter ausbreiten und andere Arten weiter zurückgedrängt werden. Am schlimmsten wirkt sich dies auf kleineren Inseln aus. Die Vernichtung der Lebensräume auf der Insel Round Island, allerdings bedingt durch Zyklone, sowie eingeschleppte Ratten und Ziegen, hatte zur Folge, daß die Art *Phelsuma güntheri* fast ausgestorben ist. Erst neuere Schutzprojekte haben den Bestand etwas stabilisiert. Hierzu gehört auch die Haltung und Zucht in Gefangenschaft. Dieser Aspekt wird sicher in Zukunft einen höheren Stellenwert bekommen müssen. Nur durch ein umfangreiches Zuchtprogramm und den Erhalt der Biotope können einige Arten vor dem Aussterben gerettet werden. Hierbei ist es allerdings sehr wichtig, daß die Regierungen mit den zuständigen Behörden sowie den einschlägigen Gesellschaften (z.B. DGHT, BNA, usw.) zusammenarbeiten. Genaue Kenntnisse der einzelnen Arten und auch ihrer Lebensräume sind von größter Wichtigkeit.

Alle Arten vermehren sich durch das Legen von hartschaligen Eiern. Nur die Art und Weise, wie die Eier abgelegt werden, ist unterschiedlich. So kleben alle Maskarenen-Phelsumen ihre Eier an Unterlagen an. Andere Arten verstecken ihre Eier am Boden oder kleben sie an Steinplatten, die am Boden liegen. Jedoch legen die meisten Arten ihre Eier in einem geschützten Versteck ab. Die Tiere legen nur ein oder zwei Eier, wobei ein Ei seltener vorkommt. Es können auch Doppeleier entstehen. Die Eier werden mit den Hinterbeinen gehalten bis sie ausgehärtet sind oder bis zu einer bestimmten Festigkeit, um sie danach anzukleben. Doppeleier entstehen dadurch, daß das erste Ei bis zum Aushärten mit den Hinterbeinen gehalten und ständig gedreht wird und das zweite Ei noch im weichen Zustand an das erste gedrückt wird. Das Weibchen hält beide Eier bis zum Aushärten in den Hinterbeinen fest. Dieses Verhalten gibt es auch bei „Klebern", allerdings spielt sich der ganze Vorgang auf einer Unterlage ab. Ein Ablösen der angeklebten Eier von dieser Unterlage ist ohne Beschädigung nicht möglich. Für eine Zeitigung solcher Gelege im Terrarium sollte man die Eier mit einem durchsichtigen, gelöcherten Plastikgefäß abdecken. Dies verhindert eine Beschädigung und sichert den Schlupf der Jungtiere. Einige Arten dulden die Jungtiere bis zu einer bestimmten Größe in ihrer Nähe. Das anschließende Verbleiben richtet sich danach, ob es sich um ein Männchen oder ein Weibchen handelt. Ein Zusammenleben von einem Männchen mit mehreren Weibchen kommt hauptsächlich bei den kleineren Arten vor. Jedoch leben sehr viele Arten in einer Art Einehe zusammen. Hierbei sind die Partner sehr stark aufeinander fixiert. Dies sollte man beim Zusammensetzen von zwei Tieren berücksichtigen. Es kommt immer wieder vor, daß sich zusammengebrachte Paare nicht vertragen. Die daraus resultierenden Beißereien können bis zum Tode eines der beiden Tiere führen. Es ist also wichtig, daß man die Tiere in der ersten Zeit ständig beobachtet. Aber auch während der Paarungszeit, hauptsächlich in den Monaten Oktober bis April, kann es zu starken Verletzungen bei den Weibchen kommen. Es ist manchmal nötig, daß man die Paare häufiger trennt. Die Tiere paaren sich nach jeder Eiablage neu. Soweit bekannt ist, gibt es bei den meisten

Verbreitung der Phelsumen auf Madagaskar

Arten eine Vorratsbefruchtung der Weibchen. Das bedeutet, daß nur einmal gepaarte Weibchen mehrere befruchtete Gelege ablegen können. Die Zeitigung der Eier erfolgt am besten bei einer Temperatur von 28 °C und bei einer Luftfeuchtigkeit von 75%. Diese Angaben sind nur Richtwerte, die nicht grundsätzlich auf alle Arten zutreffen. Die Aufzucht der Jungtiere macht bei den größeren Arten keine Probleme mehr, allerdings ist sie bei einigen kleineren Arten immer noch schwierig. Grundsätzlich wird das gereichte Futter gekalkt und mit Spurenelementen aufgewertet, ins Trinkwasser kommt ein Vitaminpräparat.

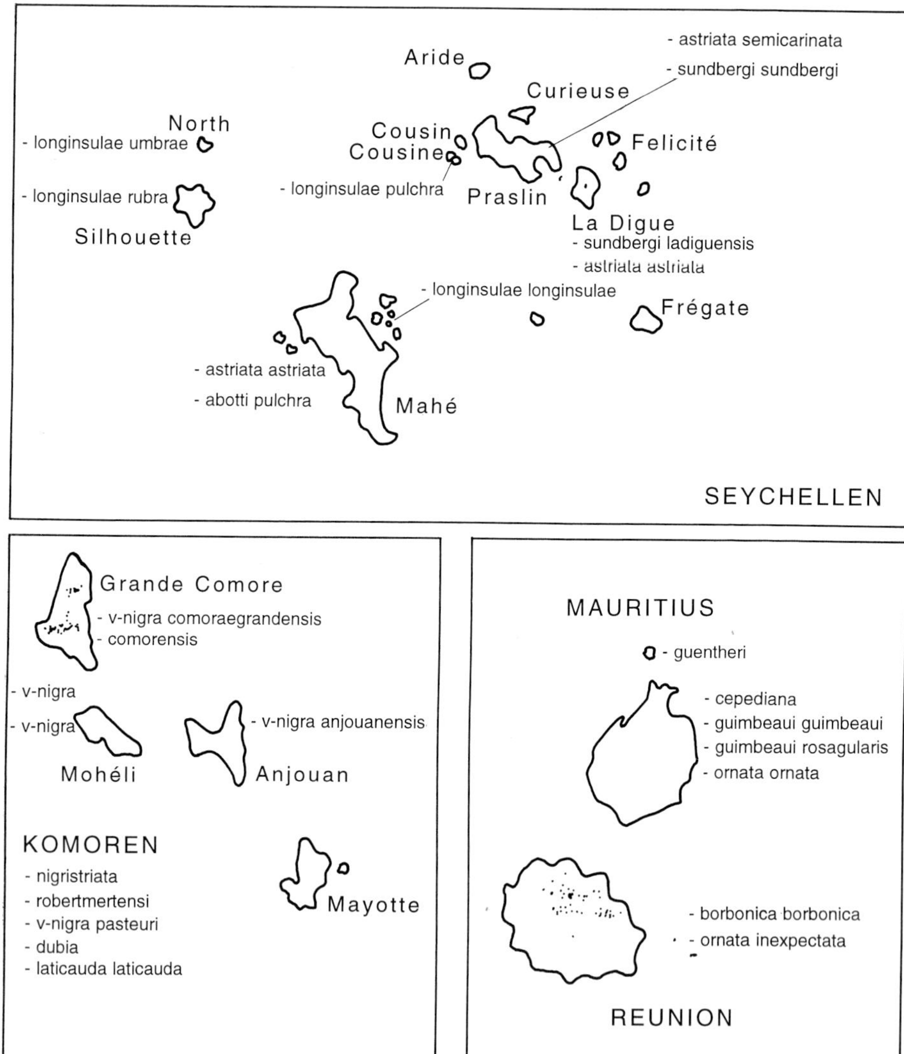

Verbreitung der Phelsumen auf den Seychellen, den Komoren und den Maskarenen

Phelsuma abotti abotti

Steijneger, 1893

Terra typica: Insel Aldabra, Seychellen
Verbreitung: Bisher ist die Art bekannt von Nosy Bé, dem Nordwesten Madagaskars und dem Aldabra-Atoll.
Lebensraum: Man kann bei dieser Art davon ausgehen, daß das ursprüngliche Verbreitungsgebiet der Norden von Madagaskar war. Von dort aus ist diese Phelsume durch menschliche Transportmittel zu den entsprechenden Atollen gelangt, so auch auf die Terra typica Aldabra.
P. a. abotti gehört nicht zu den direkten Kulturfolgern. Sie leben zwar in der Nähe von menschlichen Behausungen, aber dort nur auf Bäumen. Sehr häufig findet man sie an Bäumen mit einer rauhen Rinde.
Größe: Diese Art hat eine Gesamtlänge von ungefähr 130 mm.
Erkennungsmerkmale: Ein kleiner, ziemlich kurzköpfiger, robust gebauter Gecko. Die Grundfarbe ist graugrün bis licht graublau mit dunklen und hellen Tupfen, die zuweilen zu einer Marmorierung zusammenfließen oder auf der Rückenmitte einen Längsstrich bilden. Ein dunkles Längsband ziert die Kopfseite, die Schwanzoberseite ist ebenfalls gefleckt. Die Unterseite der Schwanzwurzel ist rost- bis orangerot gefärbt. Auf dem Kinn befinden sich häufig ein oder zwei V-förmige, mit der Spitze nach vorn gerichtete Binden. Recht bezeichnend, vor allem für die Männchen, scheint die zitronengelbe, vom Grauweiß der übrigen Unterseite sich abhebende Färbung auf der Unterseite der Oberschenkel und auf dem hintersten Bauchabschnitt zu sein. Die grauweiße Färbung der Unterseite besitzen nur die Tiere vom Aldabra-Atoll, bei den Tieren von Madagaskar ist die Unterseite leicht rosa gefärbt. Dies ist der einzige erkennbare Farbunterschied zwischen den Bewohnern vom Festland und denen von Aldabra, abgesehen davon, daß die Tiere vom Festland in der Färbung wesentlich homogener und etwas größer sind.
Biologie: Die Tiere bewohnen meistens paarweise einen Baum. Ihre Eier verstecken die Weibchen in Astlöchern oder hinter losen Rindenstücken der Bäume.

Terrarium: Die Einrichtung des Terrariums sollte aus daumendicken Bambusröhren, die senkrecht und waagerecht in das Becken eingebracht werden, und großblättrigen Pflanzen bestehen. Ist die Wärmequelle oberhalb des Terrariums angebracht, bieten sich die waagerechten Bambusröhren als Sonnenplatz an. Die notwendige Luftfeuchtigkeit erreicht man durch ein- oder zweimaliges Besprühen des Beckens morgens und abends.

Phelsuma abotti sumptio

Cheke, 1982

Terra typica: Insel Assumption, Seychellen
Verbreitung: Die Art lebt nur auf der Insel Assumption.
Lebensraum: Man findet diese Unterart an Häusern genauso wie an Kokospalmen. Daran erkennt man, daß es sich bei diesen Tieren um Kulturfolger handelt.
Größe: Die Gesamtlänge von 140 mm wird nur von den Männchen erreicht.
Erkennungsmerkmale: Der Kopf ist wesentlicher breiter gebaut als bei der Nominatform. Die Körperoberseite ist matt graublau bis hellblau gefärbt. Die rötliche Rücken- und Kopfzeichnung hebt sich kaum von der Grundfarbe ab, die Flanken und die Beine sind einheitlich grau bis graublau. Die Vertebrallinie bricht in eine Reihe von Flecken auf, welche sich auch parallel zur Vertebrallinie oberhalb der Flanken befinden. Die Färbung der Körperunterseite ist orangegelb. Zu erwähnen ist noch, daß die Farbvariabilität bei *P. abotti sumptio* wesentlich größer ist als bei der Nominatform.
Biologie: Die ca. 12 mm großen Eier werden zum Aushärten zwischen den Hinterbeinen gedreht und dann an geeigneten Plätzen abgelegt. Die Jungtiere schlüpfen mit einer Körpergröße von 25 mm.
Terrarium: Die Einrichtung des Terrariums entspricht dem der Nominatform. Wählt man als Bepflanzung großblättrige Sansevierien, werden die Eier meist in den Blattachseln dieser Pflanzen abgelegt. Ein weiterer Vorteil der Sansevierien sind die großen, senkrecht wachsenden Blätter. Diese werden gerne als Aufenthaltsplatz am Tage und als Schlafplatz in der Nacht genutzt. Der Bodengrund kann aus Blumenerde oder feinem Aquarienkies bestehen.

Phelsuma andamanensis

Blyth, 1860

Terra typica: Andamanen-Inseln

Verbreitung: Man findet die Tiere sowohl in der Hauptstadt der Andamanen-Inseln Port Blair als auch im gesamten Hinterland.

Lebensraum: Diese Art ist ein Flach- und Hügellandbewohner. Sie bevorzugen Siedlungsgärten mit Betelnuß-Palmen und Bananenstauden. Die Tiere kommen als Kulturfolger auch an den Hütten der Einheimischen vor, dringen jedoch meistens nicht in die Behausungen ein.

Größe: Die Gesamtlänge von 140 mm wird nur von den Männchen erreicht.

Erkennungsmerkmale: Es ist ein schlanker, spitzköpfiger Taggecko. Die Körperoberseite ist grün mit roten Punkten und Streifen. Ein roter Strich führt von der Nase bis zur Ohröffnung. Der Bauch ist leuchtend gelb. Man kann die Geschlechter anhand des deutlichen Dimorphismus gut unterscheiden. Das Männchen ist bunter mit türkisfarbener Schwanzoberseite.

Biologie: Diese scheuen Tiere sind sehr aggressiv untereinander. Sollten sich die beiden Geschlechter jedoch gut verstehen und harmonieren, ist das Weibchen ausgesprochen produktiv. In einem Zeitraum von 18 Monaten wurden schon 14 Gelege beobachtet. Alle 25–30 Tage klebt das Weibchen die Eier paarweise in Blattachseln.

Terrarium: Das Terrarium muß den stark ausgeprägten Bedürfnissen der Tiere entsprechend eingerichtet sein. Sie sind extrem wärmebedürftig und benötigen für eine optimale Haltung eine relative Luftfeuchtigkeit von wenigstens 80%. Die Nachttemperatur darf 20 C° auf keinen Fall unterschreiten. Bedingt durch diese hohe Luftfeuchtigkeit empfiehlt es sich, das Terrarium nicht mit Bambus auszustatten. Beobachtungen zeigten, daß Eier, die an Bambus geklebt wurden, nicht zum Schlupf der Jungtiere führten. Gelege, die an die Scheibe oder an Pflanzen geklebt wurden, entwickelten sich prächtig und die Jungtiere schlüpften nach 50–70 Tagen mit einer Körpergröße von 30 mm. Wahrscheinlich ist der Grund hierfür, daß Bambus als natürliches Material bei hoher Luftfeuchtigkeit arbeitet. Dadurch werden die Gelege zerstört.

Phelsuma astriata astriata

Tornier, 1901

Terra typica: Insel Mahé, Seychellen-Archipel
Verbreitung: Die Tiere findet man auf den Seychellen-Inseln Mahé, Praslin, Curieuse und Frégate.
Lebensraum: Diese Art ist ein ausgesprochener Kulturfolger. Man findet die Tiere an Kokospalmen, dünnzweigigem Gesträuch und Zuckerrohrpflanzen, auch in der Nähe von menschlichen Siedlungen.
Größe: Eine Gesamtlänge von 125 mm wird selten überschritten.
Erkennungsmerkmale: Die Farbe ist ein leuchtendes Grün. Die Kopfzeichnung besteht aus einer roten V-förmigen Zeichnung und einem Querband, das bei manchen Tieren auch fehlen kann. Die roten Flecken auf der Körperoberseite fließen oft zu einem Ventralband zusammen. Beine und Schwanz sind hell gefärbt und dunkel gefleckt, auf den Flanken befinden sich keine Streifen. Die Unterseite und die Kehle sind einfarbig weiß. Bei dieser Unterart sind die Jungtiere nach dem Schlupf schon ausgefärbt und die Weibchen in der Regel etwas kleiner als die Männchen. Die Färbung des Schwanzes beim Männchen besteht aus einem leuchtenden Blau.
Biologie: Mit einer Größe von 125 mm gehört diese Art noch zu den kleineren Phelsumen. Die 10 mm großen Eier werden von den Weibchen in geschützten Verstecken angeklebt. Massengelege sind bei dieser Phelsume keine Seltenheit. Diese werden häufiger in mit Fasern verkleideten Blattachseln gefunden.
Terrarium: Senkrecht und waagerecht in das Becken eingebrachte Bambusröhren von daumenbreiter Dicke und eine Bepflanzung mit Sansevierien ist wie für viele Phelsumen auch für diese Art als ideal anzusehen. Bietet man den Tieren die Möglichkeit in die Bambusröhren zu gelangen, werden diese mit Vorliebe zur Eiablage benutzt. Ein Strahler oberhalb des Beckens sorgt für die lokale Erwärmung des Sonnenplatzes, den die Tiere regelmäßig aufsuchen, um ihre Vorzugstemperatur zu erreichen.
Um den klimatischen Bedürfnissen der Tiere von den Seychellen nachzukommen, darf die Nachttemperatur im Terrarium nicht unter 20 C° sinken. Die erforderliche Luftfeuchtigkeit wird durch einmaliges Überbrausen in den Abendstunden erreicht.

Phelsuma astriata semicarinata

Heke, 1976

Terra typica: Insel Praslin; Seychellen
Verbreitung: Diese Art ist endemisch auf der Seychellen-Insel Praslin.
Lebensraum: Als Kulturfolger findet man die Tiere an Kokospalmen und Sträuchern in der Nähe von menschlichen Behausungen.
Größe: Die Tiere erreichen eine Gesamtlänge von 125 mm.
Erkennungsmerkmale: Die Grundfärbung der Oberseite besteht aus einem leuchtenden Grün. Eine rote V-förmige Zeichnung und ein bis zwei rote Querbänder schmücken den Kopf. Die Körperzeichnung besteht aus orangefarbenen Flekken, die variabel angeordnet sein können. Der Schwanz ist von einheitlich dünnen Querbändern gezeichnet. Die Flankenfärbung besteht aus einer grauen Zone, welche Ober- und Unterseite des Körpers voneinander trennt. Die Körperunterseite ist einheitlich weiß. *P. astriata semicarinata* läßt sich anhand der Beinzeichnung, die aus unregelmäßigen Flecken besteht, von den anderen *P. astriata*-Unterarten unterscheiden. Diese Zeichnung der Beine fehlt bei den beiden anderen Unterarten gänzlich. Die Männchen besitzen einen grünen, leicht bläulichen Schwanz.
Biologie: Mit einer Größe von 125 mm gehört diese Art noch zu den kleineren Phelsumen. Die 10 mm großen Eier werden von den Weibchen in geschützten Verstecken angeklebt. Massengelege sind bei dieser Phelsume keine Seltenheit. Diese werden häufiger in mit Fasern verkleideten Blattachseln gefunden.
Terrarium: Senkrecht und waagerecht in das Becken eingebrachte Bambusröhren von daumenbreiter Dicke und eine Bepflanzung mit Sansevierien ist, wie für viele Phelsumen, auch für diese Art als ideal anzusehen. Bietet man den Tieren die Möglichkeit in die Bambusröhren zu gelangen, werden diese mit Vorliebe zur Eiablage benutzt. Ein Strahler oberhalb des Beckens sorgt für die lokale Erwärmung des Sonnenplatzes, den die Tiere regelmäßig aufsuchen, um ihre Vorzugstemperatur zu erreichen.

Phelsuma barbouri

Loveridge, 1942

Terra typica: Wald zwischen Toamasina und Antananarivo, östliches Madagaskar
Verbreitung: Die Art ist bisher nur im Hochland von Madagaskar gefunden worden. Das Hauptverbreitungsgebiet liegt im Ankaratra-Gebirge.
Lebensraum: Die Tiere leben an Felsen sowie an einzelnen frei liegenden Steinen. Das Klima ist in diesem Gebiet sehr rauh mit sehr extremen täglichen und auch jahreszeitlichen Temperaturunterschieden. Die Sonneneinstrahlung ist sehr intensiv und in den Nächten ist es kalt und nebelig.
Größe: Mit einer Gesamtlänge von 135 mm sind die Tiere ausgewachsen.
Erkennungsmerkmale: Die Tiere haben einen sehr flachen Habitus, welcher schon auf eine Lebensweise in schmalen Ritzen hindeutet. Die kurze, etwas abgestumpfte Schnauze geht über in einen flachen breiten Kopf. Die Grundfärbung ist ein Dunkelgrün mit braunen bis schwarzen Flecken und Strichen. Je ein brauner, dorsolateral und lateral liegender Streifen zieht sich von der Schnauze bis hin zur Schwanzwurzel. Die Unterseite ist grau ohne Musterung. Der Schwanz ist einfarbig grün und geringfügig abgeplattet. Die Extremitäten sind in der Regel braun gefärbt.
Biologie: Die Tiere leben sehr häufig in kleinen Gruppen an einer Felsformation. Tagsüber sitzen sie mit abgeflachtem Körper in der Sonne, um ihre Vorzugstemperatur zu erreichen. Hierbei hellt die Färbung der Tiere immer mehr auf. In der Nacht und in den frühen Morgenstunden sind sie sehr dunkel gefärbt. Die Weibchen kleben ihre Eier unter hohl liegenden Steinplatten. Es können mehrere Weibchen den gleichen Eiablageplatz benutzen. Hier entstehen dann große Massengelege, die bis zu 50 Eier enthalten können. Wir fanden nur Gelege, die an flach auf dem Boden liegenden Steinplatten klebten.
Terrarium: Nur große Terrarien mit reichlichen Versteckmöglichkeiten sowie ausreichend beheizten Plätzen kommen für eine Gruppenhaltung in Frage. Die Rückwand wird am besten mit Steinplatten beklebt und ein Felsaufbau im Terrarium eingebracht. Einige Stellen sollten mit einem Strahler auf 30 °C erwärmt werden. Da die Tiere aber auch gerne an Ästen umherlaufen, sollten einige in senkrechter und waagerechter Orientierung vorhanden sein. Die Eier können im Terrarium gezeitigt werden. Die Jungtiere werden von den adulten Tieren nicht behelligt.

Phelsuma borbonica borbonica

Mertens, 1966

Terra typica: Le Brle, Réunion
Verbreitung: Die Art wurde in Bois Blanc, St. Benoit, auf der Insel Réunion gefunden
Lebensraum: Die Tiere leben ab einer Höhe von ca. 150 m über dem Meeresspiegel. Bananenpflanzen und *Pandanus utilis* sind der bevorzugte Lebensraum dieser Phelsume in den unteren Höhenlagen. In höheren Lagen, wo die Sekundärpflanzen nicht mehr auftreten, kann man die Tiere auch auf Bäumen beobachten.
Größe: Die Tiere erreichen eine Größe von 160 mm.
Erkennungsmerkmale: Die Tiere können je nach Population sehr stark in der Färbung variieren. Der Körper ist dunkelgrün mit zahlreichen Flecken auf der Rückenmitte, die teilweise zu unregelmäßigen Querbändern zusammenlaufen und sich auf der Schwanzoberseite fortsetzen. Die roten Flecken sind auf der Kopfoberseite und dem Nacken wesentlich kleiner, zahlreicher und dichter. Hinter dem Auge beginnt ein weißlicher Streifen, der über den Vorderbeinen in ein hellgrünes Dorsalband übergeht. Die Flanken unterhalb dieses Bandes sind dunkelgrün und üppig rot gefleckt. Die Kehle ist blaßrosa mit großen, grauen Flecken, der Bauch ist dunkel pigmentiert, die Schwanzunterseite einfarbig grau, jedoch ist die Analregion gelblich gefärbt. Die Weibchen besitzen eine größere Farbvariabilität als die Männchen. Man findet Weibchen, die in der Färbung sehr den Männchen gleichen, jedoch auch Tiere mit bräunlichen Körperflanken und Beinoberseiten.
Biologie: Während der trockenen Tageszeiten mit steigenden Temperaturen kann man diese Tiere beim Sonnenbaden beobachten. Sie liegen dann mit abgeflachtem Körper auf der Baumrinde und erwärmen sich. Nachdem sich die Geckos genug gesonnt haben, klettern sie lebhaft im Geäst der Bäume umher. Weibchen können auch gemeinsam beim Sonnenbaden angetroffen werden, während die Männchen einem anderen Männchen sofort mit abgeflachtem Körper drohen. Die Versteckplätze während der kühleren und feuchteren Tageszeiten sind Hohlräume von morschen Ästen und Baumstämmen oder dicke Moospolster, die an Bäumen und Ästen wachsen. Wie alle Maskarenen-Phelsumen klebt *P. borbonica borbonica* ihre Eier an geeignete Plätze.

Phelsuma barbonica barbonica (Farbvariante)

Terrarium: Wegen ihrer Vorliebe für einen kühleren und feuchteren Lebensraum mit hoher Lichtintensität müßte sich dieser Gecko auch hervorragend für eine Freilandhaltung während des europäischen Sommers in einem geeigneten Terrarium eignen. Im Zimmerterrarium muß unbedingt auf ein gewisses Temperaturspektrum von ca. 16 °C im unteren und 30 °C im oberen Teil des Terrariums unter der Licht- oder Wärmequelle geachtet werden. Den Bedürfnissen, in Bezug auf die Luftfeuchtigkeit, wird man durch mehrmaliges Sprühen am Tage gerecht. Da diese Tiere sehr gerne klettern, bietet man ihnen einige senkrecht oder schräg stehende, sich verzweigende Äste oder Stämme und großblättrige Sansevierien an. In der Natur nehmen diese Tiere Blütennektar auf, im Terrarium können wir dieses Bedürfnis durch künstlichen Nektar stillen. Über die Nachzucht dieses sehr hübsch gefärbten Geckos liegen noch keine Informationen vor.

Phelsuma borbonica agalegae

Cheke, 1976

Terra typica: Insel Agalega, Mauritius
Verbreitung: Diese seltene Art ist endemisch für die beiden winzigen Agalega-Inseln im westlichen Indischen Ozean.
Lebensraum: Auf Agalega befinden sich hauptsächlich Plantagen aus Kokospalmen.
Größe: Eine Größe von 160 mm wird nur von den Männchen erreicht
Erkennungsmerkmale: *P. b. agalegae* ist ein mittelgroßer, robust gebauter Gecko. Ein auffälliger, geschlechtsspezifischer Größenunterschied ist eindeutig erkennbar. Während die Weibchen nur 135 mm lang sind, erreichen die Männchen die oben angegebenen Werte. Die Grundfärbung ist graugrün, der Kopf- und Nakkenbereich ist gelbbraun gefärbt. In Prachtfärbung ist der Schwanz und der Rücken leuchtend türkis. Die Dorsolateralbänder können weißlich, türkis oder türkis durchsetzt mit mehr oder weniger roten Punkten sein. Die roten Farbanteile können sehr stark variieren, von einzelnen Flekken bis hin zur dichten Netzzeichnung oder zusammenfließenden Querbändern.
Biologie: Diese eher scheue Phelsume ist äußerst flink. Im Balzverhalten unterscheiden sich die Tiere nicht von anderen Phelsumen. Lautäußerungen sind selten und beschränken sich fast ausschließlich auf die Abwehrlaute der Weibchen. Die Fortpflanzungszeit beginnt im April und dauert bis in den September. In dieser Zeit werden drei bis vier Gelege, bestehend aus zwei Eiern, an geeignete Stellen geklebt.
Terrarium: Die Tagestemperaturen sollten zwischen 24 °C im unteren und 30 °C im oberen Bereich des Terrariums liegen. Nachts kann die Temperatur auf 18–22 °C zurückgehen. Die relative Luftfeuchtigkeit sollte zwischen 40–60% am Tage und etwa 75% in der Nacht liegen. Das Trinkbedürfnis wird durch leichtes Sprühen am Abend gestillt. Glatte Kletteräste (Bambus) und Sansevierien vervollständigen die Einrichtung. *P. borbonica agalegae* klebt die Gelege mit Vorliebe an Scheiben und Pflanzen. Wenn man die Eier im Terrarium zeitigt, sollte bedacht werden, daß große Futtertiere (Grillen, Schaben) durchaus in der Lage sind, die Eischale zu durchbeißen. Die Jungtiere schlüpfen nach 70–100 Tagen, je nach Zeitigungstemperatur, mit einer Gesamtlänge von 45–50 mm. Die Jungtiere sind einheitlich dunkelbraun gefärbt, nach 6 Monaten haben sie die Färbung der adulten Tiere angenommen.

Phelsuma breviceps

Boettger, 1894

Terra typica: Südspitze von Madagaskar
Verbreitung: Aus der Gegend um Toliara bekannt. Neuere Fundpunkte sind aus der Nähe des Tsimanampetsotsa-See im Südwesten von Madagaskar bekannt geworden.
Lebensraum: Die Art bewohnte eine ausgesprochen trockene und vegetationsarme Landschaft. Die Niederschlagsrate im Jahr ist sehr gering und die Temperaturen steigen am Tage auf über 40 °C im Schatten an.
Größe: Die Tiere erreichen eine Gesamtlänge von ca. 100 mm, bleiben aber durch häufige Schwanzregenerate meistens darunter.
Erkennungsmerkmale: Der deutsche Name „Kurzkopf-Taggecko" gibt das auffälligste Merkmal dieser Art passend wieder. Die Tiere sehen mit ihren kurzen Schnauzen etwas gedrungen aus. Der Kopf ist wenig abgesetzt und die dazu im Verhältnis großen Augen geben den Tieren ein unverwechselbares Aussehen. Die Grundfärbung ist grau, wobei der Oberkörper, je nach Stimmung, dunkler gefärbt sein kann. Hellblaue Punkte und Striche befinden sich auf dem gesamten Oberkörper. Ein heller, manchmal ins gelblich gehender Strich zieht sich von der Schnauzenspitze bis zum Schwanz. Dieser verläuft unter dem Auge und über der Ohröffnung. Ein dunkler Naso-Feneralstreifen zieht sich über Auge und endet oberhalb der Ohröffnung. Die Extremitäten sind gesprenkelt.
Biologie: Bisher ist noch nicht sehr viel über diese interessante Art bekannt. In ihrem Verhalten kann man die Tiere als ruhig bezeichnen. Dieses Verhalten ist für Phelsumen eher ungewöhnlich und mag mit ihrem Lebensraum zusammenhängen. Da sich die Tiere auf buschförmigen Wolfsmilchgewächsen (*Euphorbia stenoclada*) mit bis zu 70 mm langen Dornen bewegen, ist höchste Vorsicht geboten. Die meist paarigen Eier werden frei zwischen den Dornen abgelegt. Sie sind der Sonne voll ausgesetzt. Die Oberfläche wirkt wie poliert, was auf einen besonderen Schutz gegen Austrocknen hinweisen kann.
Terrarium: Es kommt nur ein Trockenterrarium in Frage. Der Bodengrund kann aus Sand bestehen. Da die Tiere hauptsächlich an glatten Ästen umherlaufen, sind daumendicke Bambusröhren gut geeignet. Diese müssen sowohl in senkrechter als auch waagerechter Orientierung vorhanden sein. Eine intensive Beleuchtung ist Voraussetzung für das Wohlbefinden der Tiere.

Phelsuma cepediana

Merrem, 1817

Terra typica: Mauritius

Verbreitung: Die Tiere kommen sowohl im Küstenbereich als auch in den höheren Lagen vor.

Lebensraum: Man findet die Tiere hauptsächlich in feuchten Gebieten. Hier bewohnen sie Palmen und Bananenstauden, aber auch an Häusern kann man Tiere finden. Es sind allerdings keine direkten Kulturfolger.

Größe: Die Art kann eine Größe von 150 mm erreichen.

Erkennungsmerkmale: Die Grundfärbung reicht von hellgrün bis nach türkisblau. Auf dem Rücken befinden sich dunkelrote Flecken, die oft paarig angeordnet sind. Sie beginnen an der Schnauze und enden am Schwanz. Dorsolateral werden sie von einer unterbrochenen bis durchgehenden Linie in der gleichen Farbe eingerahmt. Die Männchen erkennt man an den verdickten Hemipenistaschen und den gut sichtbaren Präanalporen.

Biologie: *P. cepediana* ist eine etwas aggressivere Art, auch anderen Phelsumen gegenüber. Während der Paarungszeit zeigen sich die Männchen in den schönsten Farben. Jetzt sind die Tiere auch gegeneinander besonders aggressiv. Die Männchen nähern sich den Weibchen mit ruckartigen Bewegungen, waagerechtem Kopfschütteln und ständigem Züngeln. Ist das Weibchen paarungsbereit, so erwidert es die Bewegungen und bleibt auf der Stelle sitzen. Das Männchen nähert sich von hinten und mit einem Paarungsbiß im Nacken findet die Kopula statt. Die Weibchen kleben ihre Eier in ein geschütztes Versteck. Bei einer Temperatur von 28 °C schlüpfen nach 40–45 Tagen die ca. 40 mm großen Jungtiere. Die Jungtiere sollten nicht im Terrarium bleiben, da ihnen die adulten Tiere nachstellen. Die Tiere aus dem Hochland benötigen 75–100% Luftfeuchtigkeit. Eine lokale Erwärmung von 28–30 °C durch einen Strahler empfinden die Tiere als angenehm.

Terrarium: Die Tiere benötigen ein hohes Terrarium mit sehr vielen Klettermöglichkeiten. Ideal sind auch senkrecht und waagerecht eingebrachte Bambusröhren. Die Größe der Röhren sollte ungefähr Daumendicke betragen.

Phelsuma comorensis

Boettger, 1913

Terra typica: La Grille, Grande Comore
Verbreitung: Bislang wurde diese Art nur auf der Insel Grande Comore in Höhenlagen ab 600 m gefunden.
Lebensraum: *P. comorensis* besitzt einen montanen Lebensraum. So findet man die Geckos vorwiegend in den Höhenlagen. Ihre Verbreitung erstreckt sich aber auch bis an die Nordküste. Hier findet man dann aber wesentlich weniger Tiere als in höheren Lagen.
Größe: Eine Gesamtlänge von 120 mm wird selten erreicht.
Erkennungsmerkmale: Die Färbung der Oberseite des Körpers besteht aus einem schmutzigen Oliv. Auf dem Kopf befinden sich einige kleine rote Punkte. Ein hellroter Strich führt vom Nasenloch bis zum Auge. Ein weiterer kurzer, roter Längsstreifen schmückt den Vorderrücken, während das Lateralband schwarz gefärbt ist. Alle Extremitäten sind dunkel marmoriert. Eine V-förmige Zeichnung befindet sich auf der Schwanzoberseite, die Körperunterseite ist ungefleckt und weißlich.
Biologie: Diese Phelsume ist sehr produktiv. Bis zu acht Gelege in einem Jahr konnten beobachtet werden. Außergewöhnlich ist es, daß die Jungtiere dieser Art bereits nach 4–5 Monaten geschlechtsreif sind.
Terrarium: Bezüglich des Klimas in ihrem Lebensraum sollten bei der Gestaltung und Einrichtung des Terrariums einige Gesichtspunkte berücksichtigt werden. Da diese Phelsume eine montane Lebensweise besitzt, sollte man ein entsprechendes Temperaturgefälle im Tag-Nacht-Rhythmus beachten. Ein Strahler sorgt für die lokale Erwärmung der Sonnenplätze, nachts werden alle Wärmequellen abgestellt. Den automatischen Anstieg der Luftfeuchtigkeit durch das Ausschalten der Wärmequellen unterstützt man durch Sprühen in den Abend- und Morgenstunden. Gleichzeitig bewirkt man durch das abendliche Sprühen einen schnelleren Temperaturrückgang, der für die Nachtstunden nötig ist. Die Einrichtung des Terrariums besteht aus hochkant und waagerecht eingebrachten, fingerdicken Stämmen.

Phelsuma dubia

(Boettger, 1881)

Terra typica: Madagaskar
Verbreitung: Diese Art hat eines der größten Verbreitungsgebiete, man findet sie auf Madagaskar, den Komoren und in Ostafrika.
Lebensraum: Die Tiere sind sehr anpassungsfähig. Sie bewohnen sowohl menschliche Behausungen sowie Bäume und Plantagen. Man findet sie auch an Bäumen direkt am Meer. In Madagaskar findet man sie sehr häufig auf *Ravenala madagascariensis*, einem endemischen Bananengewächs.
Größe: Die Tiere erreichen eine Gesamtlänge von ca. 150 mm.
Erkennungsmerkmale: Die Grundfärbung kann je nach Licht und Temperatur zwischen graubraun bis blaugrün variieren. Hierbei kann der Schwanz auch eine hellblaue Färbung annehmen. Rotbraune Rückenflecken können vorhanden sein. Ein rotbrauner Strich zwischen Nasenloch und Auge sowie ein rotbrauner Winkel auf der Schnauze sind vorhanden. Ein graues Lateralband grenzt die weißliche Bauchseite ab. Die Jungtiere haben eine auffällige Juvenilfärbung, die aus einer hellbraunen Körperfärbung mit einer hellblauen Sprenkelung besteht. Hiervon hebt sich der gelbe Schwanz stark ab.
Biologie: Die Art lebt oft in Gruppen von einem Männchen mit mehreren Weibchen zusammen. Die Weibchen kleben ihre Eier an einen geschützten Platz. Hier entstehen auch oft Massengelege von verschiedenen Weibchen. Da die Tiere in der Lage sind, zerstörte Gelege von geschlüpften Gelegen zu unterscheiden, werden solche Plätze zur Eiablage nicht mehr benutzt.
Terrarium: Die Tiere sind zwar sehr anpassungsfähig, jedoch kommt eine Haltung in trokkenen Terrarien ihrem Lebensraum am nächsten. Glatte Flächen werden anderen Flächen deutlich bevorzugt. Äste mit einer rauhen Rinde sollte nicht verwendet werden. Auch hier haben sich Bambusröhren bestens bewährt. Der Bodengrund kann aus Sand bestehen, wobei einige eingetopfte Pflanzen durchaus vorhanden sein können.

Phelsuma flavigularis

Mertens, 1962

Terra typica: Andasibe

Verbreitung: Bisher ist die Art nur aus dem Raum Andasibe bekannt geworden. Es handelt sich dort um eine Hochebene 800–1000 m über dem Meeresspiegel, etwa 100 km östlich von Antananarivo gelegen.

Lebensraum: Man findet die Tiere an Bananenstauden oder an *Ravenala* (Baum der Reisenden). Ihr ursprünglicher Lebensraum sind die Regenwälder.

Größe: Die Tiere erreichen eine Gesamtlänge bis zu 150 mm. Es sind hauptsächlich die Männchen, die diese Größe erreichen. Die Weibchen bleiben meistens deutlich darunter.

Erkennungsmerkmale: Das auffälligste Erkennungsmerkmal bei dieser Art ist der breite fleischige Schwanz. Die Grundfärbung ist ein Dunkelgrün, wobei der Schwanz in der Sonne türkisfarben abgesetzt sein kann. Auf der Schnauze befinden sich zwei rote Querstreifen. Einige größere rote Flecken sind in der Regel auf dem Kopf vorhanden. Auf dem Rücken befinden sich kleine rote Punkte in unterschiedlicher Anzahl, je nach Individuum. Diese können im Nackenbereich zusammenfließen und bis zu drei Längslinien entstehen lassen. Der Kopfbereich ist bei intensiver Sonneneinstrahlung blau abgesetzt. Die Augen sind mit blauen Augenringen eingefaßt. Die gelbe Kehle geht in den beigen Bauch über. Je ein weißer Streifen zieht sich von den Vorderbeinen am Bauch entlang bis zur Schwanzspitze.

Biologie: Es handelt sich bei dieser Art um eine recht unverträgliche Phelsume. Die Weibchen kleben ihre Eier, meistens einzeln, in die Nähe einer Wärmequelle an den Untergrund. Sie geben sich keine Mühe die Eier zu verstecken. Die Jungtiere schlüpfen ohne Probleme, jedoch ist die Aufzucht etwas schwierig.

Terrarium: Die Tiere pflegt man in einem feuchten, bepflanzten Terrarium. Auch bei dieser Art wird durch einen Strahler eine Stelle im Terrarium auf etwa 30 °C erwärmt. Glatte Äste oder Bambusstäbe zum Klettern werden sowohl senkrecht als auch waagerecht ins Terrarium eingebracht.

Phelsuma guentheri

Boulenger, 1885

Terra typica: Round Island bei Mauritius
Verbreitung: Diese Phelsume hatte in historischer Zeit ein wesentlich größeres Verbreitungsgebiet, das sich bis auf Mauritius und Réunion ausdehnte. Heute kommt sie nur noch auf Round Island vor.
Lebensraum: Früher waren diese Tiere reine Baumbewohner. Jedoch ist ihr jetziger Lebensraum stark eingeschränkt. Zyklone vernichteten die letzten Bäume auf Round Island. Dazu kommen die Schäden, die von ausgesetzten Tieren auf dieser kleinen Insel angerichtet worden sind. Heute bewohnt *P. guentheri* zwangsweise Felsen und andere verbliebene Schlupfwinkel.
Größe: Die Tiere erreichen eine Gesamtlänge von 300 mm, bleiben aber meistens darunter.
Erkennungsmerkmale: Es ist eine sehr große Phelsume, die aber eher unscheinbar gefärbt ist. Die Grundfarbe besteht aus einem Graubraun bis Graugrün. Vom Nasenloch über das Auge, bis in den Nackenbereich befindet sich ein dunkelbrauner Längsstrich, der im Nackenbereich zusammenfließt. Einzelne dunkle Flecken können auf dem Rücken vorhanden sein.
Biologie: Es sind sehr stark gefährdete Tiere, da auf der Insel Round Island Kulturtiere und Wirbelstürme ihren ohnehin stark begrenzten Lebensraum vernichteten. In wissenschaftlichen Untersuchungen wurde festgestellt, daß die Tiere dieser kleinen Population überdurchschnittlich häufig an Demineralisierung und daraus resultierender Skoliose leiden. Vor einiger Zeit wurde einigen Terrarianern ermöglicht, diese Art, die besonderen Schutz genießt, im Terrarium zu pflegen und nachzuzüchten. Bei Erfolg dieses Projektes sollten dann die nachgezüchteten Tiere wieder ausgesetzt und die Populationen zahlenmäßig verstärkt werden. Dieses Projekt ist dann aber nach einiger Zeit wieder abgebrochen worden, obwohl einige Terrarianer die Tiere erfolgreich nachgezüchtet haben. Die notwendigen Schutzmaßnahmen für diese Art, wie kontrollierte Aufzucht und Wiederaufforstung ihres Lebensraumes auf Round Island, hat der Jersey Wildlife Preservation Trust übernommen.

Phelsuma guimbeaui guimbeaui

Mertens, 1963

Terra typica: Pailles, 5 km südwestlich von Port Louis, Mauritius

Verbreitung: Diese Art ist auf Mauritius endemisch. Die Verbreitung erstreckt sich punktuell entlang der Westküste der Insel: Von Pailles im Nordwesten über Tamarin und den Casela Bird Park bis nach Baie du Cap im Südwesten.

Lebensraum: Palmen und andere große Bäume (Akazien) werden von diesen Tieren bevorzugt. Man findet sie aber auch auf Sträuchern in Küstennähe. Nur selten entdeckt man sie an menschlichen Behausungen. Manchmal teilen sie sich den Lebensraum mit *P. cepediana* und *P. ornata ornata*, die aber häufiger an menschlichen Behausungen zu finden sind. Dieser Lebensraum liegt im trockeneren und wärmeren Teil der Insel, da die Höhenzüge den Regen fernhalten.

Größe: Die Art erreicht eine Gesamtlänge bis 150 mm.

Erkennungsmerkmale: Dieser Taggecko hat eine kurze, gedrungene Körperform und einen dicken, kurzen Schwanz. Die Tiere sind sehr konstant in der Färbung. Die Grundfarbe ist ein leuchtendes Smaragdgrün. Der besonders bezeichnende mittlere rote Nackenstreifen gabelt sich und verschmilzt dann wieder zu einem unpaarigen Streifen. Die Seiten des Bauches sind dunkel pigmentiert, während der restliche Bauch gelblich-weiß gefärbt ist. Die Kehl- und Kloakenregion ist gelb. Die Kehle weist einige dunkle, winkelförmige Zeichnungen auf. Auch bei dieser Art lassen sich die Geschlechter leicht anhand der Körpergröße unterscheiden. Während die Männchen bis zu 150 mm lang werden, liegt die Maximallänge der Weibchen bei etwa 120 mm. Ungewöhnlich ist die Färbung der Jungtiere, die aus einem schlichten Graubraun mit weißer Sprenkelung besteht. Die Umfärbung beginnt mit sechs Monaten und ist mit 12–15 Monaten abgeschlossen.

Biologie: Die Tiere wurden oft beobachtet, wie sie Baumsäfte leckten. Im Terrarium kann man dieser Gewohnheit nachkommen, in dem man den Tieren künstlichen Nektar oder ähnliches zur Verfügung stellt. Die Fortpflanzungszeit beginnt im März und erstreckt sich bis zum Ende des Sommers. In dieser Zeitspanne können 4–6 Gelege mit je zwei Eiern abgesetzt werde. *P. g. guimbeaui* gehört zu den sogenannten Eiklebern, das heißt, daß die Eier an einer geeigneten Stelle festgeklebt werden. Vorzugsweise kann

dies im Terrarium die Scheibe oder das Blatt einer Sansevierie sein. Die 36–40 mm großen Jungtiere schlüpfen, je nach Zeitigungstemperatur, nach 60–90 Tagen. Sie wachsen recht langsam heran und sind, ungewöhnlich für eine Phelsume dieser Größe, erst nach 18–20 Monaten geschlechtsreif.

Terrarium: Die Einrichtung des Terrariums sollte aus dicken, glatten Kletterästen bestehen, die senkrecht und waagerecht in das Becken eingebracht werden. Die waagerechten Äste werden von den Tieren zum Sonnenbaden bevorzugt. Die ideale Bepflanzung besteht aus Sansevierien. Diese Pflanzen bieten mit ihren senkrecht stehenden und glatten Blättern einen beliebten Aufenthaltsplatz und dienen zum Festkleben der Eier. Zwischen den Blattachseln werden gerne die Eier angeklebt. Als Bodengrund empfiehlt sich feinkörniger Aquarienkies, der leicht zu reinigen ist. Die Temperaturen sollten am Tage zwischen 28 °C und 30 °C liegen, in der Nacht können sie um etwa 8 bis 10 °C absinken. Die Luftfeuchtigkeit sollte zwischen 60–70 % liegen. Dies kann durch ein- bis zweimaliges Sprühen erreicht werden. Durch Abschalten der Wärmequellen in den Nachtstunden steigt auch die Luftfeuchtigkeit in dieser Tagesperiode.

Phelsuma guimbeaui rosagularis

Vinson & Vinson, 1969

Terra typica: Les Mares, Mauritius, 600 m
Verbreitung: Die Tiere leben nur in einem begrenzten Gebiet auf der Insel Mauritius.
Lebensraum: Man findet die Tiere überwiegend in den Trockenwäldern.
Größe: Mit einer Gesamtlänge von 150 mm sind die Tiere ausgewachsen.
Erkennungsmerkmale: Die Unterart *P. g. rosagularis* unterscheidet sich im wesentlichen von der Nominatform durch eine blassere Färbung, sowie das Fehlen der V-förmigen Zeichnung auf der namengebenden, rosafarbenen Kehle.
Biologie: siehe *Phelsuma g. guimbeaui.*
Terrarium: Die Eier werden im Terrarium an geeigneter Stelle angeklebt. Im Brutapparat muß man die Tiere dazu bringen ihre Eier an einen Untergrund anzukleben, mit dem man sie problemlos aus dem Becken entfernen und in den Brutapparat überführen kann. Kleben die Weibchen beispielsweise ihre Eier in Bambusröhren, kann versucht werden die Innenseiten der Röhren mit Papier auszukleiden. Klebt nun das Weibchen wieder Eier in die Röhre, entfernt man vorsichtig das Papier mit den daran klebenden Eiern und überführt es in den Brutbehälter.

Phelsuma guttata

Kaudern, 1922

Terra typica: Fandrarazana, nördliches Madagaskar
Verbreitung: Der Verbreitungsschwerpunkt liegt im Nordosten von Madagaskar. Hier findet man die Tiere hauptsächlich im Küstenbereich und auf den vorgelagerten Inseln.
Lebensraum: Es handelt sich bei diesem Taggecko um eine reine Regenwaldphelsume. Die Tiere meiden das direkte Sonnenlicht und sind an den Stämmen der Bäume der Regenwälder zu finden. Durch ihre baumbewohnende Lebensweise ist diese Art sehr stark an ihren Lebensraum gebunden. Das Abholzen der Wälder hat für diese Phelsume ganz gravierende Folgen.
Größe: Mit einer Gesamtlänge von 130 mm sind die Tiere ausgewachsen.
Erkennungsmerkmale: Die Tiere besitzen eine dunkelgrüne Grundfärbung, wobei der Kopf etwas heller abgesetzt sein kann. Es handelt sich um sehr schlanke Tiere mit einer spitz auslaufenden Schnauze. Typisch für diese Art sind mehrere V-förmige Striche an der Kehle. Ein dunkler Streifen zieht sich von der Schnauze bis hinter das Auge und zieht sich im Nackenbereich leicht nach oben. Die Flanken und die Extremitäten sind marmoriert. Auf dem Rücken befinden sich einige dunkelrote bis fast braune Flecken. Es gibt außerdem auch Populationen, die im Nacken einige kräftige blaue Flecken besitzen.
Biologie: Meistens findet man die Tiere paarweise an einem Baum, selten weiter auseinander. Die Jungtiere findet man hauptsächlich an dazwischenliegenden, niedrigen Sträuchern. Auch bei dieser Art werden die Weibchen während der Paarung mit einem Paarungsbiß gehalten. Sie verstecken ihre Eier am Boden unter Holz oder Laub. Es kommt aber auch vor, daß die Eier hinter loser Rinde abgelegt werden. In der Regel sind es Doppeleier mit einer Größe von 8x11 mm. Die etwa 45 mm großen Jungtiere benötigen bei einer Zeitigungstemperatur von 28 °C ungefähr 40–45 Tage bis zum Schlupf.
Terrarium: Es kommt ein gut bepflanztes, mit einigen dickeren Ästen ausgestattetes Regenwaldterrarium in Frage.

Phelsuma klemmeri

Seipp, 1990

Terra typica: Küste Nordwest-Madagaskars (Locus typicus aus Artenschutzgründen nicht detailliert, in der Herpetologischen Sektion des SMF bekannt).

Verbreitung: Bisher ist die Art nur aus dem Norden von Madagaskar, aus dem Gebiet um Antsatsaka bekannt.

Lebensraum: Die Tiere leben in begrenzten Biotopen im Nordwesten von Madagaskar. Es ist eine sehr angepaßte Art, die man überwiegend nur in Bambuswäldern findet. In einigen Gebieten teilen sie sich den Lebensraum mit *Phelsuma seippi.* Sie leben nur an den gelben Bambusstöcken und bei Gefahr oder der kleinsten Beunruhigung verschwinden sie in den aufgeplatzten Bambusröhren.

Größe: Mit einer Gesamtlänge von unter 100 mm sind die Tiere ausgewachsen.

Erkennungsmerkmale: Der flache Habitus mit einer spitz zulaufenden Schnauze ist bei diesen Tieren auffallend. Der gelbe Kopf setzt sich deutlich vom türkisfarbenen Rumpf ab. Je ein lateral verlaufender dunkelbrauner bis schwarzer Streifen zieht sich vom Auge bis zu den Hinterextremitäten. Auf dem Rücken vermischt sich das Türkis mit Braun und läßt dorsolateral einen türkisfarbenen Streifen entstehen. Die Beine sind meistens braun gesprenkelt. Der Schwanz ist etwas heller abgesetzt.

Biologie: Es sind regelrechte Sonnenanbeter, die noch bei Temperaturen von über 35 °C in der Sonne sitzen. Natürlich haben sie jederzeit auch die Gelegenheit, Schattenplätze aufzusuchen, um der größten Hitze zu entgehen. Die Tiere leben in kleinen Gemeinschaften in einem Biotop. Die Paarung sowie das Balzverhalten ähnelt dem der anderen Phelsumen. Auch hier wird das Weibchen durch einen Paarungsbiß des Männchens gehalten. Die Weibchen kleben ihre Eier ins Innere der aufgeplatzten Bambusröhren. Bisher konnte nicht beobachtet werden, daß die adulten Tiere den Jungtieren nachstellen. Eine Aufzucht in separaten kleinen Terrarien ist aber sinnvoll. Die Aufzucht erfolgt mit Kleinstfutter wie Springschwänzen, Gespinstmottenlarven und kleinsten Wachsraupen. Die Jungtiere sind bei guter Ernährung schon nach einem Jahr geschlechtsreif.

Terrarium: Ein Terrarium mit einer Grundfläche von 40 auf 50 cm und eine Höhe von 30 cm ist für die Haltung von einem Pärchen vollkommen ausreichend.

Phelsuma laticauda laticauda

(Boettger, 1880)

Terra typica: Nosy Bé
Verbreitung: Die Art kommt im gesamten Norden von Madagaskar, auf der Insel Nosy Bé und den Komoren vor.
Lebensraum: Die Art gehört zu den sogenannten Kulturfolgern. Man findet sie überall in der Nähe von menschlichen Ansiedlungen. Die Tiere bewohnen alle denkbaren Lebensräume, z.B. Zäune, Häuser, Mauern, Gärten sowie alle höher wachsenden Pflanzen.
Größe: Eine Gesamtlänge von 130 mm wird selten überschritten.
Erkennungsmerkmale: Auffälligstes Kennzeichen dieser Art sind die vielen kleinen goldenen Punkte im Nacken- und Rückenbereich. Die Grundfärbung ist ein kräftiges Gelb-grün. In Ausnahmefällen kann diese auch blau sein. Drei rotbraune Querbalken verlaufen von der Schnauzenspitze bis zum Hinterkopf. Das obere Augenlid ist blau gefärbt. Auf dem Rücken befinden sich drei rote längliche Flecken, die zum Schwanz hin in kleine Punkte auslaufen. Der Schwanz ist oben und unten etwas abgeflacht. Der Bauch ist hellbeige und ohne Musterung.
Biologie: Diese Tiere gehören mit zu den aggressivsten ihrer Gattung. Die Weibchen setzen mehrere Gelege pro Jahr ab. Es sind in der Regel Doppeleier, die bis zum Aushärten mit den Hinterfüßen gehalten und gerollt werden. Danach werden sie in ein geschütztes Versteck abgelegt. Bei einer Temperatur von 28 °C schlüpfen die Jungen nach 40–45 Tagen. Eine Einzelaufzucht ist angebracht, da sich die Jungtiere schon sehr früh streiten. Nach 10–12 Monaten sind sie bereits geschlechtsreif.
Terrarium: Eine Einrichtung aus Sansevierien und einigen senkrechten und waagerechten Bambusstäben kann man fast als ideal bezeichnen. Die Tiere lieben glatte Flächen und Stämme, an denen sie umherlaufen können. Ein Strahler sollte an einer von den Tieren bevorzugten Stelle die Temperatur lokal auf 35 °C erhöhen. Jedoch darf sich nicht das ganze Terrarium auf diese Temperatur erwärmen. Hier sollte die Temperatur bei ca. 25–28 °C liegen mit einer nächtlichen Absenkung bis auf 20 °C.

Phelsuma laticauda angularis

Mertens, 1964

Terra typica: Antsohihi, östlich der Baie de Narinda, Nordwestmadagaskar
Verbreitung: Bisher ist diese Art nur von der Terra typica bekannt.
Lebensraum: Sie hat keine bevorzugten Lebensräume, sondern man findet sie genau häufig an Palmen wie an allen anderen glatten Pflanzen und Bäumen. Sie führen die gleiche Lebensweise wie *P. l. laticauda.*
Größe: Die Tiere erreichen im ausgewachsenen Zustand eine Gesamtlänge von 110 mm.
Erkennungsmerkmale: Im Gegensatz zur Nominatform sind diese Tiere nicht ganz so leuchtend gefärbt. Der Schwanz ist etwas platter und nicht so fleischig wie bei *P. l. laticauda.* Der auffälligste Unterschied liegt allerdings in der Rückenzeichnung. Die Tiere haben auf dem hinteren Rücken einen mit der Spitze nach vorne zeigenden roten Winkel. Die gelblichweiße Bauchseite wird deutlich durch ein graues Längsband von der laubgrünen Rückenseite abgegrenzt. Die Kehle ist intensiv gelb gefärbt.
Biologie: Im Verhalten kann man keinen Unterschied zur Nominatform feststellen. Allerdings scheinen sie nicht so aggressiv zu sein. Eine Haltung von einem Männchen mit mehreren Weibchen macht offensichtlich keine Schwierigkeiten.
Terrarium: Die Einrichtung kann derjenigen der Nominatform entsprechen. Wichtig sind immer glatte Flächen, an denen die Tiere umherlaufen können. Bei einer Haltung von mehreren Weibchen mit einem Männchen müssen stets ausreichend Versteckplätze vorhanden sein. Das gleiche gilt auch für die nötigen Sonnenplätze. Nur wenn die Tiere ihre festen Stammplätze einnehmen können, kommt es nicht zu größeren Beißereien. Die hohlen Bambusstäbe werden von den Weibchen sehr gerne als Eiablageplatz angenommen. Der Bodengrund spielt nur eine untergeordnete Rolle, da die Tiere es fast immer vermeiden dort umherzulaufen. Er dient eventuell als Feuchtigkeitsspender.

Phelsuma leiogaster leiogaster

Mertens, 1973

Terra typica: Toliara
Verbreitung: Das Verbreitungsgebiet erstreckt sich von Toliara bis nach Soalala.
Lebensraum: Es handelt sich um eine baumbewohnende Art, die auch sehr häufig als Kulturfolger in den Siedlungen der Madagassen gefunden wird. Extreme Temperaturen, aber auch die langanhaltenden Trockenzeiten prägen diesen Lebensraum.
Größe: Die Tiere erreichen eine Gesamtlänge von 110 mm.
Erkennungsmerkmale: Zwischen den einzelnen Fundpunkten variieren die Tiere sehr stark in der Intensität der Farben. Die Männchen weisen in den meisten Fällen eine Doppelreihe rotbrauner Punkte auf dem Rücken auf. Diese sind bisweilen auf einzelne Punkte reduziert. Es besteht ein deutlicher Geschlechtsdimorphismus. So sind wieder die Männchen deutlich intensiver gefärbt. Bei den Weibchen können die Rot- und Grüntöne ganz fehlen, sie zeigen dann eine graubraune Färbung.
Biologie: Bietet man dieser Art die nötigen Voraussetzungen im Terrarium, bereitet die Haltung und Zucht keine Probleme. In der Natur scheinen die Tiere in einer festen Partnerschaft zu leben, was für einige andere Phelsumen-Arten ebenfalls zutrifft. Dies sollte bei der Haltung im Terrarium berücksichtigt werden. Die Weibchen verstecken ihre Gelege an einer geschützten Stelle. Hohle Gegenstände wie Bambusröhren werden dafür sehr gerne benutzt. Die Eier werden an den Untergrund geklebt.
Terrarium: Das Terrarium sollte als Trockenterrarium eingerichtet werden. Auf den Boden kommt eine feine Sandschicht, in die einige Pflanzen in Blumentöpfen eingebracht werden. Auch bei dieser Art eignen sich Sansevierien sehr gut. Auch Bambus wird wieder allen anderen Kletterästen vorgezogen. An einigen Stellen sollte die Temperatur 35 °C erreichen. Dies erreicht man am besten durch Strahler. In der Nacht kann die Temperatur auf 20 °C absinken.

Phelsuma leiogaster isakae

Meier, 1993

Terra typica: Isaka
Verbreitung: Bisher nur aus dem Gebiet der Terra typica bekannt. Der Ort liegt im Süden von Madagaskar, etwa 30 km von der Küste bei Tolagnaro entfernt in einer Höhe von etwa 500 m.
Lebensraum: Es handelt sich auch bei dieser Form um Kulturfolger, die oft an Bäumen gefunden wurden. Die Temperaturen liegen am Tage bei 35 °C, allerdings mit einer höheren Luftfeuchtigkeit als bei den anderen *P. leiogaster*-Formen.
Größe: Die Tiere können eine Gesamtlänge von 120 mm erreichen.
Erkennungsmerkmale: Sie unterscheiden sich ganz deutlich von der Nominatform durch die intensivere Färbung. Der Geschlechtsdimorphismus ist bei diesen Tieren noch stärker ausgeprägt. Während die Weibchen wieder ziemlich einfarbig blau-grau gefärbt sind, besitzen die Männchen einen leuchtend blauen Kopf. Auch der Schwanz kann in diesem intensiven Blau gefärbt sein. Auf dem Rücken befinden sich vereinzelt rote Punkte.
Biologie: Bisher ist über die Biologie noch nicht sehr viel bekannt. Die enge Beziehung zur Nominatform scheint sich in einigen Exemplaren aus dem Gebiet um Fort Dauphin und Ambovombe widerzuspiegeln. So findet man dort Tiere, die weder der einen noch der anderen Form zugeordnet werden können. Hier müssen noch eingehende Untersuchungen durchgeführt werden. Die Tiere leben in einer lockeren Gemeinschaft zusammen. Eine Haltung von einem Männchen mit mehreren Weibchen macht keine Schwierigkeiten. Es kommt unter den Weibchen nicht zu Beißereien. Die Weibchen sind sehr produktiv. Sie kleben ihre Eier in geschützte Verstecke.
Terrarium: Das Terrarium sollte als Trockenterrarium eingerichtet werden. Auf den Boden füllt man eine feine Sandschicht, in die einige Pflanzen in Blumentöpfen eingebracht werden. Es eignen sich auch bei dieser Art sehr gut Sansevierien. Bambus wird wieder allen anderen Kletterästen vorgezogen. An einigen Stellen sollte die Temperatur 35 °C erreichen. Dies gewährleistet man am besten durch Strahler. In der Nacht kann die Temperatur auf 20 °C absinken.

Phelsuma leiogaster trautmanni

Meier, 1993

Terra typica: Tolagnaro
Verbreitung: Es ist ein begrenztes Gebiet im südlichen Madagaskar zwischen Ambovombe und Tolagnaro.
Lebensraum: Es sind überwiegend Baumbewohner, wobei nicht auszuschließen ist, daß sie auch in Wohngebieten auftreten. Es handelt sich um ein tagsüber sehr heißes, trockenes Gebiet mit Temperaturen von über 35 °C. Auch in der Nacht bleiben die Temperaturen meist über 20 °C.
Größe: Eine Gesamtlänge von 100 mm scheinen die Tiere nicht zu überschreiten, wobei die Weibchen deutlich darunter bleiben.
Erkennungsmerkmale: Die Tiere unterscheiden sich von den anderen *P. leiogaster*-Formen durch ihre geringere Größe sowie ein nicht geschlechtsgebundenes Dorsalband. Ein typischer Geschlechtsdimorphismus scheint bei dieser Form nicht aufzutreten. Im Gegensatz zu den anderen *P. leiogaster*-Formen sind alle Schuppen ungekielt. Die Lateralbänder sind sehr ausgeprägt. Die Tiere sind mehr oder weniger graubraun gefärbt mit einem leichten grünlichen Schimmer. Typisch scheint ein dunkles Rückenband zu sein, das in Form von drei Einzelbändern im Nacken beginnt, und als breites Band auf der Schwanzwurzel endet.
Biologie: Da bisher nur wenige Exemplare dieser Form gefunden wurden, sind noch eingehende Untersuchungen über die Biologie erforderlich. Ob es sich eventuell sogar um eine eigenständige Art handelt, wird sich erst durch eingehende Beobachtungen bei der Haltung und der Zucht ergeben.
Terrarium: Einrichtung siehe Nominatform.

Phelsuma lineata lineata

Gray, 1842

Terra typica: Madagaskar
Verbreitung: Sehr häufig treten die Tiere in der Hauptstadt Antananarivo auf. Die Art ist wahrscheinlich nur auf das zentrale Hochland beschränkt.
Lebensraum: Die Geckos sind reine Kulturfolger. In der Hauptstadt Antananarivo findet man sie in allen Parks, im Zoo der Stadt sitzen sie an fast jedem Baum.
Größe: Die Tiere erreichen eine Gesamtlänge von 120 mm.
Erkennungsmerkmale: Die Oberseite ist dunkelgrün gefärbt mit kleinen einzelnen roten Punkten im hinteren Rückenbereich. Auch auf dem Kopf können einzelne rote Punkte vorhanden sein. Ein roter Strich befindet sich zwischen Auge und Nasenloch. Ein schwarzes Lateralband trennt die grüne Oberseite von der weißen Bauchseite deutlich ab. Die Oberseite der Extremitäten ist stark gesprenkelt.
Biologie: Die Tiere haben einen jahreszeitlich geregelten Legezyklus. Nach den kalten Monaten Juni-August werden die Tiere wesentlich aktiver. Die ersten Gelege kann man im November entdecken. Die Fortpflanzungszeit kann sich bis in den Mai hineinziehen. Es werden in der Regel alle 2–4 Wochen zwei Eier abgelegt. Es können sowohl Einzeleier als auch Doppeleier sein.
Terrarium: Es handelt sich bei dieser Art um Tiere aus dem zentralen Hochland. Hohe Tag-Nacht-Absenkungen sind genauso wichtig wie jahreszeitliche Temperaturunterschiede. Da die Tiere ausgiebige Sonnenbäder vornehmen, muß eine lokale Temperaturerhöhung auf 30 °C gegeben sein. Dieses erreicht man am besten durch Strahler, da die Tiere immer Licht und Wärme miteinander verbinden. Glatte Flächen werden wieder eindeutig bevorzugt. Auch hier haben sich Bambusrohre bewährt.

Phelsuma lineata bifasciata

(Boettger, 1913)

Terra typica: Ankarimbela, Süd-Madagaskar
Verbreitung: Die Art scheint an der ganzen Ostküste bis zum Süden herunter vorzukommen. Auch aus dem Raum Andasibe ist die Art bekannt.
Lebensraum: Die Tiere bevorzugen die Nähe menschlicher Behausungen. Man findet sie in nahezu allen Ansiedlungen. Da die gesamte Ostküste von Madagaskar ein tropisches Klima aufweist, ist dieses bei der Pflege im Terrarium zu berücksichtigen.
Größe: Diese Phelsumen erreichen eine Gesamtlänge von 145 mm.
Erkennungsmerkmale: Die Unterart hat eine sehr große Ähnlichkeit mit der Nominatform. Charakteristisch ist die rote Fleckenzeichnung auf dem Hinterrücken. Die Tiere besitzen einen roten Fleck, der nach vorne scharf abgegrenzt ist und nach hinten in kleine Flecken übergeht. Der weiße Bauch wird vorne durch einen gelben, zum Schwanz hin dann durch einen schwarzen Lateralstreifen vom dunkelgrünen Oberkörper getrennt.
Biologie: Die Tiere, die aus dem Hochland stammen, sind größeren klimatischen Unterschieden ausgesetzt als Tiere von der Küste. Dies unterstreicht die große Anpassungsfähigkeit dieser Art. Sie stellt an ihre Umgebung keine großen Ansprüche, benötigt aber eine lokale Temperatur von etwa 30 °C, um ihre Vorzugstemperatur zu erreichen. Die Männchen erkennt man an den ausgeprägten Präanal- und Femoralporen. Sie sind untereinander äußerst streitsüchtig. Die Tiere sollten nur paarweise gehalten werden.
Terrarium: Da die Tiere entlang der Ostküste vorkommen und eine höhere Luftfeuchtigkeit in diesen Gebieten vorherrscht, sollte dies bei der Haltung der Tiere berücksichtigt werden. Tiere aus dem Gebiet um Andasibe etwa sind einem extremen jahreszeitlichen Temperatur- und Feuchtigkeitsrhythmus ausgesetzt. Um die nötige Vorzugstemperatur zu erreichen, benötigen die Tiere lokal eine Temperatur von ungefähr 30 °C.

Phelsuma lineata dorsivittata

Mertens, 1964

Terra typica: Joffreville
Verbreitung: Bisher wurde die Art nur im nördlichsten Madagaskar gefunden. Bekanntester Fundort ist Joffreville, etwa 25 km südlich von Antsiranana.
Lebensraum: Der Ort Joffreville weist ein erheblich feuchteres und kühleres Klima als die übrige Landschaft auf. Die Tiere findet man als Kulturfolger auch an den Hütten der Einheimischen.
Größe: Mit einer Gesamtlänge von 130 mm sind die Tiere ausgewachsen.
Erkennungsmerkmale: Die Färbung der Oberseite ist ein Laubgrün mit breiten roten Punkten. Auf dem vorderen Rücken scheint ein kleiner roter Längsstrich charakteristisch zu sein. Ein deutlicher roter Winkel, mit der Spitze zur Schnauze hin zeigend, befindet sich zwischen Nasenloch und Auge. Hinter den Vorderextremitäten befindet sich ein ovaler, schwarzer Fleck, ein weiterer befindet sich am Ansatz oberhalb der Hinterextremitäten. Der Bauch ist weiß und wird durch ein graues Band zum Oberkörper hin abgegrenzt.
Biologie: Die Tiere können nur paarweise gehalten werden, da zwei Männchen sich nicht vertragen. Auch diese Art hat eine Vorliebe für süßes Obst oder Babynahrung auf Obstbasis. Die Tiere scheinen ihren Kalkhaushalt regulieren zu können, da sie zu unterschiedlichen Zeiten verschiedene Mengen an Kalk aufnehmen. Die Weibchen benötigen während der Fortpflanzungszeit eine höhere Dosis als zu den übrigen Zeiten.
Terrarium: Die Haltung der Tiere kann wie bei *P. l. lineata* angegeben erfolgen. Auch bei dieser Art ist ein höheres Tag-Nacht-Gefälle bei den Temperaturen einzuhalten. Die Tiere müssen aber tagsüber jederzeit die Gelegenheit haben, ihre Vorzugstemperatur zu erreichen. Hierfür bringt ein Punktstrahler die Temperatur lokal auf ungefähr 33 °C.

Phelsuma longinsulae pulchra

Rendahl, 1939

Terra typica: Insel Mahé, Seychellen
Verbreitung: Nur von der Seychelleninsel Cousine-Island bekannt.
Lebensraum: Diese Unterart ist ein ausgesprochener Kulturfolger. Man findet die Tiere schon bei der Ankunft am Flughafengebäude. Häufig sind große Bäume (Mango) und Bananenstauden der bevorzugte Lebensraum dieser Art. An einem Baum sind viele Exemplare zu beobachten. Sie teilen ihren Lebensraum mit *P. a. astriata.* Jedoch sind reine Bestände in einem Bereich von 100 m^2 durchaus möglich.
Größe: Eine Gesamtgröße von 150 mm wird hauptsächlich von den Männchen erreicht.
Erkennungsmerkmale: Die satte, grasgrüne Grundfarbe wird von drei Längsreihen ziegelroter Flecken geschmückt. Die Grundfärbung scheint aber sehr variabel zu sein. Man hat schon Tiere mit einer trist olivgrünen Färbung gefunden. Neben der gelben bis rostfarbenen Färbung der Analregion und der Schwanzunterseite im vorderen Abschnitt ist der sandfarbene Augenring sehr auffällig. Die Kopfzeichnung besteht aus einer offenen V-förmigen Zeichnung, hinter der sich ein Fleck befindet. Die Zeichnung der Kinn- und Kehlregion besteht aus winkelförmigen Flecken. Die Männchen sind etwas größer als die Weibchen.
Biologie: Die Tiere leben häufig in kleinen Gruppen von einem Männchen mit mehreren Weibchen an einem Baum, wobei auch Jungtiere bis zu einem bestimmten Alter geduldet werden. Die Weibchen legen ihre Eier in einem geschützten Versteck ab. Bei der Pflege im Terrarium sollte man zu einer paarweisen Haltung übergehen.
Terrarium: Da es sich um sehr aktive Tiere handelt, sollte das Terrarium nicht zu klein gewählt werden. Eine Bepflanzung mit großen Sansevierien und einige armdicke Bambusröhren sind ideal für diese Art. Einmal täglich sollte das Terrarium überbraust werden oder durch eine Nebelanlage die Luftfeuchtigkeit erhöht werden.

Phelsuma madagascariensis madagascariensis

Gray, 1831

Terra typica: Ambavala bei Fénérive, östliches Madagaskar
Verbreitung: Diese Art lebt an der gesamten Ostküste und auf der Insel Nosy Bohara.
Lebensraum: Die Tiere findet man an den Hütten der Einwohner genauso häufig wie an Bananenstauden und an Bäumen. Allerdings leben sie mehr am Waldrand als im Inneren der Wälder. Da das Klima der Ostküste feuchtwarm ist, sollten die Tiere auch nicht zu trocken gehalten werden.
Größe: Sie können eine Gesamtlänge von 220 mm erreichen.
Erkennungsmerkmale: Die stark und massig erscheinenden Tiere besitzen eine hellgrüne bis grasgrüne Grundfärbung mit einer hellen Zwischenhaut. Von der Schnauze bis hinter das Auge zieht sich ein rotbrauner Streifen. Einige rotbraune bis ziegelrote Flecken befinden sich auf dem Rücken. Diese können eine median verlaufende Linie bilden.
Biologie: Wie bei fast allen Phelsumen vertragen sich auch bei dieser Art die Männchen untereinander nicht. Es kommt aber auch vor, daß das Männchen zur Paarungszeit sehr aggressiv wird, obwohl das Paar schon einige Monate zusammenlebt. Hierbei kann es zu schweren Verletzungen des Weibchens kommen. In diesem Fall müssen die Tiere getrennt werden. Einmal gepaarte Weibchen können mehrere befruchtete Gelege absetzen. Die Paarungszeit reicht von November bis in den April hinein. Während dieser Zeit können die Weibchen bis zu sechs Gelege mit je zwei Eiern legen. Es sind meistens Doppeleier, selten ein Einzelei, nie zwei Einzeleier. Sie werden in ein sicheres Versteck (Bambusröhre) abgelegt. Bei einer Zeitigungstemperatur von 28 °C benötigen die etwa 55–60 mm großen Jungtiere ca. 55 Tage bis zum Schlupf. Die Zeitigung der Eier erfolgt, wie auch die spätere Aufzucht der Jungtiere, bei einer Luftfeuchtigkeit von ungefähr 75%. Wegen der besseren Kontrolle ist eine Einzelaufzucht anzuraten. Die Jungtiere sollten unter den gleichen Bedingungen wie die adulten Tiere aufgezogen werden. Abwechselungsreiches Futter und ständige Kalkbeigaben sind natürlich eine Vorraussetzung.
Terrarium: Es kommt nur ein Feuchtterrarium mit einer Luftfeuchtigkeit zwischen 75 und 100% in Frage.

Phelsuma madagascariensis boehmei

Meier, 1982

Terra typica: Andasibe
Verbreitung: Wir fanden die Tiere in Andasibe und in Ranomafana an der Ostküste.
Lebensraum: Bei dieser Phelsume handelt es sich um eine Art, die nur im Regenwald vorkommt. Sie besitzt eine rein baumbewohnende Lebensweise und man findet sie auch hoch oben in den Baumkronen. In ihrem Lebensraum herrscht ein feuchtwarmes Klima, jedoch mit einer starken jahreszeitlichen Temperaturschwankung. So können in den Monaten Juni bis August die Temperaturen nachts unter 10 °C fallen. Tagsüber steigen sie allerdings wieder über 20 °C an.
Größe: Die Tiere können eine Gesamtgröße von 220 mm erreichen, wobei die Weibchen meistens etwas kleiner bleiben.
Erkennungsmerkmale: Die Grundfärbung der Tiere ist ein Dunkelgrün mit einer schwarzen Zwischenschuppenhaut. Ein dunkelbrauner Streifen zieht sich vom Nasenloch bis hinter das Auge. Mehrere braune bis rostrote Flecken sind auf dem Kopf und dem gesamten Rückenbereich vorhanden. Die Tiere sehen der Art *P.m. madagascariensis* sehr ähnlich.
Biologie: Hinsichtlich ihres Lebensraumes benötigen die Tiere in den Monaten Juni und August einen nächtlichen Temperaturabfall auf mindestens 15 °C. Hierbei sollte aber berücksichtigt werden, daß die Tiere keinen Winterschlaf halten und die Temperatur am Tage auf 25 °C ansteigen muß, damit sie ihre Vorzugstemperatur erreichen können. In den Monaten November bis Januar liegt die Paarungszeit der Tiere. Hier sollte ein Temperaturbereich von 25–30 °C eingehalten werden. Die Aggressivität unter Paaren scheint nicht so stark zu sein wie bei anderen Arten. In der Natur leben die Tiere paarweise zusammen. Auch hier verstecken die Wcibchcn ihrc Eicr gcrnc in hohlen Bambusröhren. Bei einer Temperatur von 28 °C schlüpfen die 60–65 mm großen Jungtiere nach 48–55 Tagen. Die Aufzucht sollte wie bei *P.m. madagascariensis* erfolgen. Da sich diese beiden Arten untereinander kreuzen, ist auf eine strenge Trennung zu achten.
Terrarium: Die Tiere werden in einem feuchten Regenwaldterrarium gepflegt. Tägliches Sprühen oder Befeuchten über eine Nebelanlage trägt erheblich zum Wohlbefinden der Tiere bei. Eine dichte Bepflanzung sollte vorhanden sein. Um der Lebensweise dieser baumbewohnenden Art gerecht zu werden, sollte das Terrarium mit armdicken Ästen ausgestattet sein.

Phelsuma madagascariensis grandis

Gray, 1870

Terra typica: Madagaskar
Verbreitung: Das Verbreitungsgebiet erstreckt sich über den gesamten Norden und Nordwesten von Madagaskar.
Lebensraum: Auch diese Art findet man als Kulturfolger bis in die Siedlungen der madagassischen Bevölkerung. Darüber hinaus leben sie an Bananenstauden und an Bäumen. Bei Temperaturen von 30–35 °C sitzen sie in der Sonne, um ihre Vorzugstemperatur zu erreichen. Der Norden und Westen Madagaskars, wo man diese Art finden kann, hat das ganze Jahr hindurch etwa gleichbleibende Temperaturen. Das Klima ist die meiste Zeit als trocken zu bezeichnen, wobei heftige und länger anhaltende Regenfälle keine Seltenheit sind.
Größe: Die Tiere werden in der Regel bis zu 280 mm groß. Einige Exemplare können eine Größe bis 300 mm erreichen. Die Weibchen bleiben in der Regel etwas kleiner.
Erkennungsmerkmale: Die Grundfärbung ist ein leuchtendes Grün. Ein roter Strich zieht vom Nasenloch bis zum Auge. Die Tiere können einfarbig grün gefärbt sein, wobei die meisten allerdings eine mehr oder weniger starke Rotzeichnung besitzen, die vom Kopf bis zum Schwanzansatz reicht. Tiere mit einer roten Balkenzeichnung auf dem Rücken sind geographisch abgegrenzt. Jedoch ist die Intensität der Färbung nicht geographisch bedingt. Es gibt einige Exemplare, die neben den roten Flecken auch noch einige blaue Punkte aufweisen. Die Männchen erkennt man an den gut entwickelten Präanal- und Femoralporen.
Biologie: Auch bei dieser Art leben die Tiere paarweise zusammen. Die Männchen können während der Paarungszeit manchmal recht stürmisch vorgehen. Da auch diese Art einen Nackenbiß ausführt, kann es während der Paarung zu leichten Verletzungen im Nackenbereich der Weibchen kommen. Beißereien untereinander schienen nicht so häufig vorzukommen. Das Balzverhalten der Männchen entspricht etwa den Drohgebärden gegenüber anderen Männchen. Nur durch das Verhalten der Weibchen werden Beißereien verhindert. Hierbei spielen ganz bestimmte Bewegungen der Weibchen eine wichtige Rolle. Die Fortpflanzungszeit reicht von November bis in den Mai hinein. Selten kommt es in anderen Monaten zu Eiablagen. Alle 4–6 Wochen legen die Weibchen ein Doppelei oder ein Einzelei ab. Bis zum Aushärten werden die Eier mit den Hinterbeinen gehalten. Zur Eiablage wird immer eine versteckt liegende Stelle aufgesucht. Große Bambusröhren, die oben offen sind und senkrecht im Terrarium stehen, werden sehr gerne als Eiablageablageplätze genommen. Die ungefähr 70 mm großen Jungtiere benötigen bei einer Zeitigungstemperatur von 28 °C und einer Luftfeuchtigkeit von 75% 60–65 Tage bis zum Schlupf. In einigen Fällen konnten die Jungtiere mit den adulten Tieren im Terrarium aufgezogen werden. Dies scheint aber von Tier zu Tier verschieden zu sein, da in anderen Fällen die Jungtiere aufgefressen wurden. Darum sollte man die Eier aus dem Terrarium entfernen und in einem Inkubator zeitigen. Die Aufzucht der Jungtiere macht keine Probleme. Bei guter Ernährung sind die Tiere nach einem Jahr bereits geschlechtsreif.
Terrarium: Das Terrarium sollte eine Höhe von 80–100 cm haben. Armdicke Äste und Bambusröhren werden senkrecht und waagerecht eingebracht. Eine Bepflanzung mit Sansevierien kommt den Tieren sehr entgegen. Eine höhere Luftfeuchtigkeit ist für sie nicht nötig. Allerdings ist ein tägliches Übersprühen sinnvoll.

Phelsuma madagascariensis kochi

Mertens, 1954

Terra typica: Maevatanana, nordwestliches Madagaskar

Verbreitung: Das Vorkommen erstreckt sich vom nordwestlichen bis westlichen Madagaskar.

Lebensraum: Die Tiere leben hauptsächlich an Bäumen mit einer glatten Rinde. Es sind keine Kulturfolger im eigentlichen Sinne. Sie meiden die Ortschaften, leben aber häufig an deren Rändern und in Plantagen. Das Klima ist das ganze Jahr über sehr trocken und Temperaturen von 40 °C im Schatten sind keine Seltenheit.

Größe: Die Männchen erreichen eine Gesamtlänge von 240 mm. Die Weibchen bleiben meist wesentlich darunter.

Erkennungsmerkmale: Die Grundfärbung ist ein dunkles, eher schmutziges Grün. An den Flanken wird die Färbung heller und geht in den weißen Bauch über. Auf dem Rücken können rotbraune Punkte vorhanden sein. Sehr häufig findet man bei dieser Art auch ganz einfarbige Tiere.

Biologie: Die Verträglichkeit untereinander, wie auch gegenüber anderen Phelsumen, ist wesentlich besser als bei den anderen großen Arten. Auch bei dieser Art legen die Weibchen ihre Eier in einem geschützten Versteck ab. Es sind in der Regel Einzeleier, selten Doppeleier. Bei einer Zeitigungstemperatur von 26–28 °C benötigen die Jungtiere bis zum Schlupf zwischen 63–68 Tage. Die Aufzucht der Jungtiere macht keine Probleme.

Terrarium: Die Haltung dieser Art kann unter den gleichen Voraussetzungen geschehen wie bei *P. m. grandis.* Eine Haltung von einem Männchen mit mehreren Weibchen ging immer problemlos. In Madagaskar fanden wir die Tiere immer gruppenweise, ein Männchen mit mehreren Weibchen, an einem Baum zusammenlebend.

◁ **Phelsuma madagascariensis grandis**

Phelsuma mutabilis

(Grandidier, 1896)

Terra typica: Ménabé, westliches Madagaskar
Verbreitung: Das Hauptverbreitungsgebiet liegt im Südwesten von Madagaskar, im Großraum um Toliara.
Lebensraum: Die Tiere leben im trockenwarmen Süden und Südwesten von Madagaskar. Als Kulturfolger findet man diese Art in den Siedlungen der Einheimischen. Sie bewohnen sowohl die Hütten und Hauswände, wie auch die umliegenden Zäune und Bäume. Die Populationsdichte ist in diesen Gegenden wesentlich größer als in unbesiedelten Gebieten, wo die Tiere an Bäumen leben. In einigen Gebieten wurden tagsüber Temperaturen von 35 °C und 50% Luftfeuchtigkeit und in der Nacht 13 °C mit 95% Luftfeuchtigkeit gemessen.
Größe: Die Tiere erreichen im ausgewachsenen Zustand eine Gesamtgröße von knapp 100 mm.
Erkennungsmerkmale: Die Art besitzt zwei verschiedene Zeichnungsmuster. Im kühlen Zustand sind die Tiere ziemlich einfarbig graubraun mit einer leichten Musterung, während sie im aufgewärmten Zustand unter einer intensiven Lichteinstrahlung eine silbergraue Färbung mit türkisfarbenem Schwanz zeigen. Es kann auch eine kontrastreiche Strich- und Flekkenzeichnung beobachtet werden.
Biologie: Wie alle Phelsumen lecken sie sehr gerne an süßem Obst oder Babybrei. Die Legezeit dauert von November bis April, dann produzieren die Weibchen bis zu 5 Gelege. Diese bestehen hauptsächlich aus Doppeleiern, die in einem geschützten Versteck abgelegt werden. Mit einer Gesamtlänge von 35 mm sind die frisch geschlüpften Jungtiere sehr klein.
Terrarium: Es kommt nur ein Trockenterrarium in Frage, wobei die Temperaturen unter einem Strahler auf 35 °C ansteigen sollten. Der Bodengrund besteht aus Sand. Einige Äste oder Bambusröhren werden hochkant eingebracht.

Phelsuma nigristriata

Meier, 1984

Terra typica: Insel Mayotte, Komoren
Verbreitung: Nur von der Terra typica bekannt. Die Art bewohnt ein sehr kleines Areal, das aus Naturschutzgründen nicht genannt wird.
Lebensraum: Diese Art wurde in tiefliegenden Bergeinschnitten entlang den Ufern von Bergbächen gefunden. Hier bewohnt sie die Buschvegetation sowie höhere Bäume, wo man sie tagsüber gut beobachten kann.
Größe: Die Tiere erreichen eine Gesamtlänge bis zu 100 mm.
Erkennungsmerkmale: Diese kleinwüchsige Art mit einer spitz gerundeten Schnauze ist oberseits intensiv dunkelgrün gefärbt. Das Muster der Kopfzeichnung ist stark stimmungsabhängig. Es kann von einer schwarzen, stark verwaschenen Zeichnung bis hin zu schwarzen bis rotbraunen Balken reichen. Die Rückenzeichnung der Tiere ist sehr variabel. Drei schwarze, markante Längsbänder verlaufen parallel auf dem Vorderrücken. Die individuelle Zeichnung auf dem Hinterrücken, bestehend aus einer Doppelreihe roter Punkte, ist oft unvollständig oder fehlt gänzlich. Ein schwarz gefärbtes Lateralband trennt die Oberseite von der einfarbig grauen Unterseite. Deutlich erkennbar haben die Bauchschuppen eine schwarze Zwischenschuppenhaut.
Biologie: *P. nigristriata* ist eine leicht zu haltende Phelsume. Sie ist sehr wärmebedürftig und neigt sehr stark dazu ihre Körperunterseite zu wärmen. Dies kann dazu führen, daß sich die Tiere häufig an der oberen Terrarienscheibe aufhalten um die Strahlungswärme der Lampen zu nutzen. Dies ist der Grund, daß bei dieser Art in der Terrarienhaltung häufig ein Knickschwanz zu beobachten ist. Pro Jahr setzen die Weibchen etwa 8–10 Gelege ab, die an einen geeigneten Platz geklebt werden.
Terrarium: Man bietet dieser Phelsume im oberen Bereich des Terrariums einen Sonnenplatz auf einer waagerecht eingebrachten Bambusröhre an. Dieser wird von den Tieren gerne aufgesucht. Eine üppige Bepflanzung des Terrariums kommt den Bedürfnissen der Tiere sehr entgegen. Wegen ihrer geringen Größe und dem daraus resultierenden niedrigen Gewicht können für diese Phelsume auch optisch ansprechende, empfindlichere Pflanzen gewählt werden. Für die nötige Luftfeuchtigkeit sorgt ein Ultraschall-Luftbefeuchter oder mehrmaliges tägliches Übersprühen.

Phelsuma ornata ornata

Gray, 1825

Terra typica: Sebastopol (etwa 300 m hoch) auf Mauritius

Verbreitung: Weitere Fundpunkte sind Isle aux Aigrettes und Coin de Mire.

Lebensraum: Diese Unterart ist ein ausgesprochener Küstenbewohner. Weiter im Landesinneren findet man die Tiere nicht mehr. Agaven und ähnliche Pflanzen mit breiten Blättern sind der bevorzugte Aufenthaltsort dieser Phelsume.

Größe: Die Tiere werden ungefähr 115 mm groß.

Erkennungsmerkmale: Es kommen zwei Farbformen dieser Unterart vor. Die Exemplare von der Westküste sind wesentlicher heller und intensiver gefärbt. Diese Tiere besitzen keine einheitliche Grundfarbe. Auf dem graubraunen Rücken befinden sich zahlreiche karminrote Flecken. Sehr auffällig ist die prachtvolle Kopfzeichnung. Sie setzt sich aus türkisfarbenen und karminroten Elementen zusammen, die sehr variabel angeordnet sein können.

Biologie: Nach unseren Erkenntnissen neigen die Weibchen bei dieser Art während der Legezeit sehr schnell dazu ihren Kalkvorrat aufzubrauchen. Es ist sehr wichtig, die Tiere mit ausreichend Kalk zu versorgen. Die Weibchen kleben ihre Eier in ein geschütztes Versteck, wobei schmale Röhren (Bambus) bevorzugt werden.

Terrarium: Die Luftfeuchtigkeit sollte am Tage 50–60% und in der Nacht 80–90% betragen, was durch ein- bis zweimaliges Sprühen am Tage erreicht werden kann Durch Abschalten der Heizung und der Beleuchtung steigt in der Nacht automatisch die Luftfeuchtigkeit. Am Tage sollte die Temperatur zwischen 26 °C und 28 °C liegen und in der Nacht nicht unter 20 °C fallen. Die Einrichtung besteht aus daumendicken Ästen oder Bambusröhren. Da die Tiere sehr gerne an senkrechten Flächen laufen und sich dort aufhalten, empfiehlt sich eine Bepflanzung mit Sansevierien. Es gibt im Pflanzenreich kaum eine andere Art, die den Bedürfnissen der Phelsumen so nahe kommt. Die Beschaffenheit der Blattoberfläche sowie das senkrechte Wachstum der Blätter und geringe Pflegeansprüche machen sie zu der praktischsten Pflanze für Phelsumenbecken.

Phelsuma ornata inexpectata

Mertens, 1966

Terra typica: Manapany, Réunion
Verbreitung: Die Art ist endemisch für die Insel Réunion
Lebensraum: *P. o. inexpectata* ist ein Kulturfolger. Tiere dieser Unterart wurden schon auf Briefkästen und Zäunen beobachtet. In ihrem geographisch begrenzten Lebensraum sind sie sehr häufig anzutreffen. Hierbei handelt es sich um einen etwa 3 km langen und 250 m breiten Streifen entlang der Küste.
Größe: Eine Gesamtlänge von 120 mm wird nicht überschritten.
Erkennungsmerkmale: Der dunkelgrüne Körper wird von einem üppigen karminroten Muster bedeckt. Auf dem Kopf befinden sich fünf rote Längsstreifen, von denen drei bis auf den Nacken ziehen. Der mittlere dieser Streifen verbreitert sich auf der Schnauze zu einer T-förmigen Figur. Vom Auge bis über das Vorderbein zieht ein hellgrüner Längsstreifen. Auf dem ganzen Rücken fließen die roten Flecken zu einem dichten Muster zusammen, ohne daß man eine Längsbänderung erkennen kann. Diese Zeichnung löst sich auf der Schwanzoberseite in einzelne rote Flecken auf. Die Oberseiten der Beine sind bräunlich, während die Bauchseite einfarbig hell getönt ist. Die Kehle ist grau ohne jegliche Fleckenzeichnung.
Biologie: Obwohl diese Tiere Kulturfolger und in der Natur sehr zutraulich sind, bleiben sie im Terrarium lange scheu. Die Haltung wird durch die enorme Schnelligkeit dieser Tiere erschwert, weil sie beim unvorsichtigen Hantieren im Terrarium sehr rasch entweichen können. Siehe auch *P. o. ornata.*
Terrarium: Die Einrichtung des Terrariums entspricht derjenigen der Nominatform. Bei den Eiklebern ist es unter normalen Umständen nicht möglich die Eier außerhalb des Beckens zu zeitigen. Man kann sich jedoch mit folgendem Trick behelfen, wenn man die Eier in einem Brutapparat zeitigen möchte. Wenn das Weibchen das Innere einer Bambusröhre als Eiablageplatz wählt, sollte man die Röhre innen mit einem Streifen Papier auskleiden. Klebt das Weibchen nun wieder Eier in die Bambusröhre, entfernt man vorsichtig das Papier mit den daran klebenden Eiern und überführt es in den Brutapparat. Dies hat den großen Vorteil, daß nun durch verschiedene Zeitigungstemperaturen das Geschlecht der Jungtiere beeinflußt werden kann.

Phelsuma parkeri

Loveridge, 1941

Terra typica: Kinowe, Insel Pemba
Verbreitung: Die Art ist nur von der Insel Pemba bekannt.
Lebensraum: *P. parkeri* ist ein Kulturfolger, der aber nicht im Küstenstreifen anzutreffen ist. Bevorzugt bewohnen die Tiere Bananen und Palmen in der Nähe menschlicher Behausungen.
Größe: Eine Gesamtlänge von 160 mm wird selten überschritten.
Erkennungsmerkmale: Dieser schlanke Gecko besitzt auf seinem laubgrünen Körper keine Zeichnung, aber auf dem Rücken und den Gliedmaßen sind Flecken mit feiner, schwarzer Vermikulation vorhanden, die zu größeren Flecken mit hellem Mittelpunkt zusammenfließen können. Die Körperunterseite ist durchgehend weiß gefärbt. Auffällig sind der gelbe Augenring und die messingfarbene Iris.
Biologie: In der Terrarienhaltung bleibt diese Phelsume immer scheu. Sehr gerne leckt sie an Bananenbrei und anderen süßen Früchten. Massengelege sind keine Seltenheit. Die Eier werden nicht geklebt. Das Weibchen dreht die Eier nach dem Ablegen zwischen den Hinterbeinen bis sie ausgehärtet sind und legt sie dann in passende Verstecke. Die Jungtiere haben nach dem Schlupf eine Körpergröße von 28 mm. Bei ihnen tritt häufig eine schwarze Vermikulation auf, die auch von manchen adulten Tieren beibehalten wird.
Terrarium: Diese Phelsume stellt keine großen Ansprüche an die Einrichtung des Terrariums. Einige hochkant und waagerecht gestellte Bambusröhren und eine Bepflanzung mit einer Sansevierie reichen vollkommen aus. Zusätzlich sollte ein Platz zum Sonnenbaden vorhanden sein, der von einem Strahler erwärmt wird. Der Bodengrund besteht aus feinkörnigem Aquarienkies, ein kleiner Wassernapf vervollständigt die Einrichtung. Durch einmaliges Überbrausen des Beckens am Abend erreicht man die notwendige Luftfeuchtigkeit.

Phelsuma pronki

Seipp, 1994

Terra typica: Zentral-Madagaskar, nahe Andramasina
Verbreitung: Bisher nur von der Terra typica bekannt.
Lebensraum: Die Art bewohnt die Bäume des feuchten Regenwaldes im zentralen Hochland. Die erheblichen Temperaturschwankungen vom Tage zur Nacht, sowie die jahreszeitlichen Schwankungen, müssen bei der Haltung im Terrarium berücksichtigt werden. Nachts können die Temperaturen, in der kühlen Jahreszeit, auf 4–6 °C heruntergehen. Tagsüber steigen sie dann auf über 20 °C wieder an, in der Sonne auch weit darüber. Eine hohe relative Luftfeuchtigkeit, hervorgerufen durch häufige Regenfälle, kennzeichnen dieses Gebiet.
Größe: Die Tiere erreichen eine Gesamtlänge von 112 mm.
Erkennungsmerkmale: Eine enge verwandtschaftliche Beziehung zu *P. barbouri* ist unverkennbar. Auffallend bei *P. pronki* ist der gelbe Kopf, der sich deutlich vom grauen Oberkörper absetzt. Von der Schnauzenspitze verlaufen vier schwarze Bänder bis in die Schwanzspitze. Das schwarze Lateralband endet an der Schwanzwurzel. Die Bänder besitzen ein deutliches Zakkenmuster. Innerhalb der lateralen Streifen befindet sich hinter den Ohröffnungen je ein breiter schwarzer, länglicher Fleck. An dieser Stelle besitzen die Tiere einige vergrößerte bläulich schimmernde Tuberkelschuppen. Das Auge wird von einem gelben Ring eingefaßt. Die Männchen besitzen eine gelbliche Kloakenregion und Präanofemoralporen.
Biologie: Die Geschlechter sind in der Größe und auch farblich nicht zu unterscheiden. Die Weibchen kleben ihre Eier hinter die Rinde der Bäume oder in andere geschützte Verstecke. Es sind in der Regel Doppeleier.
Terrarium: Ein gut bepflanztes Regenwaldterrarium mit einigen Ästen und fingerdicken Bambusstäben kommt dem natürlichen Lebensraum sehr nahe. Die nötige hohe Luftfeuchtigkeit von 75 bis 100% erreicht man durch häufiges Sprühen oder mit Hilfe einer Nebelanlage. Eine lokale Temperaturerhöhung auf ca. 30 °C sollte durch einen Strahler hervorgerufen werden.

Phelsuma pusilla pusilla

Mertens, 1964

Terra typica: Ambila Lemaitso bei Brickaville, Ost-Madagaskar

Verbreitung: Die Tiere findet man an der Ostküste Madagaskars und auf der Insel Nosy Bohara.

Lebensraum: Es handelt sich bei dieser Art um eine Phelsume des östlichen Regenwaldes. Man findet die Tiere genau so häufig an Bäumen wie an Bananenstauden oder im Umkreis der Hütten der Einheimischen.

Größe: Die Tiere erreichen eine Gesamtlänge von 80 mm.

Erkennungsmerkmale: Die Grundfärbung ist ein blasses Grün mit einigen roten bis rotbraunen Punkten und einer meist länglichen Strichzeichnung auf dem Rücken. Ein kleiner roter Balken zwischen den Augen scheint charakteristisch zu sein. Die Grenze zwischen Ober- und Unterseite wird durch einen grauen bis schwarzen Streifen markiert. Die Oberseite der Hinterbeine ist graubraun mit einer leichten Musterung. Der Schwanz kann, je nach Population, türkis gefärbt sein.

Biologie: Bei unseren Beobachtungen konnten wir feststellen, daß die Tiere nur eine geringe Populationsdichte besitzen. Inwieweit eine Partnerbindung besteht, konnte nicht ermittelt werden. Die Weibchen legen ihre Eier frei an geschützten Stellen ab. Es werden häufiger Doppeleier als zwei Einzeleier abgelegt. Die sehr kleinen Jungtiere müssen mit kleinsten Futtertieren ernährt werden. Sie gehen schon sehr frühzeitig an süßes Obst.

Terrarium: Das Terrarium kann genau so eingerichtet sein, wie es für alle anderen Phelsumen aus diesem Gebiet beschrieben wird.

Phelsuma pusilla hallmanni

Meier, 1989

Terra typica: Andasibe
Verbreitung: Die Art ist bisher nur von der Terra typica bekannt.
Lebensraum: Es handelt sich bei diesen Tieren um eine reine Waldphelsume, die man aber auch an den Bäumen entlang der Straßen und Wege finden kann. Da die klimatischen Verhältnisse in diesem Vebreitungsgebiet jahreszeitlich sehr extrem sind, haben sich die hier lebenden Arten daran stark angepaßt.
Größe: Die Gesamtlänge von 90 mm wird selten überschritten.
Erkennungsmerkmale: Die Grundfarbe ist ein kräftiges Dunkelgrün unterbrochen durch ein schwarzes Lateralband. Auf dem Rücken befinden sich einige rote bis rotbraune, oft tropfenförmige Flecken, die auch als feinere Sprenkelung vorhanden sind können. Bei den Weibchen kommen größere Flecken seltener vor. Sie sind in der Regel rot gesprenkelt und blasser in der Färbung. Der vordere Rückenbereich kann eine feine Goldsprenkelung aufweisen. Der Schwanz ist in der Prachtfärbung häufig türkis abgesetzt. Der Originalschwanz ist stark gewirtelt.
Biologie: Bedingt durch die extremen klimatischen Unterschiede in ihrem Lebensraum ist nicht auszuschließen, daß die Tiere eine längere inaktive Phase verbringen. Die Fortpflanzungszeit beginnt in den Monaten Oktober bis November und ist etwa im Mai beendet.
Terrarium: Ein feuchtes Regenwaldterrarium mit einigen glattrindigen Ästen oder hochkant stehenden Bambusröhren kommt für diese Art in Betracht. Die extremen klimatischen Verhältnisse im Verbreitungsgebiet sollten bei der Haltung berücksichtigt werden.

Phelsuma quadriocellata quadriocellata

(Peter, 1883)

Terra typica: Madagaskar
Verbreitung: Diese Art findet man fast an der gesamten Ostküste von Madagaskar. Im Gebiet um Andasibe ist sie sehr häufig.
Lebensraum: Die Tiere sind an das feucht-warme Klima der Ostküste gebunden. Im Gebiet um Andasibe kommen die Tiere auch mit einem starken jahreszeitlichen Temperaturgefälle zurecht. Man findet sie in diesen Gebieten sowohl als Kulturfolger in der Nähe von Siedlungen als auch in Bananenplantagen.
Größe: Die Tiere erreichen eine Gesamtlänge von 120 mm.
Erkennungsmerkmale: Diese Phelsumen sind dunkelgrün gefärbt und tragen auf dem Rücken sehr feine bis gröbere rote Punkte und Striche. Charakteristisch für diese Art sind blau umrandete Augenflecken, die hinter den Vorderbeinen und in der Achselgegend angeordnet sind. Die Tiere haben gelbe Augenringe. Auf dem Kopf sowie im Nackenbereich können kleine blaue Punkte vorhanden sein. Der Schwanz ist nur leicht abgeflacht. Die Unterseite ist hellbeige abgesetzt.
Biologie: Den klimatischen Bedingungen müssen wir bei dieser Art größere Aufmerksamkeit schenken. Eine höhere Luftfeuchtigkeit und ein größeres Tag-Nacht-Gefälle sind in einigen Gebieten normal. So kann es in der kühleren Jahreszeit nachts unter 10 °C kalt werden. Dies wirkt sicherlich auch stimulierend auf die Paarungsbereitschaft. Während der Paarungszeit, die im Oktober-November beginnt, erhöhen wir die Temperatur auf 28–30 °C. Das Paarungsverhalten ist ähnlich dem anderer Phelsumen-Arten. Die Weibchen legen in einer Fortpflanzungsperiode bis zu 6 Gelege ab. In den Abständen von 3–5 Wochen wird je ein Doppelei, seltener Einzeleier, abgelegt. Diese werden in hohlen Bambusröhren oder häufig auch in die Blattachseln von Trichterpflanzen gelegt. Die etwa 30 mm großen Jungtiere benötigen bei einer Zeitigungstemperatur von 28 °C und einer Luftfeuchtigkeit von 75% 40–45 Tage bis zum Schlupf.

Phelsuma quadriocellata bimaculata

Kaudern, 1922

Terra typica: Fandrarazana – Ostmadagaskar, nördlich von Fenerive
Verbreitung: An der Ostküste von Madagaskar und auf der Insel Nosy Bohara ist diese Art anzutreffen.
Lebensraum: Die Tiere leben sowohl an Bäumen als auch an den Hütten der madagassischen Bevölkerung. Sehr häufig fanden wir auch Tiere an den Rändern der Zuckerrohrfelder.
Größe: Die Art erreicht eine Gesamtlänge von 115 mm.
Erkennungsmerkmale: Die Grundfärbung ist ein nicht sehr kräftiges, eher schmutziges Grün mit einigen dunkelroten Flecken auf dem Rükken, die in den meisten Fällen zu einem dorsalen Längsstrich zusammenfließen. Ein länglich-ovaler Fleck befindet sich dicht hinter den Vorderextremitäten. Dieser hat nicht immer eine blaue Umrandung wie bei der Nominatform. Zwischen den Vorder- und Hinterextremitäten befindet sich stets ein dunkles Lateralband. Die gesamte Unterseite ist weiß ohne jegliche Zeichnung.
Biologie: Die Tiere sollten paarweise gehalten werden. Zwei Männchen vertragen sich untereinander nicht. Die Männchen erkennt man an den Präanal- und Femoralporen. Die Weibchen verstecken ihre Eier sehr gerne in den Hohlräumen der Bambusröhren. Bei uns wurden häufiger Einzeleier als Doppeleier abgelegt.
Terrarium: Da die Tiere von der Ostküste Madagaskars aus einem feuchten, niederschlagsreichen Gebiet stammen, sollten sie in einem Feuchtterrarium gehalten werden. Es sind allerdings keine Regenwaldbewohner, darum ist eine intensive Beleuchtung genauso wichtig. Unter einem Punktstrahler kann die Temperatur lokal bis auf 33 °C ansteigen. Auch für diese Art haben sich Bambusstäbe im Terrarium sehr gut bewährt.

Phelsuma quadriocellata lepida

Meier, 1983

Terra typica: Andapa, Nord-Ost-Madagaskar
Verbreitung: Bisher sind die Tiere nur von der Terra typica bekannt. Der Ort liegt in einem Regenwaldgebiet im nordöstlichen Madagaskar in 500 m Höhe. Die Art wurde auch in höheren Lagen über 1000 m gefunden.
Lebensraum: Bisher ist nicht sehr viel über den genauen Lebensraum dieser Art bekannt. Es ist jedoch anzunehmen, daß die Tiere ähnlich wie die Nominatform leben.
Größe: Mit einer Gesamtlänge von ca. 125 mm dürften die Tiere ausgewachsen sein.
Erkennungsmerkmale: Auf der Oberseite sind die Tiere blaugrün gefärbt. Im Nackenbereich besitzen sie eine hellblaue Sprenkelung. Das markanteste Erkennungsmerkmal sind die länglich-ovalen, dunkelbraunen Posthumeralflecken mit hellblauer Umrandung, die sich etwa 2,5 mm hinter den Vorderextremitäten befinden. Die roten Flecken auf dem Rücken sind in Größe und Anzahl recht verschieden. Zwischen den Posthumeralflecken verläuft median ein roter Streifen.
Biologie: Die Tiere zeigen im Verhalten keine Unterschiede zu der Nominatform. Es scheint eine lockere Bindung zwischen den Geschlechtspartnern zu bestehen.
Terrarium: Die Terrarien können ähnlich wie bei den zuvor genannten Arten eingerichtet werden. Eine höhere Luftfeuchtigkeit und ein stärkeres Tag-Nacht-Gefälle sind dieser Art zuträglich. Die Tagestemperaturen können im oberen Terrariumbereich auf 33 °C ansteigen, wobei eine lokale Temperaturerhöhung durch einen Strahler am sinnvollsten ist.

Phelsuma quadriocellata parva

Meier, 1983

Terra typica: Tamatave

Verbreitung: Diese Art ist an der Ostküste Madagaskars im Gebiet um Toamasina und Brickaville gefunden worden.

Lebensraum: Die Tiere leben zum Teil als Kulturfolger an den Häusern und in den Gärten der Einheimischen. Sehr häufig findet man sie auch auf Kokospalmen und an Bananenstauden.

Größe: Eine Gesamtlänge von 90 mm wird nicht überschritten.

Erkennungsmerkmale: Auf dem Oberkörper sind die Tiere hellgrün gefärbt, während der Schwanz einen bläulichen Schimmer aufweisen kann. Die Tiere besitzen einen unregelmäßig großen Posthumeralfleck, der auch hellblau umrandet sein kann. Ein vor den Augen liegender roter Strich ist immer vorhanden, wobei die roten Streifen und Flecken auf dem Rücken unterschiedlich ausgeprägt sein können. Ein dunkler Lateralstreifen zieht sich um den gesamten Körper. Meist ist auch ein mehr oder weniger deutlicher roter Mittelstrich auf dem Vorderrücken zu sehen.

Biologie: Obwohl diese sehr schöne Phelsume schon häufiger in den Handel kam, ist doch recht wenig über die Haltung und Zucht bekannt. Die Haltung sollte sich an derjenigen anderer Phelsumen-Arten der Ostküste orientieren. Eine teilweise höhere Luftfeuchtigkeit ist genauso wichtig wie eine intensive Beleuchtung. Die Tiere sitzen sehr gerne in der Sonne, um ihre Vorzugstemperatur zu erreichen. An einigen Stellen leben sie sympatrisch mit *P. p. pusilla.* Diese Art besitzt ebenfalls eine Vorliebe für süßes Obst oder Babynahrung auf Obstbasis.

Terrarium: Die Tiere werden in einem bepflanzten, halbfeuchten Terrarium gehalten. Ein Strahler sollte die Temperatur lokal auf 30 °C erhöhen. Auch diese Art bewegt sich am liebsten auf glattem Untergrund, wie z.B. Bambusstangen.

Phelsuma robertmertensi

Meier, 1980

Terra typica: Insel Mayotte, Komoren

Verbreitung: Diese Art bewohnt ein nur sehr kleines Areal, das aus Artenschutzgründen nicht näher beschrieben wird.

Lebensraum: *P. robertmertensi* ist kein ausgesprochener Kulturflüchter. Sie fühlt sich nur nicht so stark von menschlichen Behausungen angezogen wie andere Phelsumen. Normalerweise kommen die Tiere in ihrem Verbreitungsgebiet an Palmen und anderen Bäumen vor. Sie bilden in der heutigen Zeit keine zahlenmäßig starken Populationen.

Größe: Die Tiere erreichen eine Gesamtlänge von 110 mm.

Erkennungsmerkmale: Diese Art zählt zu den kleineren Phelsumen und ist die einzige, die deutlich verschiedene Farbmuster zu zeigen vermag. Die Körperoberseite kann dunkelgrün bis grünblau gefärbt sein. Von dem roten Strich, der die beiden Augen miteinander verbindet, führt ein roter Längsstreifen von der Kopfmitte bis zum Schwanzanfang. Auf dem Schwanz können sich kleine, rote Querbänder befinden. Die Beine sind grau marmoriert, der deutlich graue Lateralstreifen trennt die Oberseite von der weißlichen Unterseite.

Biologie: Die Jungtiere haben nach dem Schlupf eine Größe von 19–22 mm.

Terrarium: Man bietet dieser Phelsume im oberen Bereich des Terrariums einen Sonnenplatz aus waagerecht angebrachten Bambusröhren an. Die lokale Erwärmung dieses Sonnenplatzes erreicht man durch Anbringung eines Strahlers in angemessener Entfernung. Eine üppige Bepflanzung des Terrariums kommt den Bedürfnissen der Tiere sehr entgegen. Wegen ihrer geringen Größe und dem daraus resultierenden niedrigen Gewicht können für diese Phelsume auch optisch ansprechende Pflanzen gewählt werden, weil die leichten Tiere nicht so schnell Pflanzen oder deren Blätter zerstören können. Ein Ultraschall-Luftbefeuchter, der mit einer Zeitschaltuhr gesteuert wird, sorgt morgens und abends für die notwendige Luftfeuchtigkeit. Ein weiterer Vorteil dieses Gerätes liegt in der einfachen Handhabung, weil der Vorratstank nur einmal pro Woche mit Wasser befüllt werden muß. Scheut man aber vor dieser Investition zurück, sollte man das Becken mehrmals täglich übersprühen.

Phelsuma seippi

Meier, 1988

Terra typica: Nosy Bé
Verbreitung: Nach neuen Untersuchungen kommen die Tiere auch in Nord-Madagaskar und auf der Insel Nosy Bé vor.
Lebensraum: Es handelt sich um eine rein baumbewohnende Phelsume. Die Tiere wurden bisher nur in geschlossenen Waldgebieten sowie deren Randgebieten gefunden.
Größe: Die Gesamtlänge von 140 mm wird nur von den Männchen erreicht.
Erkennungsmerkmale: Die Tiere haben eine spitze Schnauze, von der sich ein rotbrauner bis dunkelbrauner Streifen über das Auge bis in den Nacken hineinzieht. Ein rotes V kann auf der Stirn vorhanden sein. Die Körperoberseite ist grün bis grüngelb gefärbt mit mehreren roten bis rotbraunen Punkten und eventuell einem Rückenstreifen in der gleichen Farbe. Die Unterseite ist hellrosa gefärbt. Auf der Kopfunterseite befinden sich einige dunkle V-förmige Zeichen.
Biologie: *Phelsuma seippi* wurde bisher nur in zusammenhängenden Waldgebieten gefunden. Die Tiere meiden das direkte Sonnenlicht. Auch diese Art versteckt ihre Eier am Boden unter Laub, wie wir es auch schon von *Phelsuma guttata* her kennen. Dies scheint ein typisches Verhalten für in Waldgebieten lebende Phelsumen zu sein. Die Eier benötigen bei einer Zeitigungstemperatur von 28 °C 45–50 Tage bis zum Schlupf der Jungtiere. Diese sind zu diesem Zeitpunkt etwa 40 mm groß. Eine Aufzucht in kleinen Gruppen macht keine Schwierigkeiten. Eine höhere Luftfeuchtigkeit sollte zeitweise vorhanden sein. Hierbei reicht ein einmaliges tägliches Sprühen aus.
Terrarium: Die Tiere benötigen ein gut bepflanztes, mit einigen daumen- bis armdicken Ästen ausgestattetes Terrarium, wobei Äste mit glatter Rinde bevorzugt werden. Eine höhere Luftfeuchtigkeit ist lebensnotwendig und wird durch mehrmaliges Sprühen (oder eine Sprüh-Nebelanlage) erreicht. Auf den Bodengrund, der aus Blumenerde bestehen kann, kommt eine Schicht Waldlaub.

Phelsuma serraticauda

Mertens, 1963

Terra typica: Ivoloina

Verbreitung: Diese Art findet man an der Ostküste Madagaskars, wo sie bisher nur aus dem Gebiet der Terra typica, 12 km nördlich von Toamasina gelegen, bekannt geworden ist.

Lebensraum: Die Tiere leben überwiegend in den Kronen der Kokospalmen. Man findet sie aber auch an Bananenstauden.

Größe: Mit einer Gesamtlänge von 130 mm sind die meisten Tiere ausgewachsen, jedoch findet man immer wieder größere Männchen.

Erkennungsmerkmale: Typisch für diese Art ist der breite dorsoventral abgeflachte Sägeschwanz. Die Grundfärbung reicht von gelbgrün bis dunkelgrün. In der Kreuzbeingegend befinden sich drei rote, längliche Striche. Im Schwanzwurzelbereich sind die Tiere rot gesprenkelt. Der Nacken kann bläulich gefärbt und mit ein bis zwei goldgelben Strichen versehen sein. An der Schnauze, vor und hinter dem Auge, befinden sich drei rote Querbänder.

Biologie: Die Tiere leben überwiegend in einer Gruppe mit einem Männchen und bis zu fünf Weibchen zusammen. Jungtiere werden bis zu einer bestimmten Größe geduldet, wobei augenscheinlich nur die Männchen verjagt werden. Die Haltung einer größeren Gruppe ist nur in sehr großen, geräumigen Terrarien möglich. Auch unter den Weibchen gibt es eine Rangfolge, die zu Beißereien führen kann, wenn nicht genügend Versteckplätze für die schwächeren Tiere vorhanden sind. Die Weibchen produzieren bis zu vier Gelege in einem Jahr, die fast immer aus Doppeleiern bestehen. Die etwa 40 mm großen Jungtiere benötigen bei einer Zeitigungstemperatur von 28 °C und einer Luftfeuchtigkeit von 75% 53–58 Tage bis zum Schlupf. Die Aufzucht sollte einzeln erfolgen, da die Jungtiere gegenüber ihren Geschwistern sehr streitsüchtig sind.

Terrarium: Die Tiere benötigen ein gut durchlüftetes Terrarium. Sie sitzen sehr gerne an glatten Flächen, wie den breiten Blättern von Sansevierien oder dickeren Bambusstangen, die sowohl senkrecht als auch waagerecht ins Terrarium eingebracht werden.

Phelsuma standingi

Methuen & Hewitt, 1913

Phelsuma standingi aduld

Terra typica: Wälder am Onilahy River bei Maroamalona, südwestliches Madagaskar
Verbreitung: Im südwestlichen Madagaskar, in Andranolaho und Sakaraha.
Lebensraum: Heimisch ist diese Art im regenarmen, sehr trockenen Südwesten von Madagaskar. Die Temperaturen sinken tagsüber das ganze Jahr nicht unter 20 °C in Verbindung mit nur geringen Niederschlägen. In den Monaten Januar-Dezember sind Tageshöchsttemperaturen von 40 °C im Schatten keine Seltenheit. Allerdings können in den Monaten Juli-August die Temperaturen in der Nacht bis auf 13 °C absinken, wobei die Luftfeuchtigkeit auf über 90 % ansteigt. Die Sonneneinstrahlung ist sehr intensiv. In diesem Gebiet leben die Tiere paarweise an solitär stehenden Bäumen.
Größe: Die Tiere erreichen eine Gesamtlänge bis zu 280 mm.
Erkennungsmerkmale: In der Färbung sind die Tiere sehr variabel, abhängig von Lichtintensität und Stimmungslage. So kann die Grundfärbung graubraun sein oder aber leuchtend grün. Der Schwanz sowie der Kopf sind aber in der Regel immer türkis abgesetzt. Eine intensive feine Fleckenzeichnung kann auf dem Oberkörper vorhanden sein. Der Bauch ist weiß abgesetzt. Die Jungtiere haben eine ausgeprägte Bänderzeichnung.
Biologie: Das Wohlbefinden dieser Art hängt stark von einer intensiven Beleuchtung ab. Wenn die Lichtintensität zu gering ist, zeigen die Tiere nur eine schmutziggraue Färbung. Es kommt nur eine paarweise Haltung in Frage, da sich auch zwei Weibchen nicht vertragen. Die Männchen erkennt man an den stark ausgeprägten Präanal- und Femoralporen. Die Art zeigt das gleiche Werbeverhalten wie andere Arten. Auch hier sind es die ruckartigen Bewegungen sowie das seitliche Kopfwackeln, die der Paarung voran gehen. Ein Paarungsbiß wird vom Männchen ausgeführt. Eine Vorratsbefruchtung bei *P. standingi* ist nachgewiesen. Die Weibchen legen ihre Eier sehr gerne in oben offene Bambusrohre. Bei einer Zeitigungstemperatur von 28 °C benötigen die Eier für ihre Entwicklung um die 60 Tage. Es werden meistens Doppeleier abgelegt. Die ca. 80 mm großen Jungtiere werden von

Phelsuma standingi juvenil

den adulten Tieren nicht behelligt. Eine separate Aufzucht ist aber wegen der besseren Futterkontrolle auf jeden Fall anzuraten.
Terrarium: Das Terrarium sollte mindestens 80 cm hoch sein und mit einigen senkrecht stehenden Ästen mit glatter Rinde sowie armdicken Bambusröhren ausgestattet sein. Pflanzen können vorhanden sein, jedoch sollte die Haltung grundsätzlich trocken erfolgen.

Phelsuma sundbergi sundbergi
Rendahl, 1939

Terra typica: Insel Praslin, Seychellen
Verbreitung: Sie leben auf den Seychelleninseln Praslin und Curieuse.
Lebensraum: Die Tiere sind Kulturfolger und man findet sie im Verbreitungsgebiet überall an den Häusern. Sie dringen sogar in die Gebäude ein. Ferner hat man sie schon am Hafen an den Bootsstegen gefunden. Vorzugsweise bewohnen sie hochgewachsene Kokospalmen. Dabei sind der Stamm und die Krone als unterschiedliche Lebensräume zu betrachten. Ein Einzeltier von *P. sundbergi sundbergi* bewohnt den unteren Teil des Baumes. Jeder Baum wird anscheinend als ein Revier angesehen. Die Nacht verbringen die Tiere in den mit Fasern bekleideten Blattachseln.
Größe: Eine Gesamtlänge von 200 mm wird selten überschritten. Die Geschlechter werden gleich groß.
Erkennungsmerkmale: Auf der prachtvoll blaugrün gefärbten Körperoberseite befindet sich eine rote Zeichnung in Form kleinster, wenig auffallender Schnörkel und Sprenkel, die über den Rücken verstreut sind. Auf dem Kopf sind nur Spuren einer Zeichnung zu erkennen.

Phelsuma sundbergi sundbergi (Praslin – Vallée de May)

Je ein mattroter Strich befindet sich zwischen Nasenloch und Auge. Die Bauchunterseite ist einheitlich weiß. Auffällig jedoch ist die lebhaft rostrote bis gelbe Färbung der Präanal- und Analregion sowie der Unterseite der Hinterbeine.

Biologie: Die Eier, Größe 15 mm, werden in die oben beschriebenen Blattachseln abgelegt. Bei dieser Methode der Eiablage werden die Eier zwischen den Hinterbeinen gedreht. Auf diese Weise härten sie aus und werden anschließend frei abgelegt. Massengelege mit über 50 Eiern sind keine Seltenheit und können an optimalen Eiablageplätzen häufig gefunden werden.

Terrarium: Für diese zu den größeren Phelsumen zählende Art eignet sich nur eine stabile Einrichtung. Kleine Pflanzen mit feinen Blättern sind ebenso wenig geeignet wie dünne Äste. Diese würden beim Klettern und Jagen von den Tieren zerstört werden. Bewährt haben sich dicke Bambusröhren, die hochkant und waagerecht im Becken untergebracht werden, sowie dickblättrige Pflanzen. Sansevierien und große *Ficus*-Arten haben sich bei der Phelsumenhaltung als optimal erwiesen. Die Eier werden mit Vorliebe in die Blattachseln der Sansevierien oder aber in die hohlen Bambusstämme gelegt. Die Zeitigung der Eier kann problemlos im Becken erfolgen. Oberhalb der waagerechten Bambusstämme installiert man einen Strahler, der den Aufenthaltsplatz der Tiere lokal erwärmt. Hier kann man sie oft beim Sonnenbaden beobachten. Die notwendige Luftfeuchtigkeit erreicht man durch ein- bis zweimaliges Sprühen am Tag. Das Besprühen sollte vor allem abends geschehen, da dadurch die Luftfeuchtigkeit in der Nacht gesteigert wird.

Phelsuma sundbergi ladiguensis

Böhme & Meier, 1982

Terra typica: La Digue, Seychellen
Verbreitung: Sie leben auf den Seychellen-Inseln La Digue, Felicite und Cocco.
Lebensraum: Man kann *P. sundbergi ladiguensis* genauso wie die Nominatform als Kulturfolger betrachten. Man findet die Tiere zahlenmäßig sehr häufig im Umfeld der Hafenanlage von La Digue.
Größe: Die Tiere erreichen eine Gesamtlänge von 160 mm.
Erkennungsmerkmale: Die Geschlechter sind bei dieser Unterart gleich gefärbt. Die normalerweise blaugrüne Körperoberseite kann auch einheitlich blau gefärbt sein. Die rote Fleckenzeichnung auf dem Rücken ist sehr variabel. Der Augenring ist gelb bis gelbgrün. Auffällig ist die intensive Gelbfärbung der Kehle, die aber bei Alkoholpräparaten nicht mehr zu erkennen ist. Auch kann die ganze Körperunterseite gelb sein, meistens ist sie jedoch gelblich-weiß. Die Jungtiere haben in fast allen Farb- und Zeichnungselementen eine verblüffende Ähnlichkeit mit *P. v-nigra* von Grande Comore und Moheli.
Biologie: siehe *Phelsuma sundbergi sundbergi.*
Terrarium: siehe *Phelsuma sundbergi sundbergi.*

Phelsuma v-nigra v-nigra

Boettger, 1913

Terra typica: Westküste Insel Moheli, Komoren
Verbreitung: Die Tiere sind nur von der Komoreninsel Moheli bekannt.
Lebensraum: Sie benötigen eine üppige Vegetation, denn sie leben auf dünnzweigigen Büschen und kleinen Bäumen.
Größe: Die Tiere erreichen eine Gesamtlänge von 100 mm.
Erkennungsmerkmale: Die Grundfärbung ist, je nach Gemütszustand der Tiere, mehr oder weniger leuchtend grün. Die rote Zeichnung auf Rücken und Schwanz setzt sich aus großen Punkten zusammen. In ganz seltenen Fällen kann diese Zeichnung auch gänzlich fehlen. Zwei rote Querbänder auf dem Vorderkopf sind fast immer mehr oder weniger deutlich zu sehen. Die V-förmige Zeichnung auf der Kopfunterseite ist eher selten. Diese Zeichnung ist bei juvenilen Tieren vorhanden, verblaßt aber mit zunehmendem Alter. Die Augenringe variieren von gelb bis hellgrün. Die Tiere haben unterseits eine sehr kräftige und gleichmäßige Gelbfärbung, die gegenüber der grünen Rücken- und Lateralfärbung scharf abgesetzt ist.
Biologie: Die Jungtiere sind bei der Geburt einheitlich grün gefärbt und bekommen erst nach einigen Monaten die roten Punkte auf dem Rükken. Die Zeitigung der Eier dauert bei einer Temperatur von 28 °C ungefähr 45 Tage. Die frischgeschlüpften Jungtiere haben eine Größe von ca. 35 mm.
Terrarium: Aufgrund der Bedürfnisse der Tiere sollte man ein dicht bepflanztes Becken einrichten. Die geringe Größe der Tiere ermöglicht es, viele Pflanzen nach dem Geschmack des Pflegers zu wählen. So können kleinere Pflanzen direkt in hohle Bambusstämme gepflanzt werden, die senkrecht und waagerecht in das Bekken eingebracht worden sind. Eine über dem Becken angebrachte Beleuchtung dient gleichzeitig als Wärmequelle (Strahler). Der entstehenden Strahlungswärme setzen sich die Tiere regelmäßig aus. Haben die Tiere ihre Vorzugstemperatur erreicht, klettern sie lebhaft in den Pflanzen des Terrariums umher. Neben den Pflanzen, die für eine gewisse Luftfeuchtigkeit sorgen, muß das Becken wenigstens einmal täglich gesprüht werden.

Phelsuma v-nigra comoraegrandensis

Meier, 1986

Terra typica: Insel Grande Comore, Komoren
Verbreitung: Die Tiere sind bisher nur von der Südwestküste der Insel Grande Comore bekannt.
Lebensraum: Bei *P. v-nigra comoraegrandensis* handelt es sich um einen typischen Palmenbewohner, der aber darüber hinaus auch als Kulturfolger in den Ortschaften zu finden ist.
Größe: Die Tiere erreichen eine Gesamtlänge von 100 mm.
Erkennungsmerkmale: Die Färbung ist oberseits, je nach Stimmung, mehr oder weniger blaugrün mit einer roten Zeichnung. Diese besteht aus kleinen, unterschiedlich geformten Flecken auf dem Rücken mit Andeutung einer Mittellinie, die bis zu den Querstrichen auf dem Vorderkopf reicht. Oberhalb der Beine sind die Tiere grau mit hellen Flecken, die auch auf dem auffällig dunklen Lateralband, je nach Stimmung, in unterschiedlicher Stärke sichtbar sind. Unterseits sind sie schmutzig gelblich-weiß gefärbt, auf der dunkel gefleckten Kehle sieht man ein sehr markantes V-förmiges Zeichen, dazu parallele Äste auf dem Unterkiefer. Dunkle Flekken sind auch auf der Bauchmitte zu erkennen, die in eine dunkle Flankenfärbung übergehen.
Biologie: Am leichtesten entdeckt man die Tiere morgens beim Sonnenbaden. Erst während der großen Mittagshitze ziehen sich die Tiere in den Schattenbereich zurück.
Terrarium: Die Art wird am besten paarweise in einem kleineren Feuchtterrarium gepflegt. Die Einrichtung sollte aus Bambusrohren bestehen, die sowohl senkrecht als auch waagerecht eingebracht werden. Das Terrarium kann mit dekorativen Pflanzen ausgestattet werden, da die Tiere diese nicht beschädigen.

Phelsuma v-nigra pasteuri

Meier, 1984

Terra typica: Insel Mayotte, Komoren

Verbreitung: Da die Tiere nur ein begrenztes Verbreitungsgebiet besitzen, wurde dieses aus Naturschutzgründen nicht nicht näher beschrieben.

Lebensraum: Diese Art wurde in tiefliegenden Bergeinschnitten entlang von Bachläufen gefunden. Hier bewohnt sie die Buschvegetation sowie höhere Bäume, wo man sie tagsüber beobachten kann.

Größe: Eine Gesamtlänge von 110 mm wird nicht überschritten.

Erkennungsmerkmale: Die Färbung ist oberseits intensiv grün. Auf dem Rücken befinden sich fast immer um die 30 kleinere rote Flecken. Die Deutlichkeit der roten Kopfzeichnung, die Blaufärbung des Schwanzes und die Färbung der gelben Augenringe sind stark stimmungsabhängig. Ist bei der Nominatform die Rückenzeichnung netzartig bis kleingepunktet, so ist sie jedoch ganz selten so groß wie bei *P. v-nigra pasteuri*. Entscheidend ist die fehlende V-förmige Zeichnung an der Kehle und die leuchtend blauen, scharf umgrenzten, großen Flecken, die in der Schulterregion meist durch eine rote Linie geteilt werden. Diese Unterart ist auch etwas großwüchsiger als die Nominatform und fühlt sich im Gegensatz zu den anderen *P. v-nigra*-Unterarten nicht von menschlichen Behausungen angezogen.

Biologie: Leider ist bisher über die Biologie dieser im Terrarium recht selten zu sehenden Phelsume nicht viel bekannt.

Terrarium: Man bietet dieser Phelsume im oberen Bereich des Terrariums einen Sonnenplatz aus waagerecht angebrachten Bambusröhren an. Die lokale Erwärmung dieses Sonnenplatzes erreicht man durch Anbringung eines Strahlers in angemessener Entfernung. Eine üppige Bepflanzung des Terrariums kommt den Bedürfnissen der Tiere sehr entgegen. Wegen ihrer geringen Größe und dem daraus resultierenden niedrigen Gewicht, können für diese Phelsume auch optisch ansprechende Pflanzen gewählt werden, weil die Tiere diese oder deren Blätter nicht so schnell zerstören können.

Uroplatus ebenaui

Boettger, 1878

Terra typica: Insel Nosy Bé

Verbreitung: Bisher wurde diese Art auf der Insel Nosy Bé und im Norden von Madagaskar gefunden.

Lebensraum: Die Tiere leben im Buschbereich zusammenhängender Regenwälder. Da sie hervorragend getarnt sind, bleiben sie auch am Tage offen sitzen. Sie imitieren in diesem Fall ein Blatt oder einen Ast und bewegen sich auch mit dem Wind.

Größe: Mit einer Gesamtlänge von 75 mm handelt es sich um die kleinste Art dieser Gattung.

Erkennungsmerkmale: Das auffälligste Merkmal dieser Art ist der nur wenige Zentimeter lange Schwanz. Er hat eine dreieckige Form und sieht aus wie eine Lanzenspitze. Die Grundfärbung variiert von gelbbraun bis dunkelbraun. Eine Vertebrallinie sowie eine Musterung auf dem Rücken kann vorhanden sein. Der dreieckige Kopf setzt sich deutlich vom Körper ab. Einige Stachelschuppen, die über dem Auge, am Hinterkopf sowie entlang des Rückgrates und der Ellenbogen sitzen, verleihen den Tieren ein bizarres Aussehen.

Biologie: Scheinbar werden von den Männchen keine festen Reviere beansprucht. Die Aggressivität untereinander ist nicht sehr groß, so daß man in einem gut bepflanzten Terrarium mehrere Paare zusammen pflegen kann. Natürlich muß genügend Freiraum vorhanden sein, so damit sich die Tiere nicht ständig sehen. Die Weibchen legen etwa 5 mm große, fast kreisrunde Eier. Diese werden mit den Hinterbeinen solange im Substrat gedreht, bis sie die Farbe des Bodens angenommen haben. Es sind in der Regel zwei Eier, die in einer kleinen Grube abgelegt werden. Nachdem die Eier vollkommen ausgehärtet sind, werden sie vom Weibchen zugescharrt. Die Eier sollten in einen Inkubator überführt und in feuchtem Vermiculit gezeitigt werden. Bei einer Temperatur von 28 °C schlüpfen die Jungtiere nach 60–70 Tagen. Die Ernährung mit kleinen Wachsraupen, Grillen und Heimchen macht keine Probleme. Das Einhalten von mindestens 75% an Relativer Luftfeuchtigkeit ist Voraussetzung.

Terrarium: In den Bodengrund aus Blumenerde können einige bodendeckende Pflanzen gesetzt werden. Eine Bepflanzung mit stark verästelten Pflanzen, z.B. *Ficus benjamina*, kommt den Tieren sehr entgegen. Einige dickere Äste sollten aber auf jeden Fall vorhanden sein.

Uroplatus fimbriatus

(Schneider, 1797)

Terra typica: Madagaskar
Verbreitung: Die Art findet man im gesamten östlichen Madagaskar sowie auf den Inseln Nosy Bohara und Nosy Mangabe.
Lebensraum: Die tropischen Regenwälder Ostmadagaskars werden von *U. fimbriatus* bewohnt. Zusammenhängende Waldgebiete mit hohen Niederschlägen sind für das Überleben dieser Art Voraussetzung. Durch die Zerstörung der Lebensräume ist die gesamte Gattung bedroht. Langanhaltende Regenzeiten werden von Zeiten mit geringeren täglichen Niederschlägen unterbrochen. Längere Trockenzeiten gibt es in diesen Gebieten nicht. Selten gehen die Temperaturen am Tage über 30 °C und in der Nacht unter 20 °C. Die Tiere leben überwiegend an armdicken Bäumen, wo sie den unteren Baumbereich bevorzugen.
Größe: Bei unseren Untersuchungen konnten wir verschiedene Größen feststellen. Die Tiere von St. Marie werden mit 330 mm Gesamtlänge am größten. Alle anderen bisher bekannten Populationen erreichen nur eine Gasamtlänge bis 300 mm.
Erkennungsmerkmale: Durch ihre baumbewohnende Lebensweise haben sie sich in ihrer Färbung den Bäumen angepaßt. Die Tiere sind in der Lage ihre Farbe sowie ihre Musterung sehr stark zu verändern. Sie können einheitlich grau gefärbt sein bis rotbraun mit einer extremen Balkenzeichnung. Der gesamte Habitus der Tiere ist sehr flach.
Biologie: Eine Besonderheit zeichnet diese Art aus. Sie hat die meisten Zähne von allen noch lebenden Amnioten. Dies kann mit der sehr langen Schnauze zusammenhängen. Da die Tiere keine Futterspezialisten sind, besteht hier wahrscheinlich kein Zusammenhang. Ein schmaler Hautsaum zieht sich am gesamten Körper sowie den Extremitäten entlang. Dieser Hautsaum dient einzig und alleine der Tarnung. Die Männchen erkennt man an den gut ausgebildeten Hemipenistaschen. Bei der Paarung wird vom Männchen kein Paarungsbiß ausgeführt. Die Weibchen legen ihre Eier am Boden ab. Allerdings werden die Eier bis zum Aushärten mit den Hinterbeinen gehalten. Dabei vermeiden es die Tiere mit den Eiern den Boden zu berühren. Dadurch bleiben sie in den meisten Fällen schneeweiß. Danach werden die Eier im Boden verscharrt oder unter Laub versteckt. Bei einer Temperatur von 28 °C benötigen die Jungtiere bis zum Schlupf 90–100 Tage. Die Tiere haben dann eine Größe von 60–70 mm. Die ersten Lebenstage sind sehr kritisch. Wichtig ist eine Luftfeuchtigkeit von über 75% und ein Temperaturbereich von 25–28 °C.

Terrarium: Die Tiere sollten nur in Terrarien mit einer Mindesthöhe von 1 m gehalten werden. Armdicke Äste müssen senkrecht im Terrarium stehen. Äste mit einer glatten Rinde werden bevorzugt. Die einzelnen Stämme sollten so dicht stehen, daß die Tiere sie erreichen ohne den Boden zu berühren. Eine Bepflanzung ist angebracht. Die Luftfeuchtigkeit sollte zwischen 75% am Tage und 100% in der Nacht schwanken. Die Temperatur kann sich, zur Nachahmung eines Tag-Nacht-Gefälles, zwischen 22 °C und 28 °C bewegen.

Uroplatus guentheri

Mocquard, 1908

Terra typica: Madagaskar
Verbreitung: Die meisten Exemplare wurden im Nordwesten von Madagaskar im Gebiet um Ankarafansika gefunden. Man entdeckte sie jedoch auch in der Nähe von Morondava im Westen von Madagaskar.
Lebensraum: Am Tage hängen die Tiere zwischen den Ästen niedriger Bäume und Büsche. In der Nacht halten sie sich überwiegend im Geäst bis in eine Höhe von etwa 3m auf. Sie können einen morschen Ast perfekt imitieren. Es liegt sicherlich an ihrer guten Tarnung, daß bis heute nur vereinzelte Exemplare gefunden wurden. Während der Sommermonate herrscht in in ihrem Verbreitungsgebiet eine länger andauernde Trockenzeit.
Größe: Die Tiere erreichen eine Gesamtlänge von 150mm.
Erkennungsmerkmale: Auf der Oberseite sind die Tiere graubraun bis gelbbraun gefärbt. Die gesamte Unterseite vom Kopf bis zum Schwanzende ist schneeweiß. Der Kopf ist groß mit einer stumpfen, abgerundeten Schnauze. Der Originalschwanz sieht am Ende aus wie ein Dreizack, wobei die mittlere Spitze etwas weiter vorsteht. Eine Vertebrallinie zieht sich vom Hinterkopf bis zum Schwanzende. Einige unregelmäßige, dunkelbraune Querstreifen können auf dem Rücken vorhanden sein. Der gesamte Oberkörper ist mit kleinen Kegelschuppen übersät.
Biologie: Es sieht so aus, als ob die Tiere in einer lockeren Gemeinschaft zusammenleben. Eine feste Partnerbindung konnte nicht beobachtet werden. Auch die Aggressivität untereinander ist nicht sehr groß. Daher können mehrere Paare zusammen in einem Terrarium gepflegt werden. Diese Art hat ein sehr ungewöhnliches Fluchtverhalten entwickelt. Bei Gefahr springen sie vom Ast weg, rollen sich zu einer Kugel zusammen und lassen sich auf den Boden fallen. Hier verschwinden sie blitzschnell im Laub. Auch bei dieser Art legen die Weibchen ihre zwei etwa 7mm großen, fast kreisrunden Eier am Boden ab. Die Zeitigung erfolgt wie bei *U. ebenaui* angegeben. Die Jungtiere schlüpfen bei 28°C nach ca. 60 Tagen. Die Aufzucht mit vitaminisiertem Futter macht keine Schwierigkeiten.
Terrarium: In einem gut bepflanzten, mit einigen fingerdicken Ästen ausgestatteten Terrarium fühlen sich die Tiere wohl. Der Bodengrund sollte aus Blumenerde bestehen mit einer Auf-

lage aus Waldlaub. Die Luftfeuchtigkeit kann nachts auf 90% ansteigen und am Tage bei ungefähr 75% liegen. Die Umgebungstemperatur kann nachts bei 23–25 °C liegen und sollte auch am Tage nicht viel höher steigen.

Uroplatus henkeli

Böhme & Ibisch, 1990

Terra typica: Wald von Lokobe, auf der Insel Nosy Bé

Verbreitung: Bisher nur von der Insel Nosy Bé bekannt. Eine dieser Art ähnlich sehende Form kommt im Nordwesten von Madagaskar in der Nähe von Ankarafansika vor. Diese Tiere werden im ausgewachsenen Zustand bis 280 mm groß. Bei dieser Form besitzen die Männchen große dunkelbraune, sattelartige Flecken auf dem Rücken.

Lebensraum: Beide Formen bewegen sich an den Stämmen der Bäume und an armdicken Lianen. Der Boden sowie die Baumkronen werden dabei gemieden. Tagsüber sitzen sie an den Stämmen, wobei die Vorderbeine angewinkelt am Körper anliegen, die Hinterbeine lang nach hinten ausgestreckt sind und der Schwanz wie ein Tuch darüberliegt. Durch das direkte Anpressen an die Unterlage und das Anlegen der Hautfalte an den Körper entsteht keine Schattenbildung. Die Tiere verschmelzen sozusagen mit dem Untergrund.

Größe: Eine Gesamtlänge von 260 mm wird nicht überschritten.

Erkennungsmerkmale: Die Tiere besitzen am ganzen Körper eine starke Musterung. Es besteht ein farblicher Geschlechtsdimorphismus. Die Männchen haben eine gelbe Grundfärbung mit großen braunen Flecken und Balken. Dagegen zeigen die Weibchen eine feine Sprenkelung und eine beigegraue Grundfärbung. Ein Hautsaum zieht sich bei beiden Geschlechtern am gesamten Körper und den Extremitäten entlang. Der Habitus ist insgesamt sehr flach.

Biologie: Nur in größeren Terrarien können mehrere Paare zusammen gepflegt werden. Es wurden zwar keine Beißereien unter den Männchen beobachtet, aber ein enger Kontakt scheint die Tiere unter Stress zu setzen. Bei Erregung wird der flache Schwanz horizontal wellenförmig bewegt. Während der Paarung wird kein Paarungsbiß vom Männchen ausgeübt. Die Weibchen vergraben ihre Eier im Boden oder legen sie unter trockenem Laub ab. Bis zum Aushärten werden sie in den Hinterbeinen gehalten und im Substrat gedreht, bis sie hinterher die Farbe des Untergrundes angenommen haben. Bei einer Umgebungstemperatur von 25 °C benötigen die Jungen über 90 Tage bis zum Schlupf. Sie haben dann eine Gesamtlänge von 60 mm. Bei dieser Art wurde erstmalig eine Ablage von 4 intakten Eiern beobachtet. Die Jungtiere sollten unter den gleichen Haltungsbedingungen wie die adulten Tiere aufgezogen werden.

Terrarium: Eine Höhe von 1 m sollte bei den großen *Uroplatus*-Arten nicht unterschritten werden. Eine Bepflanzung ist angebracht. Es ist darauf zu achten, daß die mindestens armdicken Äste immer frei und senkrecht im Terrarium stehen.

Uroplatus henkeli ▷

Uroplatus lineatus

(Duméril & Bibron, 1836)

Terra typica: Madagaskar
Verbreitung: Die Art scheint sehr selten zu sein. Bisher wurden nur vereinzelte Exemplare auf der Insel Nosy Bohara und im östlichen Madagaskar gefunden.
Lebensraum: Wenn man den Madagassen glauben darf, kommen die Tiere in gelben Bambuswäldern vor. Diese Umgebung entspräche auch in etwa ihrer Färbung. Wir fanden *U. lineatus* auch am Rande des Regenwaldes auf Bäumen und auf *Ravenala* (Baum der Reisenden).
Größe: Die Tiere können eine Gesamtlänge von 270 mm erreichen.
Erkennungsmerkmale: Die Färbung der Tiere ist in der Nacht und am Tage jeweils unterschiedlich. Während sie tagsüber einfarbig gelb sind, bekommen sie in der Nacht eine schokoladenbraune Färbung mit deutlichen Längsstreifen. Etliche weiße Streifen können im Nackenbereich vorhanden sein. Über den Augen befinden sich einige wimpernartige Fortsätze.
Biologie: Über die Biologie dieser Art ist recht wenig bekannt. Die Weibchen legen wie die anderen Arten ihre Eier am Boden ab. Diese sind kreisrund und werden solange mit den Hinterbeinen festgehalten, bis sie ausgehärtet sind. Danach werden sie unter Laub versteckt, seltener werden sie im Boden vergraben. Erstrebenswert ist eine paarweise Haltung. Bei der Haltung von zwei Männchen mit mehreren Weibchen wurden Beißereien unter den Männchen beobachtet.
Terrarium: Das Terrarium sollte eine Mindesthöhe von 1 m besitzen. Bambusstangen in verschiedenen Größen sollten eng aneinander hochkant ins Terrarium eingebracht werden. Eine Bepflanzung kann vorhanden sein. Eine höhere Luftfeuchtigkeit über 75% sollte für längere Zeit nicht unterschritten werden. Eine helle Beleuchtung ist nur für die Pflanzen wichtig und für eine Tag-Nacht-Simulation. Eine Temperatur von 20–25 °C ist ausreichend.

Uroplatus phantasticus

Boulenger, 1888

Terra typica: Madagaskar, Wald von Manjakandriana, östlich von Antananarivo
Verbreitung: Diese Art scheint in den höhergelegenen Regenwaldgebieten nordöstlich von Antananarivo bis nach Andasibe vorzukommen.
Lebensraum: Die Tiere leben im unteren Buschbereich der Regenwälder. Sie kommen im gleichen Lebensraum mit *U. s. sikorae* und *P. gracilis* vor. (siehe auch Lebensraum dieser Arten).
Größe: Im ausgewachsenen Zustand erreichen die Tiere eine Gesamtlänge von 100 mm.
Erkennungsmerkmale: Die Tiere sind im schwanzlosen Zustand von der Art *U. ebenaui* nicht zu unterscheiden. Lediglich die Schwanzform ist ein deutliches Erkennungsmerkmal. Der Schwanz hat die Form eines schmalen, länglichen Blattes. Aussehen und Färbung gleichen *U. ebenaui.*
Biologie: Bisher ist nicht sehr viel über diese Art bekannt. Nachzuchten sind bereits erfolgt, jedoch ohne Aufzeichnungen. Die Eier werden wie bei den anderen *Uroplatus*-Arten auch am Boden unter Laub versteckt.
Terrarium: Es kommt nur ein feuchtes Regenwaldterrarium in Frage. Da die Tiere in niedrigen Büschen und Sträuchern leben, sollte die Einrichtung auch dieser Umgebung entsprechen. Eine dichte Bepflanzung ist für die Tarnung der Tiere wichtig.

Uroplatus sikorae sikorae

Boettger, 1913

Terra typica: Hochplateau bei Andrangoloaka, südöstlich von Antananarivo
Verbreitung: In den letzten Jahren ist diese Art nur im Gebiet um Andasibe und Moramanga gefunden worden.
Lebensraum: Die Tiere leben an armdicken Bäumen im tropischen Regenwald über 1000 m. Dieses Gebiet weist ein starkes jahreszeitlich bedingtes Temperaturgefälle auf. Während es in den Monaten Oktober bis Januar am wärmsten ist (im Wald nicht über 30 °C), liegen die Temperaturen in den Monaten Juli bis August am Tage bei 20–25 °C und können in der Nacht unter 5 °C fallen.
Größe: Eine Größe von 150 mm wird nicht überschritten.
Erkennungsmerkmale: Das deutlichste Unterscheidungsmerkmal ist der schwarz gefärbte Rachenraum, der diese Art gegenüber allen anderen Arten der *Uroplatus fimbriatus*-Gruppe abgrenzt. Die Tiere haben einen flachen Habitus und entlang des gesamten Körpers zieht sich ein schmaler Hautlappen. Die Tiere besitzen auf dem Oberkörper eine rindenartige Zeichnung. Die Bauchseite ist in der Regel etwas rötlich mit einigen dunklen Punkten.
Biologie: Tagsüber sitzen die Tiere ohne Deckung an Lianen oder armdicken Bäumen. Dabei liegt der rundherum am Körper verlaufende Hautsaum flach am Untergrund an. Der Schwanz wird über die nach hinten gestreckten Extremitäten gelegt. In dieser Stellung werfen die Tiere keinerlei Schatten. Durch die farbliche Anpassung an den Untergrund sind die Tiere fast nicht zu erkennen. Während der Paarung wird vom Männchen kein Nackenbiß angewandt. Lediglich der Schwanz wird unter die Kloake des Weibchens geschoben sowie ein Vorderbein auf die Schulter der Geschlechtspartnerin gelegt, um eine sichere Stellung zu gewährleisten. Die Weibchen vergraben ihre Eier am Boden unter Laub. Diese werden mit den Hinterbeinen noch im feuchten Zustand im Substrat gedreht, damit sie die gleiche Farbe wie der Untergrund annehmen. Dadurch sind die Eier gegen etwaige Räuber gut getarnt.

Uroplatus sikorae sameiti

Böhme & Ibisch, 1990

Terra typica: Insel Nosy Bohara
Verbreitung: In der letzten Zeit wurden einige Tiere im Norden und Nordosten von Madagaskar gefunden.
Lebensraum: Die Tiere findet man in geschlossenen Waldgebieten so wie in deren Randzonen. Es sind reine Baumbewohner, die man nur im Stammbereich der Bäume entdeckt. Sehr häufig sieht man sie auch am Tage an Lianen sitzen. Hierbei werden hauptsächlich gebogene oder verwachsene Bereiche aufgesucht, die eine bessere Tarnung gewährleisten. Es sind immer Gebiete mit einer höheren Luftfeuchtigkeit, die das ganze Jahr über eine ziemlich gleichbleibende Temperatur haben.
Größe: Die Tiere erreichen eine Gesamtlänge von 180 mm.
Erkennungsmerkmale: Auf den ersten Blick, sind sie von *U. s sikorae* nicht zu unterscheiden. Der deutlichste Unterschied ist der anders gefärbte Rachenraum. Während dieser bei *U. s. sikorae* schwarz ist, hat *U. s. sameiti* einen farblosen Rachen. Ein geringer Größenunterschied ist darüber hinaus auch noch vorhanden. Die Färbung und Musterung entspricht der vorherigen Art. Eine flechtenartige Zeichnung scheint allerdings häufiger zu sein.
Biologie: Die Lebensweise ähnelt sehr stark der von *U. s. sikorae.* Allerdings durchleben diese Tiere keine jahreszeitliche Ruhephase. Im Gegensatz zu der Nominatform wurde auch beobachtet, daß die Weibchen die Eier nicht auf dem Untergrund des Eiablageplatzes drehen. Dadurch bleiben die Eier schneeweiß.
Terrarium: Die Einrichtung besteht aus daumendicken bis armdicken Ästen. Diese müssen eine glatte Rinde besitzen. Auf den Boden kommt Blumenerde und darüber eine Schicht Waldlaub. Die Temperatur sollte das ganze Jahr über einigermaßen konstant bei etwa 25–28 °C liegen. Auch ein zu großes Tag-Nacht-Gefälle ist nicht wünschenswert. Eine Bepflanzung mit einigen Rankpflanzen vervollständigt die Einrichtung.

Skinke
Familie Scincidae

Die Echsen aus der Familie der Skinke weisen eine kosmopolitische Verbreitung auf. Sie bewohnen sowohl alle tropischen und als auch alle wärmeren gemäßigten Klimazonen der Erde. Ihre eigentlichen Verbreitungsschwerpunkte liegen dabei in Südostasien, in Australien und in Afrika. Auch auf nahezu allen Inseln im Indischen Ozean sind zahlreiche Arten beheimatet.

Bei den Skinken, häufig auch als Glattechsen bezeichnet, handelt es sich um typische Bodenbewohner, die teilweise sogar eine rein grabende oder wühlende Lebensweise führen. Diesem Lebensraum haben sich die Echsen im Laufe der Evolution besonders deutlich mit ihrer Körperform angepaßt. So besitzen die meisten Arten einen überwiegend schlanken, langgestreckten, sehr kompakt gebauten Körper, von dem der Hals und der Kopf meist nicht oder nur ansatzweise abgesetzt sind. Da der Körper zudem sehr häufig einen rundlichen Querschnitt besitzt, kann man ihn auch einfach als walzenförmig beschreiben. Die Gliedmaßen sind unterschiedlich stark ausgeprägt und je nach Lebensweise den verschiedenen Substraten angepaßt.

Zahlreichen dieser Skink-Arten, insbesondere aus der Gattung *Mabuya*, begegnet man nahezu überall und häufig auch in erstaunlich hohen Populationsstärken. Hingegen bekommt man die versteckt im Boden oder unter der Rinde der Bäume lebenden Arten so gut wie nie zu Gesicht. Will man diese Tiere entdecken, so muß man gezielt nach ihnen suchen.

Einen ganz besonderen Lebensraum bewohnen die Arten der Gattung *Amphiglossus*, die immer in oder in der unmittelbaren Nähe von Gewässern zu finden sind. Die Tiere führen dort eine halb bzw. überwiegend aquatische Lebensweise. Einen noch ungewöhnlicheren Lebensraum bewohnt *Cryptoblepharus boutonii*, das Natternauge. Dieser bis zu 25 cm groß werdende Skink lebt im Brackwasser-, im Küsten- und sogar im unmittelbaren Brandungsbereich des Meeres. Besonders häufig sieht man die Tiere an Felsen und Steinen, die von einem Sandstrand umgeben sind. Dieser Art kann man auf nahezu allen Inseln begegnen.

Alle Skinke von den Inseln im Indischen Ozean ernähren sich räuberisch, einige wenige nehmen aber auch süßes Obst als Nahrung zu sich. Obwohl von den Glattechsen sehr viele lebendgebärende Arten bekannt sind, pflanzen sich alle Skinke innerhalb des von uns besprochenem Verbreitungsgebietes nur durch Eier fort. Die weichschaligen Squamaten-typischen Eier werden an einer feuchten Stelle verborgen im losen Erdreich abgelegt. Aus ihnen schlüpfen die Jungtiere nach einer artabhängigen Inkubationszeit.

Die Familie der Scincidae wird allgemein in vier Unterfamilien unterteilt, von denen zwei, nämlich die Lygosominae und die Scincinae auch auf den Inseln vertreten sind. Insgesamt wird die Familie in etwa fünfzig Gattungen mit etwa 800 Arten unterteilt. Zu den Lygosominae gehören die weltweit verbreiteten Gattungen *Mabuya* und *Cryptoblepharus* und zu den Scincinae gehören die hier endemischen Gattungen *Amphiglossus, Androngo, Cryptoscincus, Pamelascincus, Paracontias, Pseudoacontias, Pygomeles, Scelotes* und *Voeltzkowia* sowie die kosmopolitisch verbreitete Gattung *Leiolopisma.*

Amphiglossus ardouni

(Mocquard, 1897)

Terra typica: Antsiranana

Verbreitung: Dieser Skink bewohnt den Nordwesten Madagaskars. Einzelheiten über sein genaues Verbreitungsgebiet sind nicht bekannt. Bisher gefunden wurde er in den Trockenwäldern, die sich an die Montagne d'Ambre anschließen.

Lebensraum: Die Tiere wurden überwiegend in den ariden Wäldern immer in der Nähe von Gewässern gefunden. Gerne halten sie sich unter großen, abgefallenen Ästen auf. Oft wurden sie auch während eines Sonnenbades auf diesen Ästen beobachtet. Wir selbst trafen sogar ein Tier in einem langsam fließenden Gewässer an.

Größe: Sie erreichen eine Gesamtlänge von 230 mm, wobei der Schwanz etwa die gleiche Länge wie der Körper besitzt.

Erkennungsmerkmale: Wie alle Arten der Gattung *Amphiglossus* haben auch diese Tiere leicht verkürzte Extremitäten. Jedoch sind an jedem Bein fünf Zehen vorhanden. Die Färbung des Körpers ist ein gelbliches Braun. Auf dem Kopf und dem vorderen Körperviertel sind deutlich breite, dunkle Querbänder zu erkennen. Direkt dahinter geht diese Querbänderung in eine unregelmäßige dunkle Längsbänderung über. Die Extremitäten sind dunkel marmoriert.

Biologie: Über die Biologie dieser sehr scheuen und sehr versteckt lebenden Skinke ist bis heute kaum etwas bekannt geworden. Es handelt sich um hervorragend an ihren Lebensraum angepaßte Echsen, die in der Natur sehr schwer auszumachen sind.

Terrarium: Die Skinke sollten in einem geräumigen, relativ trockenen Terrarium mit einem größeren Wasserteil gepflegt werden. Eine höhere Bodenschicht, in der sich die Tiere verbergen können, sollte auf jeden Fall vorhanden sein.

Amphiglossus astrolabi

Duméril & Bibron, 1839

Terra typica: Analamazaotra, Ost-Madagaskar

Verbreitung: Von dieser Art sind einige Fundorte im Osten Madagaskars bekannt. Vor allem sei hier die Gegend von Nosy Mangabe erwähnt.

Lebensraum: Diese großen Skinke besitzen eine erstaunliche Lebensweise. Sie leben direkt an oder in fließenden Waldbächen. Mehrmals wurden sie tauchend in Bächen beobachtet, in denen sie sich mit langsamen Bewegungen fortbewegen und sich unter denen im Bach liegenden Steinen verstecken.

Größe: Die Größe von 530 mm ist nur vom Typusexemplar bekannt, alle anderen Exemplare besaßen eine Größe um 200 mm.

Erkennungsmerkmale: Der Schwanz ist bei diesen Tieren länger ausgebildet als der Körper (so z.B. beim Typusexemplar mit 304 mm Schwanzlänge und einer Körperlänge von 226 mm). Die Körperoberseite ist einheitlich braun gefärbt, während die Körperunterseite gelb leuchtet. Im Übergangsbereich zwischen Körperoberseite und Unterseite können gelbe Längsbänder die Grundfarbe unterbrechen.

Biologie: Diese Tiere besitzen eine nahezu aquatische Lebensweise. Schwimmend und tauchend erbeuten sie alles, was sie überwältigen können. Natürlich gehören auch auf dem Land vorkommende Lebewesen zum Nahrungsspektrum. Fühlen sie sich gestört, tauchen sie sofort unter und suchen unter den am Bachgrund liegenden Steinen Deckung.

Terrarium: Für eine Terrarienhaltung kommt nur ein sehr geräumiges Becken mit einem sehr großen Wasserteil in Frage. Der Bodengrund sollte aus Kies bestehen, den man mit Laub bedeckt. Der Wasserteil sollte so groß gewählt werden, daß die Tiere darin vollständig untertauchen können. Einen Strahler installiert man so, daß die Tiere ihn nicht erreichen können, jedoch ein Sonnenplatz davon angestrahlt wird. Diesen Platz suchen die Tiere nach ihrem Aufenthalt im Wasser gerne auf, um ihre Körpertemperatur wieder zu steigern. Eine Bepflanzung des Terrariums mit großen Pflanzen vervollständigt die Einrichtung.

Amphiglossus melanopleura

(Günther, 1877)

Terra typica: Anzahamaru, Madagaskar
Verbreitung: Die Tiere bewohnen den Ostteil Madagaskars. Fundorte sind bekannt von Toamasina, Ankarafantsika, Anbila, Andraina und Andasibe.
Lebensraum: Der Lebensraum beschränkt sich ausschließlich auf Waldgebiete im Verbreitungsgebiet. Hier leben sie auf dem Boden zwischen dem umherliegenden Laub.
Größe: Die Tiere erreichen eine Gesamtlänge von 145 mm, wobei der Schwanz 92 mm Länge erreicht.
Erkennungsmerkmale: Die Körperoberseite ist bräunlich gefärbt. Der Braunton des Kopfes ist aber deutlich heller, bisweilen sogar leicht rötlich. Deutlich trennt ein schwarzes Lateralband die dunkle Oberseite von der hellen Körperunterseite. Oberhalb eines jeden Lateralbandes zieht sich ein gelblicher Streifen von der Schnauzenspitze bis zum Schwanzende. Während dieser Streifen auf dem Körper klar zu erkennen ist, kann er sich auf dem Schwanz in einer gepunkteten Linie fortsetzen. Auf der Körperoberseite sind ab der Nackenregion bis zum Schwanzende dunkle Marmorierungen vorhanden.
Biologie: Bei *A. astrolabi* handelt es sich um einen teilweise aquatisch lebenden Skink. Die schlanken Echsen sind geschickte Schwimmer, die sich zwar hauptsächlich von Insekten, Würmern und Schnecken ernähren, wohl aber auch in der Lage sind, einen Fisch zu erbeuten.
Terrarium: Die Art muß in einem geräumigen Regenwaldterrarium mit einem großen Wasserteil gepflegt werden. Hierbei spielt die Höhe des Terrariums nur eine untergeordnete Rolle, da die Tiere hauptsächlich am Boden leben. Die wenige Zentimeter hohe Bodenschicht sollte mit einer Laubschicht bedeckt und einigen Versteckmöglichkeiten unter Rindenstücken ausgestattet sein. Die Tageshöchsttemperaturen sollten 25 °C nicht überschreiten.

Amphiglossus ornaticeps

(Boulenger, 1896)

Terra typica: Andrahomana, Süd-Madagaskar
Verbreitung: Die Tiere kommen im Südwesten Madagakars, in der Nähe von Toliaru vor. Weitere Fundorte sind von der Ostküste bekannt. In der Nähe von Nosy Mangabe wurden ebenfalls einige Skinke dieser Art gefunden.
Lebensraum: Diese Art bevorzugt feuchten Waldboden in der Nähe von fließenden Gewässern. Zwischen dem abgefallenen Laub sind die Tiere meistens nur schwer auszumachen.
Größe: Die maximale Gesamtlänge beträgt 140 mm, wovon nur etwa ein Drittel auf den Schwanz entfällt.
Erkennungsmerkmale: Die Grundfarbe der Körperoberseite besteht aus einem einheitlichen Braun bis Braunoliv. Über den Augen kann ein leicht roter Strich vorhanden sein, der sich über den Vorderbeinen in kleine, unregelmäßige rötliche Flecken auflöst. Die Unterseite des Körpers ist weißlich gefärbt, die Kehle kann einen leicht rosafarbenen Farbeinschlag besitzen.
Biologie: Die Art führt eine fast ausschließlich aquatische Lebensweise, wobei die Tiere nach starken Regenfällen häufig im Laub umherlaufen und nach Futter suchen. Morgens kann man sie an den Gewässerrändern beim Sonnenbaden beobachten.
Terrarium: Die starke Anbindung der Tiere an den Lebensraum Wasser gibt die Einrichtung des Terrariums schon vor. Sehr gut geeignet für diese Art sind Paludarien, wobei darauf zu achten ist, daß ein größerer Flachwasserbereich vorhanden ist. Inwieweit Fische als Futtertiere in Betracht kommen, muß individuell ausprobiert werden.

Amphiglossus polleni

(Grandidier, 1869)

Terra typica: Morondava

Verbreitung: Die Art ist bisher aus dem Westen, Norden und Osten Madagaskars bekannt geworden. Ferner lebt sie noch auf der im Nordwesten Madagaskars gelegenen Insel Nosy Bé.

Lebensraum: Da bisher nur vereinzelte Exemplare gefunden wurden, können nur unzureichende Angaben über den Lebensraum gemacht werden. Es handelt sich um einen Bodenbewohner, der aller Wahrscheinlichkeit nach in bewaldeten Gebieten vorkommt.

Größe: Die maximale Gesamtlänge der gefundenen Exemplare überstieg 92 mm nicht. Davon entfallen 41 mm alleine auf den Schwanz.

Erkennungsmerkmale: Die Grundfärbung besteht aus einem Braun bis Braunoliv, wobei der Schwanz leicht rötlich gefärbt ist. Es zieht sich ein dunkler Strich vom Nasenloch über das Auge bis zum mittleren Bauchbereich. Die Vorder- und Hinterextremitäten sind dunkel abgesetzt. Einzelne, regelmäßige, dunkle Schuppenreihen bilden mehrere Längslinien.

Biologie: Über die Biologie dieser recht selten gefundenen Skink-Art ist nichts bekannt. Es ist anzunehmen, daß die Tiere eine ähnliche Lebensweise führen, wie die vorherigen Arten. Hier ist die Wissenschaft weiterhin auf Zufallsfunde sowie eingehende Beobachtungen im Terrarium angewiesen.

Terrarium: Zur Haltung eignen sich kleine Regenwaldterrarien, in denen ein kleiner Bachlauf nachgebildet wurde.

Leiolopisma telfairii

(Desjardins, 1831)

Terra typica: Round Island
Verbreitung: Die Art kennt man bisher nur von Round Island, einer kleinen, nördlich von Mauritius gelegenen Insel.
Lebensraum: Die Skinke leben überall in der offenen, felsigen Landschaft der Insel. Besonders häufig findet man sie im Gestrüpp alter Palmenblätter oder an ähnlich deckungsreichen Plätzen. Sie sind zwar reine Bodenbewohner, doch kann man sie auch hin und wieder beim Erklettern von Bäumen und Palmen beobachten. Früher einmal war die Insel, zumindest der größte Teil, bewaldet. Doch mehrere starke Zyklone haben fast die gesamte Pflanzenwelt, darunter zahlreiche auf dieser kleinen Insel endemische, höchst interessante Pflanzenarten, zerstört. Heute findet man nur noch einige wenige Palmen, Büsche und Gräser, die Wind und Wetter trotzen. Wissenschaftler geben der übriggebliebenen Primärvegetation kaum Chancen für die Zukunft. Und so wird Round Island wohl in naher Zukunft nur noch ein nackter Felsen im Indischen Ozean sein.
Größe: Die Art erreicht eine maximale Gesamtlänge von 38 cm, wovon etwas mehr als die Hälfte auf den Schwanz entfällt.
Erkennungsmerkmale: *L. telfairii* weist einen seitlich abgeflachten, walzenförmigen Körperbau auf. Die Gliedmaßen sind stark ausgeprägt und ermöglichen eine schnelle Fortbewegung auf unterschiedlichstem Untergrund. Die Schädeldecke ist einfarbig schokoladenbraun gefärbt. Die Körperzeichnung besteht aus einem braungrauen Zeichenmuster.
Biologie: Round Island ist aufgrund seiner einmaligen Herpetofauna und zahlreicher endemischer Pflanzen unter strengen Naturschutz gestellt. Durch den völligen Schutz, den die Tiere auf der Insel genießen, sind die Skinke sehr zutraulich gegenüber den Menschen. So lassen sie sich von den seltenen Besuchern sehr gerne mit Banane füttern. Die gesamte Population wird auf 4000–5000 Tiere geschätzt.

Androngo trivittatus trivittatus

(Boulenger, 1896)

Terra typica: Behara
Verbreitung: Diese Art kommt direkt an der Südküste Madagaskars vor. Sämtliche Fundorte lagen bislang etwa 10–20 km vom Meer entfernt.
Lebensraum: Dieser sehr farbenprächtige und auffällige Skink lebt ausschließlich auf dem Boden. Meistens hält er sich unter *Tamarindus*-Bäumen auf.
Größe: Die Gesamtgröße beträgt 275 mm, davon entfallen 140 mm auf den Schwanz.
Erkennungsmerkmale: *A. t. trivittatus* hat sehr stark verkürzte Extremitäten. Bei der Nominatform kann die Anzahl der Zehen variabel sein. Während die andere bekannte Unterart, *A. t. trilineatus*, fünf Zehen an jedem Bein besitzt, hat die Nominatform zwei oder höchstens drei Zehen, die klein ausgebildet sind. Ober- und Unterseite des Tieres sind gleichermaßen kräftig gelb gefärbt. Das schwarze Lateralband beginnt an der Schnauzenspitze und reicht bis zum Schwanzende. Vom Nacken bis ebenfalls zum Schwanzende ziert ein drittes Band genau die Mitte der Körperoberseite.
Biologie: Es ist bislang nur sehr wenig über diesen am Boden lebenden Skink bekannt. Auch ohne Extremitäten kann sich dieses Tier elegant über den Boden fortbewegen. Die Tiere vermehren sich ovivipar. Ein trächtig gefangenes Weibchen legte während der Haltung im Terrarium ab.
Terrarium: Da dieses Tier nur auf dem Boden lebt, ist auf eine ausreichende Grundfläche zu achten. Das Becken richtet man mit einer ca. 5–8 cm hohen Sandschicht ein. Eine Bodenheizung, die den Bodengrund lokal auf 35 °C erwärmt, sollte nicht fehlen. Leuchtstoffröhren sorgen für ausreichende Lichtverhältnisse. Einige größere Äste, die genügend Versteckmöglichkeiten bieten, und eine Wasserschale vervollständigen die Einrichtung.

Cryptoblepharus boutonii

(Desjardin, 1831)

Terra typica: Madagaskar

Verbreitung: Die Art lebt auf Madagaskar, den Inseln im Indischen Ozean, dem afrikanischen Festland und Australien. Fast jede Inselpopulation stellt eine eigene Unterart dar.

Lebensraum: Sie bewohnen ausschließlich felsige Küstenregionen direkt am Meer. Häufigster Fundort sind Sandstrände mit eingestreuten Felsen.

Größe: Die Art erreicht eine maximale Gesamtlänge bis 150 mm.

Erkennungsmerkmale: Bei *C. boutonii* sind die Extremitäten vollständig ausgebildet, fünf Zehen an jedem Bein sind vorhanden. Die Unterart der Insel Nosy Bé hat eine schwarze Grundfärbung mit hellen dorsolateralen Streifen. Jedoch können diese Streifen bei anderen Unterarten gänzlich fehlen oder die Grundfärbung variieren. Die Tiere aus der Region von Mahajanga besitzen neben den auffälligen Streifen eine helle Sprenkelung, die sich über den gesamten Körper verteilt. Selbst die Beine und der ganze Schwanz besitzen dieses auffällige Merkmal. Der Schwanz erreicht die gleiche Länge wie der Körper, kann in einigen Fällen aber auch länger werden.

Biologie: Dieser Skink ist stark den Verhältnissen am Meer angepaßt. Man findet zahlenmäßig starke Populationen an Felsen direkt an der Brandung. Während der Wellenpausen oder bei Ebbe kann man die Tiere gut bei der Jagd nach Beute in den entstandenen Meerwassertümpeln beobachten, da die Fluchtdistanz nicht groß ist. Sie ernähren sich von allen wirbellosen Tieren, die sie bei ihren Beutegängen überwältigen können. Selbst kleine Garnelen und andere Meerwassertiere werden gefressen.

Terrarium: Obwohl dieser Skink weit verbreitet ist, scheint von einer Haltung im Terrarium noch nichts bekannt zu sein. Wahrscheinlich ist die Haltung dieser Tiere auch mit einigen Problemen verbunden. Der spezialisierten Lebensweise direkt am Meer kann man im Terrarium nur unter Schwierigkeiten gerecht werden. Weiterhin ist nicht bekannt, in welchen Umfang das Meersalz den Organismus der Tiere beeinflußt, da dieses ja mit der Nahrung aufgenommen wird.

Pygomeles braconnieri

Grandidier, 1867

Terra typica: Toliara

Verbreitung: Die Verbreitung dieser Tiere ist nur auf den Südwesten Madagaskars beschränkt. Sämtliche Fundorte befinden sich in einem Umkreis von 100 km von der Stadt Toliara entfernt.

Lebensraum: Weite Sandflächen stellen den Lebensraum von *P. braconnieri* dar. Er bewohnt also die Steppen und Halbwüstenregion im Südwesten Madagaskars.

Größe: Die Gesamtlänge beträgt 250 mm, wobei die Kopf-Rumpf-Länge mit 150 mm den größten Anteil hat.

Erkennungsmerkmale: Die Gattung *Pygomeles*, von der zwei Arten auf Madagaskar vorkommen, hat sehr stark zurückgebildete Extremitäten. Die vorderen Gliedmaßen fehlen völlig, die hinteren sind sehr klein ausgebildet. An den hinteren Gliedmaßen ist gerade noch ein Zeh erkennbar. Hellbraun ist der gesamte Körper ausgefärbt. Vom Nasenloch bis zu den Augen ziert ein dunkler, breiter Strich den Kopf. Vom Kopf- bis zum Schwanzende ziehen einige dunkle, gleichmäßige und dünne Längsbänder. Im vorderen Körperdrittel sind sie linienförmig. dann können sie aus einzelnen, nicht zusammenhängenden Punkten gebildet werden. Ein Regenerat ist uni gefärbt, ohne Zeichnungen. Der Kopf ist spitz und hat ein stark unterständiges Maul.

Biologie: Sein Körperbau verrät seine grabende Lebensweise im Sand. Aufgrund dieser Lebensweise ist bislang noch nicht viel über diesen Skink berichtet worden.

Terrarium: Aufgrund seiner Lebensweise kommt für dieses Tier nur ein geräumiges Trockenterrarium mit einer hohen Sandschicht in Betracht. Beheizt wird dieses Becken mit einem unter dem Terrarium angebrachten Bodenheizkabel. Will man das Heizkabel im Terrarium selbst unterbringen, bedarf es einiger Sicherungen, damit die Tiere nicht mit dem Kabel durch ihre wühlende Lebensweise in Kontakt kommen. Beleuchtet wird mit Leuchtstoffröhren, ein Trinknapf sollte nicht fehlen.

Mabuya aureopunctata

(Grandidier, 1867)

Terra typica: Saloube, in Zentral-Madagaskar
Verbreitung: Die Art ist ein typischer Bewohner der trockensten und heißesten Gegenden Madagaskars. Die einzelnen Fundpunkte liegen weit verteilt in ganz Süd-Madagaskar, etwa von Tolagnaro an der Südostküste bis nach Toliara an der Südwestküste. Besonders häufig scheint dieser Skink in der weiteren Umgebung von Toliara vorzukommen. Ferner besitzt die Art noch ein kleines, isoliertes Verbreitungsgebiet im Westen, etwa bei Morondava.
Lebensraum: *M. aureopunctata* ist eine rein bodenbewohnende Echse, die sowohl an Felsen als auch auf dem Erdreich in den Savannen, in den Halbwüsten, sowie in den Trocken- und Dornenwäldern anzutreffen ist. Bevorzugtes Habitat scheinen jedoch Felsen zu sein, in deren Spalten und Höhlen sie sich bei Gefahr zurückziehen kann.
Größe: Die Art erreicht eine maximale Gesamtlänge von etwa 19 cm, wovon jedoch etwas mehr als die Hälfte auf den Schwanz entfällt.
Erkennungsmerkmale: *M. aureopunctata* besitzt eine walzenförmige, leicht langgestreckte Körperform. Der spitz zulaufende Kopf ist nur mäßig vom Körper abgesetzt. Die Gliedmaßen sind gut entwickelt. Die Grundfärbung besteht aus einem olivbraunen, braunen, schwarzen bis sogar gräulichen Farbton. Zusätzlich zeigen die Tiere, besonders am Kopf und im ersten Drittel des Körpers, eine deutliche, weiße bis gelbliche, regelmäßig angeordnete Fleckenzeichnung. Auffallend ist auch ein leuchtend roter Fleck direkt hinter den Vorderextremitäten.
Biologie: Es handelt sich um eine recht scheue, tagaktive Echse, die teilweise erstaunlich hohe Populationsstärken aufweist. Die meiste Zeit des Tages verbringen die Tiere damit, durch die Savanne oder Halbwüstenlandschaft zu laufen und nach Futter zu suchen. Dabei entfernen sie sich jedoch nie sehr weit von ihrem Versteck, in dem sie bei Gefahr Zuflucht suchen.
Terrarium: Die Skinke benötigen ein Trockenterrarium, das mit vielen dekorativen Klettermöglichkeiten ausgestattet ist. Die Einrichtung kann aus einigen Steinaufbauten, einer alten Wurzel und einer attraktiven Bepflanzung aus Sukkulenten, wie der Madagaskarpalme, bestehen.

Mabuya elegans

(Peters, 1854)

Terra typica: Bucht von Saint-Augustin

Verbreitung: Die Art bewohnt fast ganz Madagaskar sowie die im Nordwesten vorgelagerten Inseln Nosy Faly, Nosy Bé und Nosy Lava. Verbreitungsschwerpunkte sind in Südost-Madagaskar etwa die Gegend von Tolagnaro, in Südwest-Madagaskar etwa das Gebiet um Toliara und im Nordwesten die Gegend um Mahajanga.

Lebensraum: *M. elegans* gilt als die häufigste Echse im westlichen Madagaskar. Die Tiere leben in großen Scharen auf den mit Gras bewachsenen Ebenen. Man findet die Art jedoch auch in den Dünen am Meeresufer und ebenso an trocken und spärlich bewachsenen Stellen der zentralen Hochebene.

Größe: Die Art kann eine maximale Gesamtlänge von bis zu 20 cm erreichen, wovon mehr als die Hälfte auf den Schwanz entfällt.

Erkennungsmerkmale: Die Skinke besitzen einen runden, leicht dorsoventral abgeflachten Körperbau. Der Kopf ist vorne etwa spitz und nur mäßig vom Körper abgesetzt. Die Oberseite weist meist einen braunen, teilweise auch mit einem rötlichen Stich durchsetzten Farbton auf. Diese Grundfärbung kann von kleinen weißen und schwarzen Flecken gleichmäßig überzogen sein. An den Flanken zeigen die Tiere zuerst einen schwarzen, dann einen weißen und dann wieder einen schwarzen, immer unterschiedlich breiten Streifen, die als Band die Rückenfärbung von der hellen Bauchfärbung abgrenzen. Während der Fortpflanzungszeit können die Tiere einen roten Flecken hinter dem Ohr zeigen und auch die schwarzen Flecken verstärken sich.

Biologie: In der Umgebung von Majunga handelt es sich um die häufigste Echsen-Art. Man begegnet den Tieren nahezu überall, selbst in Gärten und Plantagen. Auch diese Art weist teilweise eine erstaunlich hohe Populationsstärke auf.

Terrarium: Die Skinke werden am besten in einer kleinen Gruppe, geeignet sind ein Männchen und zwei oder drei Weibchen, in einem recht geräumigen Terrarium gepflegt, das eine möglichst große Grundfläche aufweisen sollte. Eine spärliche Bepflanzung, zahlreiche Versteck- und Klettermöglichkeiten vervollständigen die Einrichtung.

Mabuya gravenhorstii

(Duméril & Bibron, 1839)

Terra typica: Madagaskar
Verbreitung: Die Art bewohnt den gesamten Osten Madagaskars, nördlichster Verbreitungspunkt ist etwa das Festland auf der Höhe von Nosy Bohara sowie der gesamte Süden etwa bis nach Toliara. Daneben findet man die Skinke noch isoliert im Nordwesten, etwa in der Region um Mahajunga, sowie ebenfalls isoliert im zentralen Westen. Ferner wurde die Art auf den Inseln Nosy Bohara, Nosy Bé und Nosy Faly gefunden.
Lebensraum: *M. gravenhorstii* bewohnt, im Gegensatz zu den anderen *Mabuya*-Arten, nicht ausschließlich trockene Lebensräume. Man findet die Tiere selbst im Regenwald, wo sie jedes freie Fleckchen Sonne zum Aufwärmen nutzen. Die Art scheint auch stärker als die anderen Formen an das Biotop Wald angepaßt zu sein, an dessen Rändern man die Tiere häufig in großer Anzahl entdecken kann.
Größe: Mit einer maximalen Gesamtlänge von über 25 cm, wovon jedoch mehr als die Hälfte auf den Schwanz entfällt, ist *M. gravenhorstii* die größte madagassische *Mabuya*-Art.
Erkennungsmerkmale: Die Skinke weisen einen runden, dorsoventral abgeflachten Körperbau auf. Die Gließmaßen sind sehr kräftig ausgeprägt und der spitz zulaufende Kopf ist kaum vom Körper abgesetzt. Die Körperoberseite weist meist eine einfach braune Grundfärbung auf mit einer sehr feinen schwarzweißen Fleckenzeichnung. Entlang der Seiten, bereits vor den Augen beginnend, zieht sich ein schwarzes Band, das sich bis auf den Schwanz fortsetzt.
Biologie: *M. gravenhorstii* ist ein ausgesprochener Bodenbewohner, der aber auch gerne einmal an Baumstämmen oder auf Palmen klettert. Im Regenwald selbst begegnen einem die Skinke auf Lichtungen, an Bahndämmen und anderen besonders sonnenexponierten Plätzen.
Terrarium: Die Skinke werden am besten in einer kleinen Gruppe in einem geräumigen Terrarium gepflegt. Der Bodengrund sollte sowohl feuchte als auch trockene Versteckmöglichkeiten aufweisen. Die Einrichtung kann aus einigen Rankpflanzen, zahlreichen dicken Kletterästen und einigen Rindenstücken bestehen.

Mabuya sechellensis

Duméril & Bibron 1839

Terra typica: Seychellen

Verbreitung: Die Art ist bisher nur von den Seychellen bekannt geworden, wobei sie dort vor allem auf den Granit-Inseln lebt. Bisher gefunden wurde dieser Skink auf den Inseln Isle Denis, La Dique, Isle Cousin, Isle Mahé, Isle Praslin, Isle Darros und auf den Amiranten.

Lebensraum: Die Tiere leben in den unterschiedlichsten Vegetationszonen und Höhenlagen auf den Inseln. So sieht man sie sowohl am Strand, wenn sie zwischem dem spärlichen Bewuchs nach Futter suchen, genauso wie an Feldrändern, in den Gärten und auch in Wäldern. Jedoch bevorzugen sie eindeutig sonnige Aufenthaltsorte.

Größe: Die Art erreicht eine maximale Gesamtlänge von 200 mm, wovon etwa die Hälfte auf den Schwanz entfällt.

Erkennungsmerkmale: Die Skinke weisen einen schlanken, langgestreckten, walzenförmigen Körperbau auf. Hals und Kopf sind kaum vom Körper abgesetzt. Die Extremitäten sind kräftig ausgebildet. Die Grundfärbung besteht aus einem Braunton mit einem metallischen bis fast goldfarbenen Glanz. Die Tiere können ein variables Zeichenmuster, häufig schwarze, unregelmäßige Längsstreifen, entlang der Seiten zeigen.

Biologie: Auf den Inseln, wo *M. sechellensis* gemeinsam mit *M. wrightii* vorkommt, kann man die optisch fast gleich aussehenden Jungtiere leicht an ihrem unterschiedlichen Fluchtverhalten unterscheiden. So versuchen sich die Jungtiere von *M. sechellensis* sofort im Bodengrund zu verstecken, während die Jungtiere von *M. wrightii*, ohne jegliche Deckung, versuchen den nächsten Baumstamm zu erreichen, um an ihm hochzuklettern und sich auf der abgewandten Seite zu verbergen. Diesen tagaktiven, teilweise sehr zutraulichen Echsen begegnet man fast überall auf den von ihnen bewohnten Inseln.

Mabuya wrightii

Boulenger, 1887

Terra typica: Seychellen
Verbreitung: Diese große Skink-Art lebt nur auf den Granit-Inseln der Seychellen. Besonders häufig findet man die Art auf einigen felsenähnlichen Inselchen. Diese teilweise größeren Inseln vorgelagerten Felsen weisen einige Gemeinsamkeiten auf. So befinden sich immer größere Kolonien an Seevögeln auf ihnen und sie sind mit Kokospalmen bewachsen.
Lebensraum: Die Art bevorzugt keinen besonderen Lebensraum. Man kann die Tiere am Strand genauso wie im felsigen Gelände beobachten. Sehr gerne klettert dieser Skink gelegentlich auch auf Kokospalmen oder anderen Baumstämmen, obwohl auch er sich überwiegend auf dem Boden aufhält.
Größe: Die Art erreicht eine maximale Gesamtlänge von 30 cm, wovon fast exakt die Hälfte auf den Schwanz entfällt.
Erkennungsmerkmale: *M. wrightii* ist eine kräftig gebaute Echse. Der Körper ist langgestreckt und walzenförmig. Kopf und Hals sind kaum abgesetzt. Die Extremitäten sind sehr kräftig ausgebildet, was zum Klettern auf den Felsen auch nötig ist. Die Grundfärbung besteht aus einem dunklen Braun- oder auch dunklen Rotbraunton. Darauf zeigen die Tiere ein variables Zeichenmuster, das auf dem Rücken aus in zwei Reihen angeordneten schwarzen Flecken und entlang der Seiten aus einem schwarzen Längsstreifen besteht. Wichtigstes Unterscheidungskriterium zu *M. sechellensis* ist der deutlich kräftigere und längere Körper.
Biologie: *M. wrightii* hat sich eine für kleinere Echsen untypische Nahrungsquelle erschlossen, weshalb die Tiere auch von den Seychellois stark verfolgt werden. Die Skinke drücken mit ihrem Körper die Eier von Seeschwalben aus den Nestmulden, so daß diese gegen einen Stein rollen und zerbrechen. Der ausfließende Eiinhalt wird dann von *M. wrightii* aufgeleckt.

Schlangen
Unterordnung Serpentes

Besonders arten- und variationsreich ist die Schlangenfauna auf den besprochenen Inseln im Indischen Ozean. Während auf den kleinen Inseln, so auf den Komoren, den Seychellen und den Maskarenen, häufig nur wenige oder nur eine einzige Art vorkommt, leben auf und in den Küstengewässern vor Madagaskar insgesamt 72 Arten.

Die bekanntesten Vertreter sind die Riesenschlangen aus der Familie der Boidae. Sie haben auf Madagaskar zwei endemische Gattungen mit drei Arten hervorgebracht, denen man überall begegnen kann. Obwohl es sich um Riesenschlangen handelt, erreichen sie doch kaum eine Länge von über 2 m. Das größte bekannt gewordene Tier, eine *Acrantophis madagascariensis*, maß gerade 3,20 m und bleibt somit deutlich unter den teilweise in der Literatur genannten 4,50 m. Bei den beiden Arten aus der Gattung *Acrantophis*, *A. dumérilii* und *A. madagascariensis*, handelt es sich vorwiegend um dämmerungsaktive Bodenbewohner. Im Gegensatz zu ihnen führt *Sanzinia madagascariensis* eine stärker an das Leben auf Bäumen angepaßte Lebensweise. Alle Arten sind lebendgebärend und werden auch regelmäßig im Terrarium nachgezogen.

Die arten- und gattungsreichste Familie auf Madagaskar sind die Nattern (Colubridae). Es wird zwar allgemein gesagt, daß alle madagassischen Schlangen, mit Ausnahme der Seeschlange, harmlos seien, aber zahlreiche Arten gehören zu den Trugnattern aus der Unterfamilie Boiginae. Andere Arten aus dieser Unterfamilie gehören zu den gefährlichsten und gefürchtesten Giftschlangen der Erde. Auch die madagassischen Trugnattern besitzen die typischen opisthoglyphen Giftzähne. Trotzdem ist bisher nur ein Unfall mit Vergiftungserscheinungen belegt. Dies liegt wohl vor allem daran, daß die Giftzähne bei den Trugnattern rückwärts gerichtet hinter den kleineren Fangzähnen im Oberkiefer sitzen und eigentlich erst beim Verschlingen der Beute zum Einsatz kommen. Bei dem besagten Unfall wurde die Person sehr unglücklich in den Finger gebissen, wobei die Giftzähne in das Gewebe eindrangen. Bereits kurze Zeit nach dem Biß der *Madagascarophis*-Art stellten sich Vergiftungserscheinungen ein. Die Hand blieb 8 Tage und der Finger 3 Wochen lang geschwollen. Da die Gifte der verschiedenen Arten bisher nicht vollständig auf ihre toxikologische Wirkung untersucht wurden, sollte man immer Vorsicht im Umgang mit Trugnattern walten lassen.

Eine völlig zurückgezogene Lebensweise führen die Arten aus der Familie Typhlopidae. Die Blindschlangen leben rein unterirdisch, meist verborgen unter Steinen oder in schmalen Gängen. Nur per Zufall dürfte man ihnen einmal auf Madagaskar begegnen.

Auch zwei Seeschlangen-Arten werden regelmäßig vor der Küste Madagaskars angetroffen. Beide Arten sind sehr giftig. So führt der Biß von *Pelanis platurus* ohne die Behandlung mit einem polyvalenten Antiserum in der Regel zum Tode.

Acrantophis dumerili

(Jan, 1860)

Terra typica: Amboasary
Verbreitung: Die Art bewohnt die Trockengebiete im Süden und Südwesten Madagaskars.
Lebensraum: Während des Tages halten sich die nachtaktiven Tiere vorwiegend in den abgefallenen Laubschichten von Trockenwäldern oder in Erdhöhlen verborgen.
Größe: Gewöhnlich erreichen adulte Exemplare eine Gesamtlänge von 2 m.
Erkennungsmerkmale: Auf hellbraunen bis beigefarbenem Untergrund ist eine ausgeprägte dunkelbraune Zeichnung erkennbar. Die Unterseite der Tiere ist weißlich. Aufgrund der vielen kleinen Schuppen auf dem Kopf, die nicht wesentlich größer sind als die Schuppen hinter dem Kopf, läßt sich diese Art leicht von *A. madagascariensies* unterscheiden.
Biologie: Erst nach Einbruch der Dämmerung verlassen die Tiere ihre Verstecke und gehen auf Beutefang. Ihre Nahrung besteht vorwiegend aus Nagern. Da Jungtiere gelegentlich kletternd im Geäst kleinerer Bäume angetroffen werden, vermutet man, daß sie auch manchmal einen Vogel erbeuten. Nach einer Tragzeit von etwa acht Monaten werden nur wenige, dafür aber sehr große Jungtiere mit einer Länge von ungefähr 60 cm geboren. WA-Anhang I. Die Nachzucht ist im Terrarium schon mehrfach gelungen.
Terrarium: Es eignen sich alle Riesenschlangenterrarien mit einer möglichst großen Grundfläche und einem großen Wasserteil.

Acrantophis madagascariensis

(Duméril & Bibron, 1844)

Terra typica: Mahajunga
Verbreitung: Die Art bewohnt den Norden, Nordwesten und das zentrale Hochland Madagaskars.
Lebensraum: Die Schlangen halten sich während des Tages bevorzugt in den am Boden liegenden Laubschichten von feuchten Waldgebieten oder in feuchten Erd- und Baumhöhlen auf.
Größe: Mit 3 m Gesamtlänge sind sie die größten auf Madagaskar vorkommenden Schlangen.
Erkennungsmerkmale: Die Tiere weisen eine dunkelbraune Zeichnung auf hellbraunem bis beigem Untergrund auf. Die Unterseite ist weißlich. Ein sicheres Merkmal für *A. madagascariensis* sind die verhältnismäßig großen Schuppen auf dem Kopf. Sie sind deutlich größer als die Schuppen hinter dem Kopf.
Biologie: Sie sind dämmerungs- bis nachtaktiv und gehören zu den lebendgebärenden Arten. Die Trächtigkeit dauert 8–9 Monate. Es werden nur wenige, aber dafür sehr große Jungtiere geboren. Junge Exemplare findet man gelegentlich kletternd im niedrigen Strauchwerk. Adulte Tiere lebend vorwiegend am Boden. Das Futter

besteht hauptsächlich aus kleinen Nagern. WA-Anhang I. Es wird von Exemplaren berichtet, die mehr als 25 Jahre im Terrarium verbrachten. Nachzuchten sind von einigen Haltern bekannt.

Sanzinia madagascariensis

(Duméril & Bibron 1844)

Terra typica: Ankafana
Verbreitung: *S. madagascariensis* findet man in ganz Madagaskar, mit Ausnahme von Höhenlagen über 1600 m.
Lebensraum: Besondere Ansprüche scheint sie nicht an ihren Lebensraum zu stellen, denn sie bewohnt die unterschiedlichsten Biotope. Ebenso häufig wie sie in den feuchten Waldgebieten entlang der Nord- und Ostküste anzutreffen ist, findet man sie auch in den Trockenwaldgebieten und Grassavannen des Westens und Südens. Dichtes Unterholz und hohl liegende Wurzeln alter Bäume werden bevorzugt aufgesucht.
Größe: Die Tiere erreichen eine Gesamtlänge von 250 cm.

Erkennungsmerkmale: Typisch für diese Art ist der abgesetzte Kopf mit den vielen Oberlippenschildern, die durch tiefe Furchen getrennt sind, und die Tuberkelschuppen auf der Kopfoberseite, die von der Kopfmitte her zum Rand hin im Durchmesser größer werden und schließlich in die rautenförmige Körperbeschuppung übergehen. Die Pupille ist vertikal geteilt. Die Grundfärbung der Körperoberseite und das intensive Zeichnungsmuster sind regional unterschiedlich. Die Farbpalette reicht von gelbroten Grundtönen, über Grünschattierungen bis hin zu einigen Brauntönen. Die rautenförmige Zeichnung ist meist braun bis schwarz mit hellen Flecken im Inneren und manchmal auch hellen Umrandungen. Ein dunkler Streifen vom Auge bis zum Halsansatz ist stets vorhanden. Die Bauchseite ist weißlich gefärbt. In den meisten Gebieten haben die Jungtiere in den ersten Lebensmonaten eine rötliche Grundfärbung. Dies trifft aber nicht für den Süden zu, denn hier sind die Jungtiere meist dunkelbraun.

Biologie: In einigen Gegenden ist sie die häufigste Schlange. Während des Tages kann man sie an lichten Stellen am Boden oder im bodennahen Geäst beim Sonnen antreffen. Hauptsächlich führt sie aber eine nächtliche Lebensweise auf dem Erdboden. Jungtiere sind allerdings in den ersten Lebenswochen mehr baumlebend und zeichnen sich durch eine besondere Aggressivität aus, indem sie nach allem schnappen was sich in ihrer Nähe bewegt. Ausgewachsene Exemplare hingegen sind wesentlicher ruhiger. Obwohl sie nicht über Giftzähne verfügen, sollte man sich vor Bissen schützen, denn einmal Gepacktes wird kräftig durchgekaut, was aufgrund der vielen Fang- und Haltezähne zu schmerzhaften Verletzungen führt. Ihre Nahrung besteht hauptsächlich aus Kleinsäugern und Vögeln. Sie ist lebendgebärend. Die Trächtigkeit dauert etwa 6–7 Monate. Ein Wurf besteht aus mehreren Jungen, die im Durchschnitt 430 mm lang sind und nach 18 Monaten die Geschlechtsreife erlangen. Nachzuchten sind mehrfach gelungen.

Terrarium: Aufgrund des riesigen Verbreitungsgebietes ist es außerordentlich wichtig zu wissen aus welchem Habitat der Pflegling stammt, damit die entsprechenden Parameter für Luftfeuchte und Temperatur im Waldterrarium nachgeahmt werden können. In der Regel sind aber nur Nachzuchten dieser besonders geschützten Art erhältlich. Bei artgerechter Haltung sind sie besonders interessante und ausdauernde Pfleglinge.

Dromicodryas bernieri

(Duméril, Bibron & Duméril 1854)

Terra typica: Toamasina
Verbreitung: Die Art lebt im Westen, Süden und Südosten Madagaskars.
Lebensraum: Von den trockenen Grassavannen im Süden bis hin zu den feuchten Wäldern der Ostküste bewohnt sie fast alle Lebensräume. Gelegentlich findet man die Schlangen in der Nähe menschlicher Ansiedlungen.
Größe: Sie erreicht eine Gesamtlänge von knapp 1,2 m.
Erkennungsmerkmale: *Dromicodryas bernieri* hat drei dunkle Längsbänder auf beigefarbenem Grund. Sie erinnert dadurch auf den ersten Blick an *Liopholidophis*-Arten. Die Unterseite ist im Anschluß daran weißlich. Der Kopf ist vom Rumpf nur leicht abgesetzt. Die Pupille ist rund. Sie besitzt große Fangzähne und viele kleine Haltezähne. Giftzähne sind nicht vorhanden.
Biologie: Es ist eine bodenbewohnende, tagaktive Landschlange, die man aber auch gelegentlich knapp über dem Boden im Geäst antrifft. Ihre Nahrung besteht vorwiegend aus Echsen. Wahrscheinlich werden aber auch kleinere Schlangen anderer Arten nicht verschmäht. Weitere Feldbeobachtungen sind notwendig, um die großen Wissenslücken über die Lebensweise dieser eierlegenden Art zu schließen.

Dromicodryas quadrilineatus

(Duméril, Bibron & Duméril 1854)

Terra typica: Antsiranana
Verbreitung: Die Schlangen wurden bisher nur im Nordwesten, Norden und Nordosten Madagaskars gefunden.
Lebensraum: In feuchten Waldgebieten findet man sie ebenso wie in Trockenwäldern und Grassavannen mit eingestreutem Buschwerk. Die unmittelbare Nähe menschlicher Ansiedlungen meiden sie.
Größe: Diese Art erreicht eine Gesamtlänge von 120 cm.
Erkennungsmerkmale: *D. quadrilineatus* erkennt man an den vier schwarzen Längsbändern auf beigem bis gelbem Untergrund. Die Unterseite ist weißlich gefärbt. Die Kopfoberseite ist gleichmäßig dunkel gefärbt. Eine ähnliche Zeichnung weisen *Liopholidophis*-Arten auf. Man kann sie aber gut an der stumpferen Kopfform erkennen. Der Kopf ist deutlich vom Rumpf abgesetzt. Die Pupille ist rund. Obwohl keine Giftzähne vorhanden sind, sollte man sich vor Bissen der Tiere in acht nehmen, denn sie verfügen über große Fangzähne und viele kleine Haltezähne.
Biologie: Ihr Futter, bestehend aus Echsen und kleinen Nagern, erjagt diese tagaktive Schlange hauptsächlich am Boden. Gelegentlich findet man sie aber auch auf Ästen in Bodennähe. Leider ist über die Lebensweise dieser Art wenig bekannt. Freiland- und Terrarienbeobachtungen können dazu beitragen mehr über diese interessante Schlangen-Art in Erfahrung zu bringen.

Geodipsas infralineata

(Günther, 1882)

Terra typica: Moramanga
Verbreitung: Die Art lebt in Ost- und Nordost-Madagaskar sowie im zentralen Hochland.
Lebensraum: Während des Tages halten sich die Tiere bevorzugt in den feuchten Laubschichten am Boden von Regenwäldern auf.
Größe: Es wurden Exemplare mit einer Gesamtlänge von 80 cm gefunden.
Erkennungsmerkmale: Diese Art hat eine rehbraune bis gelbe Oberseite mit mehr oder weniger gut erkennbaren, dunklen Längsstreifen. Die Unterseite ist gelblich-weiß mit dunklen Flecken in der Mitte der Bauchschilder. Der Kopf mit großen Augen und runder Pupille ist deutlich vom Rumpf abgesetzt. Da die Tiere über opisthoglyphe Giftzähne verfügen, an denen das Gift entlang einer Furche in die Bißstelle rinnt, ist beim Umgang diesen Schlangen Vorsicht geboten.
Biologie: Während der Dämmerung verlassen die Tiere ihre Verstecke und gehen auf Beutefang. Vorwiegend suchen sie dazu die Umgebung von Tümpeln auf, wo sie entweder am Boden oder im Geäst Jagd auf Frösche machen. Aber auch Echsen und kleine Nager werden nicht verschmäht. Die Fortpflanzung erfolgt durch Ablegen von Eiern, deren Entwicklung bei innerer Befruchtung erst nach der Ablage erfolgt.
Terrarium: Die Pflege sollte in einem gut beheizten, mäßig feuchten Waldterrariun mit nächtlicher Abkühlung erfolgen.

Ithycyphus goudoti
(Schlegel, 1837)

Terra typica: Nosy Bohara
Verbreitung: Es handelt sich um eine endemische Art, die bisher nur von der Ostküste Madagaskars bekannt geworden ist.
Lebensraum: Man findet sie in feuchten Regenwäldern mit krautigem Unterbewuchs. Sekundärwald und menschliche Ansiedlungen meidet sie.
Größe: 90 cm Gesamtlänge ist als Obergrenze anzusehen.
Erkennungsmerkmale: *I. goudoti* ist auf der Oberseite gleichmäßig bräunlich oder gräulich gefärbt. Eine etwas dunklere, winkelförmige Zeichnung ist stets vorhanden. Die Trennung zwischen der dunklen Rückenfärbung und der weißlichen Bauchseite verläuft lateral in der Körpermitte und ist scharf getrennt. Die ersten hellen Lateralschilder können allerdings hellbraune Kanten aufweisen. Der Kopf mit großen Augen und runden Pupillen ist nicht sehr ausgeprägt vom Rumpf abgesetzt. Die Anale ist geteilt. *Ithycyphus* gehört zu den Schlangen, die gern und fest zubeißen. Da sie über opisthoglyphe Giftzähne verfügt, sollte man sich ihr entsprechend vorsichtig nähern.
Biologie: Im Gegensatz zu den anderen Arten dieser Gattung ist sie nicht streng baumlebend und man kann sie auch auf dem Boden oder im Wasser finden. Die hauptsächlich nachtaktive Art erlebt man nach starken Regenfällen gelegentlich auch am Tage aktiv. Sie ernährt sich vorwiegend von Fröschen und Echsen. Ihre Fortpflanzung erfolgt per Eiablage. Die Eier werden mit Vorliebe in Haufen von verrottenden Pflanzenteilen abgelegt.
Terrarium: Die Pflege sollte in einem gut beheizten, mäßig feuchten Waldterrarium mit entsprechend vielen Klettermöglichkeiten erfolgen.

Ithycyphus perineti

Domergue, 1986

Terra typica: Analamazotra

Verbreitung: Die Art ist bisher nur aus dem Nordosten und dem Osten Madagaskars bekannt geworden.

Lebensraum: Bei dem typischen Lebensraum handelt es sich um feuchte Waldgebiete mit dichtem Unterbewuchs, häufig in der Nähe von Wegrändern oder anderen lichten Stellen.

Größe: Diese Art erreicht eine Gesamtlänge von 130 cm.

Erkennungsmerkmale: Zusammen mit zwei weiteren Arten bildet *I. perineti* eine Untergruppe innerhalb der Gattung. Kennzeichnend für sie ist ihre Färbung: Ein heller Kopf und ein dunkler Schwanz. *I. perineti* ist von den beiden anderen Arten aufgrund ihrer gekielten Körperbeschuppung und dem Verbreitungsgebiet gut zu unterscheiden. Der Kopf ist hellbeige gefärbt. Der restliche Körper wird übergangslos über die gesamte Länge dunkler, wobei bis zum dunklen Schwanzende alle braunen Zwischentöne aufzufinden sind. Der Kopf mit großen Augen und runder Pupille ist deutlich vom Rumpf abgesetzt. Die Anale ist geteilt. Auch diese Art verfügt über gefurchte Giftzähne, an denen das Gift durch die Kaubewegungen in die Bißwunde rinnt.

Biologie: Diese dämmerungs- bis nachtaktive Art lebt hauptsächlich auf Bäumen. Gelegentlich kann man sie aber auch am Tage an lichten Stellen mit Sonneneinfall am Boden antreffen. Ihre Nahrung besteht hauptsächlich aus Chamäleons und auch anderen Echsen, aber auch Frösche werden nicht verschmäht. Zur Eiablage werden bevorzugt Anhäufungen von verrottendem Pflanzenmaterial aufgesucht. Gelege mit bis zu sieben Eiern wurden beschrieben.

Terrarium: Die Haltung sollte im mäßig beheizten feuchten Waldterrarium mit starker Nachtabsenkung und ausreichenden Klettermöglichkeiten erfolgen. Vorsicht vor eventuellen Bissen.

Langaha madagascariensis

(Bonaterre, 1790)

Terra typica: Nosy Bé

Verbreitung: Am häufigsten begegnet einem diese Art in Nord-Madagaskar, aber auch aus allen anderen Gebieten wurden Funde gemeldet.

Lebensraum: Die Schlangen bewohnen die unterschiedlichsten Biotope. Allerdings werden Trocken- und Regenwälder mit krautigem Unterbewuchs sowie Flächen mit ausgedehntem Farnbewuchs bevorzugt.

Größe: Die Tiere erreichen eine Gesamtlänge von 120 cm.

Erkennungsmerkmale: *Langaha* mit ihrem merkwürdigen, in seiner Funktion noch unklarem Schnauzenfortsatz, ist die auffallendste Gattung Madagaskars. Beide Geschlechter haben einen vorstehenden Fortsatz vorn auf der Schnauze. Er ist durchgehend abgeflacht und beim Weibchen vorn breiter werdend und blattähnlich, beim Männchen jedoch speerähnlich angespitzt. Die Weibchen sind einfarbig braun mit dunklen Querbinden. Die Färbung der Männchen ist auf der Oberseite rötlich-braun und auf der Bauchseite gelb. Die beiden Farben werden durch eine klare, weiße Linie dazwischen begrenzt. Der Kopf ist deutlich vom Rumpf abgesetzt. Die Augen sind mittelgroß und haben senkrechte Pupillen. Trotz ihres relativ kleinen Kopfes sollte man sich ihr vorsichtig nähern, denn auch sie verfügt über opisthoglyphe Giftzähne und viele kleine Haltezähne und scheut sich nicht von ihren Beißwerkzeugen Gebrauch zu machen.

Biologie: Die überwiegend dämmerungs- und nachtaktiven Bodenschlangen sind häufig auch im bodennahen Geäst oder im unteren abgetrockneten Bereich von dichten Farnbeständen anzutreffen, wo sie bewegungslos auf Beute lauern. Aufgrund ihres Aussehens sind sie von trokkenen Ästen kaum zu unterscheiden. Frösche, Echsen und Jungvögel zählen zu ihrer bevorzugten Nahrung.

Sie pflanzen sich durch Eier fort, deren Entwicklung erst nach der Ablage einsetzt. Die Haltung im Terrarium ist schon über längere Zeiträume gelungen. Allerdings sollte man wissen, aus welchem Gebiet die Pfleglinge stammen, um die notwendigen Lebensbedingungen nachahmen zu können.

Leioheterodon madagascariensis

Duméril & Birbon, 1854

Terra typica: Montagne d'Ambre

Verbreitung: Sie bewohnt weite Teile der madagassischen Küstenregion von Mahajanga im Nordwesten über die Nordspitze und die gesamte Ostküste hinab bis Tolanaro.

Lebensraum: An spezielle Biotope scheint sie nicht gebunden zu sein, denn sie ist in den unterschiedlichsten Gebieten anzutreffen. Jedoch bevorzugt sie die Nähe von Gewässern und scheint höhere Lagen zu meiden. Als Kulturfolger zeigt sie keinerlei Scheu vor Menschen und bleibt bei einer Annäherung fast immer liegen.

Größe: Diese robuste Schlange erreicht eine Gesamtlänge von etwa 150 cm.

Erkennungsmerkmale: Der kräftige Kopf mit der charakteristischen, leicht hochgezogenen Schnauzenspitze ist kaum vom Rumpf abgesetzt. Gegen mechanische Beschädigungen werden die großen Augen mit runden Pupillen durch vorstehende Augenschilder geschützt. Die Oberseite ist auf dem Kopf und dem vorderen Teil des Körpers schwarz gefärbt, die Seiten sind gelb. Aus beiden Farben entwickelt sich im weiteren Verlauf ein deutliches Schachbrettmuster. Auf dem Rücken ist in der Regel eine gelb-schwarze Zick-Zack-Zeichnung vorhanden. Im Bereich der Kloakenregion geht die Färbung wieder in reines Schwarz über. Die Bauchseite ist gelb mit vereinzelten schwarzen halbmondförmigen Flekken. Die Anale ist ungeteilt.

Biologie: Dadurch, daß *L. madagascariensis* mit Vorliebe die Nähe von Ansiedlungen aufsucht und durch ihre tagaktive Lebensweise, zählt sie in Madagaskar zu den am häufigsten beobachteten Bodenschlangen. Meist läßt sie sich ohne Gegenwehr ergreifen. Erst wenn eine gewisse Reizschwelle überschritten wird, flacht sie die Halsregion ab, faucht recht laut und setzt sich durch Bisse zur Wehr, wobei das einmal Gepackte ordentlich durchgekaut wird. Sie verfügt über keine Giftzähne. Als Futter nimmt sie offensichtlich alles, was sie irgendwie überwältigen kann. Frösche, Echsen, Vögel und Kleinsäuger bis zur Größe von Ratten werden gepackt, gegen den Boden gedrückt und mit einem ungeheueren Tempo hinuntergeschlungen. Die Art ist eierlegend. Gelegegrößen mit bis zu zehn Eiern sind bekannt. Für die Terrarienhaltung ist sie ein idealer Pflegling. Die Tiere machen keinerlei Eingewöhnungsschwierigkeiten und sind eindrucksvolle und farbenprächtige Schautiere.

Leioheterodon modestus

(Günther, 1863)

Terra typica: Mahajunga

Verbreitung: Diese Art bewohnt vorwiegend die Trockengebiete von Amboasary im Südosten bis hinauf nach Morambe im Südwesten Madagaskars.

Lebensraum: Besondere Ansprüche scheint sie nicht an ihren Lebensraum zu stellen, allerdings werden ausgetrocknete Flußläufe mit Restwasseransammlungen oder die Umgebung von Tümpeln eindeutig bevorzugt. Um in der fast schattenlosen Dornbusch- und Grassavanne der enormen Hitze zu entgehen, sucht diese Art während der Mittagszeit gern kühle Erdhöhlen auf.

Größe: Mit etwa 120 cm Gesamtlänge ist diese Art ausgewachsen.

Erkennungsmerkmale: Kopf und Körperoberseite sind einheitlich hellbraun, die Sublabiale sowie die Bauchunterseite sind von weißlicher Färbung. Der typische Kopf mit der leicht nach oben gezogenen Schnauzenspitze ist nur undeutlich vom Rumpf abgesetzt. Die großen Augen mit runden Pupillen werden durch die vorstehenden Augenschilder gegen Verletzungen geschützt. Die Anale ist ungeteilt, eine Loreale ist vorhanden.

Biologie: Da sie sich als Kulturfolger gelegentlich ein junges Huhn holt, wird sie stark verfolgt und ist dementsprechend scheu. Bei Annäherung ergreift sie meist die Flucht. In die Enge getrieben geht sie aber sofort zum Angriff über. Dabei flacht sie die Halsregion ab und faucht. In diesem Stadium beißt sie gerne zu und kaut das einmal Gepackte kräftig durch. Obwohl sie nicht über Giftzähne verfügt sollte man sich wegen der langen Fangzähne vor Bissen schützen. Als Nahrung bevorzugt sie wahrscheinlich Frösche, aber auch Echsen, Vögel und Kleinsäuger bis zur Größe von Ratten werden überwältigt, gegen den Boden gepreßt und gierig verschlungen. Sie pflanzt sich durch Ablegen von Eiern fort, deren Entwicklung erst nach der Ablage an sonnendurchwärmten Plätzen einsetzt. Gelegegrößen mit bis zu zehn Eiern wurden beschrieben. Wegen ihrer Anspruchslosigkeit ist sie für die Terraristik besonders geeignet. Die Tiere gewöhnen sich schnell ein und gehen nach Umstellung auf Mäuse selbstständig ans Futter. Eine Versteckmöglichkeit sollte nicht fehlen.

Liophidium torquatum

(Boulenger, 1888)

Terra typica: Baie d'Antongil
Verbreitung: Die Art bewohnt Regenwaldgebiete entlang der Ostküste Madagaskars von Antalaha im Nordosten bis hinunter nach Tolagnaro im Südosten und die Insel Nosy Bé.
Lebensraum: Sie bevorzugt schattige Waldbiotope, wo sie gerade soweit im Falllaub versteckt liegt, daß der Kopf noch herausschaut. Nur zum gelegentlichen Sonnenbad verläßt sie in den frühen Morgenstunden ihr Versteck und sucht eine lichte Stelle am Waldboden auf.
Größe: 60 cm Gesamtlänge ist bei dieser Art als Obergrenze anzusehen.
Erkennungsmerkmale: Es handelt sich um eine sehr variabel gefärbte Schlange. In der Regel ist sie von hellbrauner Grundfarbe, die an der untersten Dorsalschuppenreihe geringfügig aufhellt. Auf der Kopfoberseite zieht sich von der Schnauzenspitze beginnend eine breite, dunkelbraune Zeichnung bis zum Nacken. Diese läuft vorne und an den Seiten bis auf Augenhöhe in kleine ornamentartige Haken aus, verjüngt sich dann und mündet auf Nackenhöhe mit einem Oval in eine Querbinde. Ein brauner Streifen läuft über den weißen Supralabiala über das Auge bis zum Nasenloch. Vom Nacken beginnend zieht sich bis zur Schwanzspitze eine schmale, dunkelbraune Linie auf der Rückenmitte entlang. Die Bauchunterseite ist weißlich gefärbt. Auf jeder Bauchschuppe befinden sich vier mehr oder weniger gut erkennbare schwarze Flecken. Der Kopf ist kaum vom Rumpf abgesetzt, die Pupille ist rund. Die ungekielten Dorsalia umgeben die Körpermitte in 17 Reihen. Das Kloakenschild ist geteilt.
Biologie: Am Boden von feuchten Waldgebieten führt diese tagaktive Art eine sehr versteckte Lebensweise. Aus diesem Grund und auch wegen der geringen Körpergröße ist diese Art nur schwer zu finden, obwohl es sich in den östlichen Waldgebieten um eine häufig vorkommende Schlange handelt. Vermutlich ernährt sie sich von Fröschen und Geckos. Weitere Feldbeobachtungen sind notwendig, um mehr über Lebensweise und Fortpflanzung zu erfahren.
Terrarium: Zur Pflege geeignet wäre ein mäßig beheiztes, feuchtes Waldterrarium mit nächtlicher Temperaturabsenkung, dessen Bodengrund aus Walderde mit einer Laubschicht besteht.
Wegen der ungeklärten Ernährungsfrage sollte allerdings auf eine Gefangenschaftshaltung verzichtet werden.

Liophidium rhodogaster

(Schlegel, 1837)

Terra typica: Toamasina
Verbreitung: Exemplare dieser Art wurden entlang der gesamten Ostküste, an der Nordspitze und auf Nosy Bé gefunden.
Lebensraum: In der Nähe von Ansiedlungen kommt sie nur äußerst selten vor. Von ihr werden hauptsächlich feuchte Waldgebiete mit nächtlichen Temperaturabsenkungen von 8 °C und mehr bewohnt. Tagsüber dienen ihr die feuchten Laubschichten als Deckung bei der Jagd auf Beute und nachts als Schlafplatz. Gegen Morgen verläßt sie gelegentlich ihr Versteck, um sich auf einer lichten Stelle am Waldboden zu sonnen.
Größe: Es wurden Exemplare mit einer Gesamtlänge von 67 cm gefunden.
Erkennungsmerkmale: Alle *Liophidium*-Arten glänzen aufgrund ihrer glatten Beschuppung wie mit Lack überzogen. In der Färbung sind sie meist sehr variabel. In der Regel ist *L. rhodogaster* von rehbrauner Grundfarbe, die im Bereich der unteren Dorsalschuppenreihen leicht aufhellt, und dann auf der gesamten Körperlänge von zwei dünnen unterbrochenen Linien begrenzt wird. Die obere der beiden Linien ist schwarz, die untere sepiafarben. Ein breites dunkles Band, das an der Schnauzenspitze beginnt und die gesamte Kopfoberseite bedeckt, zieht sich auf der Rückenmitte entlang bis zur Schwanzspitze. Das Band wird beidseitig durch eine schwarze, sehr dünne und unterbrochene Linie begrenzt. Parallel dazu verläuft in geringem Abstand eine weitere, gleichartige Linie. Die beiden äußeren Linien laufen auf der Kopfoberseite zu einem Punkt zusammen. Im Nakkenbereich befinden sich drei sepiafarbene Flekken mit schwarzer Umrandung sowie beidseitig jeweils ein ornamentartiges Zeichnungsmuster, welches in Verbindung mit den weißen oberen Lippenschildern steht. Die Halsunterseite ist hell gefärbt und geht ab etwa der 13. Ventralia in eine rötliche Färbung über. Es sind mehr als 170 Ventralia vorhanden. Das Anale ist geteilt. Der Kopf ist vom Rumpf abgesetzt. Die Pupille der mittelgroßen Augen ist rund.
Biologie: Diese verhältnismäßig häufig vor-

kommende, tagaktive Bodenschlange ist aufgrund ihrer versteckten Lebensweise nur schwer zu finden. Meist liegt sie während der hellen Tagesstunden soweit im Laub versteckt, daß nur ihr Kopf herausschaut. So lauert sie auch ihrer Beute auf, die wahrscheinlich aus Fröschen, Geckos und *Brookesia*-Arten besteht. Bei Störungen zieht sie zunächst nur ihren Kopf ins Laub zurück. Bei weiterer Belästigung oder Gefahr schießt sie dann pfeilschnell durch die losen Laubschichten und verschwindet im Dickicht. Die Eier werden wahrscheinlich in Anhäufungen von verrottenden Pflanzenteilen abgelegt, wo der Fäulnisprozeß für die erforderliche Wärme zur Zeitigung des Geleges sorgt.
Terrarium: Da diese Art auf spezielles Futter angewiesen ist, sollte die Pflege im Terrarium nur zu wissenschaftlichen Zwecken erfolgen.
Der Bodengrund des auf etwa 26 °C beheizten, feuchten Waldterrariums sollte aus Walderde mit einer durchgehenden Laubschicht bestehen. Eine nächtliche Temperaturabsenkung von etwa 8 °C ist erforderlich.

Liopholidophis lateralis

(Duméril, Bibron & Duméril, 1854)

Terra typica: Madagaskar

Verbreitung: Das Verbreitungsgebiet erstreckt sich entlang der madagassischen Ostküste.

Lebensraum: Aufgrund ihrer Nahrungspräferenz sind sie eng an Wasservorkommen gebunden. Meist findet man sie auf Wegen zwischen den Reisfeldern, von denen sie bei Störungen pfeilschnell ins Wasser flüchten.

Größe: Diese Art erreicht eine Gesamtlänge von etwa 60 cm.

Erkennungsmerkmale: Auf weißlicher bis gelber Grundfarbe ziehen sich drei schwarze Längsstreifen über die gesamte Körperlänge hin. Das Band auf der Körpermitte ist breiter als die Bänder auf den Seiten und geht direkt aus der dunklen Kopffärbung hervor. Die beiden Seitenstreifen setzen keilförmig in den hellen Bereichen kurz hinter dem Kopf an. Wenn sie bei der typischen Drohhaltung den Vorderkörper dorsal abflacht, wird eine helle Netzzeichnung sichtbar. Die Unterseite ist weißlich. Der länglich-ovale Kopf ist deutlich vom schlanken Körper abgesetzt. Die Pupillen der auffallend großen Augen sind rund. Das Anale ist geteilt. Giftzähne sind nicht vorhanden.

Biologie: Sie gehören zu den tagaktiven, bodenlebenden Arten. Trotzdem sind sie auch hervorragende Schwimmer. Sie ernähren sich hauptsächlich von Fröschen der Gattung *Ptychadena.* Allerdings gehören auch andere kleine Frösche zu ihrem Beutespektrum. Auffallend ist, daß sie sich extrem lange der Sonneneinstrahlung aussetzen, und auch in der größten Mittagshitze kann man sie regelmäßig beim Sonnenbaden antreffen. Bei Störungen flüchten sie entweder ins Wasser, oder nehmen ihre Drohhaltung mit abgeflachtem Oberkörper ein und scheuen sich dann auch nicht zuzubeißen. Sie legen 6–13 Eier, die vermutlich durch Fäulniswärme verrotteter Pflanzenteile gezeitigt werden.

Terrarium: Voraussetzung für die artgerechte Haltung ist ein geräumiges, beheiztes Waldterrarium mit ausreichend großem Wasserteil und lokaler Strahlungswärmequelle. Auf eine nächtliche Temperaturabsenkung sollte nicht verzichtet werden. Die Ernährung kann auf Fisch umgestellt werden.

Liopholidophis thieli

Domergue, 1972

Terra typica: Madagaskar
Verbreitung: Die Art lebt ausschließlich in den Trockengebieten Südmadagaskars.
Lebensraum: Sie bevorzugt Gebiete mit trockenem Untergrund und lichtem Buschwerk. Trotzdem ist sie gelegentlich auch im Uferbereich von Tümpeln anzutreffen, aber niemals im Wasser. Die Nacht verbringt sie in verlassenen Nagerbauten oder unter hohl liegendem Wurzelwerk.
Größe: Die Tiere erreichen eine maximale Gesamtlänge von 120 cm.
Erkennungsmerkmale: Die Trennung zwischen der graubraunen bis dunkelbraunen Körperoberseite und der weißlichen Unterseite ist scharf begrenzt. Sie beginnt an der Schnauzenspitze in Höhe der Oberlippenschilder und zieht lateral über die gesamte Körperlänge. Direkt hinter dem Kopf beginnen keilförmig zwei weißliche bis gelbe Längsstreifen, die die braune Körperoberseite in drei Längsbänder aufteilen, wobei das mittlere Band breiter ist als die beiden seitlichen Bänder. Im Kehlbereich können dunkle Flecken vorhanden sein. Der schlanke, spitz zulaufende Kopf ist mäßig vom Hals abgesetzt. Das Auge ist groß mit runder Pupille. Das Anale ist geteilt. Auffallend ist, daß sie den Vorderkörper häufig hoch aufrichtet, um ihre Umgebung genauestens zu beobachten.
Biologie: Bereits am frühen Morgen versucht diese tagaktive, bodenlebende Schlange ihre Vorzugstemperatur durch ausgiebige Sonnenbäder zu erlangen. Anschließend durchstreift sie die Umgebung auf der Suche nach Nahrung, die hauptsächlich aus Echsen und Kleinsäugern besteht. Allerdings konnten wir sie auch beim Verschlingen von Fröschen der Gattung *Scaphiophryne* beobachten. Über Giftzähne verfügt diese Art nicht. Nach dem Zubeißen wird kleinere Beute gegen den Boden gedrückt und dann verschlungen, größere wird vorher erdrosselt. Diese Art legt 6–13 Eier, die wahrscheinlich in verlassenen Nagerbauten vergraben und durch die Umgebungstemperatur gezeitigt werden. Hierzu muß erwähnt werden, daß die Oberflächentemperatur des roten Lateritbodens unter Sonneneinwirkung in der Mittagszeit 60–70 °C erreichen kann.
Terrarium: Die Haltung sollte im geräumigen, beheizten Steppenterrarium erfolgen. Die Tiere zeigen eine deutliche Vorliebe für punktuell durch Strahler erwärmte Plätze. Einige halboffene Versteckplätze sollten vorhanden sein.

Schlangen

Lycodon aulicus

(Linné, 1754)

Terra typica: Indien

Verbreitung: Die Art stammt ursprünglich aus dem asiatischen Raum. Sie bewohnt ein riesiges Gebiet, das im Westen etwa von Indien und Sri Lanka, im Osten von Südchina, im Süden vom Indoaustralischen Archipel und den Philippinen begrenzt wird. Durch den Menschen wurde diese Art im 19. Jahrhundert auf die Maskarenen verschleppt, wo sie heute noch auf den Inseln Réunion und Mauritius lebt. Trotz dieses riesigen Verbreitungsgebietes sind nur zwei Unterarten bekannt geworden.

Lebensraum: Die Art lebt hauptsächlich im Randbereich der Regenwälder. Sie ist aber sehr anspruchslos und anpassungsfähig, so daß man ihr nahezu überall auf den beiden Inseln begegnen kann. Die Art ist ein reiner Bodenbewohner, den man nur äußerst selten beim Klettern im niedrigen Gebüsch beobachten kann.

Größe: Entsprechend dem riesigen Verbreitungsareals erreichen die Tiere auch populationsabhängige Maximalgrößen. Auf den Maskarenen bleibt die Art meist deutlich kleiner als 80 cm.

Erkennungsmerkmale: Die Wolfzahnnatter besitzt ein wunderschönes Zeichenmuster. Auf einer hellen, meist roten oder rotbraunen Grundfärbung zeigen die Tiere eine helle, meist beige oder graue schmale Streifenzeichnung. Der rundschnäuzige, kurze Kopf ist deutlich vom Körper abgesetzt.

Biologie: Während des Tages verbergen sich die rein nacht- und dämmerungsaktiven Schlangen unter Steinen, in Felsspalten und unter Baumstämmen. Es sind geschickte Jäger, die sich von Geckos und Skinken, aber auch von kleinen Säugetieren und größeren Gliederfüßern ernähren. Selbst kleine Schlangen werden nicht verschmäht.

Terrarium: Die Art wird am besten paarweise in einem geräumigen Regenwaldterrarium gepflegt. Es ist unbedingt für trockene und feuchte Versteck- und Aufenthaltsplätze zu sorgen. Sehr wichtig ist auch eine gewisse nächtliche Abkühlung. Die Tiere müssen sofort an Mäusebabys als Nahrung gewöhnt werden.

Madagascarophis colubrinus

(Schlegel, 1837)

Terra typica: Madagaskar

Verbreitung: Mit Ausnahme des Südens kommt sie in fünf von Domergue (1987) beschriebenen Unterarten auf ganz Madagaskar vor.

Lebensraum: Aufgrund des riesigen Verbreitungsgebietes bewohnen sie die unterschiedlichsten Habitate. Die Unterarten *M. colubrinus* und *M. insularis* bevorzugen feuchte Waldgebiete, *M. pastoriensis occidentalis* sowie *M. septentrionalis* kommen in trockeneren Regionen vor. Die Umgebung von Tümpeln wird jedoch von allen Unterarten bevorzugt aufgesucht. Allerdings werden sie auch häufig in der unmittelbaren Nähe von Orten angetroffen.

Größe: Exemplare von über 100 cm Gesamtlänge wurden auf Madagaskar bereits mehrfach gefunden.

Erkennungsmerkmale: Typisch für diese Art ist der markant abgesetzte Kopf mit großen Augen und geschlitzter Pupille. Die Färbung der Körperoberseite ist hellocker bis dunkelbraun. Eine variable Rückenzeichnung aus dunkelbraunen Balken und Karrees zieht sich vom Nacken bis zum Schwanzende. Die Bauchunterseite und der Kehlbereich sind cremefarben. Bei der Unterart *M. colubrinus* liegt eine geschlechtsbezogene Färbung der Schwanzspitze vor. Das Schwanzende der Weibchen ist einfarbig braun, das der Männchen weiß mit schwarzen Schuppen auf der Schwanzspitze.

Biologie: Schlangen dieser Gattung sind vorwiegend bodenbewohnend und nachtaktiv. Häufig findet man sie zusammengerollt in der Nähe von Gewässern, in die sie auch bei Störung fliehen. Sie sind ausgezeichnete Schwimmer. Gefressen wird alles, was sie überwältigen können. Frösche werden lebend verschlungen, Echsen, Chamäleons, Schlangen, Vögel und Kleinsäuger vorher erdrosselt. Sie verfügen über opistoglyphe Giftzähne. Zwar sind sie nicht sehr bissig, aber mehrere Unfälle mahnen zur Vorsicht im Umgang mit diesen Schlangen. Es sind weitere Feldbeobachtungen notwendig, um die Wissenslücken über Lebensweise und Fortpflanzung zu schließen.

Terrarium: Um ihren Klimaansprüchen gerecht zu werden, sollte die Haltung in mäßig beheizten, feuchten Waldterrarien mit nächtlicher Temperaturabsenkung erfolgen. Ausreichende Versteckmöglichkeiten am Boden sollten zur Verfügung stehen. Die Ernährung kann problemlos auf Mäuse umgestellt werden.

Madagascarophis ocellatus

Domergue, 1987

Terra typica: Zampongotra (Plateau Antandroy)
Verbreitung: Die Tiere bewohnen nur Süd-Madagaskar. Als nördliche Grenze ihres Verbreitungsgebietes ist eine gedachte Linie zwischen den Orten Morombe und Ihosy anzusehen.
Lebensraum: Besondere Ansprüche scheint sie an ihn nicht zu stellen, denn sie ist in Trockenwaldgebieten ebenso anzutreffen wie in den Dornbusch- und Grassavannen. Wahrscheinlich wegen des verbesserten Nahrungsangebotes wird die Umgebung von Tümpeln und menschlichen Ansiedlungen bevorzugt aufgesucht.
Größe: Die Tiere erreichen eine Gesamtlänge von etwa 85 cm.
Erkennungsmerkmale: Die großen Augen mit geschlitzten Pupillen sind ebenso charakteristisch wie der deutlich vom Rumpf abgesetzte Kopf. Die Färbung der Kopfoberseite ist meist dunkler als die der Lippenschilder. Der Körper ist rehbraun bis ockerfarben. Eine Rückenzeichnung aus 40–50 Augenflecken zieht sich vom Nacken bis zum Schwanzende. Der Kehlbereich und die Unterseite sind cremefarben bis weißlich.
Biologie: Sie gehört zu den bodenbewohnenden und nachtaktiven Schlangen. Bevor sie sich in verlassene Nagerbauten oder unter hohl liegendes Wurzelwerk zurückzieht, kann man sie gelegentlich am frühen Morgen beim Sonnenbaden antreffen. Aufgrund ihrer besonderen Vorliebe für Frösche ist sie häufig in der Nähe von Tümpeln anzutreffen. Frösche werden lebend verschlungen. Andere Beutetiere wie Echsen, Schlangen, Vögel und Nager werden vorher erdrosselt. Auch sie gehört zur Unterfamilie der Trugnattern und verfügt somit über opisthoglyphe Giftzähne, durch deren Rinnen das Gift beim Biß in die Wunde gelangt. Deshalb ist Vorsicht beim Umgang mit diesen Schlangen geboten. Weitere Einzelheiten zur Lebensweise und Fortpflanzung müssen bei Feldbeobachtungen gesammelt werden.
Terrarium: Die Haltung dieser Art sollte im trockenen Steppenterrarium erfolgen. Mit Hilfe von Strahlern punktuell erwärmte Plätze und gleichzeitig ausreichende Versteckmöglichkeiten am Boden sollten vorhanden sein. Eine nächtliche Temperaturabsenkung durch Abschalten der Wärmequellen ist vorteilhaft. Die Ernährung der Tiere ausschließlich mit Mäusen bereitet in der Regel keine Schwierigkeiten.

Mimophis mahfalensis

(Grandidier, 1867)

Terra typica Madagaskar

Verbreitung: *M. mahfalensis* ist ein typischer Bewohner der Trockengebiete Süd- und West-Madagaskars.

Lebensraum Sie bevorzugt trockene Habitate und ist deshalb in den Trockenwäldern des Westens ebenso anzutreffen wie in den Dornbusch- und Grassavannen des Südens.

Größe: Laut Literatur erreicht diese Art eine Gesamtlänge von 75 cm. Wir haben Exemplare von bis zu 65 cm gefunden.

Erkennungsmerkmale: Sie unterscheidet sich von allen anderen madagassischen Schlangen durch Skelett- und Gebißmerkmale. Sie ist der afrikanischen Vertreterin der Gattung *Psammophis* sehr ähnlich. Die Grundfärbung und Zeichnung sind sehr variabel. Meist sind sie graubraun bis rehbraun gefärbt. Die ausgeprägte, meist dunkelbraune Kopfzeichnung der Männchen geht im Nackenbereich in ein Zick-Zack-Band über, das sich in Rückenmitte über den ganzen Körper hinzieht. Die Färbung der Körperoberseite ist geschlechtsspezifisch. Weibchen sind in der Regel einheitlich braun. Die Unterseite ist schachbrettartig rotbraun gefärbt. Der lange, schmale Kopf ist deutlich vom Rumpf abgesetzt. Die mittelgroßen Augen mit runder Pupille sind durch Überaugenschilder gegen mechanische Beschädigungen geschützt. Das Anale ist geteilt. Vorsicht bei Bißverletzungen, denn sie verfügt über opistoglyphe Giftzähne.

Biologie Selbst während der größten Mittagshitze ist diese flinke Bodenschlange häufig im offenen Gelände anzutreffen, wo sie aktiv Beute jagt. Hierbei durchstöbert sie die trockene Bodendeckung, hält immer wieder kurz inne, züngelt verstärkt und richtet den vorderen Teil des Körpers auf, wahrscheinlich um sich einen besseren Überblick zu verschaffen. Ihre vorwiegende Nahrung besteht aus Echsen, aber auch junge Kleinsäuger werden nicht verschmäht. Weitere Erkenntnisse, vor allem über die Fortpflanzung, können nur durch Feldbeobachtungen gesammelt werden.

Terrarium Es sollte ein beheiztes, trockenes Wald- oder Steppenterrarium mit festem Bodengrund und lokaler Strahlungswärmequelle geboten werden.

Pseudoxyrhopus heterurus

(Jan, 1893)

Terra typica: Madagaskar
Verbreitung: Das Verbreitungsgebiet erstreckt sich entlang der madagassischen Ostküste.
Lebensraum: Sie kommt in den feuchten Laubschichten am Boden von Regenwäldern ebenso vor wie im krautigen Bewuchs von Feuchtgebieten. Die unmittelbare Umgebung von Gewässern scheint sie zu bevorzugen. Den Tag verbringt sie schlafend in Erdhöhlen oder im Wurzelwerk alter Bäume.
Größe: Wir fanden Tiere mit einer Gesamtlänge von bis zu 70 cm.
Erkennungsmerkmale: Der länglich-ovale Kopf ist kaum vom Rumpf abgesetzt. Die kleinen Augen sind leicht nach oben gerichtet und haben runde Pupillen. Die Körper- und Kopfoberseite ist gleichmäßig dunkelbraun bis schwarz gefärbt. Die Oberlippenschilder sind cremefarben umrandet. Die Körperunterseite ist schmutzig weiß. 21 Reihen Dorsalschuppen umgeben den Körper. Sie gehört zur Unterfamilie der Wolfszahnnattern. Erkennbar ist dies an den großen Fangzähnen, die in einer vorderen und rückwärtigen Gruppe im Oberkiefer sowie einer vorderständigen Gruppe im Unterkiefer stehen. Außerdem sind zahlreiche kleine Haltezähne vorhanden. Giftzähne fehlen. Auf Störungen reagieren sie äußerst aggressiv.
Biologie: Aufgrund ihrer Vorliebe für die Umgebung von Gewässern ist anzunehmen, daß sie einen Teil ihrer nächtlichen Aktivitätszeit im Wasser verbringt. Ihre Nahrung, die hauptsächlich aus Fröschen besteht, erbeutet sie aber wahrscheinlich vorwiegend in den feuchten Laubschichten am Waldboden. Gelegentlich findet man sie am frühen Morgen an lichten Stellen beim Sonnenbaden. Leider nimmt die Zerstörung der natürlichen Lebensräume durch Abholzung und Beweidung immer mehr zu. Es bleibt wenig Zeit, die Wissenslücken zur Fortpflanzung und Lebensweise durch Feldbeobachtungen zu schließen.
Terrarium: Da es sich um Futterspezialisten handelt, ist die Terrarienhaltung nur zu wissenschaftlichen Zwecken zu befürworten. Die Unterbringung sollte im mäßig beheizten, feuchten Waldterrarium mit nächtlicher Temperaturabsenkung erfolgen. Der Bodengrund sollte mit einer Laubschicht bedeckt sein. Ein geräumiger Wasserteil sowie genügend Versteckmöglichkeiten sollten in jedem Fall im Terrarium vorhanden sein.

Pseudoxyrhopus quinquelineatus

(Günther, 1881)

Terra typica: Madagaskar
Verbreitung: Die Art findet man entlang der madagassischen Ostküste.
Lebensraum: Auf Wiesen in Feuchtgebieten ist sie ebenso vertreten wie in den losen Laubschichten am Boden von Regenwäldern. Den Tag verbringt sie wahrscheinlich in feuchten Erdlöchern. Habitate mit stehenden oder langsam fließenden Gewässern werden auffallend bevorzugt.
Größe: Das Typusexemplar wird mit einer Gesamtlänge von 49 cm beschrieben. Wir fanden auf unseren Reisen Exemplare von etwa 70 cm Länge.
Erkennungsmerkmale: Der länglich ovale Kopf mit kleinen Augen und runder Pupille ist deutlich vom Rumpf abgesetzt. Auf der orangefarbenen Kopfoberseite befindet sich ein ornamentartiges, schwarzes Zeichnungsmuster. Die oberen Lippenschilder sind gelblich orange, die unteren schwarz gefärbt. Die Körperoberseite ist leuchtend rot, zu den Seiten hin leicht aufhellend. Fünf schwarze Streifen beginnen im Nackenbereich und ziehen sich in unterschiedlicher Breite über den ganzen Körper. Bis auf das schmale mittlere Band sind die vier äußeren Bänder im Nackenbereich keulenförmig verbreitert. Dem sehr schmalen Band auf der Rückenmitte folgen beidseitig je ein breites und schmales Band. Die Körperunterseite ist gelblich weiß. Den Körper umgeben 21 Reihen Dorsalschuppen.
Biologie: Auf Störungen reagiert sie äußerst aggressiv und scheut sich nicht sofort zu beißen. Die großen Fangzähne und zahlreiche Haltezähne verursachen schmerzhafte Verletzungen. Giftzähne sind nicht vorhanden. Sie ernährt sich hauptsächlich von Fröschen, die sie am Boden oder im Wasser erbeutet und lebend verschlingt. Wahrscheinlich werden auch Bodenchamäleons der Gattung *Brookesia* nicht verschmäht. Auch bei dieser Art wird der Lebensraum durch Abholzung und landwirtschaftliche Nutzung so nachhaltig zerstört, daß nur wenig Zeit bleibt, um die noch offenen Fragen durch Feldbeobachtungen zu beantworten.
Terrarium: Aufgrund der Nahrungsspezialisierung sollte die Haltung nur zu wissenschaftlichen Zwecken erfolgen. Voraussetzung zur artgerechten Haltung ist die Unterbringung in einem geräumigen Waldterrarium mit einem gesonderten Wasserteil und nächtlicher Temperaturabsenkung.

Stenophis arctifasciatus

(Duméril, Bibron & Duméril, 1854)

Terra typica: Antananarivo
Verbreitung: Die Tiere leben auf der im Nordwesten gelegenen Insel Nosy Bé und entlang der Nord- und Ostküste sowie in der Umgebung von Antananarivo.
Lebensraum: Als baumlebende Art bevorzugt sie die mittleren bis oberen Wipfelregionen von Trocken- und Regenwäldern und nur sehr selten, z.B. bei der Eiablage oder beim Standortwechsel, findet man sie auch im krautigen Bodenbewuchs.
Größe: Sie erreicht eine Gesamtlänge von 80 cm.
Erkennungsmerkmale: Durch die markante Zeichnung ist diese Art leicht zu bestimmen. Auf dunkelbraunem bis schwarzem Untergrund befinden sich ringartig angeordnete Querbänder, die im Nackenbereich beginnen und sich in gleichmäßigem Abstand bis zur Schwanzspitze hinziehen. In der Rückenmitte sind diese Querbänder wesentlich schmaler als die dunklen Bereiche. Ein schmaler weißer Querstreifen im Bereich der Nasale trennt optisch die schwarze Schnauzenspitze von der übrigen dunklen Kopfoberseite. Die Trennung zwischen der schwarzen Kopfoberseite und der weißen Unterseite verläuft oberhalb der Supralabiale. Die Körperunterseite ist weißlich. Der Kopf ist deutlich vom Rumpf abgesetzt. Auffallend sind die sehr großen Augen mit senkrechter, geschlitzter Pupille.
Biologie: Aufgrund der baumgebundenen Lebensweise ernährt sie sich vorwiegend von Fröschen und Echsen. Allerdings werden auch Jungvögel nicht verschmäht. Da diese Art zu den opisthoglyphen Giftschlangen zählt, deren Gift über Zahnrillen in die Bißstelle gelangt, ist beim Umgang mit ihr besondere Vorsicht geboten. Leider sind weitere Einzelheiten über Fortpflanzung und Haltung nicht bekannt.
Terrarium: Je nachdem aus welchem Habitat die Tiere stammen, kommt ein beheiztes Trocken- oder Regenwaldterrarium in Frage. Der Bodengrund sollte aus einer Schicht Walderde bestehen. Dünne Kletteräste in ausreichender Anzahl müssen unbedingt vorhanden sein. Eine dichte Bepflanzung ist sinnvoll.

Stenophis sancti-johannis

Günther, 1879

Terra typica: Moheli

Verbreitung: Bei *S. sancti-johannis* handelt es sich um eine auf den Komoren endemische Schlangen-Art. Bisher wurde diese Art nur auf den Inseln Mayotte und Moheli gefunden.

Lebensraum: *S. sancti-johannis* bewohnt die letzten Reste an Regen- und Trockenwald auf diesen Inseln. Dort kann man die Tiere sowohl auf dem Boden als auch beim Klettern in Büschen und Bäumen antreffen. Als eher typische Baumschlange bewegt sie sich sehr geschickt im Geäst und jagt dort ihre Beute.

Größe: Die Art erreicht eine maximale Gesamtlänge von etwa 1m.

Erkennungsmerkmale: Die Tiere besitzen einen schlanken, seitlich stark abgeflachten Körperbau. Der kurze otterartige Kopf ist sehr markant vom Rumpf abgesetzt. Besonders auffallend sind die großen Augen mit den senkrechten Pupillen. Die Körperoberseite weist meist eine einfarbig graue, gelbgraue oder braungraue Färbung auf. Sehr selten findet man Exemplare, die noch eine undeutlich ausgebildete Zeichnung aus schwärzlichen Querbändern zeigen. Die Körperunterseite hat eine weiße, cremefarbige oder gelbe Färbung. Während die Tiere von Moheli eine schwarze Mittellinie entlang der ganzen Unterseite zeigen, beginnt diese bei den Tieren von Mayotte erst auf der Schwanzunterseite.

Biologie: *S. sancti-johannis* gehört zur Unterfamilie der Boiginae, also zu den Trugnattern. Es ist erforderlich stets äußerste Vorsicht im Umgang mit diesen Tieren walten zu lassen, um Giftbisse zu vermeiden. Die rein nachtaktive Schlange ernährt sich vorzugsweise von Echsen.

Terrarium: Die Schlangen werden in größeren Regenwaldterrarien gepflegt. Sehr wichtig sind eine große Anzahl an Kletterästen und eine üppige Bepflanzung. Die Tageshöchsttemperaturen sollten bei 28 °C liegen und nachts auf Zimmertemperatur abfallen.

Ausgewählte Nationalparks und Naturreservate auf Madagaskar

Zum Abschluß dieses Buches wollen wir noch kurz einige ausgesuchte Naturschutzgebiete auf Madagaskar vorstellen. Dabei haben wir uns von folgenden Kriterien leiten lassen: So sollten die Parks relativ leicht zu erreichen und verhältnismäßig gut erschlossen sein sowie eine interessante Herpetofauna aufweisen.

Für das Betreten all dieser Schutzgebiete, sie sind in unterschiedliche Stufen von Schutzwürdigkeit eingeteilt (siehe Karte), außer für die zwei privaten Parks, benötigt man auf Madagaskar eine „Autorisation d'Accès" und teilweise sogar zusätzlich noch eine Fotografiererlaubnis. Zuständig für alle Naturreservate und Nationalparks auf Madagaskar ist das „Direction des Eaux et Foréts", zu finden in Antananarivo 101, Nanisana (am einfachsten von einem Taxifahrer dorthin bringen lassen). Dort kann man die nötigen Autorisationen erwerben und Auskünfte erhalten. Für einige Schutzgebiete beträgt der Preis für die Besuchserlaubnis bis zu 50,–DM, unabhängig davon wie lange man das Schutzgebiet besucht. Durch die in den letzten Jahren ständig steigende Touristenzahl ist man bereits in einigen Parks dazu übergegangen, die Besuchserlaubnis direkt am Eingang oder bei der zuständigen Parkverwaltung vor Ort ausstellen zu lassen.

Obwohl die Schutzgebiete häufig gut durch Pfade und Wege erschlossen sind, ist es immer ratsam, zumindest beim ersten Besuch, sich einen einheimischen Führer zu nehmen. Einige Schutzgebiete gehen noch in „endlose", unberührte Wälder über, in denen man sich besonders nachts leicht verlaufen kann. Häufig findet man am Eingang der Parks eine Gruppe Einheimischer, die als Führer im Park arbeiten. In abgelegeneren oder auch selten von Touristen besuchten Gebieten fragt man in der Parkverwaltung, wo man einen geeigneten, naturkundlichen Begleiter finden kann. Leider sind nur die wenigsten von ihnen mit Amphibien und Reptilien vertraut, wollen doch die meisten Touristen Lemuren, Vögel oder Orchideen gezeigt bekommen. Häufig hat man Schwierigkeiten jemanden für die Nacht zu finden. Hier helfen meist kleine Geschenke weiter. Jedoch sollte man nicht erwarten, daß der Begleiter mutig voranschreitet, vielmehr konzentriert er sich darauf, seine Touristengruppe auf einem möglichst sicheren und schnellen Weg wieder zurückzubringen.

Réserve De Faune De Perinet-Amalamzaotra

Dieser kleine Park ist ein absolutes „Muß" jeder Madagaskarreise. Abgesehen von den zahlreichen Lemuren und Insekten wie auch anderen Tieren, kann man hier die verschiedensten Chamäleon-, *Brookesia*- und Phelsumen-Arten, aber auch *Sanzinia madagascariensis* und viele weitere Reptilien- und Amphibien-Arten leicht bei einem Spaziergang entdecken. Amphibien findet man in einer ungeahnten Vielfalt und Anzahl, wenn man nachts bei Regen durch den Park läuft. Tagaktiv sind hier nur die *Mantella*-Arten. Besonders bekannt geworden ist diese Gegend um den Ort Andasibe durch die zahlreichen endemischen Arten wie z.B. *Calumma parsonii cristifer, Mantella crocea* und *M. aurantiaca, Phelsuma flavigularis* und andere Arten. Am einfachsten erreicht man den Park zu Fuß vom Hotel im Bahnhof in Andasibe aus. Direkt vor dem Park kann man die Genehmigung zum Betreten erwerben.

Réserve Naturelle De Lokobe

Da die meisten Touristen während ihrer Madagaskarreise nach Nosy Bé fliegen, um sich von den Strapazen der teilweise recht beschwerlichen Überlandfahrten zu erholen oder um ein kurzen Badeaufenthalt zu machen, sollte man die Zeit auch für einen Besuch im Réserve Naturelle De Lokobe nutzen. Es handelt sich um einen sehr kleinen, leider auch stark bedrohten Park, der hervorragend durch schmale, schwierig zu begehende Pfade erschlossen ist. Auch hier sind wieder Lemuren die Hauptattraktion. Mindestens ebenso interessant sind die dort auch zahlreich zu findenden, größtenteils endemischen Amphibien- und Reptilien-Arten. Zu den Besonderheiten zählt u.a. *Brookesia minima*, das vielleicht kleinste Reptil der Welt, aber auch *B. legendrei*, die einzige rein Baum bewohnende Erdchamäleon-Art sowie *Uroplatus henkeli* und *U. ebenaui*, *Langaha nasuta* und andere Arten. Besonders häufig sind hier auch *Sanzinia madagascariensis* und *Acrantophis madagascariensis*. Auch hier ist es wieder ein besonderes Erlebnis nachts durch den Park zu streifen, da bei starken Regenfällen *Rhombophryne testudo*, ein unterirdisch lebender Grabfrosch, zu rufen beginnt. Sein Ruf klingt wie das Brüllen eines Ochsen und sobald das Konzert beginnt, fühlt man sich auf eine Weide in die Alpen versetzt. Die Genehmigung für das Betreten des Parks ist unbedingt vor dem Besuch in Antananarivo einzuholen. Einige Hotels bieten aber auch organisierte Führungen an. Erreichen kann man den Park nur über eine schmale, sich in einem sehr schlechten Zustand befindende Straße von Hell-Ville aus. Unbedingt einen Wagen mit Fahrer nehmen, da Touristen wiederholt die Luft aus den Autoreifen gelassen wurde!

Réserve Naturelle D'Ankarafantsika

Dieses Schutzgebiet für westmadagassische Primärvegetation umfaßt ein kleines Reststück des dort typischen, laubabwerfenden Trockenwaldes. Auch die hier lebenden Amphibien- und Reptilien-Arten haben sich den klimatischen Besonderheiten, es herrscht eine lange Trockenperiode im Jahr vor, angepaßt, indem sie während dieser Monate eine Ruhephase einlegen. Daher lohnt sich ein Besuch des Parks nur in den Monaten November bis Mai. Auch dieses kleine Waldstück beherbergt einige dort endemischen Arten wie *Brookesia decaryi*, *Uroplatus guentheri* und andere Arten. Hier findet man die auch als adulte Tiere eine rote Färbung beibehaltende Farbvariante von *Sanzinia madagascariensis*. Die Autorisation sollte man sich zuvor unbedingt in Antananarivo einholen. Der Park liegt an der Nationalstraße Antananarivo-Mahajanga, etwa 79 km südlich von Majunga.

Parc National De La Montagne D'Ambre

Ein wunderschöner tropischer Nebelwald in über 1000 m Höhe im Norden Madagaskars gelegen. Dieser Wald beherbergt zahllose seltene Reptilien- und Amphibien-Arten. Auch für diesen Park ist eine Genehmigung für das Betreten unbedingt notwendig. In diesem Nationalpark werden die Besucher genau überwacht. Die Zeit des Besuchs wird festgehalten und hin und wieder werden einzelne Touristen beim Verlassen des Parks durchsucht. Die Autorisation erhält man auch im Service d'Eaux et Foréts, dem auch die Parkleitung angeschlossen ist, in Antsiranana. Die Straße zum Park ist leider nur bis Joffreville in einem akzeptablen Zustand, die letzten 5 km sind schwierige Piste, die bei heftigem Regen nicht befahrbar ist. Man sollte sich unbedingt einen Wagen mit Vierradantrieb und Fahrer mieten.

Parc National De L'Isalo

Dieser nur schwer zugängliche Nationalpark umfaßt einen großen Teil des Isalogebirges. Das Bild wird von bizarren und zerklüfteten Felsformationen mit tiefen Schluchten und Cañons geprägt. Die Vegetation bildet hier eine Art Oasenlandschaft. Dieses Gebiet ist auch in herpetologischer Hinsicht kaum erforscht. Bekanntester Ort ist das Tal der Affen. Erreichen kann man diesen Park nur mit einem Geländewagen. Man sollte sich unbedingt einen ortskundigen Führer mitnehmen. Die Genehmigung zum Betreten erhält man nur in Antananarivo.

Réserve Naturelle De Marojezy

Schlecht zugänglicher Nationalpark im Nordosten Madagaskars, in der regenreichsten Region des Landes gelegen. Der Park umfaßt noch ein kleines Stück Primärregenwald, der eine unglaubliche Pflanzenvielfalt beherbergt. Ebenso verhält es sich bei den Amphibien und Reptilien. Während der Hauptregenzeit Januar bis März ist das Gebiet teilweise nicht zugänglich. Als beste Reisezeit gelten die Monate September bis November. Das Reservat erreicht man über die Straße Sambawa-Andapa. Unbedingt einen Führer mitnehmen. Die Besuchserlaubnis ist nur in Antananarivo erhältlich.

Réserve Naturelle De Tsimanampetsotsa

Dieser Park, zu dem der sehr vogelreiche Lac Tsimanampetsotsan (rosa Flamingos und zahlreiche sehr seltene Wasservögel) gehört, liegt in der trockensten Gegend Madagaskars. Häufig fällt der gesamte Jahresniederschlag als ein Gewitter. Entsprechend ist die Vegetation, eine sehr offene Dornensavanne und eine einmalige Dünenlandschaft. In diesem Gebiet gibt es kein Trinkwasser! Die interessantesten Tiere sind die hier noch recht häufigen verschiedensten Schildkröten-Arten. Erreichen kann man den Park nur mit einem Geländewagen von Toliara in Richtung Süden fahrend. Etwa 3 km vor dem Park endet die Piste. Die Autorisation muß unbedingt zuvor in Antananarivo eingeholt werden.
Außerdem gibt es auf Madagaskar zwei kleine für Touristen angelegte Privatparks:

Berenty Naturpark der Familie De Haulme

Kleines Stück primärer Tamarindenwald am Mardrave Fluß gelegen, inmitten schier unendlicher Sisalagaven-Plantagen. Fahrten zu dem kleinen Park werden von allen drei großen Hotels in Tolagnaro organisiert. Nach über 3 Stunden Fahrzeit über eine holprige Piste erreicht man den etwa 50 ha großen Park, der besonders durch seine zahmen Lemuren bekannt wurde. Im Park befinden sich Hütten, die man mit Vollpension mieten kann. Der Park selbst ist durch breite Wege hervorragend erschlossen, auf denen man nachts *Paroedura pictus* und *P. bastardi* zu Hunderten finden kann. Sehr selten hingegen ist der kleine *P. androyensis.* Häufig findet man hier die Strahlenschildkröte, die Madagaskarboas und zahlreiche Chamäleon-Arten.

D'Akanin ny Nofy Naturpark der Familie Gottlebe

Kleine, etwa 20 m hohe, aus Quarzsand bestehende Halbinsel, bewachsen mit dichtem Sekundärwald. Neben zahlreichen seltenen freilebenden Amphibien- und Reptilienarten werden hier auch in riesigen, nur durch Wassergräben begrenzten Freilandterrarien seltene Reptilien-Arten gepflegt. Ferner kann man in einigen Schaubecken seltene Raritäten wie die Blattnasennatter beobachten. Erreichen kann man den Park von dem Hotel Buschhaus, am Lac Ampitabe gelegen, indem man immer den Sandstrand entlangläuft (etwa 30 Minuten zu Fuß), oder man läßt sich mit einem Boot das kurze Stück herübersetzen.

Übersicht der Amphibien und Reptilien der besprochenen Gebiete

Stand: 31. 12. 1993

Madagaskar

Amphibien
Froschlurche
Ruderfrösche (Rhacophoridae)
Aglyptodactylus madagascariensis (Duméril, 1853)
Boophis albilabris (Boulenger, 1888)
Boophis boehmei Glaw & Vences 1992
Boophis brachychir (Boettger, 1882)
Boophis difficilis (Boettger, 1892)
Boophis erythrodactylus (Guibé, 1953)
Boophis goudoti Tschudi, 1838
Boophis granulosus (Guibé, 1975)
Boophis hillenii Blommers-Schlösser, 1979
Boophis idae (Steindachner, 1867)
Boophis jaegeri Glaw & Vences, 1992
Boophis laurenti Guibé, 1947
Boophis luteus (Boulenger, 1882)
Boophis madagascariensis (Peters, 1874)
Boophis majori (Boulenger, 1896)
Boophis mandraka Blommers-Schlösser, 1979
Boophis microtis (Guibé, 1974)
Boophis microtympanum (Boettger, 1881)
Boophis miniatus (Mocquard, 1902)
Boophis opisthodon (Boulenger, 1888)
Boophis pauliani (Guibé, 1953)
Boophis rappiodes (Ahl, 1928)
Boophis reticulatus Blommers-Schlösser, 1979
Boophis rhodoscelis (Boulenger, 1882)
Boophis tephraeomystax (Duméril, 1853)
Boophis untersteini (Ahl, 1928)
Boophis viridis Blommers-Schlösser, 1979
Boophis williamsi (Guibé, 1974)

Riedfrösche (Hyperoliidae)
Heterixalus alboguttatus (Boulenger, 1882)
Heterixalus andrakata Glaw & Vences, 1991
Heterixalus boettgeri (Mocquard, 1902)
Heterixalus betsileo (Grandidier, 1872)
Heterixalus madagascariensis (Duméril & Bibron, 1841)
Heterixalus rutenbergi (Boettger, 1881)
Heterixalus tricolor (Boettger, 1881)
Heterixalus variabilis (Ahl, 1930)

Echte Frösche (Ranidae)
Limnonectes tigerinus (Daudin, 1803)
Ptychadena mascareniensis (Duméril & Bibron, 1841)
Tomopterna labrosa Cope, 1868

Mantella-Frösche (Mantellidae)
Laurentomantis horrida (Boettger, 1880)
Laurentomantis malagasia (Methuen & Hewitt, 1913)
Laurentomantis ventrimaculata (Angel, 1935)
Mantella aurantiaca Mocquard, 1900
Mantella betsileo (Grandidier, 1872)
Mantella crocea Pintak & Böhme, 1990
Mantella expectata Busse & Böhme, 1992
Mantella haraldmeieri Busse, 1981
Mantella laevigata Methuen & Hewitt, 1913
Mantella madagascariensis (Grandidier, 1872)
Mantella pulchra Parker, 1925
Mantella viridis Pintak & Böhme, 1988
Mantidactylus aerumnalis (Peracca, 1893)
Mantidactylus aglavei (Methuen & Hewitt, 1913)
Mantidactylus albofrenatus (Müller, 1892)
Mantidactylus albolineatus Blommers-Schlösser & Blanc, 1991
Mantidactylus alutus (Peracca, 1893)
Mantidactylus ambohimitombi Boulenger, 1919
Mantidactylus argenteus Methuen, 1920
Mantidactylus asper (Boulenger, 1882)
Mantidactylus bertini (Guibé, 1947)
Mantidactylus betsileanus (Boulenger, 1882)
Mantidactylus bicalcaratus (Boettger, 1913)
Mantidactylus biporus (Boulenger, 1889)
Mantidactylus blommersae (Guibé, 1975)
Mantidactylus boulengeri Methuen, 1919
Mantidactylus cornutus Glaw & Vences, 1992
Mantidactylus curtus (Boulenger, 1882)
Mantidactylus decaryi (Angel, 1930)

Mantidactylus depressiceps (Boulenger, 1882)
Mantidactylus domerguei Guibé, 1974
Mantidactylus eiselti (Guibé, 1975)
Mantidactylus elegans (Guibé, 1974)
Mantidactylus femoralis (Boulenger, 1882)
Mantidactylus flavobrunneus Blommers-Schlösser, 1979
Mantidactylus grandidieri Mocquard, 1895
Mantidactylus grandisonae Guibé, 1974
Mantidactylus granulatus (Boettger, 1881)
Mantidactylus guibei Blommers-Schlösser, 1991
Mantidactylus guttulatus (Boulenger, 1881)
Mantidactylus klemmeri (Guibé, 1974)
Mantidactylus leucomaculatus (Guibé, 1975)
Mantidactylus liber (Peracca, 1893)
Mantidactylus lugubris (Duméril, 1853)
Mantidactylus luteus Methuen & Hewitt, 1913
Mantidactylus madecassus (Millot & Guibé, 1950)
Mantidactylus majori Boulenger, 1896
Mantidactylus microtympanum Angel, 1935
Mantidactylus mocquardi Angel, 1929
Mantidactylus opiparis (Peracca, 1893)
Mantidactylus peraccae (Boulenger, 1896)
Mantidactylus pliciferus (Boulenger, 1882)
Mantidactylus pseudoasper Guibé, 1974
Mantidactylus pulcher (Boulenger, 1882)
Mantidactylus punctatus Blommers-Schlösser, 1979
Mantidactylus redimitus (Boulenger, 1889)
Mantidactylus spiniferus Blommers-Schlösser & Blanc, 1991
Mantidactylus tornieri (Ahl, 1928)
Mantidactylus ulcerosus (Boettger, 1880)
Mantidactylus webbi (Grandison, 1953)
Mantidactylus wittei Guibé, 1974

Engmaulfrösche (Microhylidae)
Anodonthyla boulengeri Müller, 1892
Anodonthyla montana Angel, 1925
Anodonthyla nigrigularis Glaw & Vences, 1992
Anodonthyla rouxae Guibé, 1974
Cophyla phyllodactyla Boettger, 1880
Dyscophus antongili Grandidier, 1877
Dyscophus guineti (Grandidier, 1875)
Dyscophus insularis Grandidier, 1872
Madecassophryne truebae Guibé, 1974
Platypelis alticola (Guibé, 1974)
Platypelis barbouri Noble, 1940
Platypelis cowani Boulenger, 1882
Platypelis grandis (Boulenger, 1889)
Platypelis milloti Guibé, 1950
Platypelis occultans Glaw & Vences, 1992
Platypelis pollicaris (Boulenger, 1889)
Platypelis tsaratananaensis Guibé, 1974
Platypelis tuberifera (Methuen, 1920)
Plethodontohyla alluaudi (Mocquard, 1901)
Plethodontohyla bipunctata (Guibé, 1974)
Plethodontohyla brevipes Boulenger, 1882
Plethodontohyla coudreaui Angel, 1938
Plethodontohyla guentherpetersi (Guibé, 1974)
Plethodontohyla inguinalis Boulenger, 1882
Plethodontohyla laevipes (Mocquard, 1895)
Plethodontohyla minuta (Guibé, 1975)
Plethodontohyla notosticta (Günther, 1877)
Plethodontohyla ocellata Noble & Parker, 1926
Plethodontohyla serratopalpebrosa (Guibé, 1975)
Plethodontohyla tuberata (Peters, 1883)
Rhombophryne testudo Boulenger, 1880
Scaphiophryne brevis (Boulenger, 1896)
Scaphiophryne calcarata (Mocquard, 1895)
Scaphiophryne gottlebei Busse & Böhme, 1992
Scaphiophryne madagascariensis (Boulenger, 1882)
Scaphiophryne marmorata Boulenger, 1882
Scaphiophryne pustulosa (Angel & Guibé, 1945)
Stumpffia gimmeli Vences & Glaw, 1992
Stumpffia grandis Guibé, 1974
Stumpffia psologlossa Boettger, 1881
Stumpffia pygmaea Vences & Glaw, 1991
Stumpffia roseifemoralis Guibé, 1974
Stumpffia tetradactyla Vences & Glaw, 1991
Stumpffia tridactyla Guibé, 1975

Reptilien
Schildkröten (Testudines)
Meeresschildkröten
Caretta caretta (Linné, 1758)
Chelonia mydas (Linné, 1758)
Dermochelys coriacea (Linné, 1766)
Eretmochelys imbricata (Linné, 1766)
Lepidochelys olivacea (Eschscholtz, 1829)

Landschildkröten
Geochelone radiata (Shaw, 1802)
Geochelone yniphora (Vaillant, 1885)
Kinixys belliana Gray, 1831
Pyxis arachnoides Bell, 1827

Pyxis planicauda (Grandidier, 1867)

Wasserschildkröten
Erymnochelys madagascariensis (Grandidier, 1867)
Pelomedusa subrufa (Lacépède, 1788)
Pelusios castanoides Hewitt, 1931
Pelusios subniger (Lacépède, 1788)

Krokodile (Crocodylia)
Crocodylus niloticus Laurenti, 1768

Chamäleons (Chamaeleonidae)

Erdchamäleons (Brookesinae)
Brookesia antoetrae Brygoo & Domergue, 1971
Brookesia betschi Brygoo, Blanc & Domergue, 1974
Brookesia bonsi Ramanantsoa, 1979
Brookesia decaryi Angel, 1938
Brookesia dendata Mocquard, 1900
Brookesia ebenaui (Boettger, 1880)
Brookesia griveaudi Brygoo, Blanc & Domergue, 1974
Brookesia karchei Brygoo, Blanc & Domergue, 1970
Brookesia lambertoni Brygoo & Domergue, 1970
Brookesia legendrei Ramanantsoa, 1980
Brookesia minima Boettger, 1893
Brookesia nasus Boulenger, 1887
Brookesia perarmata (Angel, 1933)
Brookesia peyrierasi Brygoo, Blanc & Domergue, 1975
Brookesia ramanantsoai Brygoo, Blanc & Domergue, 1975
Brookesia stumpffi Boettger, 1879
Brookesia superciliaris (Kuhl, 1820)
Brookesia therezieni Brygoo & Domergue, 1970
Brookesia thieli Brygoo & Domergue, 1969
Brookesia tuberculata Mocquard, 1894
Brookesia valeriae Raxworthy, 1991
Brookesia vandoni Brygoo & Domergue, 1968

Echte Chamäleons (Chamaeleoninae)
Calumma boettgeri (Boulenger, 1888)
Calumma brevicornis (Günther, 1879)
Calumma capuroni (Brygoo, Blanc & Domergue, 1972)
Calumma cucullata (Gray, 1831)
Calumma fallax (Mocquard, 1900)
Calumma furcifer (Vaillant & Grandidier 1880)
Calumma gallus (Günther, 1877)
Calumma gastrotaenia (Boulenger, 1888)
Calumma globifer (Günther, 1879)
Calumma guibei (Hillenius, 1959)
Calumma hilleniusi Brygoo, Blanc & Domergue, 1973
Calumma linota (Müller, 1924)
Calumma malthe (Günther, 1879)
Calumma nasuta (Duméril & Bibron, 1836)
Calumma oshaughnessyi (Günther, 1881)
Calumma parsonii (Cuvier 1824)
Calumma peyrierasi (Brygoo, Blanc & Domergue, 1974)
Calumma tsaratananaensis (Brygoo & Domergue, 1968)
Furcifer angeli (Brygoo & Domergue, 1968)
Furcifer antimena (Grandidier, 1872)
Furcifer balteatus (Duméril & Bibron, 1851 in C. & A.Duméril, 1851)
Furcifer belalandaensis (Brygoo & Domergue, 1970)
Furcifer bifidus (Brongniart, 1800)
Furcifer campani (Grandidier, 1872)
Furcifer labordi (Grandidier, 1872)
Furcifer lateralis (Gray, 1831)
Furcifer minor (Günther, 1879)
Furcifer monoceras (Boettger, 1931)
Furcifer oustaleti (Mocquard, 1894)
Furcifer pardalis (Cuvier, 1829)
Furcifer petteri (Brygoo & Domergue, 1966)
Furcifer rhinoceratus (Gray, 1943)
Furcifer tuzetae (Brygoo, Bourgat & Domergue, 1972)
Furcifer verrucosus (Cuvier, 1829)
Furcifer willsii (Günther, 1890)

Leguane (Iguanidae)
Chalarodon madagascariensis Peters, 1854
Oplurus cuvieri (Gray, 1831)
Oplurus cyclurus (Merrem, 1820)
Oplurus fierinensis Grandidier, 1869
Oplurus grandidieri Mocquard, 1900
Oplurus quadrimaculatus C. & A. Duméril, 1851
Oplurus saxicola Grandidier, 1869

Schildechsen (Gerrhosaurinae)
Tracheloptychus madagascariensis Peters, 1854
Tracheloptychus petersi Grandidier, 1869

Zonosaurus aeneus (Grandidier, 1872)
Zonosaurus boettgeri Steindachner, 1891
Zonosaurus brygooi Lang & Böhme, 1989
Zonosaurus haraldmeieri Brygoo & Böhme, 1985
Zonosaurus karsteni (Grandidier, 1869)
Zonosaurus laticaudatus (Grandidier, 1869)
Zonosaurus madagascariensis (Gray, 1831)
Zonosaurus maximus Boulenger, 1896
Zonosaurus ornatus (Gray, 1831)
Zonosaurus quadrilineatus (Grandidier, 1867)
Zonosaurus rufipes (Boettger, 1881)
Zonosaurus subunicolor (Boettger, 1881)
Zonosaurus trilineatus Angel, 1939

Geckos (Gekkonidae)

Taggeckos
Lygodactylus arnoulti Pasteur, 1964
Lygodactylus blanci Pasteur, 1967
Lygodactylus cowani (Boulenger, 1883)
Lygodactylus decaryi Angel, 1930
Lygodactylus exspectatus Pasteur & Blanc, 1967
Lygodactylus guibei Pasteur, 1964
Lygodactylus heterurus Boettger, 1913
Lygodactylus klemmeri Pasteur, 1964
Lygodactylus madagascariensis (Boettger, 1881)
Lygodactylus miops Günther, 1891
Lygodactylus montanus Pasteur, 1964
Lygodactylus ornatus Pasteur, 1964
Lygodactylus pauliani Pasteur & Blanc, 1991
Lygodactylus rarus Pasteur & Blanc, 1991
Lygodactylus robustus Boettger, 1913
Lygodactylus septemtuberculatus Angel, 1942
Lygodactylus spinulifer (Boettger, 1913)
Lygodactylus tolampyae (Grandidier, 1872)
Lygodactylus tuberifer Boettger, 1913
Lygodactylus tuberosus Mertens, 1965
Lygodactylus verticillatus Mocquard, 1895
Microscalabotes bivittis (Peters, 1883)
Millotisaurus mirabilis Pasteur, 1962
Phelsuma abotti Steijneger, 1893
Phelsuma barbouri Loveridge, 1942
Phelsuma bimaculata Kaudern, 1922
Phelsuma breviceps Boettger, 1894
Phelsuma dubia (Boettger, 1881)
Phelsuma flavigularis Mertens, 1962
Phelsuma guttata Kaudern, 1922
Phelsuma klemmeri Seipp, 1990
Phelsuma laticauda (Boettger, 1880)
Phelsuma leiogaster Mertens, 1973
Phelsuma lineata Gray, 1842
Phelsuma madagascariensis Gray, 1831
Phelsuma modesta Mertens, 1970
Phelsuma mutabilis (Grandidier, 1869)
Phelsuma pusilla Mertens, 1964
Phelsuma quadriocellata (Peters, 1883)
Phelsuma seippi Meier, 1988
Phelsuma serraticauda Mertens, 1963
Phelsuma standingi Methuen & Hewitt, 1913
Phelsuma trilineata Gray, 1842

Nachtgeckos
Ailuronyx trachygaster (C. & A. Duméril, 1851)
Ebenavia inunguis Boettger, 1878
Geckolepis anomala Mocquard, 1909
Geckolepis maculata Peters, 1880
Geckolepis petiti Angel, 1942
Geckolepis polylepis Boettger, 1893
Geckolepis typica Grandidier, 1867
Gehyra mutilata (Wiegmann, 1835)
Hemidactylus frenatus Duméril & Bibron
Hemidactylus mabouia (Moreau De Jonnés, 1818)
Hemidactylus gardinieri Boulenger, 1909
Homopholis antongilensis Böhme & Meier, 1980)
Homopholis boivini (Duméril, 1856)
Homopholis sakalava (Grandidier, 1867)
Paragehyra petiti Angel, 1929
Paroedura androyensis (Grandidier, 1867)
Paroedura bastardi (Mocquard, 1900)
Paroedura gracilis (Boulenger, 1896)
Paroedura guibeae Dixon & Kroll, 1974
Paroedura homalorhinus (Angel, 1936)
Paroedura oviceps (Boettger, 1881)
Paroedura pictus (Peters, 1854)
Paroedura stumpffi (Boettger, 1878)
Phylodactylus breviceps Mocquard, 1894
Uroplatus alluaudi Mocquard, 1894
Uroplatus ebenaui Boettger, 1879
Uroplatus fimbriatus (Schneider, 1897)
Uroplatus guentheri Mocquard, 1908
Uroplatus henkeli Böhme & Ibisch, 1990
Uroplatus lineatus (Duméril & Bibron, 1836)
Uroplatus phantasticus Boulenger, 1888
Uroplatus sikorae Boettger, 1913

Skinke (Scincidae)
Amphiglossus andranovahensis (Angel, 1933)

Amphiglossus ankodabensis (Angel, 1930)
Amphiglossus ardouini (Mocquard, 1897)
Amphiglossus astrolabi Duméril & Bibron, 1839
Amphiglossus decaryi (Angel, 1930)
Amphiglossus frontoparietalis (Boulenger, 1889)
Amphiglossus gastrostictus (O'Shaugnessy, 1879)
Amphiglossus igneocaudatus (Grandidier, 1872)
Amphiglossus intermedius (Boettger, 1913)
Amphiglossus macrocercus (Günther, 1882)
Amphiglossus melanopleura (Günther, 1877)
Amphiglossus melanurus (Günther, 1877)
Amphiglossus mouroundava (Grandidier, 1872)
Amphiglossus ornaticeps (Boulenger, 1896)
Amphiglossus poecilopus (Barbour & Loveridge, 1928)
Amphiglossus polleni (Grandidier, 1869)
Amphiglossus reticulatus (Kaudern, 1922)
Amphiglossus splendidus (Grandidier, 1872)
Amphiglossus stumpffi (Boettger, 1882)
Amphiglossus tsaratanensis (Brygoo, 1981)
Amphiglossus waterloti (Angel, 1930)
Androngo alluaudi (Brygoo, 1981)
Androngo crenni (Mocquard, 1906)
Androngo elongatus (Angel, 1933)
Androngo trivittatus (Boulenger, 1896)
Cryptoblepharus boutonii (Desjardins, 1831)
Cryptoscincus minimus Mocquard, 1906
Mabuya aureopunctatus (Grandidier, 1867)
Mabuya betsileana Mocquard, 1906
Mabuya boettgeri Boulenger, 1887
Mabuya elegans (Peters, 1854)
Mabuya gravenhorstii (Duméril & Bibron, 1839)
Mabuya madagascariensis Mocquard, 1908
Paracontias brocchii Mocquard, 1894
Paracontias hildebrandti (Peters, 1880)
Paracontias homomelas (Günther, 1877)
Paracontias milloti Angel, 1949
Paracontias rothschildi Mocquard, 1905
Pseudoacontias madagascariensis Bocage, 1869
Pygomeles braconnieri Grandidier, 1867
Pygomeles petteri Pasteur & Paulian, 1962
Voeltzkowia fierinensis (Grandidier, 1869)
Voeltzkowia lineata (Mocquard, 1901)
Voeltzkowia mira Boettger, 1893
Voeltzkowia petiti (Angel, 1924)
Voeltzkowia rubrocaudata (Grandidier, 1869)

Schlangen (Serpents)
Boas (Boidae)
Acrantophis dumerili Jan, 1860
Acrantophis madagascariensis (Duméril & Bibron, 1844)
Sanzinia madagascariensis (Duméril & Bibron, 1844)

Nattern (Colubridae)
Alluaudina bellyi Mocquard, 1894
Alluaudina mocquardi Angel, 1939
Compsophis albiventris Mocquard, 1898
Dromicodryas bernieri (Duméril, Bibron & Duméril, 1854)
Dromicodryas quadrilineatus (Duméril, Bibron & Duméril, 1854)
Geodipsas boulengeri (Peracca, 1892)
Geodipsas heimi Angel, 1936
Geodipsas vinckei Domergue, 1988
Heterolidon torquatus Boettger, 1913
Ithycyphus blanci Domergue, 1988
Ithycyphus goudoti (Schlegel, 1837)
Ithycyphus miniatus (Schlegel, 1837)
Ithycyphus oursi Domergue, 1986
Ithycyphus perinerti Domergue, 1986
Langaha alluaudi Mocquard, 1901
Langaha nasuta Shaw, 1790
Langaha pseudoalluaudi Domergue, 1988
Leioheterodon geayi Mocquard, 1905
Leioheterodon madagascariensis (Duméril, Bibron & Duméril, 1854)
Leioheterodon modestus (Günther, 1863)
Liophidium apperti Domergue, 1984
Liophidium chabaudi Domergue, 1984
Liophidium rhodogaster (Schlegel, 1837)
Liophidium therezieni Domergue, 1984
Liophidium torquatus (Boulenger, 1888)
Liophidium trilineatum Boulenger, 1896
Liophidium vaillanti (Mocquard, 1901)
Liophidophis grandidieri Mocquard, 1904
Liophidophis lateralis (Duméril, Bibron & Duméril, 1854)
Liophidophis pinguis Parker, 1925
Liophidophis sexlineatus (Günther, 1882)
Liophidophis stumpffi (Boettger, 1881)
Liophidophis thieli Domergue, 1972
Stenophis arctifasciatus (Duméril, Bibron & Duméril, 1854)
Stenophis betsileanus (Günther, 1880)
Stenophis gaimardi (Schlegel, 1837)
Stenophis guntheri (Boulenger, 1896)
Stenophis inornatus (Boulenger, 1896)

Stenophis variabilis (Boulenger, 1896)
Madagascarophis citrinus (Boettger, 1877)
Madagascarophis colubrinus (Schlegel, 1837)
Madagascarophis meridionalis Domergue, 1987
Madagascarophis ocellatus Domergue, 1987
Micropisthodon ochraceus Mocquard, 1894
Mimophis mahfalensis (Grandidier, 1867)
Pararhadinaea albignaci Domergue, 1984
Pararhadinaea melanogaster Boettger, 1898
Perinetia coulangesi Domergue, 1988
Pseudoxyrhopus ambreensis Mocquard, 1894
Pseudoxyrhopus dubius Mocquard, 1904
Pseudoxyrhopus heterurus (Jan, 1893)
Pseudoxyrhopus imerinae (Günther, 1890)
Pseudoxyrhopus microps Günther, 1881
Pseudoxyrhopus occipitalis Boulenger, 1896
Pseudoxyrhopus tritaeniatus Mocquard, 1894

Blindschlangen (Typhlopidae)
Ramphotyphlops braminus (Daudin, 1803)
Typhlops arenarius (Grandidier, 1872)
Typhlops decorsei Mocquard, 1901
Typhlops domerguei Roux Esteve, 1980
Typhlops grandidieri Mocquard, 1905
Typhlops madagascariensis Boettger, 1877
Typhlops microcephalus Oerner, 1909
Typhlops mucronatus Boettger, 1880
Typhlops ocularis Parker, 1927
Typhlops reuteri Boettger, 1881

Seeschlangen (Hydrophiidae)
Enhydrina schistosa (Daudin, 1803)
Pelamis platurus (Linné, 1765)

Komoren

Reptilien
Schildkröten (Testudines)

Meeresschildkröten
Chelonia mydas (Linné, 1758)

Chamäleons (Chamaeleonidae)
Echte Chamäleons
Furcifer cephalolepis Günther, 1880
Furcifer polleni Peters, 1873

Leguane (Iguanidae)
Oplurus cuvieri (Gray, 1831)

Geckos (Gekkonidae)
Taggeckos
Phelsuma comorensis Boettger, 1913
Phelsuma dubia (Boettger, 1881)
Phelsuma laticauda (Boettger, 1880)
Phelsuma nigristriata Meier, 1980
Phelsuma robertmertensi Meier, 1980
Phelsuma v-nigra Boettger, 1913

Nachtgeckos
Ebenavia inunguis (Boettger, 1878)
Geckolepis maculata Peters, 1880
Gehyra mutilata (Wiegmann, 1835)
Hemidactylus frenatus Duméril & Bibron, 1837
Hemidactylus mabouia (Moreau de Jonnés, 1818)
Paroedura sancti-johannis (Günther, 1879)

Skinke (Scincidae)
Crytoblepharus boutonii (Dejardins, 1831)
Mabuya comorensis (Peters, 1854)
Mabuya maculilabris (Gray, 1845)
Mabuya striata (Peters, 1884)
Scelotes johannae (Günther, 1880)

Schlangen (Serpentes)
Nattern (Colubridae)
Ithycyphum miniatus (Schlegel, 1837)
Liophidium mayottensis (Peters, 1837)
Stenophis gaimardi (Schlegel, 1837)
Stenophis sancti-johannis Günther, 1879
Blindschlangen (Typhlopidae)
Typhlops braminus (Daudin, 1803)

Seychellen und zugehörige Inseln

Amphibien
Blindwühlen (Caeciliidae)
Grandisonia cooperi (Boulenger, 1909)
Grandisonia larvatus (Ahl, 1934)
Grandisonia rostrata Parker, 1941
Grandisonia seychellensis (Cuvier, 1829)
Hypogeophis alternans (Steijneger, 1893)
Hypogeophis angusticeps Parker, 1941
Hypogeophis brevis Parker, 1941

Froschlurche
Ruderfrösche (Rhacophoridae)
Megalixalus seychellensis (Tschudi, 1838)
Echte Frösche (Ranidae)
Nesomantis thomasseti Boulenger, 1908
Ptychadena madagascariensis (Duméril & Bibron, 1841)
Sooglossus gardineri (Boulenger, 1911)
Sooglossus seychellensis (Boettger, 1896)

Reptilien
Schildkröten (Testudines)
Meeresschildkröten
Chelonia mydas (Linné, 1758)
Eretmochelys imbricata (Linné, 1766)
Lepidochelys olivacea (Eschscholtz, 1829)
Landschildkröten
Geochelone gigantea (Schweigger, 1812)
Wasserschildkröten
Pelusios subniger (Lacépède, 1788)
Chamäleons (Chamaeleonidae)
Echte Chamäleons
Calumma tigris (Kuhl, 1820)
Schildechsen (Gerrhosaurinae)
Zonosaurus madagascariensis
Geckos (Gekkonidae)
Taggeckos
Phelsuma abotti Steijneger, 1893
Phelsuma astriata Tornier, 1901
Phelsuma laticauda (Boettger, 1880)
Phelsuma longinsulae Rendahl, 1939
Phelsuma sundbergi Rendahl, 1939
Nachtgeckos
Ailuronyx seychellensis (Duméril & Bibron, 1836)
Gehyra mutilata (Wiegmann, 1835)
Hemidactylus gardinerii Duméril & Bibron, 1835
Hemidactylus frenatus Duméril & Bibron, 1837
Hemidactylus mabouia (Moreau de Jonnés, 1818)
Lepidodactylus lugubris (Duméril & Bibron, 1836)
Urocotoledon inexpectatus (Steijneger, 1893)
Skinke (Scincidae)
Crytoblepharus boutonii (Dejardins, 1831)
Mabuya sechellensis (Duméril & Bibron, 1836)
Mabuya wrightii Boulenger, 1887
Scelotes braüeri Boettger, 1896
Scelotes valhallae (Mertens, 1934)
Scelotes veseyfitzgeraldi Parker, 1948
Schlangen (Serpentes)
Nattern (Colubridae)
Boaedon geometricus (Schlegel, 1837)
Lycognathophis seychellensis (Schlegel, 1837)
Lycodon aulicus Fitzinger, 1826
Blindschlangen (Typhlopidae)
Typhlops braminus (Daudin, 1803)

Maskarenen und zugehörige Inseln

Amphibien
Froschlurche
Echte Frösche (Ranidae)
Ptychadena madagascariensis (Duméril & Bibron, 1841)
Kröten (Bufonidae)
Bufo regularis Reuß 1833

Reptilien
Schildkröten (Testudines)
Meeresschildkröten
Chelonia mydas (Linné, 1758)
Wasserschildkröten
Pelusios subniger (Lacépède, 1788)
Chamäleons (Chamaeleonidae)
Echte Chamäleons
Furcifer pardalis (Cuvier, 1829)
Agamen (Agamidae)
Calotes versicolor (Daudin, 1802)
Geckos (Gekkonidae)
Taggeckos
Phelsuma borbonica Mertens, 1966
Phelsuma cepediana Merrem, 1817
Phelsuma edwardnewtoni (Boulenger, 1884)
Phelsuma gigas (Liénard, 1842)
Phelsuma guentheri Boulenger, 1885
Phelsuma guimbeaui Mertens 1963
Phelsuma ornata Gray, 1825
Nachtgeckos
Ebenavia inunguis Boettger, 1878
Gehyra mutilata (Wiegmann, 1835)
Gymnodactylus serpeninsula Loveridge, 1951
Hemidactylus gardinerii Duméril & Bibron, 1835

Hemidactylus frenatus Duméril & Bibron, 1837
Hemiphyllodactylus typus Bleeker, 1860
Lepidodactylus lugubris (Duméril & Bibron, 1836)
Skinke (Scincidae)
Crytoblepharus boutonii (Desjardins, 1831)
Didosaurus mauritianus Günther, 1877
Leiolopisma telfairii (Desjardins, 1831)
Thyrus bojeri (Desjardins, 1831)

Schlangen (Serpentes)
Boas (Boidae)
Acrantophis dumerili Jan, 1860
Bolyeria multicarinata (Boié, 1827)
Casarea dussumieri (Schlegel, 1837)
Nattern (Colubridae)
Liophidium vaillanti (Mocquard, 1901)
Lycoden aulicus (Linné, 1758)
Blindschlangen (Typhlopidae)
Typhlops braminus (Daudin, 1803)
Typhlops carieri Hoffstetter, 1946

Bildquellen

W. Böhme, Bonn: Seite 46, 47, 147, 254, 258, 261, 262.
A. Breuer, Ness: Seite 259.
K. Busse, Bonn: Seite 78.
F. Glaw, Köln: Seite 33, 34, 35, 37, 43, 53, 62, 65, 73, 76, 81, 83, 85, 111, 159, 255, 256, 260, 273, 279, 286, 289.
G. Hallmann, Dortmund: Seite 99, 293.
S. Henning, Selm: Seite 39, 48, 64, 71, 74, 84, 94, 116, 131, 178, 274.
E. van Heygen, Mechelen: Seite 192, 209.
F. Le Berre, Paris: Seite 110, 113, 114, 127, 290.
R. Leptien, Alveslohe: Seite 139.
M. Maronde, Berlin: Seite 89.
H. Meier, Hamburg: Seite 291.
R. Seipp, Frankfurt: Seite 284.
R. Stockey, Hagen: Seite 44.
G. Trautmann, Kiel: Seite 211.
D. Vogel, Frankfurt: Seite 92.

Alle übrigen Aufnahmen stammen von den Autoren.

Die Zeichnungen fertigte Michael Knöthig.

Literaturverzeichnis

Angel, F. (1942): Les Lezards de Madagascar. – Mem. Academie Malgache 36: 139 S.

Bauer, A.M. & A.P. Russell (1989): A systematic review of the genus Uroplatus (Reptilia: Gekkonidae) with comments on its biology. – J. Nat. Hist. 23: 169–203

Blanc, C.P. (1972): Les reptiles de Madagascar et des öles voisines. – In: Battistini & Richard-vinslard (Hrsg.): Biogeography and ecology of Madagascar. Dr. W. Junk B. V., The Hague 501–614

– (1977): Reptiles sauriens Iguanidae. – Faune de Madagascar 45: 1–195

Blanc, F. & C.P. Blanc (1971): Elevage de Chamaeleo lateralis. – C.R. Soc. Herp. France 1: 30–34

Blommers-Schlösser, R.M. A. (1978): Cytotaxonomy of the Ranidae, Rhacophoridae, Hyperoliidae (Anura) from Madagascar with a note on the karyotype of two amphibians of the Seychelles. – Genetica 48(1): 23–40

Blommers-Schlösser, R.M. A. & C.P. Blanc (1991): Amphibiens. – Faune de Madagascar 75(1): 1–379

Böhme, W. (1974): Ein seltenes Zwergchamäleon aus Madagaskar. – Salamandra 17(1/2): 80–82

– & P. Ibisch (1990): Studien an Uroplatus. I. Der Uroplatus-fimbriatus-Komplex. – Salamandra 26(4): 246–259

– & H. Meier (1979): Revision der madagassischen Homopholis (Blaesodactylus)-Arten. – Senckenbergiana biol. 60(5/6): 305–315

– (1981): Eine neue Form der madagascariensis-Gruppe der Gattung Phelsuma von den Seychellen. – Salamandra 17(1/2): 12–19

Börner, A.-R. (1972): Revision der Geckonidengattung Phelsuma Gray, 1825. – published by the autor

Boettger, O. (1877a): Die Reptilien und Amphibien von Madagaskar. – Abhandl. Senckenb. naturf. Ges. 11: 1–56

– (1877b): Die Reptilien und Amphibien von Madagaskar. Erster Nachtrag. – Abhandl. Senckenb. naturf. Ges. 11: 269–282

– (1879): Die Reptilien und Amphibien von Madagaskar. Zweiter Nachtrag. – Abhandl. Senckenb. naturf. Ges. 11: 457–497

– (1880): Diagnoses Reptilium et Batrachiorum novorum a Carolo Ebenau in Insula Nossi-Bé Madagascariensi lectorum. – Zool. Anz. 3: 279–283

– (1913): Reptilien und Amphibien von Madagascar, den Inseln und dem Festland Ostafrika. in : Voeltzkow, Reise in Ostafrika 3(4): 1–269

Bourgat, R.M. (1970): Recherches écologiques et biologiques sur le Chamaeleo pardalis de Lde la Réunion et de Madagaskar. – Bull. Soc. zool. Fr. 95: 259–269

Brygoo, E.R. (1971): Reptiles Sauriens Chamaeleonidae – Genre Chamaeleo. – Faune des Madagascar 33: 1–318

– (1978: Reptiles Sauriens Chamaeleonidae – Genre Brookesia et complément pour le genre Chamaeleo. – Faune de Madagascar 47: 1–173

– (1981): Systématique des Lézards Scincidés de la région malgache. VIII. Les Mabuya des Iles de l'ocean Indien occidental: Comores, Europa, Séchelles. – Bull. Mus. natn. Hist. nat., Paris, ser. 4, 3: 911–930

– (1983): Systématique des Lézards Scincidés de la région malgache. XI. Les Mabuya de Madagascar. – Bull. Mus. natn. Hist. nat., Paris, ser. 4, 5: 1079–1108

– (1984a): Systématique des Lézards Scincidés de la région malgache. XIII. Les Amphiblossus du sous-genre Madascincus. – Bull. Mus. natn. Hist. nat., Paris, ser. 4, 6: 527–536

– (1984b): Systématique des Lézards Scincidés de la région malgache. SIV. Le genre Pyogomeles A. Grandidier, 1867. – Bull. Mus. natn. Hist. nat., Paris, ser. 4, 6: 769–777

– (1984c): Systématique des Lézards Scincidés de la région malgache. XV. Gongylus igneocaudatus A. Grandidier, 1867, et Scelotes intermedius Boettger, 1913. Les Amphiglossus du groupe ornaticeps. – Bull. Mus. natn. Hist. nat., Paris, ser. 4, 6: 779–789

- (1984d): Systématique des Lézards Scincidés de la région malgache. XVI. Les Amphiglossus du groupe ornaticeps. - Bull. Mus. natn. Hist. nat., Paris, ser. 4, 6: 1153-1160
- (1985): Les Gerrhosaurinae de Madagascar, Sauria (Cordylidae). - Memoires Mus. Nat. Hist. nat. ser. A 134: 1-65
- (1987): Systématique des Lézards Scincidés de la région malgache. XIX. Données nouvelles sur le genre Androngo. - Bull. Mus. natn. Hist. nat., Paris, ser. 4, 9: 255-263
- & W. Böhme (1985): Un Zonosaurus nouveau de la région d'Antseranana (=Diégo Suarez, Madagascar). - Rev. fr. Aquariol. 12(1): 31-32

Busse, K. (1981): Revision der Farbmuster-Variabilität in der madagassischen Gattung Mantella (Salientia: Ranidae). - Amphibia-Reptilia 2: 23-42

Cheke, A. S. (1984): Lizards of the Seychelles. - In: Stoddart, Biogeography and ecology of the Seychelles Islands. Dr. W. Junk, The Hague 331-360

Dixon, J.R. & J.C. Croll (1974): Resurrection of the Generic Name Paroedura for the Phyllodactyline Geckos of Madagascar, and Description of a New Species. - Copeia 1974 (1): 24-30

Ernst C. H. & R. W. Barbour (1989): Turtles of the World. - Smithsonian Inst. Press 313 S.

Glaw. F. & B. Thiesmeier (1993): Bioakustische Differenzierung in der Boophis luteus-Gruppe, mit Beschreibung einer neuen Art und einer neuen Unterart. - Salamandra 28(3/4): 258-269

Glaw, F. & M. Vences (1991): Ein neuer Heterixalus aus Madagaskar (Amphibia, Anura, Hyperoliidae). - Acta biologica Benrodis 3: 197-201
- (1992a): Zur Kenntnis der Gattungen Boophis, Aglyptodactylus und Mantidactylus (Amphibia: Anura) aus Madagaskar, mit Beschreibung einer neuen Art. - Bonner zool. Beitr. 43(1): 45-77
- (1992b): A Fieldguide to the Amphibians and Reptiles of Madagascar. - M. Vences & F. Glaw Verlags GbR, Köln: 331 S.

Guibé, J. (1958): Les serpents de Madagascar. - Men. Ins. Scie. de Madagascar 12: 189-260

Guibé, J. (1978): Les Batraciens de Madagascar. - Bonn. Zool. Monographien 11: 1-140

Hallmann, G. (1991): Die bisher bekannten und beschriebenen Taggecko-Arten und -Unterarten der Geckonidengattung Phelsuma Gray, 1825 (mit Verbreitungskarten). - published by the autor, 4 S.
- , G.E. Hoffmann, J. Krüger, P. Schlagböhmer & G. Trautmann (1990): Herpetologische Beobachtungen im Naturschutzgebiet „du Tsingy de Bemaraha". - 4 p., unpubl. script. DGHT-congress 1990

Henkel, F.-W. & W. Schmidt (1991): Geckos - Biologie, Haltung und Zucht. - Ulmer-Verlag, Stuttgart, 224 S.
- & R. Zobel (1987): Zur Kenntnis des Bronzegeckos Ailuronyx seychellensis (Duméril & Bibron, 1836). - herpetofauna 9(51): 12-14
- & S. Heinecke (1993): Chamäleons im Terrarium. - Landbuch Verlag Hannover 158 S.

Honegger R. E. (1967): Beobachtungen an der Herpetofauna der Seychellen. - Salamandra 2(1/2): 21-36

Klaver, C. & W. Böhme (1986): Phylogeny und classification of the Chamaeleonidae (Sauria) with special reference to hemipenis morphology. - Bonner Zoologische Monographien 22: 1-64

Kluge A. G. (1967): Higher taxonomic categories of gekkonid lizards and their evolution. - Bull. Amer. Mus. 135(1): 1-59

Kreutz, R. (1989): Zur Kenntnis einiger Nattern aus Madagaskar. - Herpetofauna 11(61): 25-34

Krüger J. (1993): Morphologische und biochemische Untersuchungen zur Systematik und Evolution einiger Taxa der Gattung Phelsuma (Reptilia: Gekkonidae). - Diplomarbeit, Kiel 115 S.

Krüger J. (1993): Beschreibung einer neuen Unterart von Phelsuma quadriocellata aus dem Nord-Osten Madagaskars. - Salamandra 29(2): 133-139

Kuchling, G. (1989a): Ökologie, Lebensweise und Überlebenschancen der Landschildkröten Madagaskars. - Salamandra 25(3/4): 169-190

Lanting F. (1987): Madagaskar. - Natur 9(87): 35-42
- (1991): Aus der Zeit gefallen Madagaskar. - Zweitausendeins 144 S.

Leptien, R. (1988): Haltung und Nachzucht von Furcifer polleni. - Salamandra 24(2/3): 81-86

Loveridge, A. (1957): Check list of the Reptiles and Amphibians of East Africa. - Bull. Mus. Zool., Cambridge: 153-360

Meier, H. (1981): Zur Ökologie, Ethologie und Taxonomie einiger Arten der Gattung Oplurus auf Madagaskar. - Salamandra 17(1/2): 43-54

Meier, H. (1983): Neue Erkenntnisse über Phelsuma lineata pusilla, Phelsuma bimaculata und Phelsuma qu. quadriocellata. - Salamandra 19 (3): 108-122

Meier, H. (1984): Zwei neue Formen der Gattung Phelsuma von den Komoren. - Salamandra 20 (1): 32-38

- (1988): Zur Ökologie, Ethologie und Taxonomie einiger Schildechsen der Gattungen Tracheloptychus und Zonosaurus auf Madagaskar. - Herpetofauna 10(57): 22-26 (Teil 1)

- (1988): Zur Ökologie, Ethologie und Taxonomie einiger Schildechsen der Gattungen Tracheloptychus und Zonosaurus auf Madagaskar. - Herpetofauna 11(58): 14-23 (Teil 2)

Meier, H. (1993): Neues über einige Taxa der Gattung Phelsuma auf Madagaskar, mit Beschreibung zweier neuer Formen. - Salamandra 29(2): 119-132

Meirte, D. (1992): Occurrence of Oplurus cuvieri (Reptilia, Iguanidae) on Grand Comoro, Indian Ocean. - Brit. Heropeto. Soc. 39: 3-4

Mertens, R. (1964): Studien über die Reptilienfauna Madagaskars. V. Fünf neue Rassen der Gattung Phelsuma. - Senck. biol. 45(2): 99-112

Mertens, R. (1966): Liste der rezenten Amphibien und Reptilien. Chamäleonidae. Das Tierreich, Lieferung 83: 1-37

- (1972): Madagaskars Herpetofauna und die Kontinentaldriftung (Studien über die Reptilienfauna Madagaskars VI). - Zoologische Mededelingen 46(7): 91-98

Oberle, P. (ed.) (1981): Madagascar - Une sanctuaire de la nature. - Antananarivo, 118 S.

Obst, F. J., K. Richter & U. Jacob (1974): Lexikon der Terraristik und Herpetologie. - Landbuchverlag, Hannover 466 S.

Parker, H. W. (1958): Caecilians of the Seychelles Islands with discription of a New Subspecies. - Copeia 2: 71-76

Pasteur, G. (1959): Premières observations sur les Reptiles rapportés du Tsiafajavona par le Professeur Millot. - Mem. Inst. scient. Madagascar, A, 13: 22 S.

- (1965): Recherches sur l'evolution des Lygodactyles, lezards afro-malgaches actuels. - Trav. Inst. scient. cherif., Ser. Zool., Rabat, 29: 1-132

- (1967a): Note préliminaire sur les Geckos du genre Lygodactylus rapportés par Charles Blanc du Mont Ibity (Madagascar). - Bull. Mus. natn. Hist. nat., 3: 439-443

- & C.P. Blanc (1991): A parthenogenetic lizard in Madagascar? Description of Lygodactylus pauliani, new species. - Biological Abstracts 93(4) - original publication in Bull. Mus. natn. Hist. nat., 13(1/2): 209-216

Pintak, T. (1987): Zur Kenntnis des Tomatenfrosches Dyscophus antongili (Grandidier 1877). - Salamandra 23(2/3): 106-121

- & W. Böhme (1988): Mantella viridis sp. n. aus Nord-Madagaskar. - Salamandra 24(2/3): 119-124

- (1990): Mantella crocea sp. n. (Anura: Ranidae: Mantellinae) aus dem mittleren Ost-Madagaskar. - Salamandra 26(1): 58-62

Preston-Mafham K. (1991): Madagaskar a natural History. - Oxford 224 S.

Rauh, W. (1989): Madagaskar: Zerstörung einer einzigartigen Vegetation. - Spektrum der Wissenschaft 7(89): 12-14

Ravet J. 1948): Atlas climatologique de Madagascar. - Publ. Serv. Méteorologique Madagascar 95 S.

Raxworthy, C.J. (1991): Field observations on some dwarf chamaeleons (Brookesia spp.) from rainforest areas of Madagascar, with the description of a new species. - J. Zool. London 224(1): 11-25

Schmidt, W. (1985): Chamaeleo lateralis Gray. - Amph. Rept. Kartei (Suppl. to Sauria): 25-26

- (1986a): Über Haltung und Zucht von Chamaeleo lateralis (Gray, 1831). - Salamandra 22(2/3): 105-112

- (1986b): Brookesia stumpffi Boettger. - Amph. Rept. Kartei (Beilage zur Sauria): 41-42

- (1987): Bemerkungen über das Panthechamäleon. - Herpetofauna 9(47): 21-24

- (1988a): Furcifer pardalis (Cuvier). - Amph. Rept. Kartei (Beilage zur Sauria): 101-104

- (1988b): Zeitigungsversuche mit Eiern des madagassischen Chamäleon Furcifer lateralis (Gray 1831). - Salamandra 24(2/3): 182-183

- (1990): Anmerkungen zur Pflege von Chamäleons. - DATZ 43: 268-272
- (1992a): Neu- und wiederentdeckt - Reptilien und Amphibien von Madagaskar. - DATZ 45(5): 280
- (1992b): Über die erstmalig gelungene Nachzucht von Furcifer campani (Grandidier 1872), sowie eine Zusammenstellung einiger Eizeitigungsdaten von verschiedenen Chamäleon-Arten in Tabellenform. - Sauria 14(3): 21-23
- (1993a): Freiland- und Haltungsbeobachtungen an der Chamäleon-Art Calumma parsonii. - Salamandra 27(4): 195-201
- (1993b): Minisaurier aus dem Regenwald (Brookesia). - 1(3): 62-69
- & F.W. Henkel (1994): Leguane. - Ulmer Verlag in Vorbereitung
- , F.W. Henkel & W. Böhme (1989): Zur Haltung und Fortpflanzungsbiologie von Brookesia stumpffi Boettger 1894. - Salamandra 25(1): 14-20

Schmidt, W. & H. Simon (1988a): Brookesia minima Boettger. - Amph.-Rept.-Kartei (Beilage zur Sauria): 121-124
- (1988b): Die kleinste bekannte Chamäleonart der Welt: Brookesia minima. - DATZ 41(5): 90

Schmidt, W. & K. Tamm (1988): Furcifer pardalis. - Beilage zur Sauria, Amph./Rept.-Kartei: 101-104

Schmidt, W., K. Tamm & E. Wallikewitz (1989): Chamäleons - Drachen unserer Zeit. - Heselhaus & Schmidt Verlag, Münster, 112 S.

Sick, W.-D. (1979): Madagaskar. - Wissenschaftliche Buchgesellschaft Darmstadt 321 S.

Schröder, E. (1987): Beobachtungen an 16 Nachzuchtgenerationen des madagassischen Geckos Paroedura pictus (Peters, 1854). - Salamandra 23(4): 236-240

Tamm, K., V. Müller & W. Schmidt (1988): Haltung und Zucht von Furcifer cephalolepis. - Herpetofauna 10(57): 11-14

Tattersall, I. (1993): Die Lemuren Madagaskars. - Spektrum der Wissenschaften 3(93): 58-65

Trutnau, L. (1979): Schlangen 1. - Ulmer-Verlag, Stuttgart, 200 S.

Vences M. & F. Glaw (1991): Revision der Gattung Stumpffia Boettger 1881 aus Madagaskar, mit Beschreibung von zwei neuen Arten. - Acta biologica benrodis 3: 203-219

Vinson, J.M. (1975): Notes on the reptiles of Round Island. - M. Inst. Bull. 8(1): 49-67
- (1976): The saurian fauna of the Mascarene Islands II. The distribution of Phelsuma species in Mauritius. - M. Inst. Bull. 8(2): 178-195

Vinson, J. & J.M. Vinson (1976): The saurian fauna of the Mascarene Islands. - Mauritius Inst. Bull. 6: 203-320

Wermuth H. (1953): Systematik der rezenten Krokodile. - Mitteilung aus dem Zool. Mus. Berlin 29(2): 373-514
- (1965): Liste der rezenten Amphibien und Reptilien: Gekkonidae, Pygopodidae, Xantusiidae. - Das Tiereich, Berlin 80: 1-246
- (1967): Liste der rezenten Amphibien und Reptilien: Agamidae. - Das Tierreich, Berlin, 86: 1-127

Zobel, R. (1988): Eine herpetologische Expedition durch Madagaskar. Teil 1. - DATZ 41(6): 172-175
- (1988): Eine herpetologische Expedition durch Madagaskar. Teil 2. - DATZ 41(7): 236-239

Register

Acrantophis 10, 20, 268
- dumerilii 268, 269
- madagascariensis 268, 270, 293
Actias cometes 19
Adhäsion 163
Adopa 30
Affenbrotbaum 14
Agamen 143, 301
Agamidae 143
Agamiden 9
Aglyptodactylus 31
- madagascariensis 32
Agrarische Nutzung 14
Ailuronyx 23, 163
- seychellensis 164
Akazien 14
Aktivitätsperiode 13
Aldabra-Atoll 23
Amphibien 295
Amphiglossus 253
- ardouni 254
- astrolabi 255
- melanopleura 256
- ornaticeps 257
- polleni 258
Amphisbaeniden 9
Amplexus 40
Andasibe 33, 37, 39, 292
Androngo 253
- trivittatus trivittatus 260
Anivorano 20
Ankafana 35
Ankaratra 16
Anodonthyla 31
- boulengeri 69
Antananarivo 40, 292, 293
Antsalova 32
Antsiranana 293
Archaeoindri 20
Ardeosauridae 163
Artenreichtum 20
Aufforsten 14
Autorisation d'Accès 292
Autotomieverhalten 163
Aye Aye 20
Badeurlaub 293
Bambus 23
Baobabs 14
Baum der Reisenden 114
Baumfarn 14, 24
Baumriesen 14
Baumsavanne 14
Bavarisauridae 163
Berenty Naturpark 294
Bergreis 14
Bergwälder 20
Besuchererlaubnis 292
Beweidung 14
Biotopzerstörung 87
Blattnasennatter 294
Blindschlange 300, 301, 302
Blindwühlen 23, 30, 300
BNA 186
Boa 10, 20, 299, 302
Bodenfröste 12
Boiginae 268
Boophis 31
- albipunctatus 33
- jaegeri 34
- luteus 35
- madagascariensis 36
- rappiodes 37
- tephraemdystax 38
- viridis 39
Brände 16
Brandrodung 16, 17, 87
Brookesia 97, 293, 294, 297
- bonsi 99
- decaryi 100, 293
- ebenaui 101
- lengendrei 102
- minima 103
- perarmata 104
- peyrierasi 105
- ramanantsoai 106
- stumpffi 107
- superciliaris 108
- thieli 109
- vadoni 110
Brookesinae 97, 297
Bufonidae 86, 301
Bufo regularis 86
Buschhaus 294

Caeciliidae 30
Calotes versicolor 26, 143, 150
Calumma 97, 297
- boettgeri 111
- brevicornis 112
- furcifer 113
- gallus 114
- gastrotaenia 115
- globifer 116
- hilleniusi 117
- malthe 118
- nasuta 119
- oshaugnessyi 120
- parsonii 121
-- cristifer 121
- tigris 123
Casela Bird Park 26
Caudata 30
Chalarodon 143
- madagascariensis 143, 144
Chamaeleonidae 97, 297, 300, 301
Chamaeleoniden 9
Chamaeleoninae 97, 297
Chamai 97
Colubridae 268, 299, 300, 301, 302
Congo Rouge 22, 47
Cophyla 31
- phyllodactyla 70
Cophylinae 31
Corallus 10
Cordylidae 151
Cordyliden 9
Crocodylia 95
Crocodylidae 95
Crocodylus niloticus 95, 96
Crocodylus porosus 95
Cryptoblepharus 253
- boutonii 253, 261
Cryptoscincus 253
Ctenium 16

D'Akanin ny Nofy Naturpark 294
DGHT 186
Dicrophylidae 31
Didieraceen 16
Direction des Eaux et Forêts 292
Dodo 26
Doppeleier 186
Dornensavanne 294
Dornenwald 16, 17
Dromicodryas bernieri 272
Dromicodyras quadrilineatus 273
Dünenlandschaft 294
Dyscophinae 31
Dyscophus 31
- antongili 71
- guineti 72

Ebenavia 163
- inunguis 165
Ebenholz 17
Echsenfamilie 97, 151
Echte Chamäleons 97, 98, 297, 301
Echte Frösche 295, 301
Elapiden 9
Elefantenschildkröte 23
Endemisch 13
Engmaulfrösche 296
Entwicklungsgeschichte 18
Eozän 163
Erdchamäleons 98, 297
Erdwühle 30
Erosion 21
Erymnochelys 87
- madagascariensis 92
Euphorbia 17
Evolution 17

Fangzähne 268
Farbwechsel 97
Farne 16, 21
Flamingo 294
Flaschenbaum 14
Flechten 21
Fledermaus 21
Flora 16
Flughund 19, 21
Fortpflanzungsperiode 12
Fortpflanzungsstrategien 31
Fortpflanzungszeit 31
Fossilien 19, 20
Frégate 23
Froschlurche 23, 295, 301
Frostgrenze 11, 24
Furcifer 97
- antimena 124
- balteatus 126
- belalandaensis 127
- bifidus 128
- campani 129
- cephalolepis 130
- labordi 131
- lateralis 132
- minor 134
- oustaleti 135
- pardalis 26, 136
- petteri 138
- polleni 139
- rhinoceratus 140
- verrucosus 141
- willsii 142

Galapagos 20, 23
Gebirgsflora 19
Gecko 20, 163, 298, 300, 301
Geckolepis 20, 163
- maculata 166
- polylepis 167
- typica 168
Gehyra 163
- mutilata 169
Gelege 23
Geochelone 87
- gigantaea 94
- radiata 88
- yniphora 89
Geodipsas infralineata 274
Gerrhosaurinae 9, 297
Gesichtsfeld 97
Giftschlangen 268
Glattechsen 253
Gondwana 9, 10
Grande Comore 21
Grandisonia 30
Grasfrosch 32
Grassavanne 114
Greifschwanz 97
Greifzangen 97
Gürtelechse 151
Gymnophiona 30

Haftpolster 163
Heidekrautgewächse 14, 17
Hell-Ville 293
Hemidactylus 163
- frenatus 170
- mabouia 171
Herpetofauna 292
Heterixalus 31
- betsileo 40
- boettgeri 41
- madagascariensis 42
- tricolor 43
Hirten 14
Hochland 14
Homopholis 163
- antongilensis 172
- boivini 173
- sakalava 174
Hyperoliidae 31
Hyperoliinae 31
Hypogeophis 30

Iguanidae 143
Inaktive Phase 19
Indri 19
Insekten 19
Isolierung 9
Ithycytus goudoti 275
- perineti 276

Kaulquappen 23
Kinixys 87
Klimazonen 11
Kontinent 10
Kröten 301
Krokodile 20, 23, 95, 297
Küstenvorland 13
Kulturfolger 20, 186
Kultursteppe 14

Lac Ampitabe 294
Lac Tsimanampetsotsan 294
Lacertiden 9
La Digue 22
Lac Sacre 20
Landschildkröten 87, 296
Langaha madagascariensis 277
Langaha nasuta 293
Latimeria chalumnae 21
Laubabwurf 14
Lauerjäger 13, 97
Laurasia 9
Lautäußerungen 31, 163
Leguane 10, 143, 297, 300
Leioheterodon madagascariensis 278
- modestus 279

Leiolopisma 253
- telfairii 259
Lemuren 18, 19, 21, 293, 294, 295
Leon 97
Lepidodactylus 163
- lugubris 175
Leptotyphlopiden 9
Lianen 14
Lichtfülle 16
Liophidium torquatum 280
- rhodogaster 281
Liopholidophis lateralis 282
- thieli 283
Lokobe 34
Loris 18
Loudetia 14
Lycodon aulicius 284
Lygodactylus 20, 163
- heterurus 176
- miops 177

Mabuya 253
- aureopunctata 263
- elegans 264
- gravenhorstii 265
- sechellensis 266
- wrightii 267
Madagascarophis 268
- colubrinius 285
- ocellatus 286
Madagaskarboas 268, 269, 270, 271
Madagaskarriesenschildkröte 20
Madecassophryne 31
Mahé 22, 30
Mantella 31
- aurantiaca 49, 292
- betsileo 50
- crocea 51, 292
- expectata 52
- haraldmeieri 53
- laevigata 54
- madagascariensis 55
- pulchra 56
- viridis 57
Mantella-Frösche 295
Mantellidae 31
Mantelinae 31
Mantidactylus albofrenatus 58
- bicalcaratus 59
- boulengeri 60
- grandidieri 61
- horridus 62
- leucomaculatus 63
- luteus 64
- microtympanum 65
- redimitus 66
- tornieri 67
- ulcerosus 68
Marojezy 36
Mauritius 12
Mausmaki 18
Mayotte 21
Meeresschildkröten 24, 87, 296, 300, 301
Megalixalus 31
- seychellensis 44
Mehlsackbaum 16
Metamorphose 23
Millotisaurus 20, 163
- mirabilis 178
Mimophis mahafalensis 287
Miniatursaria 97
Montagnes des Français 20
Moose 24
Morphologische Anpassungen 97
Mosambik 21
Moskitos 19
Mythologie 97

Nachtgecko 20, 298, 300, 301
Nährstoffe 14
Nationalpark 292, 293, 294
Nattern 268, 299, 300, 301, 302
Naturschutzgebiete 292
Nebelwald 24, 293
Nesomantis thomasseti 23, 46
Niederschläge 11
Nordspitze 13
Nosy Bé 9, 34, 38, 43, 292
Nosy Boraha 9

Opisthoglyphen 268
Oplurinae 10
Oplurus 143
- cuvieri 145
- cyclurus 146
- fierinensis 147
- grandidieri 148
- quadrimaculatus 149
Opuntien 17
Orchideen 14, 23, 24, 292
Östliche Region 11
Ostküste 11, 32
Paarungszeit 30, 186
Palisander 14
Pamelascincus 253
Pangaea 9
Papagei 19
Paracontias 253
Paradoxophyla 31
- palmata 73
Paragehyra 163
Parc National de la Montagne D'Ambre 293
Parc National de l'Isalo 293
Parks 292, 293, 294
Parkverwaltung 292
Paroedura 20, 163, 294
- androyensis 179, 294
- bastardi 180, 294
- gracilis 181
- homalorhinus 182
- oviceps 183
- pictus 184, 294
- stumpffi 185
Pelanis platurus 268
Pelomedusa 87
- subrufa 93
Pelomedusidae 87
Pelusios 87
- subniger 23
Pflanzenfamilie 13
Pflanzenformation 19
Pflanzengemeinschaft 14
Phelsuma 20, 163, 186, 292
- abotti abotti 189
-- sumtio 190
- andamanensis 191
- astriata astriata 192
-- semicarinata 193
- barbouri 16, 194
- borbonica agalegae 197
-- borbonica 195
- breviceps 198
- cepediana 199
- comorensis 200
- dubia 201
- edwardnewtoni 28
- flavigularis 202, 292
- gigas 28
- guentheri 26, 186, 203
- guimbeaui guimbeaui 204
-- rosagularis 205
- guttata 206
- klemmeri 207
- laticauda angularis 209

Phelsuma
-- laticauda 208
- leiogaster isakae 211
-- leiogaster 210
-- trautmanni 212
- lineata bifasciata 214
-- dorsivittata 215
-- lineata 213
- longinsulae pulchra 216
- madagascariensis boehmi 218
-- grandis 219
-- kochi 221
-- madagascariensis 217
- mutabilis 222
- nigristriata 223
- ocellata 186
- ornata inexspectata 225
-- ornata 224
- parkeri 226
- pronki 227
- pusilla hallmanni 229
-- pusilla 228
- quadriocellata bimaculata 231
-- lepida 232
-- pava 233
-- quadriocellata 230
- robertmertensi 234
- seippi 235
- serraticauda 236
- standingi 237
- sundbergi ladiguensis 240
-- sundbergi 238
- v-nigra comoraegrandensis 242
- v-nigra v-nigra 241
-- pasteuri 243
Phethodontohyla 31
- notosticta 77
Platypelis 31
- barbouri 74
- grandis 75
- milloti 76
Polsterpflanzen 13
Pottos 18
Praslin 30
Praslinia 30
Primärvegetation 14, 26, 293, 294
Primaten 18
Privatparks 294
Pseudoarcontias 253
Pseudoxyrhopus heterurus 288
- quinquelineata 289
Ptychadena mascariensis 45
Pygomeles 253
- braconnieri 262
Pyxis 87
- arachnoides 90
- planicauda 91

Radspinne 20
Ranidae 31
Raninae 31
Ravenala madagascariensis 14
Regeneration 14
Regenwald 14, 21, 22, 24
Reisezeit 12
Réserve De Faune De Perinet-Amalamzaotra 292
Réserve Naturelle D'Ankarafantsika 293
Réserve Naturelle De Lokobe 292, 293
Réserve Naturelle De Marojezy 294
Réserve Naturelle De Tsimananpetsotsa 294
Réserve Spécial De Nosy Mangabé 19
Rhacophoridae 31, 295
Rhombophryne 31
- testudo 78, 293
Riedfrösche 295
Riesenschildkröte 23
Riesenschlangen 268
Rodungen 21
Ruderfrösche 295, 301
Ruf 31, 163

Säugetiere 18
Sakoabaum 17
Salientia 30
Sanzinia 10, 268
- madagascariensis 20, 268, 271, 292, 293
Satranpalme 17
Scaphiophryne 31
- gottlebei 79
- marmorata 80
- pustulata 81
Scaphiophryninae 31
Scelotes 253
Schichtstufenland 16
Schildechsen 151, 297
Schildkröten 20, 87, 296, 300, 301
Schlangen 20, 268, 299, 300, 302
Schleichenlurche 31
Schleuderzunge 97
Schmetterlinge 19
Schutzgebiete 292
Schutzprojekte 186
Seeschlangen 268, 300
Sekundärvegetation 14, 294
Serpentes 268, 299, 300, 302
Seychellenschildkröte 23
Siedlungen 14
Silhoutte 22
Sisalagaven 17, 294
Skinke 253, 298, 300, 302
Sonnenscheindauer 11
Sooglossus 23
- grandinieri 23
- seychellensis 23, 47
Stenophis artifasciatus 290
- sancti-johannis 291
Strahlenschildkröte 88, 294
Stummelschwanzchamäleons 97
Stumpffia 31
- grandis 82
- pygmaea 83
- tetradactyla 84
- tridactyla 85
Südostpassat 11
Süßwasserfauna 19
Südwinter 11

Taggecko 23, 186, 298, 300, 301
Tamarindenwald 294
Tankanakabäume 22
Tanreks 19
Tentakelgrube 30
Termiten 19
Testudinidae 87
Tilapia 19
Töne 30, 31
Tolagnaro 33, 35, 37, 41, 294
Toliara 294
Tomopterna 31
- labrosa 48
Tonnenbaum 14
Touristen 292
Tracheloptychus 151
- madagascariensis 152
- petersi 153
Trockenheit 14

Trockenwald 14, 293
Trommelfell 31
Trugnatter 268
Tsiafajavona 14
Typhlopidae 268, 300, 301, 302

Überschwemmungen 12
Unterholz 14
Urania 19
Urocoteledon 163
Uroplatus 20, 163
- ebenaui 244, 293
- fimbriatus 245
- guentheri 246, 294
- henkeli 247, 292
- lineatus 249
- phantasticus 250
- sikorae sameiti 252
-- sikorae 251
Urwaldriesen 24

Varaniden 9
Vegetation 16
Vegetationsruhe 16
Vegetationszonen 16, 17, 21, 22
Viehverbiß 14
Viperiden 9
Vitaminpräparat 186
Voeltzkowia 253
Vogelarten 19, 21, 22, 292
Vogel Rock 19
Vogelspinnen 20
Vorratsbefruchtung 186

Wanderfeldanbau 14
Wasapapagei 19
Washingtoner Artenschutzübereinkommen 87, 269, 270
Wasserschildkröte 23, 297, 301
Wasserspeicherungskapazität 14
Webervögel 19
Weiden 14
Wirbelstürme 24

Zebus 14
Zimtbaum 22, 23
Zonosaurus 151
- haraldmeieri 154
- karsteni 155
- laticaudatus 156
- madagascariensis 157
- maximus 158
- ornatus 159
- quadrilineatus 160
- rufipes 161
- trilineatus 162
Zuchtprogramm 186
Zuckerrohr 24, 26
Zwischenmonsum 13
Zykone 12, 24, 26, 186